中国人民大学
中国社会发展研究报告 2014
走向社会治理的中国社会：全球视野与本土特质

RENMIN UNIVERSITY OF CHINA
RESEARCH REPORTS ON CHINA SOCIAL DEVELOPMENT 2014

TOWARDS SOCIAL GOVERNANCE IN CHINA: GLOBAL PERSPECTIVE AND LOCAL CHARACTERISTICS

顾　问　袁宝华
主　编　郑杭生
副主编　刘少杰　洪大用

中国人民大学出版社
· 北京 ·

2014

出版说明

2002 年以来，中国人民大学年度系列发展报告（即《中国人民大学中国社会发展研究报告》、《中国人民大学中国经济发展研究报告》和《中国人民大学中国人文社会科学发展研究报告》）的出版发行，引起了社会各界和广大读者的广泛关注，产生了较大的社会影响，成为我校一个重要的学术品牌，这让我们深感欣慰，也增强了我们继续做好这项工作的责任和信心。正是基于这样的责任和信心，加上近一年的努力，我们又编写出版了中国人民大学系列发展报告 2014。

中国人民大学系列发展报告 2014 的各个子报告均由编委会负责审定选题、整体框架、主要内容和编写体例，组织有关专家召开研讨会，审核报告的写作提纲。各报告实行主编负责制，主编由校学术委员会主任、秘书长会议确定，学校聘任；主编聘请副主编或执行副主编。各报告根据主题，分别聘请相关部门的领导和知名学者担任顾问。中国人民大学社会学理论与方法研究中心、中国人民大学中国经济改革与发展研究院和中国人民大学人文社会科学发展研究中心分别作为《中国人民大学中国社会发展研究报告》、《中国人民大学中国经济发展研究报告》和《中国人民大学中国人文社会科学发展研究报告》的依托单位，在组织和写作方面发挥了主要作用。

根据实际情况及学者建议，学校对年度系列发展报告进行了一些调整。《中国人民大学中国人文社会科学发展研究报告》调整为逢奇数年出版。

2010 年，《中国人民大学中国法律发展报告》开始列入年度系列发展报告。2012 年，学校在上述系列发展报告的基础上推出了“研究报告系列”，涉及经济、社会、新闻和教育等学科，拓展了研究领域。现在，报告的编写出版工作已纳入学校的年度科研计划，成为一项常规性工作。2014 年，学校根据“研究报告系列”发展的实际情况，决定不再出版《中国人民大学中国经济发展研究报告》。

由于报告所涉及的问题大多具有重大、复杂和前沿性的特点，加上写作与出版周期较短及研究水平的局限，尽管我们尽了努力，报告中的不足或易引起争议的地方仍在所难免。欢迎专家和学者批评指正。

中国人民大学发展研究报告编委会

2014 年 12 月 15 日

摘　要

《中国人民大学中国社会发展研究报告 2014》的主题是走向社会治理的中国社会。本报告由 12 章内容构成，其中总论（第一章）“走向社会治理的中国社会：全球视野与本土特质”对本年度发展报告的主题作了深入阐述，其他 11 章分别从教育、就业、社会保障、医疗改革、社会分层、思想文化和生态环境等方面对总论阐述的主题作了专门性论述。

在总论（第一章）中，作者首先对中国社会治理的思想渊源和理论基础开展了论述。作者指出，中国自古就有“治乱兴衰”的概念，但是现代“治理”概念却是从西方借用过来的，旨在应对现代社会中的政府失灵、市场失灵以及社会失灵。所以，中国社会治理的理论视野首先是治理的理想类型和转型的全球视野。

作者分析了社会治理同社会统治与社会管理的区别与联系。社会治理（social governance）和善治或良治（good governance）的核心之点，在于由国家力量和社会力量，公共部门与私人部门，政府、社会组织与公民，共同治理和管理一个社会。在社会统治中，政府依靠权力，发号施令，具有明显的号令性；在社会管理中，由于政府主导一切的惯性，习惯于对市场、社会进行管控，具有明显的管控性；而在社会治理中，三大部门作用不同，地位平等，平等协商是主要方法，具有明显的平等性。

作者分析了中西社会治理理论的不同特点。西方的社会治理理论，有它们产生的特殊历史背景、内在逻辑；中国的治理观点，也与中国的根本制度、宪法、国体、政体紧密联系。在中国历史上，治家、治国，去乱求治，总结治世的经验，梳理乱世的教训，都有悠久的传统；在现实中，治理不管采取什么形式，都是为我们的根本制度服务的，为我们的国家利益服务的，是与我们的宪法这个根本大法一致的。我国各个层次的创新探索，都没有离开这样的轨道。正是基于此，中国社会治理并没有局限于照搬照抄西方概念进行模式复制，而是在全球视野的审视中寻求西式理想类型基础上的创新。

作者重点论述了中国社会治理的实际举措。作者从中国社会治理的力量、途径与关照三个方面论述了中国社会治理的全球视野与本土特质。力量：推进力量与规范力量并行；途径：顶层设计与摸着石头过河相结合；关照："现实"问题与"目标"问题共思量。作者认为，中共十八届三中全会提出的系统治理、依法治理、综合治理和源头治理，展示了这样六个结合：治标治理与治本治理相结合；刚性治理与柔性治理（即硬性治理和软性治理）相结合；社会服务与社会治理相结合；社区治理与社会治理相结合；政府主导与多方参与相结合；科学精神与人文关怀相结合。从互动的探索过程来看，"四个治理"涉及高端设计和各级低端设计的关系，中央经验与地方和部门、基层社区经验三个层次的关系问题。

作者还论述了"攻坚治理"的重要意义。围绕政府和市场关系这一核心展开改革部署，进一步简政放权、转变政府职能，强化权力运行制约和监督体系，是隐含在全面深化改革中的"攻坚治理"，辅之以民主政治建设和法治建设，构成中国社会治理的创新模式。区别于"四个治理"常态模式，"攻坚治理"是针对改革阻力与困境而探索的发展战略，以求保障改革的全面深化，让改革成果更多地惠及民众。

作者进一步强调了中国社会治理与西方社会治理的区别，认为不能简单照搬西方社会治理的理论与经验。作者指出，中国社会治理体制与西方的社会治理模式有着不同的关系结构。中国社会治理体制的改革是党委领导、政府主导的，中国社会治理体制是决策科学、民主监督、各方力量充分调动的，这种社会治理体制是立足中国国情、有着本土自信的道路选择。在改革攻坚期，在现代市场经济中，国家必须是强势而且高效的，这样才能对市场力量进行制衡，既防止其挑战国家的权力，又防止其侵害社会的利益。中国社会治理体制改革中三大部门所形成的关系结构有助于发挥各方力量的优势，形成良性互动的改革合力。

第二章论述了教育领域的社会治理问题。作者首先考察了现阶段我国教育公平面临的挑战与应对。接着从以下八个方面论述了 2013 年教育领域克服资源配置和政策安排不公、推进教育事业发展的情况：（一）教育公平的制度和政策不断完善；（二）学前教育不断发展；（三）区域、城乡、校际义务教育均衡发展；（四）义务教育逐步向高中阶段延伸；（五）职业教育领域全面改革；（六）农民工随迁子女教育环境得到改善；（七）家庭经济困难学生资助体系建设；（八）考试招生制度改革呈现新亮点。

第三章论述了社会福利或社会保障的治理问题。作者基于社会政策学理，结合国际经验与中国实际的分析，提出了建立“普惠·整合型”社会福利制度的建议。作者认为，当前我国正处在构建“普惠型”社会福利制度的关键时期。“基本公共服务均等化”的提出为中国构建“普惠型”社会福利制度提供了可行性与操作空间，“整合模式”可以作为中国实现“普惠型”社会福利制度的路径选择。以“整合模式”构建中国“普惠型”社会福利制度，“基本公共服务”中的“基本社会福利”内容可以设计为全民共享项目，逐步实现全国统一；超越“基本社会福利”内容的一般项目，或者说在短期内尚难实现统一的社会福利项目，可以在城乡、人群、地域、阶层等之间保持一定的差异。为推动中国“普惠·整合型”社会福利制度建设，应当实现中国社会政策范式的全面转型。

第四章论述了建立与社会治理体制相适应的卫生治理体制问题。作者首先考察了新中国卫生治理体制的历史演化，对新中国成立前和改革开放前卫生治理体制的构架、特点和存在的问题作了分析。其次，论述了改革开放以来中国卫生治理体制变革的三个阶段：改革开放初期的卫生治理体制改革；20 世纪 90 年代的卫生治理体制改革；21 世纪以来的卫生治理体制改革。再次，揭示了当前卫生治理体制存在的问题：医患矛盾突出、治理主体结构不合理、医疗机构布局失衡、新医改有待进一步落实等。作者还从以下几个方面提出了新时期中国卫生治理体制改革的基本思路：适时推进医保制度整合；进一步推进国家基本药物制度的全面实施；加强基层医疗卫生机构建设；促进公共卫生服务均等化；稳步推进公立医院改革试点。

第五章从权利分层的角度讨论了社会分层治理问题。在作者看来，社会治理转型意味着充分调动整个社会的各级和各类行动者——包括个人、组织、群体、团体、机构等的积极性，促使他们站在相应主体权利的立场，在社会行动和互动的过程之中，为社会发展、整合、和谐和秩序作出自己的贡献。这也就必然涉及与之相关的一系列的各级和各类行动者的权利意识、取向及其调整问题。作者从四个方面考察了影响当前中国权利分层的客观因素：社会内在要求；人口数量和质量；地理环境；交通和通信。还从国际关系，国内区域、部门或组织间关系，官方与个人的关系，以及国民间关系四个层次分析了当前中国权利分层的基本情况和趋势，并从分层相关性与独立性、权利意识、人口流动、退出权和组织权等方面揭示了分层复合与权利意识及流动的冲突。

第六章从城乡社会变迁的统合性视野出发，论述了“全域城市社会”理念下的生态社区建设。作者沿着对中国城乡社会变迁的历史与现实进行的理论思考，尝试一种新理路的探求，提出了城乡社会变迁的统合性视野和“全域城市社会”的理念，以进一步明晰当今中国实现从初级的、粗放的旧式城镇化，转向高级的、精致的新型城镇化的“历史性转折”的关键所在。作者一方面分析了城乡社会变迁统合性视野下的城市生态环境问题，另一方面论述了“全域城市社会”理念与城市生态治理转型，并从生态社区：城市社区治理理念的转变、社会资源配置与生态社区建设和治理转型以及我国生态社区建设与治理转型的案例等方面，对中国城市社区生态治理的探索与转型作了进一步论述。

第七章是关于农村基层治理转型与农村社区建设的研究。作者首先考察了农村村落共同体从乡村生活共同体向乡村经济、生产与政治共同体的重大转型。然后讨论了伴随着农村人民公社制度的终结和家庭联产承包责任制的推行，集体经济迅速瓦解，建立在集体经济和政治控制基础上融经济、生产与政治功能于一体的基层共同体逐渐瓦解，许多乡村正面临着“共同体解体”带来的种种困境。作者指出，农村社区建设是在党和政府的领导下，动员社会各方面的力量，整合农村社区资源，完善乡村治理机制，强化农村社区功能，改善农村社会服务，合力建设管理有序、服务完善、文明祥和的农村社会生活共同体的过程。作者总结了农村社区建设中的“一村一社区”、“多村一社区”、“一村多社区”和“集中建社区”四种模式，论述了发达地区农村社区治理体制创新的主要经验和当前我国农村社区建设面临的主要问题。

第八章是关于2013年就业问题的研究。作者首先分析了2013年的就业形势，指出2013年城镇就业出现了新增就业人数持续增加，重点群体就业基本稳定，城镇登记失业率稳定在较低水平，区域格局出现东部上升、中西部回落的新变化，人力资源市场岗位需求和求职人数持续下降、市场供求基本平衡等特点。预测了2014年就业形势：企业用工需求仍将谨慎，部分行业稳岗压力加大，中西部地区就业增长的内生动力有待加强。总结了当前影响就业增长的主要因素：（1）经济增速拉动就业的“缓存空间”增大；（2）产业行业的转型升级与结构调整产生新的就业增长点；（3）城镇化与非农化进程为就业增长提供持续动力；（4）区域发展差异与再平衡为就业增长提供新空间；（5）就业政策创新为就业增长提供“改革红利”；（6）技术进步与观念变化为就业增长创造新机遇。同时还针对就业问题提出了政策建议。

第九章是关于中国市场交易秩序的社会基础与优化途径的研究。作者首先指出，只有在同社会关系或社会基础的密切联系中，才能清楚地揭示市场交易秩序生成的根据和问题的症结。中国市场经济存在于注重伦理关系的熟悉社会基础之上，尽管熟悉社会已受到了陌生关系的强烈冲击，但熟悉社会的本质没发生改变。根据在长春、株洲和北京等地的市场交易秩序调查，发现熟悉关系陌生化可以为欺诈性交易行为提供方便，而陌生关系熟悉化则可以对诚信交易和稳定交易秩序起到积极作用。应当在中国社会陌生关系与熟悉关系同时并存，而且熟悉关系依旧发挥稳定作用的基础上分析市场交易秩序问题，探索一条优化市场交易秩序的本土化道路，而不应当单纯依据具有先验性的理性选择原则解释中国市场交易行为秩序存在的问题及其形成机制。

第十章对我国现代法治建设的历程作了回顾与反思。在作者看来，我国的现代法治建设正是对这种历史诉求的回应，也即探求“法是怎么适应社会需求、解决现实问题”的历史过程。鉴于此，作者把我国改革开放以来的国家治理模式分为三种类型：“社会管制”、“社会管理”、“社会治理”，在此框架下具体分析这三个阶段法治建设的具体特征。值得注意的是，这三种视角的划分与其说是历史发展的经验总结，毋宁说是按照理想类型的方法建立的用以分析和判断社会建设、法治建设特征的工具性视角。基于这种分析视角，作者重回“规范—秩序”这一历史命题，对“社会管制”、“社会管理”、“社会治理”这三种国家治理模式的历史定位予以阐释。

第十一章是关于社会思想动态与文化发展的研究。作者首先介绍了2013年思想文化领域里的十个重要事件：党的群众路线教育实践活动，演艺市场提倡节俭，中央要求组织学习《马克思主义哲学十讲（党员干部读本)》，多个项目申遗成功，广播影视业推行“营改增”政策，中国电影票房冲破200亿元，冯小刚执导马年春晚，《爸爸去哪儿》热播受关注，阅读立法倡导公众养成良好阅读习惯，汉字听写大会引发“语文热”。其次，作者讨论了2013年的流行趋势及思想动态：“土豪”等流行语，音乐选秀、亲子文化与移动支付等流行现象；评述了2013年的思想动态：“中国梦”凝聚中国力量，反腐倡廉不断拓展和深化，群众路线教育实践活动掀起执政新风等；还依据大量数据深入论述了文化事业及文化产业发展状况和社会态度与社会认同的现状。

第十二章对社会各界广泛关注的雾霾治理问题开展了深入研究。本章不仅对治理雾霾的相关政策进行了初步评估，还结合在北京市开展的电话调查，对公众雾霾认知及其行为倾向进行了定量分析，概括了雾霾问题的危害及其表现特征：第一，在时间维度上，城市雾霾问题具有累积性；第二，从地理分布来看，城市雾霾问题具有扩散性；第三，从形成原因来看，城市雾霾问题具有复杂性；第四，从影响后果来看，城市雾霾问题具有危害性；第五，从治理难度来看，城市雾霾问题具有长期性。作者还从雾霾议题的演变过程，分析了学界、社会各界和政府对雾霾问题的关注与认识，论述了雾霾治理的政策框架，评析了公众的雾霾认知与行为倾向。

2014

Abstract

The topic of Social Development Report of Renmin University of China 2014 is issues of social governance in China. This report contains 12 chapters, in which chapter 1 "Towards social governance in China" is an introduction on topic of this annual report, and the other chapters are discussions on education, employment, social security, medical reform, social stratification, culture and opinion, and environment.

In chapter 1, the author first discussed thought source and theoretical basis of social governance in China. The author argued that there was conception of order-chaos and rise-decline in ancient history, but the modern governance concept was borrowed from the western countries, aiming to cope with government failure, market failure and society failure. Therefore, the theoretical perspective of social governance in China is ideal type and global perspective.

The author analyzed the differences between social governance or ruling and social management. The key point of social governance, good governance is co-governing or co-managing society among state power and social power, public departments and private departments. In social ruling, government uses power to issue orders, with significant ordering characteristics. In social management, government has inertia of guiding all, market and society being controlled, with characteristics of managing and controlling. While in social governance, the three departments have different roles but equal status, main methods being equal consulting with significant equality.

The author also analyzed different characteristics of social governance between China and the western. In the western countries, social governance theory forms its special historical background, inner logic. In China, the conception of governance is connected with basic institutions, constitution and state system. In Chinese history, there was an old tradition of governing family, ruling state, de-chaos for order, concluding experiences of order and learning of social disorder. In reality, governance in any form serves for basic institutions and state interests, consistent with constitution. Innovations and explorations in any level are all in the track. Based on this, social governance in China is not copy of western patterns, but innovation in global perspective of western ideal type.

The author stressed the detail initiatives of social governance in China, discussing global perspective and local characteristics of social governance in China from power, ways and care. Power is the power of parallel propulsion power and norms. Ways are combining top-level design and trying practices. Care is taking care of real and target issues. The author argued that the systematic governance, governance according to law, comprehensive governance and source governance proposed by The Third Plenary Session of the Eighteen Central Committee are six kinds of combination, such as combination of temporary treatment with radical governance, combination of rigid governance with flexible governance, combination of social service and social governance, combination of community governance with social governance, combination of government guidance with public participation, combination of scientific spirit and humanistic care. From the interactive exploration process, the “four governance” has relationship with high level and low-levels design, central experiences and local, grassroots community experiences.

The author also discussed the importance of "tackling governance". To promote reforms around the core relationships between government and market, taking further decentralization, transformation of government functions, and strengthening control and supervision of power is implicit of the "tackling governance" in the deepening reform era. Complemented by the construction of democracy and construction of legality, the innovative pattern of social governance in China is formed. Distinguished from normal pattern of the "four governance" , "tackling governance" is development strategy for dealing with difficulties and resistance of reform, ensuring the deepening of reform, and making outcome of reform benefit more people.

The author further emphasized the distinction between Chinese and Western social governance, arguing that western theory and experiences of social governance cannot be simply copied. The author put forward that the relationship structure of governance system was different between China and western society. In China, reform of social governance system is under the leadership of communist party committee and government. The pattern of China's social governance system has characteristics of scientific decision-making, democratic supervision, and fully mobilizing all forces. This system is based on China's national conditions, with local self-confident in choosing development road. In the crucial period of reform, and modern market economy, the state must be strong and efficient, so as to carry out checks on market forces, both to prevent them from challenging state power, but also to prevent them against social interests. The structure formed in reform of China's social governance system plays advantages in mobilizing all strengths and having good interaction for reform efforts.

Chapter 2 is about the problems of social governance in the field of education. The author first examined the situation of China's education development in 2013, revealing the allocation of education resources, educational policy making and education inequality problem refracted out by the employment. The author discussed education development in 2013 in overcoming resource allocation injustice and policy arrangements from 8 aspects: (1) improvement in fair education systems and policies; (2) the development of pre-school education; (3) balanced development of compulsory education among regions, rural-urban and inter-school; (4) compulsory education gradually extending to high school level; (5) comprehensive reform in vocation education; (6) improvement of migrant workers' children education environment; (7) system construction for funding students from poor families; (8) new trends in reform of university entrance examination system.

Chapter 3 discusses the governance of social welfare or social security. On the theoretical basis of social policy, combined with the actual analysis of international experiences and China, the author proposed the establishment of universal and integrated type of social welfare system. The author argued that it was the critical period for building a universal and integrated type of social welfare system in China. "Equalization of basic public services" provides the feasibility and operating space for building universal and integrated type of social welfare system. The integrated pattern can be the path choice for China to achieve universal and integrated type of social welfare system. To construct China's universal and integrated type of social welfare system with integration pattern, items of basic social welfare in basic public services can be designed all sharing, and gradually national unity. Items beyond the basic social welfare, or items that are hard to achieve unity in the short term, can keep differences between urban and rural populations, regions, classes and so on. In order to promote the goal of constructing China's universal and integrated type of social welfare system, we should achieve thorough transformation of China's social policy paradigm.

Chapter 4 discusses the issues of establishing health governance system to adapt social governance system. First, the author examined historical evolution of health governance system in PRC, analyzing structure, characteristics and problems of health system pro-PRC and before opening-reform period. Second, the author discussed the three stages of health governance system reform since opening-reform: health system reform in early reform period, health governance reforms in 1990s, and health governance reform since the 21 century. Third, the author revealed problems of current health governance, such as obvious contradiction between doctors and patients, unreasonable structure of governance body, unbalanced distribution of medical institutions, lacking of new health care reform and so on. The author also presented basic idea of health governance reform in new era from the following aspects: promoting timely integration of health security system, further implementation of national essential drug system, strengthening construction of base health and hygiene institutions, promoting equalization of public health services, and steadily promoting the reform of public hospitals.

In Chapter 5, the author discussed governance issues in social stratification from the perspective of right stratification. In the author's opinion, social governance restructuring means to fully mobilize various actors at all levels-including individuals, organizations, groups, organizations, and institutions, prompting them to stand in the position corresponding to subject's rights, in the process of social action and interaction, to make their own contributions for social development, integration, harmony and order. This will inevitably involve series of right awareness, orientation and adjustment. The author examined objective factors affecting Chinese right stratification from four aspects: social inner requirements; quantity and quality of the population; geographical environment; transport and communications. The author also analyzed the basic situation and the trend of China's right stratification from four levels of international, regional, departmental or organizational relationships, official-mass relationships, and state-citizen relationship, and revealed stratification composition and conflict with right awareness and migration, such as stratification relevance and dependence, right awareness, migration, right to exit and organization rights.

Chapter 6 is about construction of ecological community in conception of "full-domain urban society" from the integrated perspective of rural-urban social changes. The author tried to explore a new theoretical path, putting forward the integrated perspective of rural-urban social changes and conception of "full-domain urban society" based on thinking of history and realities of China's social change in order to clarify historical transition from primary, extensive, old-fashioned urbanization to advanced, sophisticated, new-type urbanization. On one hand, the author analyzed problems of urban ecological environment from the integrated perspective of rural-urban social changes. On the other hand, the author also discussed the conception of "full-domain urban society" and the transformation of urban ecological governance, and social resources allocation, ecological community construction, governance transformation based on ecological community construction and governance reform cases.

Chapter 7 is a study of transformation of rural base governance and rural community construction. The author first examined important transition of village community from rural life community to rural economy, production and political community. Then the author discussed the dilemma of "community disintegration" along with the end of people's commune system in rural areas and the implementation of the household contract responsibility system, rapid collapse of collective economy, gradual disintegration of grassroots community with economy, production and political functions in one body. The authors argued that rural community construction needed mobilization of forces from all sectors, the integration of rural community resources, improving rural governance mechanisms and strengthening rural communities function, improving social services in rural areas, constructing ordered, good services, civilized and peaceful rural communities under the leadership of party and government. The author concluded four patterns of rural community construction: "one-village one-community", "multi-village one-community", "one-village multi-community" and "concentrating community". The main experiences of rural community governance innovation in developed areas and main problems of rural community construction are also discussed.

Chapter 8 is a study on employment issues in 2013. The authors first analyzed the employment situation in 2013, pointing out that urban employment appeared increased growth in new jobs, stable employment in important groups, and the registered urban unemployment rate at a low level, the eastern region appeared to rise, and fall in mid-west regions, job seekers and job demand continued to decline, the market supply and demand were in balance in 2013. The author predicted employment situation in 2014: employment demands of enterprises will still be cautious, keeping job position steady in some industries will have larger pressure, and inner drive for employment growth in the mid-west needs to be strengthened. The author summarized main factors influencing employment growth: (1) economic growth makes employment "buffer space" increase; (2) industrial upgrading and restructuring industry generate new employment growth; (3) urbanization and non-agriculture provide continued forces for employment growth; (4) regional differences in development and re-balance provide new space for employment growth; (5) innovation of employment policy provides "reform bonus" for employment growth; (6) technological advances and ideological changes create new opportunities for employment growth. Some policy recommendations are also put forward for solving employment problem.

Chapter 9 is about social basis and optimizing path for market transaction order in China. The author first pointed out that only in common social relations or close contact of social basis, we can clearly reveal the crux of market transaction order and sources of problem. China's market economy exists in familiar social foundation focusing on ethic relationship. Although the familiar society has been strongly impacted by strange relationship, the essence is not changed. According to investigations in Changchun, Zhuzhou and Beijing, the author found that strangelization of familiar relationship makes fraudulent transactions, familiarization of strange relationships trustable transaction and stability of transaction order. We should analyze market transaction order issues under the background of co-existing of strange and familiar relationships, with familiar relations still playing stabilizing role in China, and explore a local road to optimize market order, but should not explain market transaction order problems and their formation mechanisms based solely on rational select principles.

Chapter 10 is a review and reflection of the process of legality construction in modern China. In the authors' opinion, the construction of modern legality is a response to this history, that is, "how law adapts to social needs and solves social problems". For this, the authors divided state governance after China's opening-reform in three types: "social control", "social management", and "social governance". In this framework, the authors analyzed specific characteristics of legality construction in these three stages. It is worth noting that the division of three scopes is a conclusion of historical development experiences rather than an instrumental scope used to analyze and judge characteristics of social construction and legality construction according to the ideal type. Based on this analysis perspective, the authors returned to the historical proposition of "norm-order", explaining the historical position of "social control", "social management", and "social governance" the three state governance patterns.

Chapter 11 is a study of social ideological trends and cultural development. The authors first introduced ten important events in field of ideology and culture in 2013: education practice of Party's mass line, advocating thrifty in art performing market, central requirements of organizing learning "*Ten Lectures on Marxist Philosophy*," several successful application for World Heritage, implementation of VAT policy from business tax in radio and television industry, film ticket income over 20 billion Yuan, Xiaogang Feng directing Spring Festival Party of Chinese Horse Year, TV program of "Where papa goes?" getting popular attention, reading legislation advocating public reading habits, Chinese character dictation competition triggering "Chinese fervor". Secondly, the authors discussed fashion trends and ideological trends in 2013: popular word being "Tuhao", pop phenomena being musical talent selecting on TV, family culture and mobile payments. The authors reviewed ideological trends in 2013: The Chinese Dream being cohesion of Chinese forces, continuing and deepening of anti-corruption, education practice of the mass line blowing new wind of administration. Based on large amounts of data, the authors also discussed situation of culture and cultural industries development, social identity and social attitudes in depth.

Chapter 12 is a deep study on the problem of haze that causes public concern. This chapter not only makes a preliminary assessment of relevant policies for haze governance, combined with a telephone survey conducted in Beijing, the public awareness and behavior tendencies of haze were quantitatively analyzed. The author summarized the hazard of haze problem and its characteristics. First, in the time dimension, problems of urban haze are cumulative; second, in geographic distribution, problem of city haze is diffusive; third, from the causes, the city haze problem is complex; fourth, from the consequences of influence, the city haze problem is hazardous; fifth, from the difficulty of governance, the city haze problem is in longterm. The author also analyzed attention and realization on haze problem from academia, social circles and government, discussing policy framework of haze governance, public understanding and behavior tendencies facing haze problem from the process of haze problem evolution.

目　录

[总论]

[兴教育人]

[社会保障]

Contents

[ECONOMY AND SOCIETY]

[LAW AND SOCIETY]

[IDEOLOGY AND CULTURE]

[ECOLOGY AND ENVIRONMENT]

［总　论］

第一章　走向社会治理的中国社会：全球视野与本土特质

郑杭生*

党的十八届三中全会通过的《中共中央关于全面深化改革若干重大问题的决定》（以下简称《决定》）提出了推进国家治理体系和治理能力现代化的总目标，首次将社会治理体制改革提到了全面深化改革总目标的高度。这标志着中央经验和顶层设计上中国社会正走向社会治理，也预示着中国未来的社会治理走向。以《决定》中推进国家治理体系与治理能力现代化的文本为基础，全面剖析中国社会治理的理论视野、实际举措与精神意涵，不但对正确贯彻落实中央《决定》意义深远，而且有助于破解学界争议、提升中国经验、形成改革共识。

一、全球视野与本土特质：中国社会治理的理论视野

提炼中国社会治理背后的理论视野，有助于更加准确地把握中国社会治

＊ 郑杭生，中国人民大学社会学理论与方法研究中心主任，一级教授。在本章写作过程中，博士生邵占鹏做了许多辅助性工作，在此表示感谢。

理的精神意涵。《决定》借鉴国外有益经验，在总体上用社会治理代替社会管理，并立足中国国情提出了一系列具体的治理举措，体现了中国社会治理的全球视野和本土特质。

（一）治理的理想类型和转型的全球视野

中国自古就有“治乱兴衰”的概念，但是现代“治理”概念却是从西方借用过来的，旨在应对现代社会中的政府失灵、市场失灵以及社会失灵。所以，中国社会治理的理论视野首先是治理的理想类型和转型的全球视野。

1. 社会治理定义及其所表达的理想类型

要理解总体上用“社会治理”代替“社会管理”的真实含义，就要搞清楚什么是社会治理，以及社会治理与社会统治和社会管理的联系和区别。

社会治理（social governance）和善治或良治（good governance）的核心之点，在于由国家力量和社会力量，公共部门与私人部门，政府、社会组织与公民，共同治理和管理一个社会。西方发达国家的治理定义都指出了这一点。

那么，这种治理，一般说来，与统治、管理又有什么区别呢?

三大部门，即政府组织、市场组织、社会组织是现代社会三种基本的制度安排，也是现代社会基本的结构构架。从统治、管理和治理与三大部门不同的关系及其不同的对待和处理方式，就能较为清楚地看到这三者之间相对的区别。如果把统治、管理和治理设为横坐标，把权威来源、运作过程、民主参与、权力行使几个维度设为纵坐标，就能得到下面的表1—1：

表1—1　　统治、管理、治理的区别

	统治	管理	治理
权威来源	唯一性：权威、合法权力只能来自政府。	为主性：权威、合法权力主要来自政府。	多样性：权威、合法权力来自三大部门。
运作过程	单向性：自上而下的命令，要求其他两大部门服从。	主辅性：自上而下为主，自下而上为辅。	双向性：自上而下、自下而上双向结合，强调上下互动。

续前表

	统治	管理	治理
民主参与	凌驾性：排斥民主参与，政府凌驾在两大部门之上。	半民主性：主观上要民主参与，但由于政府主导的习惯，民主往往是为民做主。	民主性：通过合作、协调及对共同目标的确定等手段达致对公共事务的治理。
权力行使	号令性：依靠政府的权力，发号施令。	管控性：由于政府主导的习惯，习惯于对市场、社会进行管控。	平等性：三大部门作用不同，地位平等，平等协商是主要方法。

从上述理想类型中可以看到统治、管理和治理这三种不同类型的一般区别。

就权威来源而言，在统治类型中，权威、合法权力只能来自政府，政府是唯一的权威来源，市场、社会是政府权力的附属品；在管理类型中，权威、合法权力主要来自政府，但也并不否认可以来自市场与社会；而在治理类型中，权威、合法权力则有多样的来源，三大部门均可成为这样的来源。

就运作过程而言，在统治类型中，由于政府凌驾于市场和社会之上，运作过程一般是单向的，即自上而下的命令，要求市场和社会服从；在管理类型中，运作过程以自上而下为主，自下而上为辅，具有主辅性；而在治理类型中，运作过程具有自上而下、自下而上双向结合的特点，强调上下互动，具有双向性。

就民主参与来说，在统治类型中，政府凌驾在两大部门之上，对民主参与是排斥的；在管理类型中，主观上也要民主参与，但由于政府主导一切的惯性，民主往往是为民做主，民主参与程度有待提高，所以称为“半民主性”；在治理类型中，三大部门通过合作、协调及对共同目标的确定等手段达致对公共事务的治理，民主参与程度有了很大提高。

就权力行使来说，在统治类型中，依靠政府的权力，发号施令，具有明显的号令性；在管理类型中，由于政府主导一切的惯性，习惯于对市场、社会进行管控，具有明显的管控性；在治理类型中，三大部门作用不同，地位平等，平等协商是主要方法，具有明显的平等性。

上述理想类型显示出，治理较之于统治、管理更适合现代社会的需要，具有更多的比较优势。这些比较优势，简要地说，就是社会治理，更能发挥三大部门或三大主体各自的优势，更有利于彼此的良性互动，也更有利于避免各自的弱点，从而避免和减少各自的越位、错位、缺位、虚位，避免和减少各自的失灵，即“政府失灵”、“市场失灵”和“社会失灵”，也更有利于避免彼此的弱点的聚合、叠加，避免由这些弱点的聚合、叠加所形成的恶性循环。三中全会提出“推进国家治理体系和治理能力现代化”、“提高社会治理水平”、促进“有效的政府治理”，在笔者看来，其主要含义也就是在这些方面的推进、提高和促进。

历史地看，治理的观念，无论中西，早已有之。但是现代治理概念，是西方总结其长期统治、管理的经验教训，适应三大部门成形、成熟，既相互合作又相互矛盾的时代变化和现实情况，加以提炼、提升而形成的。因此，现代治理概念，不能不与统治、管理概念既有联系又有区别。简要地说，“联系”主要是，治理也不能不这样那样包含统治的要素、管理的要素；“区别”则主要是，治理是一种更为高明、更可接受的统治，也是更有成效、更为成熟的管理。明确这一点，也就能更好理解三中全会为什么要从总体上用“社会治理”来代替“社会管理”，因为两者确有区别，社会治理是一种更有成效、更为成熟的管理，而且“社会管理”（social management）一词在国际上并不通用，这里的管理（management）主要指的是经济管理，与前面的“社会的”（social）不匹配。同时也能理解，并不是今后在中国“社会管理”这个词不能用了，因为两者又有联系：社会治理也不能不这样那样包含管理的要素，治理也有“管”的方面。过去在中国广泛使用的社会管理也不是用错了，因为那时讲社会管理也讲到管理主体的多元性，讲到科学化的社会管理。这次三中全会的公报和《决定》仍然使用了很多“管理”。例如“优化城市空间结构和管理格局”、“推进城市建设管理创新”等等。这就是说，治理和管理不能截然割裂，治理和统治也不能决然对立。在这方面，要避免误读三中全会在管理和治理方面总的提法。

上面说的都没有离开治理的理想类型、一般模式，也就是它的一般性。《决定》在总体上用社会治理来代替社会管理，表明了改革中对治理之理想类型的借鉴，这是中国社会治理所蕴含的全球视野的第一块。

2. 全球视野的审视与理想类型基础上的创新

中国的社会治理并不是简单借用西方的治理概念，也不是盲目跟从治理的理想类型，中国社会治理中的全球视野更体现在对现代性全球化之长波进程的审视、借鉴与建设性批判上。笔者在近些年提出了“实践结构的社会学理论”，强调的是，当今中国正在经历一系列结构性巨变，是现代性全球之旅的长波进程和本土社会转型的特殊脉动两股力量交织扭结而产生的现实结果，分析中国社会结构性巨变时必须同时关照全球视野与本土特质这两个维度。[①] 这里单就现代性全球化之长波进程而论，中国的社会治理一方面体现了中国对现代性全球化之长波进程的准确把握，另一方面也反映了现代性全球化之长波进程对中国社会管理方式、方法的影响。

一个广为熟知的国际经验是，当人均 GDP 进入 1 000～3 000 美元时期，各国社会都会处于不和谐因素增多的活跃期和社会矛盾多发期，这也是社会矛盾最易激化和恶化的高风险期。国外的成功经验和失败教训为中国如何应对和化解这一时期的社会矛盾提供了有益素材。当前中国也处于这一阶段，中国提出的社会治理也包含了对这一国际经验的借鉴和反思。

除去经济发展阶段的国际经验外，现代性全球化的长波进程还包括社会思潮、意识形态、政治环境等多种因素的全球化影响。后马克思主义、后现代主义、以“新布达佩斯学派”为代表的“狭义转型论”等诸多思潮携带着政治目的“始终不渝”地妄图对中国进行“颜色革命”。正是在社会思潮、意识形态、政治环境等全球化的背景下，为更加有效地回应外界挑战，中国根据国内外形势提出了社会治理的概念。

这里涉及一个重要的方法论问题：对同一个概念可以有两种不同的基本观点——马克思主义观点与西方观点。在这个问题上，我们曾经有过经验教训。笔者希望我国社会科学界，不要在社会治理的问题上，重复这样的教训。

曾记得，大约直至上世纪 80 年代的很长一段时间内，把民主、自由、人权说成似乎是西方资产阶级的专利品，好像这些词与共产党人是无缘的，事实上是把这几面旗帜拱手让给了别人，其后果是不好的。正确的做法是划清两种民主观、两种自由观、两种人权观的界限。后来的中央文件提出的几条原则界限中，划清社会主义民主同西方议会民主的界限，就是其中之一。这告诉我们对民主、自由、人权这些概念必须采取分析的态度。划清两种民

① 参见郑杭生、杨敏：《社会实践结构性巨变对理论创新的积极作用——一种社会学分析的新视角》，载《中国人民大学学报》，2006（6）。

主观就是一种分析的态度。联系一定的时间地点条件来考察民主的属性，不笼统抽象地说“民主是个好东西”或者“民主是个坏东西”，也是一种分析的态度。这是因为，民主确有很好的民主，也有非常不好的劣质民主。

现在，在“公民社会”的问题上，也有类似的争论。有人笼统地把“公民社会”作为我们社会建设的目标，而不区分两种“公民社会”的观点。事实上，将这些来自西方的概念简单移植到中国的做法是不可取的，那些西式“目标”成立的前提和假定是西方的国家与社会对抗说、西方政治文明优等说、历史终结论等主张，显而易见，中国与西方有着不同的历史文明、不同的国家与社会关系、不同的公私观和未来梦。这种以西方政治文明为蓝图，规划中国社会建设、社会治理方式的做法，本质上是在西式的理论牢笼里跳舞，是缺乏必要的道路自信、制度自信和理论自信的文化自卑。

社会治理问题也不例外，同样存在两种治理观。正如西方的治理观点有它们产生的特殊历史背景、内在逻辑一样，我国的治理观点也必须与我国的根本制度、与我国的宪法、与我国的国体政体联系起来，考虑到我们自己的历史背景和内在逻辑。在我国历史上，治家、治国，去乱求治，总结治世的经验，梳理乱世的教训，都有悠久的传统；在现实中，治理不管采取什么形式，都是为我们的根本制度服务的，为我们的国家利益服务的，是与我们的宪法这个根本大法一致的。我国各个层次的创新探索，都没有离开这样的轨道。概念的形式是相同的，内容是很不相同的，甚至有本质区别的。这里同样需要实事求是的具体分析。

正是基于此，中国社会治理并没有局限于照搬照抄西方概念而进行模式复制，而是在全球视野的审视中寻求西式理想类型基础上的创新。与西方的治理道路不同，中国社会治理中的全球视野体现了“新型现代性”的理念。

西方社会在取得经济飞速发展的同时也遗留了很多社会问题，甚至有些问题是难以补救的，现在西方也在反思他们过去的现代性。中国现在提出国家治理体系与治理能力的现代化就是期望不走西方的老路，而是走出一条以人为本，自然与社会双赢，个人与社会双赢，政府、市场和社会良性互动的新型现代性道路（这在后文将详细论述）。由此可见，中国社会治理在借鉴西方有益经验的基础上，更是对西方失败教训的预防，中国的社会治理展现的是创新性的全球视野。

（二）中国社会治理的本土特质

中国社会治理的本土特质一方面表现为中央对本土社会转型之特殊脉动的准确把握（这将社会治理与全面深化改革紧密联系起来），另一方面表现为中国在借鉴西方经验、寻求中国经验上的本土自信（这将社会治理与中国话语和中国经验紧密联系起来）。

1. 全局意识：全面深化改革中的治理转型

《决定》提出的社会治理体制改革是在全面深化改革的背景下进行的，社会治理体制改革既是全面深化改革的一部分，也是达成全面深化改革的重要途径，更是全面深化改革总目标的一部分。《决定》中指出，“全面深化改革的总目标是完善和发展中国特色社会主义制度，推进国家治理体系和治理能力现代化”。可见社会治理体制改革与全面深化改革之间关系的密切。脱离了全面深化改革的时代背景与历史任务，孤立地看待社会治理体制改革，就会陷入狭隘的局部视野，就会丢失改革的现实根基，就会缺少改革的当下责任与未来方向。

全面深化改革覆盖社会生活的方方面面，旨在“加快发展社会主义市场经济、民主政治、先进文化、和谐社会、生态文明”。这既是全面深化改革的目标，同样也是推进国家治理体系和治理能力现代化的指向。我国全面深化改革就是期望在经济、政治、文化、社会、生态方面，“让一切劳动、知识、技术、管理、资本的活力竞相迸发，让一切创造社会财富的源泉充分涌流”。中国社会治理方式的改进以及治理能力现代化的推进，都是要在这个意义上来实现。

当前，我国改革已进入攻坚期与深水区，要跳出过去社会管理中“一管就死，一放就乱”的历史怪圈，需要正确处理好社会治理体制改革与全面深化改革的关系，而不是仅仅在目标和理论层面寻求二者的交集。以往对社会管理中“一管就死，一放就乱”中的“管死”与“放乱”的界定过多地局限于社会管理本身，现在则要更多地考虑社会治理体制是否服务于全面深化改革的全局，暂时出现的“管死”与“放乱”现象是否是全面深化改革的必经阶段等问题。这种从发展的眼光、从全局的视野看待社会治理体制改革的做法正确处理了社会治理与全面深化改革的关系，有助于跳出过去“计划永远跟不上变化”的泥潭。

深入理解中国社会治理的背景与视野，必须明确全面深化改革的背景与视野。全面深化改革之所以能够成为时代的主题，是因为其背后包含了国家、市场与社会三者之间关系的变化。有学者运用波兰尼的“双向运动”理论①指出，从经济改革到最近的治理转型，中国的国家重建主要是在市场化运动这个单向运动的推动下进行的，然而，进入21世纪后，国家重建不得不在市场化运动和社会自我保护运动这两个方向相反的“双向运动”的张力中展开，国家需要重新界定它与市场和社会之间的关系。② 这样的理解能够说明一些问题，不过波兰尼的“双向运动”理论是否适用于中国、中国的社会自我保护力量能否与市场力量相抗衡、国家力量是站在平衡双向力量的立场还是站在社会力量的立场、中国的国家与社会的关系是否是对抗的关系等一系列问题尚存疑问，回答好这些问题才能够理清中西社会的差异，明确中国全面深化改革、社会治理体制改革不同于西方的独特之处。

总之，国家治理体系和治理能力的现代化与否关系到全面深化改革的成败，全面深化改革的方方面面都离不开社会治理的有效推进，尤其是在改革攻坚期，如何让“社会治理”既推动实际的改革又充分调动各方面的积极因素，是全面深化改革与社会治理的共同指向。中国当前的社会治理始终是在全面深化改革的意义上进行的，这既是对社会治理的背景限定，也是对“在什么意义上实现治理能力现代化”的视野开拓。脱离了全面深化改革的时代背景与历史任务，社会治理将失去立论背景、时代使命与发展方向。社会治理与全面深化改革的紧密关系是中国社会治理之本土特质的第一块。

2. 本土意识：中国社会治理体制改革中的本土自信

如何改革社会治理体制一直是学界争论的热点：一些学者从历史形态的演变（农业社会—工业社会—后工业社会）推出社会治理体制改革的方向与归宿，如“德治”、“合作治理”、“服务型政府”等概念的提出

---

① 波兰尼的“双向运动”理论指的是，在欧洲文明从前工业世界向工业化时代的大转变过程中，“市场力量的扩张”同由此引发的“社会力量的自我保护”这两股反向力量之间的相互作用，及其对社会生活、国家建设和重构的影响。参见［英］卡尔·波兰尼：《大转型：我们时代的政治与经济起源》，杭州，浙江人民出版社，2007。

② 参见马骏：《改革以来中国的国家重建：“双向运动”的视角》，见马骏、孙麾、何艳玲主编：《中国“行政国家”六十年：历史与未来》，上海，格致出版社、上海人民出版社，2012。

与论述[1]；另外一些学者注重挖掘本土资源，强调在社会治理中对传统儒家思想、公私观念和古代治理理论的应用[2]。这两个方面的观点都有一定的合理性，但是不能简单拔高再指导实践。过高地估计西方社会治理模式的优势，是对改革社会治理体制之本土能力的不自信，简单移植西方模式是在用西式蓝图规划中国未来；过高地评判中国古代社会治理思想的现实可行性，是对中国特色社会主义道路和理论的不自信，盲目崇古是对当下全面深化改革以及中华民族伟大复兴中国梦的曲解。

《决定》指出，“面对新形势新任务，全面建成小康社会，进而建成富强民主文明和谐的社会主义现代化国家、实现中华民族伟大复兴的中国梦，必须在新的历史起点上全面深化改革，不断增强中国特色社会主义道路自信、理论自信、制度自信”。那么，什么是全面深化改革的道路自信、理论自信和制度自信呢？《决定》中说，“全面深化改革必须加强和改善党的领导，充分发挥党总揽全局、协调各方的领导核心作用，建设学习型、服务型、创新型的马克思主义执政党，提高党的领导水平和执政能力，确保改革取得成功”。在改革社会治理体制的呼声中，我们党综合把握全球视野与本土特质两个维度，借鉴国外成功经验，但更重要的是发挥自身独有优势，指出了党在全面深化改革中的决定性地位和作用，这就是道路自信、理论自信、制度自信。

中国社会治理的本土意识还体现在中国社会治理的问题域、立场、观点、目标、途径、方法、模式等多个方面。

就立场来说，中国的社会治理是为了维护最广大人民的根本利益。这是中国新型社会主义社会的社会治理与西方资本主义社会的社会治理的本质区别之一。

就观点来说，中国的社会治理体现了与西方观点不同的中国特色社会主

---

① 参见张康之：《公共管理伦理学》，北京，中国人民大学出版社，2003；张康之：《社会治理中的价值》，载《国家行政学院学报》，2003（5）；张康之：《论“后国家主义”时代的社会治理》，载《江海学刊》，2007（1）；施雪华：《“服务型政府”的基本涵义、理论基础和建构条件》，载《社会科学》，2010（2）；张康之、张乾友：《民主的没落与公共性的扩散——走向合作治理的社会治理变革逻辑》，载《社会科学研究》，2011（2）。

② 参见赵法生等：《儒学与现代社会治理》，载《开放时代》，2011（7）；韩星：《寓治于教——儒家教化与社会治理》，载《社会科学战线》，2012（12）；张玉：《论“尚公重私”的公私观在当代社会治理中的作用》，载《天津社会科学》，2004（6）；梁一群：《黄宗羲关于社会治理的政治构想——〈明夷待访录〉解读》，载《浙江社会科学》，2006（4）。

义理论的观点，也即当代马克思主义的观点。

就方法来说，中国的社会治理是全球视野与本土特质、一般与特殊相结合的具体分析方法，体现了对当代三大基本关系——中西关系、古今关系、理实关系（理论与现实、与实践的关系）的正确处理，即：借鉴西方，但跳出西方；开发传统，又超越传统；源于现实和实践，又高于现实和实践。

至于中国社会治理在问题域、目标、途径、模式等方面体现的本土特质，后文将详细阐述。总之，抓住了中国社会治理的本土特质，也就能够有效地区别中西差异，更加准确地把握中国社会治理的精神意涵。

二、顶天立地与良性运行：中国社会治理的实际举措

全球视野与本土特质作为中国社会治理的理论视野，充分体现在社会治理体制改革的实际举措中，二者的结合可以说具有了顶天立地的精神，在结合基础上探索出来的治理模式体现了三大主体（政府、市场与社会）间的良性互动与运行。

（一）顶天立地：全球视野与本土特质相结合的治理转型

中国社会治理的全球视野与本土特质并不是割裂开来的，而是紧密结合在一起的，表现为转型力量、转型途径与转型关照三个方面。

1. 转型力量：推进力量与规范力量并行

全面深化改革不可避免地会面临这样那样的阻力，三中全会尤其注重在改革推进力量方面下功夫，指出了党在全面深化改革中的领导核心作用。鉴于社会治理与全面深化改革的密切关系以及对经济、政治、文化、社会、生态的重要影响，社会治理同全面深化改革一道，同样需要党的领导核心作用。为保证改革的顺利进行，《决定》号召“全党同志要把思想和行动统一到中央关于全面深化改革重大决策部署上来，正确处理中央和地方、全局和局部、当前和长远的关系，正确对待利益格局调整，充分发扬党内民主，坚决维护中央权威，保证政令畅通，坚定不移实现中央改革决策部署”。改革举措能否得到贯彻落实、改革合法性能否得到进一步强化，正是需要这样强

有力的领导核心作为支撑。

三中全会还注重加强对执政能力与执政水平的有效治理。《决定》强调，“紧紧围绕提高科学执政、民主执政、依法执政水平深化党的建设制度改革，加强民主集中制建设，完善党的领导体制和执政方式，保持党的先进性和纯洁性，为改革开放和社会主义现代化建设提供坚强政治保证”。这里凸显了执政能力与全面深化改革的关系：强有力的执政能力是改革开放与社会主义现代化建设的政治保证，是全面深化改革的政治保证。

那么，什么样的执政能力才是强有力的呢？三个词界定准确，即科学执政、民主执政和依法执政。这是我们党在全面深化改革中对执政能力的有效治理。从另一方面来看，科学执政、民主执政和依法执政三者的论述顺序也体现了中国社会治理的本土自信。我们党首先强调执政的科学性，这是全面深化改革攻坚时期的时代要求，也是保持我党先进性的政治要求。在科学执政的首要性之后，紧接着是要保证民主执政，这里的“民主”指的是我国民主集中制意义上的民主，并非西方话语中的民主。接下来对执政方式的要求是依法执政，这是对执政规范性的强调。科学执政、民主执政和依法执政三者的论述顺序反映了我党全面深化改革与提高执政能力的本土话语自信，是对全面深化改革之推进力量的重要保证。

在对全面深化改革推进力量的规范方面，《决定》中有两方面举措，其一是法治，其二是监督。“建设法治中国，必须坚持依法治国、依法执政、依法行政共同推进，坚持法治国家、法治政府、法治社会一体建设。”这是在执政与行政环节对制度与规范的强调。有了强有力的规范力量，全面深化改革的推进力量才能够保证执行有力。《决定》还指出，“坚持用制度管权管事管人，让人民监督权力，让权力在阳光下运行，是把权力关进制度笼子的根本之策。必须构建决策科学、执行坚决、监督有力的权力运行体系”。这是对全面正确履行政府职能的有力保障，是对权力运行体系的有效治理。“让人民监督权力”不但保障了权力的规范使用，而且调动了人民的能动性，让人民成为规范力量的一部分，同党和政府一道共同推进改革的全面深化，共同推进治理能力的现代化。近些年出现了许多网络曝光、舆论聚焦现象，配合了纪检委的工作，让一些腐败官员落马，正是“让人民监督权力”发挥作用的体现。这样做的目的是“构建决策科学、执行坚决、监督有力的权力运行体系”，一个权力运行体系能够做到决策科学是实现治理能力现代化的前提，能够做到执行坚决是实现治理能力现代化的有效途径，能够做到监督有力是实现治理能力现代化的保障。

国家治理体系与治理能力现代化的推进力量重在保证全面深化改革的针对性与有效性，其规范力量重在保证全面深化改革的执行性与可靠性。《决定》高度重视社会治理体制改革的推进力量和规范力量，并将二者并行起来，共同保障了推进全面深化改革的有效性和可靠性。这种做法是在全局意识和本土意识的全面审视下做出的科学判断，是对全面深化改革力量的有效治理。

2. 转型途径：顶层设计与摸着石头过河相结合

继转型力量的挖掘与规范之后，全面深化改革与治理能力现代化又要求解决好如何调动各方积极因素形成改革合力的问题。《决定》中指出，“坚持正确处理改革发展稳定关系，胆子要大、步子要稳，加强顶层设计和摸着石头过河相结合，整体推进和重点突破相促进，提高改革决策科学性，广泛凝聚共识，形成改革合力”。其中的“顶层设计”与“摸着石头过河”在《决定》全篇均有不同程度的体现，只有处理好二者的关系，才能够形成改革合力，形成合力后的社会治理才能够称为现代化的治理。

最能够体现全面深化改革与治理能力现代化建设之顶层设计的决定体现为全面深化改革领导小组的成立和国家安全委员会的设立。《决定》中提出，“中央成立全面深化改革领导小组，负责改革总体设计、统筹协调、整体推进、督促落实”。这既是对全面深化改革与有效治理的组织保障，也是为全面深化改革具体举措的制定而设立的顶层设计平台。同时，中央还设立国家安全委员会，旨在完善国家安全体制和国家安全战略，确保国家安全。在安全事故、治安问题时有出现并关系人民切身利益、关系国家根本利益的今天，设立国家安全委员会有助于及时有效地应对突发重特大安全事故与国家安全问题，能够为全面深化改革与治理能力现代化提供安定有序的社会基础。全面深化改革领导小组的成立与国家安全委员会的设立共同为全面深化改革与治理能力现代化提供了顶层设计平台保证。有了这样的平台，中央在推进全面深化改革以及国家治理体系与治理能力现代化方面都可以更加有效地、有针对性地展开。这是继改革力量建设之后打造的现实可操作平台，是对全面深化改革推进力量的制度性发挥。

国家的顶层设计并不是独断性的，《决定》中始终强调决策的科学性、现实的规范性，同时也进行了“摸着石头过河”的许多考量。《决定》在“全面正确履行政府职能”中强调，“进一步简政放权，深化行政审批制度改革，最大限度减少中央政府对微观事务的管理……直接面向基层、量大面广、由地方管理更方便有效的经济社会事项，一律下放地方和基层管理”。这里体现了中央在简政放权上给了市场、地方和基层政府更大的自主发挥空间。《决定》中还注重加强社会主义民主政治制度建设，在人大工作机制、协商民主与基层民主方面都有新创举，为的是保证人民当家作主，从各层次各领域扩大公民有序政治参与，充分发挥我国社会主义政治制度的优越性。此外，《决定》中还提到“激发社会组织活力”，“适合由社会组织提供的公共服务和解决的事项，交由社会组织承担”。上述多方面的新举措都为各方新探索、新经验的及时总结与反馈提供了发现、提升与共享的渠道，从而可以不断弥补顶层设计中可能存在的不足。

那么，顶层设计与摸着石头过河相结合的做法有着怎样的全球视野与本土特质呢？有学者指出，“规划”是中国政策过程的核心机制，是“中央和地方多层次、多主体之间通过各种互动模式，不断协商、起草、试验、评估、调整政策的循环过程”，是不同于社会主义计划经济、东亚发展国家模式、英美规制国家理论的重新组合各种治理方式的中国特有模式。① 这样的理解有一定道理，不过在我们看来，三中全会所坚持的顶层设计与摸着石头过河相结合的做法并不能简单视为上述的“规划—调整”模式。因为，顶层设计与摸着石头过河相结合的做法中包含着全面深化改革的使命、实现治理能力现代化的目标，因此顶层设计不是简单地直接规划未来，而是在寻求如何更加科学地预测未来、如何更加合理地改变当下、如何更加实在地让人民满意，摸着石头过河也不是简单的调整意味，而是在简政放权、推进社会主义民主、增强社会活力的意义上寻求的有效治理。由此可见，顶层设计与摸着石头过河相结合的做法是在全面深化改革背景下有着本土话语自信的实现决策科学性的重要途径，是推进国家治理体系与治理能力现代化的重要举措。

3. 转型关照：“现实”问题与“目标”问题共思量

当今中国的结构性巨变生发出一系列问题，如民生问题日益突出、不稳定因素不断增加、公共安全问题时有发生等。这些问题是实际社会中存在的，需要有效治理，需要改进社会治理方式。与这些从“实际”中来的

---

① 参见［德］韩博天（Sebastian Heilmann）、［美］奥利佛·麦尔敦（Oliver Melton）：《规划：中国政策过程的核心机制》，载《开放时代》，2013（6）。

问题不同，有一些问题是从“目标”中来的，如“公民社会”、“能动社会”、“民主人权”等概念在国内学界受到广泛关注，一些学者借用这些概念批判中国当下社会，指出中国社会与这些“目标”之间的差距。这种论调是不可取的，因为西方的概念有其存在的历史条件与使命，将其简单移植过来并默认为中国的未来也应如此的做法不但无异于缘木求鱼，更是贻害几代。

《决定》中创新社会治理体制的举措首先是面向现实问题的。针对当前我国面临的社会矛盾问题、公共安全问题，《决定》提出“创新有效预防和化解社会矛盾体制。健全重大决策社会稳定风险评估机制。建立畅通有序的诉求表达、心理干预、矛盾调处、权益保障机制”；“健全公共安全体系”，包括食品安全、生产安全、灾害救助、社会治安、网络管理等多方改革。这就抓住了中国社会治理中现实存在的问题，解决现实中面临的问题，具体问题具体分析，是中国社会治理的首要关照。

同时，中国的社会治理并没有仅仅停留于应对现实问题上，而是体现了未来发展的方向。《决定》中指出，要“激发社会组织活力。正确处理政府和社会关系，加快实施政社分开，推进社会组织明确权责、依法自治、发挥作用”。提出“要坚持党的群众路线，建立社会参与机制，充分发挥人民群众积极性、主动性、创造性，充分发挥工会、共青团、妇联等人民团体作用，齐心协力推进改革。鼓励地方、基层和群众大胆探索，加强重大改革试点工作，及时总结经验，宽容改革失误，加强宣传和舆论引导，为全面深化改革营造良好社会环境”。这些决策体现了我党对社会力量和基层力量的高度重视，为探索一条适合中国国情的治理道路提供了制度保障。

《决定》更用中国梦凝聚社会共识，号召“全党同志要紧密团结在以习近平同志为总书记的党中央周围，锐意进取，攻坚克难，谱写改革开放伟大事业历史新篇章，为全面建成小康社会、不断夺取中国特色社会主义新胜利、实现中华民族伟大复兴的中国梦而奋斗”，从而形成了中国本土自信的目标，为全面深化改革指明了方向。

这种将中国的现实问题与中国的目标问题放在一起来考量的做法展现了中国社会治理的全球视野与本土特质，中央准确地辨识来自西方参差不齐的学说和主张，克服了简单移植，提出并回答了中国社会治理体制改革的“真问题”，实现了兼具全球视野与本土特质的中国“现实”问题和中国“目标”问题的共思量。

（二）良性运行：中国社会治理的模式探索

中国的社会治理在结合全球视野与本土特质基础上，还提出了适合中国国情、有着本土自信的社会治理模式，包括明确提出的“四个治理”原则，以及隐含提出的“攻坚治理”模式。

1.“四个治理”——“理想类型”在中国的落实

三中全会不仅仅一般地提到要在总体上用“社会治理”来代替“社会管理”，而且还全面论述了中国社会治理方式的改进，提出“四个治理”原则，即坚持系统治理、依法治理、综合治理和源头治理。这“四个治理”，就是一般性与特殊性相结合的、适合中国具体国情的社会治理具体制度的框架。

第一，“系统治理”着重解决的是在中国的具体国情下社会治理的主体角色与主体关系问题，即谁领导、谁主导、主体间怎样互动的问题。《决定》指出：“坚持系统治理，加强党委领导，发挥政府主导作用，鼓励和支持社会各方面参与，实现政府治理和社会自我调节、居民自治良性互动。”

在这里，“系统治理”一方面吸取了西方治理定义的核心之点，即由国家力量和社会力量，公共部门与私人部门，政府、社会组织与公民，共同来治理和管理一个社会，明确了要“鼓励和支持社会各方面参与，实现政府治理和社会自我调节、居民自治良性互动”。很显然，“实现政府治理和社会自我调节、居民自治良性互动”的提法，很确切地表达了治理定义的核心之点，表明了社会各方是如何参与、如何互动的：政府要通过有效的治理活动、社会组织要通过有效的自我调节活动、公民要通过有效的自治活动，并通过它们之间的良性互动，来达至对社会的有效治理。这里提到的“自治”并不是“让政府走开”，而是要正确处理与政府的关系；“自治”也不是想做什么就做什么，而是要与政府合理分工，明确政府该做什么、社区又该做什么，这种自治是“政府依法行政，社区依法自治”框架下的自治。这样的自治的实现和自治能力的提高也都有一个培育过程，政府承担着培育、推进社区自治、居民自治的责任。所以，可以简要地说，自治是一种关系、一种分工、一个过程。居民自治能力的提高，是“实现政府治理和社会自我调节、居民自治良性互动”的前提条件之一。

另一方面，“系统治理”又根据中国具体国情，根据我国宪法明文规定的中国共产党的领导地位，强调了“加强党委领导，发挥政府主导作用”。

这一点是最能体现中国化特点的。中国的历史和现实表明，我们在各地的实地调查也证明，当今中国离开“党委领导，发挥政府主导作用”，任何有效的社会治理都是难以想象的。谁看不到这一点，谁就对中国社会的实际运行、特点优势，中国社会与西方社会的不同之处，缺乏真切的了解。这说明，在中国“党委领导，发挥政府主导作用”并不与社会治理相矛盾，而是可以互为前提、相互补充的。机械地照搬西方的治理概念显然是解释不通的，更是无法实行的。

由上述两方面看来，系统治理很好体现了“全球视野”与“本土特质”这两个方面的统一，现代性全球之旅的长波进程和本土社会转型的特殊脉动这两种视野的统一。

西方社会的治理理念与模式是在西方土壤下生发出来的，是对其长期的统治、管理经验的更新和提升，是为其基本制度和国家利益服务的。从借鉴的角度看，必须承认它们包含值得我们借鉴的合理成分，吸收这些合理成分并在中国的土壤里培育，有助于形成后发优势。同时，也得承认，它们不是为中国的特殊国情而设计的，简单移植难以取得成功。当然，即便是合理的成分，仍需要在借鉴中立足于我国基本国情，脱离国情的借鉴努力必将面临失败。这就是说，改进社会治理方式的依据是从现实中来的，而不是从西式蓝图里来的。

第二，“依法治理”着重解决的是社会治理实施的主要依据和手段问题，即主要依据什么、依靠什么来治理的问题。《决定》指出，“坚持依法治理，加强法治保障，运用法治思维和法治方式化解社会矛盾”。

法律是国家意志的体现。法律作为强制性的社会规范，是社会的硬控制手段，是处理国家与社会、国家与群体、国家与公民，以及群体与群体、群体与公民、公民与公民关系的基本准则。法律作为国家的意志，既包含统治的因素，也包含管理的因素，更包含治理的因素。作为更高明的统治形式、更有效的管理形式，社会治理更要有法律根据、法律支撑，法律保障；治理的各个主体都要有法治思维、法治意识，各自的行为都要符合法治方式。

依法治理，既是各国的共识，在中国又有自己的历史传统和现实发展的特点。在我国，依法治理，特别要关注以下几点：一是社会治理的各个主体在实施治理时都要注意自觉维护法治的公平正义。三中全会要求“深化司法体制改革，加快建设公正高效权威的社会主义司法制度，维护人民权益，让人民群众在每一个司法案件中都感受到公平正义”。二是社会治理的各个主体在实施治理时，都有遵守法律的义务，谁也没有超出法律的特权。三中全会强调“坚持法律面前人人平等，任何组织或者个人都不得有超越宪法法律的特权，一切违反宪法法律的行为都必须予以追究”。三是社会治理的各个主体在实施治理时，都要清楚地知道自由不是为所欲为，不是“摆脱政府”；自由是在法律范围内活动，超出法律范围就要失去自由。例如，在交通治理中，“醉驾入刑”是没有商量的。

第三，“综合治理”着重解决的是社会治理实施的其他依据和手段问题，即还要综合运用除法律外的其他手段来治理的问题。《决定》指出：“坚持综合治理，强化道德约束，规范社会行为，调节利益关系，协调社会关系，解决社会问题”。

道德作为非强制性的社会规范，是社会的软控制手段，是处理国家与社会、国家与群体、国家与公民，以及群体与群体、群体与公民、公民与公民关系必须兼顾的重要的深层的准则。对社会治理来说，社会公德、职业道德、家庭美德、个人私德是必不可少的。没有道德约束的治理，绝非善治或良治。没有道德约束的但还没有违反法律的行为，在社会学上叫作越轨行为。综合治理使我们的利益关系既是合“法”的，又是合“义”的，合法而不合义的行为是“缺德”的，也是为人所不齿的。现在社会关系不协调、社会问题频频出现，很多是越轨行为“合法化”的不良后果。“大闹大解决，小闹小解决，不闹不解决”，使老实人吃亏，鼓励越轨行为盛行，对社会风气、对执政基础，都是一种不可忽视的损害。道德在“规范社会行为，调节利益关系，协调社会关系，解决社会问题”上起着自己特殊的、法律不可代替的作用，这种作用，随着社会现代性进程的深入，会越来越重要。

中国社会有悠久的“法治”和“德治”相辅相成的传统。三中全会既强调“依法治理”，又强调“综合治理”，正是这一优良传统的继承和发展。

第四，“源头治理”着重解决的是社会治理的选择次序问题，即不同类型社会治理的优先次序、轻重缓急、标本关系问题。《决定》指出，“坚持源头治理，标本兼治、重在治本，以网格化管理、社会化服务为方向，健全基层综合服务管理平台，及时反映和协调人民群众各方面各层次利益诉求”。

源头治理、治本治理有三个要点：要以改善民生为重点，要强调公共服务均等化，要注重制度安排的公平正义，抓住这些方面不放，才能真正让发展成果惠及全体人民。重在治本，就是要着重在这些根本点上下功夫。但是这并不是说治标可以忽视。所谓治标治理，就是我们过去习惯的应急性治理，以及一些具体的治理方法。无疑地，应对及时有效也是十分重要的，否则要误大事。同时，具体的有效的治理方法、抓手也很重要。如网格化管理这种运用高科技手段的治理方法，基层综合服务平台这种社会治理的具体抓手，都是如此。问题是，我们过去对源头治理重视不够，甚至忽视，没有把治标治理与治本治理有机结合起来。

在实践上，这种标本兼治的社会治理，就是要从源头上预防和减少社会矛盾。从现在多发凸显的社会矛盾看，从燃点多、燃点低的社会问题看，最主要的根源就在经济发展的成果落实不到老百姓的民生福利上。我国劳动报酬占 GDP 的比重从上世纪末开始呈现持续下降的趋势，受两种计算方法影响，比重的具体数值略有差异，结合来看，2008 年、2009 年我国劳动报酬占 GDP 的比重为 46%左右。与发达国家相比，2008 年美国劳动报酬占 GDP 的比重为 56.6%，并长期保持稳定；2007 年瑞士的相应比重在欧盟中最高，为 62.4%；2007 年南非劳动报酬占 GDP 比重为 68.25%。总体而言，我们与发达国家整体水平的差距确实很大。① 应该说，这是最大的脱离群众。这已经发展为政治问题。单靠刚性的强力的手段来维稳，成本很高，收效甚微，甚至造成越维稳、群发事件越多的困境。这是因为没有从根本上解决问题，只是治标。必须有新的治本的思路。这就是增加民生福利，特别是增加老百姓的收入，尤其是低收入群体、弱势群体的收入。这当然不是平分，平均分配是另外一个极端，我们吃过亏，也要避免。

这种情况已经引起党和国家的高度重视。“十二五”规划的主要指标当中，明确了经济增长速度是年均 7%，同时也明确了城乡居民收入增长速度要在 7%以上。

党的十八大提出努力“提高居民收入在国民收入分配中的比重，提高劳动报酬在初次分配中的比重”，并承诺到 2020 年中国居民人均收入要比 2010 年翻一番。这次三中全会更是系统地提出：“形成合理有序的收入分配格局。着重保护劳动所得，努力实现劳动报酬增长和劳动生产率提高同步，提高劳动报酬在初次分配中的比重。健全工资决定和正常增长机制，完善最低工资和工资支付保障制度，完善企业工资集体协商制度。改革机关事业单位工资和津贴补贴制度，完善艰苦边远地区津贴增长机制。健全资本、知识、技术、管理等由要素市场决定的报酬机制。扩展投资和租赁服务等途

① 参见张璐琴：《合理定位政府职责　提高劳动报酬比重》，载《宏观经济研究》，2011 (5)。

径，优化上市公司投资者回报机制，保护投资者尤其是中小投资者合法权益，多渠道增加居民财产性收入。”所有这些措施，在中国社会，其意义是非常深远的。它表明，中国正在大踏步走向以民生为重的社会，改善民生正在一步一步转化为有可操作性的社会治理体制和机制，落实为有可行性的社会政策。

总之，从包含的丰富内容上说，“四个治理”事实上展示了这样六个结合，这就是：治标治理与治本治理相结合；刚性治理与柔性治理（即硬性治理和软性治理）相结合；社会服务与社会治理相结合；社区治理与社会治理相结合；政府主导与多方参与相结合；科学精神与人文关怀相结合。从互动的探索过程来看，“四个治理”涉及高端设计和各级低端设计的关系，中央经验与地方和部门、基层社区经验三个层次的关系问题。

“四个治理”作为三中全会《决定》的一个重要内容，无疑属于我国最高层的顶端制度设计。但是这种顶端设计是以低端实践为基础的。各级低端的实践创新，为上一层甚至最高层制度设计提供富有生命力的经验素材。总结众多社区管理经验和服务体制创新成果而提炼的高端社会治理设计，反过来又指导、推进各级低端制度设计的进一步实践。

2. “攻坚治理”——全面深化改革中的治理亮点

三中全会并未直接提出“攻坚治理”的概念，但是很多地方隐含了这层意思。推进国家治理体系与治理能力现代化是全面深化改革总目标的一部分，在改革进入深水期的情况下，“攻坚治理”是全面深化改革的题中之义。《决定》指出，“当前，我国发展进入新阶段，改革进入攻坚期和深水区。必须以强烈的历史使命感，最大限度集中全党全社会智慧，最大限度调动一切积极因素，敢于啃硬骨头，敢于涉险滩，以更大决心冲破思想观念的束缚、突破利益固化的藩篱，推动中国特色社会主义制度自我完善和发展”。这是我党在立足国情、把脉时局的基础上，对改革阻力和改革必要性的清醒认识。可以说，《决定》提出的社会主义市场经济、民主政治、先进文化、和谐社会、生态文明等系列改革均是力在克服深化改革的种种阻力，力在实现国家治理体系与治理能力的现代化，从而保证全面深化改革的有效推进。

政府与市场的关系是一定时间内中国社会治理的核心议题。如何能够避免政府失灵与市场失灵，形成政府与市场间的良性互动，关系到社会治理体制改革的成败以及中国长期的经济社会发展。为此，《决定》提出“必须积极稳妥从广度和深度上推进市场化改革，大幅度减少政府对资源的直接配置，推动资源配置依据市场规则、市场价格、市场竞争实现效益最大化和效率最优化。政府的职责和作用主要是保持宏观经济稳定，加强和优化公共服务，保障公平竞争，加强市场监管，维护市场秩序，推动可持续发展，促进共同富裕，弥补市场失灵”。三中全会凸显了市场作用，“建设统一开放、竞争有序的市场体系，是使市场在资源配置中起决定性作用的基础”。其中，“使市场在资源配置中起决定性作用”不同于十八大报告中“更大程度更广范围发挥市场在资源配置中的基础性作用”的提法。

三个主体各自的优势和弱点，根源于它们在配置社会资源中的作用各不相同。政府主体主要的责任是制定规则、监管调控、维护秩序、提供公共物品，超出这些领域，它的优势就会丧失，就有可能陷入“政府失灵”；市场主体的作用主要是在经济领域保障供给、实现交换、创造财富、增进福利，超出这些领域，就会陷入“市场失灵”；民间主体的责任主要是公益性和志愿性的领域，虽然它们也能经营，但经营的目的不是利润，而是使做好事的本钱能够保值增值，超出这些领域，也会陷入“社会失灵”。当然，在我国，社会组织这一板块，相对于政府组织和市场组织这两个强势板块还很弱小，目前谈社会失灵还为时过早。正是由于三个主体都有各自越位、错位、缺位、虚位的可能性，都存在各自失灵的可能性，因此，如何避免的问题便顺理成章地提出来了。从上面的引文可以看出，《决定》进一步规范了政府、市场和社会各自的边界，这样更能实现三个主体各自的优势互补，避免它们各自的弱势聚合，从而增加社会运行的正能量，减少社会运行的负能量，也就是我们常说的在社会运行和发展中增促社会进步、减缩社会代价。

围绕政府和市场关系这一核心展开改革部署，进一步简政放权、转变政府职能，强化权力运行制约和监督体系是隐含在全面深化改革中的“攻坚治理”，辅之以民主政治建设和法治建设，构成了中国社会治理的创新模式。区别于“四个治理”常态模式，“攻坚治理”是针对改革阻力与困境而探索的发展战略，以求保障改革的全面深化，让改革成果更多地惠及民众。

“四个治理”和“攻坚治理”可谓各有面向且相辅相成：离开了“四个治理”，中国的社会治理模式就缺少系统性和规范化，缺少长效运行机制；离开了“攻坚治理”，中国的社会治理则难以起到改革目的，结构性问题无法切实解决。两种治理模式的相互支撑与配合才成就了中国全面深化改革攻坚期的治理模式创新。

三、中国话语与中国经验：中国社会治理的精神意涵

我们已经看到，中国的社会治理在全球视野与本土特质的理论视野下，在转型力量、途径和关照上实现了全球视野与本土特质的结合，并探索出了"四个治理"和"攻坚治理"相结合的治理模式。这样的社会治理有着明确的立论背景、时代使命、理论依据，力图科学地回答改革如何推进、决策如何科学、执行如何有效、合力如何形成、问题如何解决、自信如何构建等一系列问题，从而让社会治理与全面深化改革同步进行。在中国推进国家治理体系与治理能力现代化的理论视野与实际举措的背后，中国社会治理有着不同于西方社会治理的丰富意涵。

（一）适应建设型与被动应对型：中西社会治理的不同语境

与西方的社会治理进行比较，我们可以发现中国的社会治理体制改革有着许多不同，很多可以说是本质区别。在西方，善治和治理理论的兴起与发展源于一些现实因素，一方面是因为公民社会或民间社会（civil society）的日益壮大①，另一方面起因于管理危机，政府无力也无法满足复杂多变世界中人民的需要②。在中国，这两方面因素在严格意义上都是不成立的。中国民间社会确已不断壮大，但并不是西方意义上的公民社会，中国的民间社会少有与国家对抗的政治意味，中国历史传统中长期形成的是国家与社会合作的关系，因此中国民间社会的不断壮大并没有构成对国家管理合法性的质疑，反而在一些领域更加离不开国家的干预。管理危机在中国更是不存在的，虽然社会中也时常出现政府难以满足民众需求的情况，而且改革以来的很长一段时间，中国只有经济政策而没有社会政策③，由此引发的各种负面

① 参见俞可平：《引论：治理与善治》，见俞可平主编：《治理与善治》，11页，北京，社会科学文献出版社，2000。

② 参见［瑞士］弗朗索瓦-格扎维尔·梅里安：《治理问题与现代福利国家》，见俞可平主编：《治理与善治》，108～109页，北京，社会科学文献出版社，2000。

③ 参见王绍光：《从经济政策到社会政策》，见岳经纶、郭巍青主编：《中国公共政策评论》，第1卷，上海，上海人民出版社，2007。

后果确实不断显现，但是称其为“管理危机”还言过其实。中国经济的持续高速增长正是建立在国家推进的基础上，离开了国家和政府的有效管理，中国持续的经济、政治、文化和社会进步是不可想象的。我们不能说中国政府无力或无法满足人民日益增长的物质文化需要，中国社会治理体制改革正是在回答“如何更好地满足”这一问题，国家的干预在某些方面不但没有退出，反而是加强了。在转型期的国家重建上，“中国政府并没有采取退却（retreat）或者收缩（retrenchment）战略，反而是在探索适应（adaptation）战略”①，这在下文的关系结构中更加明显。

不同于西方社会善治与治理理论的现实背景与语境，中国社会治理体制改革是在全面深化改革的全局中做出的战略部署，通俗来讲是一种积极预见性的改革。作为全面深化改革总目标的一部分，国家治理体系与治理能力的现代化要求是为了推进改革的全面深化与顺利进行，最终是为了全面建成小康社会，进而建成富强民主文明和谐的社会主义现代化国家，实现中华民族伟大复兴的中国梦。与西方善治与治理理论进行对比，其中存在的主动与被动、建设性与应对性差别是显而易见的。不单如此，西方善治与治理理论的兴起更多的是站在维护管理权威的立场上的，而中国社会治理体制改革则直指最广大人民的根本利益，社会治理体制本身的完善并不是改革的最终目的。立场上的本质区别反映出中西方在执政党与人民之间关系上的不同。中国共产党与人民的利益是统一的，因此国家与社会的关系也是合作的。

（二）政府担当与社会担当：中西社会治理的不同关系结构

《决定》提出了推进国家治理体系与治理能力现代化的目标，用社会治理替代了社会管理的用法，一方面借鉴了治理与善治理论的可取之处，另一方面又没有停留于治理与善治理论的简单移植与照搬照抄，而是走出了中国本土自信的社会治理道路。一般而言，社会治理更能发挥三大部门或三大主体（政府、市场与社会）的各自优势。但是，如何才能发挥好三大部门的各自优势，如何才能形成三大部门彼此的良性互动呢？正确地回答这一问题，

---

① André Laliberté and Marc Lanteigne, “The Issue of Challenges to the Legitimacy of CCP Rule,” *The Chinese Party-State in the 21st Century: An Adaptation and Reinvention of Legitimacy*, Edited by André Laliberté and Marc Lanteigne, London: Routledge Press, 2008.

需要把握好中国现阶段三大部门的各自优势与劣势，需要明确三大部门实现良性互动的前提条件与运行机制。

如果不正确分析与把握本国国情，再好的理论借用过来也只会以失败告终，拉美社会的“机构改革”困境就是例子，所以不可寻求放之四海而皆准的“善治”标准，需要的是在特定的社会环境下发挥人民的创造力。① 中国的社会治理就是立足本国国情，在科学判断中提炼本土自信，在本土自信中寻求三大部门的良性互动，在良性互动中推进改革的全面深化，最终都是为了最广大人民的根本利益。

在转型力量方面，因为涉及原有利益格局的调整，市场与社会无力推进改革的进行，所以国家尤其注重在改革的推进力量与规范力量方面下功夫，充分发挥党总揽全局、协调各方的领导核心作用，以党的先进性与纯洁性为推进改革的政治保证，将社会的力量引入到对改革力量的规范当中，保证改革的顺利有效进行，隐含提出了“攻坚治理”的模式。在转型途径方面，国家和政府无法事先充分了解和设定人民日益增长的物质文化需要，因此，中央在加强改革之顶层设计的同时，首次提出市场在资源配置中的决定性作用，注重调动市场力量与社会力量，形成对顶层设计的重要补充。在转型关照方面，一方面立足社会矛盾化解、公共安全防范、三大主体良性互动等现实问题，另一方面用“中国梦”凝聚社会共识、确立转型方向，在现实问题与目标问题共思量的基础上，提出和回答了中国社会治理的“真问题”。

中国社会治理体制与西方的社会治理模式有着不同的关系结构。中国社会治理体制的改革是党委领导、政府主导的，中国社会治理体制是决策科学、民主监督、各方力量充分调动的，这种社会治理体制是立足中国国情、有着本土自信的道路选择。在改革攻坚期，在现代市场经济中，国家必须是强势而且高效的，这样才能对市场力量进行制衡，既防止其挑战国家的权力，又防止其侵害社会的利益。② 中国社会治理体制改革中三大部门所形成的关系结构有助于发挥各方力量的优势，形成良性互动的改革合力。

中国社会治理模式中三大主体的关系结构可以概括为“政府担当”，不

---

① 参见［法］辛西娅·休依特·德·阿尔坎塔拉：《“治理”概念的运用与滥用》，见俞可平主编：《治理与善治》，30页，北京，社会科学文献出版社，2000。

② 参见马骏：《改革以来中国的国家重建：“双向运动”的视角》，见马骏、孙麾、何艳玲主编：《中国“行政国家”六十年：历史与未来》，37页，上海，格致出版社、上海人民出版社，2012。

同于西方的“社会担当”结构。这种关系结构的形成是多种因素共同使然，历史、观念、现实、目标等因素都决定了中国的社会治理和全面深化改革离不开“政府担当”。国家一方面需要简政放权、转变政府职能，但在推进国家治理体系与治理能力现代化问题上，在掀动利益固化藩篱的时候，“政府担当”的重要性是毋庸置疑的。就现阶段而言，中国社会治理模式中三大主体的关系结构还应该保持“政府担当”型。

（三）新型现代性与旧式现代性：中西社会治理的不同发展方向

从中国社会治理不同于西方社会治理的特定语境与关系结构可以发现，中国社会治理是一项积极的、建设性的、有着本土社会关怀、具有本土道路自信的改革盛举。这样的改革盛举反映在全面深化改革的总目标中，就是推进国家治理体系与治理能力现代化。显然，这里的“现代化”并不是西方理论框架下的现代化范式，而是有着中国现实关照与本土自信的理论话语，它揭示了中国社会治理体制改革不同于西方社会治理的发展方向。

西方社会治理理论所普遍认同的发展方向就是“善治”（good governance），那么何为善治呢？善治就是使公共利益最大化的社会管理过程，其本质特征在于政治国家与公民社会对公共生活的合作管理。① 其实“善治”概念具有很大的模糊性，由于概念本身已经包含了“善”的意涵，所以很难说它是错的。不过细究其中的逻辑可以发现，虽然“善治”概念追求的是政治国家与公民社会对公共生活的合作管理，但合作的基础却是建立在西方公民社会的政治抱负以及社会与国家对抗关系的基础之上，换句话说，西方社会的治理模式是在斗争基础上构建的合作关系。建立在斗争基础上的合作管理虽然可以实现，但何种情况为公共利益最大化的决定性因素却是各方力量的孰强孰弱，什么样的治理模式是“善治”最终是由国家与社会对抗的结局而定。虽然以公共利益最大化为指向有一定的合理性，但是公共利益受制于各方力量强弱且缺少对未来的关照，“善治”只能说成是当下的“善治”，而非持续的长久的“善治”。总之，西方的社会治理仍然是囿于国家与社会对抗关系前提下的、以应对政府失灵与社会失灵为现实目标、以各方力量对抗

① 参见俞可平：《引论：治理与善治》，见俞可平主编：《治理与善治》，8页，北京，社会科学文献出版社，2000。

与磨合为达成途径的治理模式，“善治”不过是掩盖国家与社会之间力量对抗的唯美幌子。

相反，中国社会治理体制改革提出的推进国家治理体系与治理能力现代化的目标，是建立在国家利益与人民利益一致、政治国家与民间社会合作共赢基础上的，即区别于西方旧式现代性的新型现代性。它首先强调科学执政，使党和政府承担起推进改革的应有重任，同时强调民主执政与依法执政，让改革的推进力量与规范力量并行。这种敢于担当的做法不同于西方社会以民主为托词的治理模式，国家的合法性与改革的合法性是建立在人民“有感增长”的基础上。没有全面深化改革和对资源的合理配置，如何体现最广大人民的根本利益呢？单纯依靠市场力量与社会力量参与资源分配与治理模式的达成，其实质是在排斥广大人民分享改革盛果，目的是在维系原有利益格局。

中国的社会治理正是力在充分发挥中国的国家与社会利益一致、合作关系的固有优势。之所以称其为固有优势，一方面是因为中西国家利益的本质不同使得中国的国家与社会合作关系有着固有的先天优势，另一方面是因为中国社会转型中在推进经济发展的同时社会付出了较大代价，原有的先天优势亟须挖掘出来。中国社会治理体制改革要发挥好国家与社会利益一致、合作关系的固有优势，立足中国历史、现实与未来，形成三大部门良性互动的关系模式，增促社会进步，缩减社会代价，为中华民族的伟大复兴贡献力量。

四、结　语

十八届三中全会为中国的社会治理开了个好头，我们正在走向社会治理的中国社会。抓住中国社会治理的全球视野与本土特质，明确治理体制创新的问题面向、理论依据与模式亮点，理解中国社会治理的特定语境、关系结构以及发展方向，才能够正确贯彻落实中央《决定》，才能够在全面深化改革攻坚期切实推进国家治理体系与治理能力的现代化。

笔者曾多次指出，整个“中国经验”由中央经验、地方和部门经验、基层经验三个层次构成。在三个层次的实践创新和探索中，中央经验是“中国经验”的核心、灵魂和指导。地方和部门经验、基层经验的重要性则在于它们共同构成了“中国经验”一个个亮点、一个个支点，作为中央经验的基础，共同支撑着中央经验。《决定》中提出的社会治理设想、方案、模式无疑属于中央经验的一部分，它的丰富与实践尚需地方和部门经验以及基层经验的探索与提炼，由此就引出了下面的各个章节。

［兴教育人］

第二章　教育领域社会治理体制改革与教育公平

奂平清*

党的十八届三中全会通过的《中共中央关于全面深化改革若干重大问题的决定》提出全面深化改革的总目标是完善和发展中国特色社会主义制度，推进国家治理体系和治理能力现代化。这不仅是国家改革的总目标，同时也是深入各个领域改革的总要求。加快推进治理体制的改革也是深化教育领域综合改革的重要内容和目标，要围绕教育治理体系改革、教育治理能力提高，深化教育综合改革；通过深化教育综合改革，实现教育事业科学发展；通过教育事业科学发展，更好地促进教育公平、调整教育结构、提高教育质量，为打造中国经济升级版、全面建成小康社会提供坚强有力的人才支撑和智力支持。① 加快教育体制改革，促进教育公平，也是当前中国社会治理的重要内容和任务。

---

* 奂平清，中国人民大学社会学理论与方法研究中心、社会学系副教授。参加本章编写的还有谢宇，中国人民大学社会与人口学院博士研究生。

① 参见袁贵仁：《加快推进教育治理体系和治理能力现代化》，见中国政府网，http://www.gov.cn/gzdt/2014-02/16/content_2605760.htm，2014-02-16。

一、现阶段我国教育公平面临的挑战与应对

(一) 当前我国教育公平突出问题

截至 2013 年，我国教育规模位居世界首位，52.3 万所学校遍布城乡，在校学生 2.6 亿，占全国总人口的 1/5。① 目前，我国已实现九年免费义务教育全面普及，进入高等教育大众化、学前教育快速发展、职业教育取得重大突破的阶段。随着我国经济社会转型进入关键期，人们对教育公平的关注也越来越高，解决好教育公平的热点难点问题，不仅是办好人民满意的教育、保证平等接受教育的前提，而且是实现中国梦的重要支柱。

当前我国教育公平与人民群众的期待还有很大差距，教育公平问题突出表现在以下几个方面：

1. 教育资源配置不公平

教育资源是在长期的文明进化和教育实践中所创造积累的教育知识、教育经验、教育技能、教育资产、教育费用、教育制度、教育品牌、教育人格、教育理念、教育设施以及教育领域内外人际关系的总和。教育资源配置则是指上述各种资源在各种不同的使用方向之间的分配。只有选择合理的、高效的教育资源配置方式，才能使有限教育资源的开发利用达到最佳效果。②

我国当前教育资源配置不公平主要表现在地区之间、城乡之间和校际之间资源的配置不公平上。其一，由于我国东中西部地区之间发展的差距，地区之间在教育资源上的差距仍然较大。其二，在城乡教育资源配置方面，长期以来我国就存在城乡教育资源配置差距过大的情况，城市教育经费投入多，而农村教育资源短缺。而且，随着城市化进程的加速，城乡人口布局发生很大变化，但教育资源没有进行重新分配，从而使得教育资源与人口布局

① 参见陆勇：《袁贵仁解读促进教育公平的路径》，见央视网，2013-10-15。

② 参见郑杭生：《抓住社会资源和机会公平配置这个关键》，载《求是》，2013 (7)。

无法统一。特别是农民工聚居的城乡接合部，其教育资源本来就处于劣势，又要承受众多农民工子女的教育任务。公办学校与民办学校资源不对称问题明显，由此更凸显城乡教育差距。其三，校际之间资源配置不平衡，择校难仍是社会热点问题。对重点学校教育资源投入过多而对普通学校投入不足，导致社会对优质教育资源的高度追求与激烈竞争。自 20 世纪 90 年代以来，随着我国大中城市中择校现象的逐渐显现和普遍化，各级政府和教育主管部门出台了一系列政策对择校问题进行规范治理①，近年来，国家大力推进义务教育均衡发展，取消重点校制度，切实改造薄弱学校，但是重点校长期积累的名牌效应仍然存在，学校之间的差距短期内难以完全改变，择校问题依然严重，不仅引发了义务教育阶段学校不规范的办学行为，而且阻碍了区域义务教育的均衡发展。

2. 阶层间教育资源配置不公平

阶层之间的差距和贫富分化也体现在教育资源的获取与占有上，阶层间教育资源配置不公平也是社会不公平的重要原因和表现形式之一。例如，当前在阶层间教育公平问题上，农民工子女教育问题仍是焦点问题，大部分农民工并没有被市民化，也没有更强的经济能力为其子女提供较好的教育资源，这导致农民工子女被边缘化而不能与城市居民子女享受同等质量的教育资源。当前，如何保障弱势群体受教育的权利，是教育公平的重要问题之一。目前，我国流动人口随迁子女、留守儿童、残疾儿童等弱势群体受教育权利的问题依然突出。随迁子女（包括大部分农民工随迁子女）接受义务教育问题虽然得到初步解决，但随迁子女完成义务教育后在当地参加升学考试问题，以及他们的城市社会融合等问题还依然突出。农村接受教育的留守儿童在安全、学习、情感等方面存在的问题，都使得他们成为城乡二元体制的权益受损群体。残疾儿童的特殊教育仍是各级各类教育的薄弱环节。

3. 教育政策不公平

教育不公平的影响因素是复杂多样的，但政策性因素往往是教育不公平的主要原因，往往也是引发社会不公平感的主要因素。这方面的问题主要体现在教育资源配置、招生制度与政策等方面。例如，改革开放伊始，国家“集中精力办好重点学校”的倾斜政策至今仍在延续，在某些方面甚至表现

① 参见中国教育科学研究院：《我国当前十大教育热点问题研究》，载《基础教育参考》，2011 (9)。

出愈演愈烈的趋势，重点学校与一般学校之间的巨大反差又进一步加剧了择校等教育领域的社会治理困境。在招生政策方面，分省市按计划集中录取的高校招生体制，在一定程度上造成了地区间招生的不均等。另外，在社会流动加快和城市化的背景下，各地相关异地高考政策都表现出较强的社会歧视性倾向，各地均通过设“门槛”，如考生户籍、在当地就读时间、合法稳定住所、父母合法稳定工作、社会保障证明等条件对流动人口子女的入学进行限制。

4. 就业所折射的教育不公平

在以教育和学历作为就业筛选机制的现代社会，教育的不公平会直接导致就业不公平。虽然就业除受教育程度因素的影响外，还与家庭社会资本等因素有密切的关系，但在地区之间、城乡之间和校际之间教育不公平的条件下，一个人的家庭经济社会地位和社会资本决定了其受教育的程度和质量，从而最终影响到其就业质量。农村居民和底层家庭子女由于受教育程度低或毕业学校知名度低的影响，其就业选择面窄，由此导致就业机会不平等。

（二）创新社会治理体制与教育公平

党的十八届三中全会的《中共中央关于全面深化改革若干重大问题的决定》（以下简称《决定》）提出了“深化教育领域综合改革”总体要求，明确了教育改革的攻坚方向和重点举措，在全面深化改革特别是推进社会事业改革创新方面，把深化教育领域综合改革摆在突出位置。创新社会治理体制，充分发挥多元主体的作用，有利于教育事业科学发展，有利于办好人民满意的教育。

当前我国教育的主要矛盾已从“有学上”转变为“上好学”，教育公平问题一直是社会各界热议的话题。推进教育治理体系，就是要适应国家治理体系和治理能力建设，根据教育发展的自身规律和教育现代化的基本要求，以构建政府、学校、社会新型关系为核心，形成政府宏观管理、学校自主办学、社会广泛参与的格局。

首先，政府需要在推进社会治理、促进教育公平方面发挥主导作用。一方面，政府要加大教育资金投入，把教育支出作为政府财政支出的重要项目；另一方面，要通过完善教育法律和制度来保障城乡、区域等教育公平，完善助学金和助学贷款制度，切实规范升学入学，制止择校乱收费和有偿补课乱收费等问题；此外，还要通过推进政府治理方式的改革，改善教育公共服务，政府适当放权，鼓励社会各界力量积极投身教育事业。

其次，要发挥学校在教育体制改革中的关键作用。推进教育治理体系和治理能力现代化，必须把学校作为基本立足点，建立以学校持续健康发展为导向的工作机制，最大程度地激发学校作为教育“细胞”的活力。① 学校要注重完善自身内部治理结构，明确学校内外部权利义务关系。同时制定合理章程，按照统一部署，推进高校章程制定和核准工作。学校应积极发挥自身特色，在办学理念、模式、方法上有自己的选择，以促进素质教育的发展，激发学生创造力，避免应试教育扼杀学生的创造力，提高人才培养和社会服务能力，同时也给家长更多选择的空间。在处理学校与家庭、社会的矛盾时，应不断提高服务意识和服务能力。

此外，要发挥好社会在教育体制改革中的监督作用。教育公平问题治理的实质是要把评价权和监督权更多地交给社会，要落实公众对教育的监督权和评价权，形成独立于政府之外的有效的教育监督和评价。②

二、2013 年我国教育公平进展状况

2013 年是教育领域贯彻落实党的十八大以及十八届三中全会精神的重要一年。教育公平仍然是 2013 年教育工作的重点。首先，我国不断深化对教育制度政策的改革，保证为教育的公平发展构建制度和政策基础，确保从学前教育到职业教育的教育过程的公平性；其次，以教育制度改革为基础，对教育资源进行合理的分配，使区域之间、城乡之间和校际之间进一步实现均衡发展；此外，为全面推进素质教育而对考试招生制度进行深入改革，从而达到培养全面发展的高素质人才的目的。2013 年我国教育公平改革与进展主要表现在以下方面：

---

① 参见袁贵仁：《加快推进教育治理体系和治理能力现代化》，见中国政府网，http://www.gov.cn/gzdt/2014-02/16/content_2605760.htm，2014-02-16。

② 参见《构建社会共同参与的教育治理体制》，见新浪博客，http://blog.sina.com.cn/s/blog_492471c80102e570.html。

（一）教育公平的制度和政策不断完善

无论是教育机会的不公平，还是教育过程或教育结果的不公平，都与相关的教育制度和政策不无关系。为了推进教育公平的进程，需要对现有教育制度政策进行改革，从源头保证教育的公平性。

1. 有效推进教育公平进程

教育部部长袁贵仁在 2013 年全国教育工作会议上的讲话提出，必须深化教育领域综合改革，确保重点领域和关键环节取得实质性突破。主要内容包括五个方面：一是坚持正确方向，沿着正确道路推进；二是突出体制机制，增强改革合力；三是突出热点难点，聚焦改革重点；四是突出目标责任，务求改革实效；五是突出以开放促改革，切实提高教育开放水平。教育部也为教育公平的制度政策改革制定了深化教育领域综合改革的意见，该意见作为教育部“一号文件”印发。从研究生教育投入机制改革全面完善，到县域义务教育均衡督导评估正式启动；从“减负十条”两次征求意见，到全国统一学籍信息管理；从教育管理体制改革蓄势待发，到考试招生制度改革路线图、时间表呼之欲出①，这些改革让民众看到了党和国家坚持教育改革的决心，也降低了民众的教育不公平感。

2. 深化研究生教育投入机制改革

2013 年 2 月，国务院做出了《关于完善研究生教育投入机制的意见》，研究生教育投入机制和收费政策逐步趋向于明朗化。该意见的内容主要包括三个方面：一是完善财政拨款制度，中央财政及地方财政都要建立研究生生均综合定额拨款；二是完善研究生奖助政策体系，设立研究生国家奖学金，将研究生普通奖学金调整为国家助学金；三是建立研究生教育收费制度，取消公费、自费“双轨制”，向所有纳入国家招生计划的新入学研究生收取学费。② 对研究生教育投入机制的改革表明我国的教育公平进程已经实现了稳步前进。

3. 义务教育改革进入新的开端

长期以来，我国对于义务教育的发展停留在普及问题上。在义务教育的

---

① 参见中华人民共和国教育部：《扬鞭催马新开局——2013 年深化教育领域综合改革述评》，见 http://www.moe.gov.cn/publicfiles/business/htmlfiles/moe/s5147/201312/161475.html。

② 参见李凌：《研究生收费改革的“鲇鱼效应”》，载《中国教育报》，2013-05-02。

普及目标已经达到的今天，义务教育有向更深层次的方向发展的要求。从“普及义务教育”向“均衡义务教育”的发展，是新的时代背景下的要求。义务教育不公平主要体现在城乡之间的不公平，义务教育均衡发展强调城乡之间均衡发展，教育资源合理分配。因此，实行县域义务教育均衡督导评估具有现实意义。2013 年，县域义务教育均衡督导评估工作取得成效。例如吉林市到 2013 年完成了对 60 个县（市、区）评估验收的任务，共抽查乡（镇）133 个，城乡小学、初中 806 所。可以说初步均衡的目标和主要任务已基本上完成，也为全面推进县域义务教育基本均衡发展奠定了坚实的基础。[①] 教育部从 2010 年起着手建立全国中小学生学籍联网系统以实行动态追踪管理。2013 年 9 月 1 日教育部宣布全国将建立统一的学籍信息管理制度，实行全国学生“一人一号”，统一编码终身使用。目前系统已基本建成中小学生学籍联网系统，在未来将实现全国从小学生至大学生的学籍联网系统。这一举措无疑将为推进教育公平奠定良好的基础。随着流动人口的增加，相应的社会问题也暴露出来，转校生、随迁子女的升学和留守学生的辍学、失学问题不断被激化，也引起广泛的社会关注。因此，建立全国统一的学籍信息管理系统有利于对全国学生进行动态监管和全程跟踪，有效预防和减少辍学、失学的现象发生，有利于国家和政府合理配置教育资源，实现人人享受良好教育的权利，在教育机会上保证公平。

（二）学前教育不断发展

在教育部发布的 2013 年工作要点中，明确提出要加快转变教育发展方式，推进各级各类教育协调发展，首先要办好学前教育。2013 年我国学前教育发展取得了重要成绩，一是通过提出新的思路和制定相关发展方案明确学前教育的发展方向；二是通过增加对学前教育发展的投入，增加了学前教育资源。

1. 教育公平从学前教育开始

办好学前教育，意味着要提高学前教育普及程度，要科学保教，办出水平，保证学前教育既能够体现教育公平，又能够保证有质量的教学，给予儿

① 参见吉林省政府教育督导团办公室：《县域义务教育基本均衡发展督导评估的基本思路与工作设计》，见吉林教育督导网，2013-08-27。

童优越的启蒙教学，促进儿童“快乐生活、健康成长”。各省市根据各自的实际情况提出了学前教育发展新思路，解决了学前教育在发展中遇到的重点和难点问题。

2. 教育均衡从学前教育开始

2013年教育部深入实施三年行动计划，进一步加大投入，重点支持中西部地区改扩建幼儿园、增设附属幼儿园。① 目前，学前教育的普及率在地区间差距还很大，东部经济发达区学前教育的普及率较中西部地区相对要高。增加对中西部地区学前教育的资金投入，缩小东中西部地区间的差距，实现地区之间的均衡发展，是国家促进教育公平的重要方面。为全面解决学前教育发展问题，中央财政下拨2013年学前教育发展专项资金160.3亿元，主要用于辅助东部贫困地区、中部和西部地区发展学前教育，并支持普惠性民办幼儿园的发展，帮助农民工随迁子女、家庭经济困难及孤残幼儿接受学前教育，着力解决“入园难”问题。早在2011年，国家就已经开始拨款用于学前教育，努力构建公益普惠的学前教育公共服务体系。各省市也响应国家的号召，加强学前教育投入力度，例如2013年新疆投入1.6亿元支持学前教育发展。

（三）区域、城乡、校际义务教育均衡发展

我国1985年颁布的《中共中央关于教育体制改革的决定》提出普及九年义务教育，1986年颁布《中华人民共和国义务教育法》，到2000年底，全国85%的人口所在地区基本实现了普及九年义务教育。② 在此期间我国经历了义务教育非均衡发展时期、义务教育从非均衡发展向均衡发展过渡时期、义务教育均衡发展时期这三个时期。2010年发布的《教育部关于贯彻落实科学发展观进一步推进义务教育均衡发展的意见》中提出“把均衡发展作为义务教育的重中之重”，义务教育成为推进教育公平的基础。教育部2013年工作要点中明确提出了均衡发展义务教育工作的重要任务部署，并

---

① 参见袁贵仁：《在2013年全国教育工作会议上的讲话》，见中华人民共和国教育部网，http://www.moe.gov.cn/publicfiles/business/htmlfiles/moe/moe_176/201301/147151.html。

② 参见阮成武：《我国义务教育均衡发展政策的演进逻辑与未来走向》，载《教育研究》，2013（7）。

明确指出了如何均衡发展义务教育，逐步缩小区域、城乡、校际间的差距，推进教育公平的进程。在2013年，均衡义务教育的发展步入了新的阶段，同时也取得了一定的成果。

1. 义务教育均衡发展的政策不断完善

2013年，各地在党和国家的指导下根据本地的情况制定了义务教育均衡发展的相关配套政策，重点关注农村留守儿童义务教育工作的进展。从总体上看，全国在义务教育均衡发展政策制定方面都有一定程度的进展。以广东省为例，根据《国务院关于深入推进义务教育均衡发展的意见》（国发［2012］48号），出台了《关于推进我省教育“创强争先建高地”的意见》（粤府［2013］17号），就深入推进义务教育均衡优质标准化发展提出了相关意见。① 意见明确提出几个方面的任务：一是要明确目标责任，切实把深入推进义务教育均衡优质标准化发展摆到重要位置，要求在2018年以前实现100%的义务教育均衡发展；二是加快推进义务教育学校标准化建设，全面改善义务教育办学条件；三是加大扶持力度，保障特殊群体平等接受义务教育，其中主要服务人群包括随迁子女、农村留守儿童、残疾儿童少年和贫困家庭子女；四是通过严格规范办学行为和深化教育教学改革，着力加强内涵建设，从而促进广东省素质教育上新台阶；五是教育经费的投入是促进教育公平的基础，必须加强经费保障和工作督导，确保工作落实到位。

2. 义务教育区域发展的平衡

根据义务教育均衡发展的指导，需要开展义务教育基本均衡县（市、区）评估认定工作，并要研究制定省级义务教育均衡发展工作考核评价暂行办法，开展对省级政府义务教育均衡发展工作的考核评价。国务院教育督导委员会办公室发布了关于2013年义务教育均衡发展督导评估报告，公布了对于各省市进行相关内容评估的结果。从对各省市的评估结果看，总体上全国各省市的均衡发展义务教育工作在不同程度上都具有成效。

义务教育是教育公平的起点，实现了起点的公平才能为高等教育的公平打下良好的基础。虽然现阶段不能全面实现义务教育均衡发展，但是已经能够基本实现部分地区的义务教育均衡发展，未来在不断的深入发展下将会达

① 参见《广东省人民政府办公厅转发省教育厅关于深入推进义务教育均衡优质标准化发展意见的通知》，见广东省人民政府网，http://zwgk.gd.gov.cn/006939748/201308/t20130814_395661.html，2013-08-05。

到全国义务教育均衡化的目标。

（四）义务教育逐步向高中阶段延伸

与义务教育的普及率相比，我国当前高中教育的普及率还较低。延长义务教育年限能有效保障公民发展性权利。第一，延长义务教育年限，有利于为公民终身学习奠定牢固基础，为其成年后进一步开展学习创造更好的条件。第二，延长义务教育年限有利于为适龄学生参与高等教育提供平等的竞争机会和公平的发展机会。第三，延长义务教育年限，给“弱势群体”子女提供更平等的发展机遇，有助于增强其自身未来的发展能力。高中教育分为中等职业教育和普通高中教育两种，多样化的高中教育模式符合我国转型时期的基本国情，因此，在较长的时间内将始终坚持两种方式的运作，并在此基础上对普通高中教育进行改革，让普通高中教育向多样化发展。现阶段仍然将普通高中作为改革重点，这样一方面能够为国家储备高素质人才，另一方面也顺应了时代的发展需求。

党和国家始终保持加快普及高中阶段教育的改革目标。2013年教育部发布《关于推动普通高中多样化发展的若干意见》，对普通高中多样化改革提出了明确的方向，要求对课程、培养方式、高考招生制度和办学体制等方面进行深化改革，各省、自治区、直辖市也响应中央的号召，制定整体改革政策，深化改革。近年来，深圳等发达地方已经在探索将学前教育及普通高中阶段教育纳入义务教育。

（五）职业教育领域全面改革

《国家中长期教育改革和发展规划纲要（2010—2020年）》指出，到2020年，要形成适应经济发展方式转变和产业结构调整要求、体现终身教育理念、中等和高等职业教育协调发展的现代职业教育体系，满足人民群众接受职业教育的需求，满足经济社会对高素质劳动者和技能型人才的需要。① 2013年教育部工作要点也提出构建现代职业教育体系，加快发展现

① 参见唐高华：《基于大职业教育理念的现代职业教育体系构建》，载《职业技术教育》，2011（22）。

代职业教育，并指出职业教育主要从六个方面进行改革：

一是提高现有职高院校的整体办学水平，完善中高职之间的衔接体系。这就要求中高职之间不是简单的“学历嫁接”，而是从课程上相衔接。目前重庆市就中高职衔接进行了全市调研，提出了构建中高职衔接体系存在的问题以及改革所面临的难点问题，并从理论上提出了相应的解决办法，这为实践中高职衔接体系奠定了理论基础。

二是引导部分地方本科院校向应用技术类型高校转型，加快缓解高校毕业生就业问题。现阶段部分地区的高校与政府、企业达成共识，地方高校要为当地经济发展服务，培育能够适应当地经济发展水平和当地企业行业所需要的专业技术型人才，从而能够适应当地的产业升级和新技术的发展。2013年6月，35所定位于应用技术类型高校的地方本科高校发起成立了应用技术大学（学院）联盟，截至2014年3月，已有超过百所地方高校申请加入。①

三是将产教融合、校企合作贯穿体系建设全过程。高校人才培养的目的主要应是为产业转型和行业企业发展服务。为了能使毕业生适应整个经济社会的发展，更好地为企业所服务，应该推动企业参与高校教育，将自身需求和企业理念贯彻到教学中。并且，需要积极推进学历证书和职业资格证书“双证书”制度，使高校在培养课程的设置上更能适应职业需求和产业需求。例如，温州职业技术学院多年来探索实践开放办学改革，产教合作办二级学院、办特色专业，校企合作办实训基地、办研发平台，取得自身发展和服务当地的互惠共赢，走在全省和全国前列。② 这在一定程度上能够解决我国当前毕业生就业困难的问题，缓解社会矛盾并促进我国构建社会主义和谐社会的进程，达到双赢的目的。

四是构建职业教育内部的衔接体系以及职业教育与普通高等教育之间的双向衔接。建立职业教育内部开放以及职业教育与普通高等教育之间的双向开放，有利于拓宽我国学生受教育的道路，为广大学生提供多次选择再教育，以及寻求多种深造方式的机会，为我国的发展储备高素质人才。不过，

---

① 参见《教育部副部长鲁昕：建设现代职业教育体系》，见新华网，http://news.xinhuanet.com/2014-03/24/c_126305589.htm。

② 参见《我院“产教融合、校企合作”改革受省委政策研究室充分肯定》，见温州职业技术学院新闻网，http://www.wzvtc.cn/show/20/8798.html。

目前双项衔接还处于初步建立阶段，需要长期推行职业教育改革才能真正建立起现代职业教育体系。

五是加强社会资源的投入。现代职业教育改革需要社会各界的支持，同时也需要社会资源的投入。建设现代职业教育体系，要推进“管、办、评”相对分离，形成政府宏观管理、学校自主办学、评估引导推动的共同合力。要扩大职业院校在招生考试、专业设置、教师聘用、人事管理等方面的自主权，推动职业院校面向经济社会需求自主办学。① 为适应时代和市场经济的发展，应该允许多种股份制、混合所有制等方式的多元主体参与办学，一方面能够吸引多种社会资源的投入，增强办学力度；另一方面能够促进民办职业教育的发展，从而起到在办学的同时引进多种理念的作用，推动职业教育向创新型方向发展。

六是培养专业型职业农民。发展职业教育还必须重视发展面向农村的职业教育，培养新时期的现代化的职业农民。目前我国农村与城市经济未能实现平衡发展，我国大部分农民处于老龄化、低素质的状态，使农村经济的改革发展遇到了瓶颈，所以为了实现社会主义现代化发展，必须改变农民的现有状态，培养高素质专业型职业农民，运用现代科学技术改造农村。

（六）农民工随迁子女教育环境得到改善

自 1978 年我国实行改革开放以来，国家逐步放宽了对人口流动的限制，流动人口的数量逐年增加。农民工是我国城乡二元结构下的产物。2013 年，全国农民工总量为 2.69 亿人，其中外出农民工 1.66 亿人。② 随着农民工人口数量的增加，农民工随迁子女的教育问题也成为我国推进教育公平进程中亟待解决的问题。据统计，在这些流动人口中，随迁子女在 3 000 万人以上，农民工随迁子女的失学率高达 9.3%。③ 近年来，农民工随迁子女已经得到政府、社会各界和相关部门的重视，其中针对农民工随迁子女教育问题颁布了相关法律政策，如 2001 年《国务院关于基础教育改革与发展的决

① 参见鲁昕：《建设现代职业教育体系》，见新华网，http://news.xinhuanet.com/2014-03/24/c_126305589.htm。

② 参见人力资源社会保障部：《2013 年全国农民工总量 2.69 亿人》，见人民网，http://politics.people.com.cn/n/2014/0220/c1001-24416101.html，2014-02-20。

③ 参见张真理：《流动人口随迁子女教育问题简析》，载《法制与社会》，2013 (1)。

定》、2006 年《国务院关于解决农民工问题的若干意见》、2006 年新修订的《中华人民共和国义务教育法》和 2013 年教育部发布的教育工作要点等都对农民工随迁子女教育问题提出了解决办法，对其受教育权利提供了法律保护。

目前，农民工随迁子女教育问题已成为推进我国教育公平进程中亟待解决的重点问题，在实际操作过程中存在部分问题未能解决，主要体现在三个方面：

一是农民工随迁子女入学难的问题。农民工随迁子女入学难的问题主要集中在义务教育阶段，部分城市农民工随迁子女和城市居民一样主要依据“划片、就近、免试”的原则入学，但由于农民工子女没有城镇户口，因此入学需要准备“四证”，包括入学儿童父母（或其他法定监护人）的经商证明或经劳动部门备案的务工证明（均要求 1 年及以上）、暂住证（暂住 1 年及以上）、户口簿及身份证（升入初中的学生，报名时还应出示小学完成证书），此外还需要交纳借读费和赞助费，其中私立学校所交纳的费用要高于公立学校。因此也造成部分农民工子女难以入学。究其主要原因在于，首先，城市教育资源紧缺，导致了农民工子女入学困难。虽然现阶段义务教育已经实现普及，但是当大部分流动人口拥入城市时，造成城市人口压力过大，城市的教育资源无法惠及所有人口，因此学校往往以证件不齐全和名额已满为由拒绝农民工子女入学。其次，义务教育“地方负责，分级管理”的政策导致农民工子女教育经费难以落实，农民工子女在城市上学很难享受“两免一补”政策。农民工子女要交纳借读费和赞助费等额外的费用无疑会加重农民工家庭的负担。

二是农民工子女就读学校教学质量低。农民工具有较强的流动性，因此农民工子女被迫跟随父母游走于不同学校之间，造成了农民工子女教育无法具有衔接性。另一方面，许多随迁农民工子女只能就读于农民工子弟学校，而农民工子弟学校的办学条件差，师资力量以及教学设备质量低，无法保证农民工子女的教学质量，这就加剧了教育的不公平。

三是对于农民工子女教育问题的相关教育政策滞后。农民工子女教育问题是我国在社会转型期迫切需要解决的问题，虽然国家制定了相关的教育政策，但是这些政策对农民工子女教育困境的化解来说还具有一定的滞后性。所以在未来较长的时间内，国家需要致力于相关政策法规的制定和执行，以从根本上化解矛盾。

要解决农民工及其随迁子女教育问题，在中央和国家层面，需通过政府协调，实现区域经济、社会和教育的协调发展，从教育系统内外的改革入手，立足于城乡区域公平，创设良好的教育生态环境，通过逐步调整高等教育区域布局，综合协调教育、就业、人口和户籍等众多体制的改革，渐进地向考试公平的理想目标努力，在区域公平和考试公平之间寻找一个动态的、适度的平衡。[①] 农民工是建设国家和构建社会主义和谐社会的重要力量，农民工子女作为新生代流动人口是国家的储备力量，农民工随迁子女教育问题是推进教育公平进程和社会发展的重要环节。因此，解决农民工随迁子女教育问题应该作为我国当前教育领域社会治理的核心任务之一。

（七）家庭经济困难学生资助体系建设

家庭经济困难学生就学问题是推动教育公平进程的重要环节。从学前教育到高等教育，家庭经济困难学生人数众多，造成的社会影响大，因此受到党和政府以及社会各界的广泛关注。健全国家资助制度，鼓励社会捐资助学，扶助家庭经济困难学生完成学业，建设适合我国现有国情的家庭经济困难学生资助体系，是我国家庭经济困难学生资助体系建设的基本做法。

目前家庭经济困难学生资助体系建设的主要问题存在于几个方面：一是家庭经济困难学生难以界定。对于家庭经济困难学生的认定标准分为四类，包括一般困难、困难、特殊困难和临时困难四类，虽然对于每类经济困难学生都有明确的界定，但是在实践中难以操作。原因在于区域之间经济发展水平差距大，如东部地区经济发展水平明显高于中西部地区，这就使不同地区之间对于贫困的定义出现分歧，因此仅凭当地所出示的证明难以区分贫困类型，这就给困难学生的认定造成了困难。二是高校扩招贫困学生增加，但是资助金覆盖面狭窄。虽然国家为高校学生设置了奖学金、助学金、勤工俭学、国家助学贷款、临时困难补助、学费减免等多元化的资助体系，但是并没有明确说明参与评奖的学生范围。贫困学生能够参与到资助金的竞争中，但并非所有贫困学生都能够得到获得资助金的机会。三是社会对于家庭经济困难学生的资助力度不足。虽然社会其他组织或机构对贫困学生开展例如“一对一”的帮扶或者奖学金的项目，但是由于组织和机构没有对此项目投

① 参见刘敏等：《进城务工人员随迁子女就地高考问题的思考》，载《中国考试》，2012（6）。

入更多的关注，资助金的运转无法满足需求。许多学校虽然为贫困学生设置了勤工俭学部门，为贫困学生提供劳动补贴，但是也往往因为部门设置不健全，同时也可能出现资金不足的状况，导致部分学生难以得到经济上的援助。四是缺少对于家庭经济困难学生资助的相关政策，目前关于高校家庭经济困难学生资助的法规主要体现在《中华人民共和国高等教育法》、《国务院关于建立健全普通本科高校高等职业学校和中等职业学校家庭经济困难学生资助政策体系的意见》（国发［2007］13号）及其他相关法规上，然而以上法规更多地体现国家及高校在学生资助工作中所应承担的责任，对于资助主客体的权利义务关系以及相关的行政及民事关系均未提及，关于社会对贫困学生的资助也没有明确的法律政策进行规范和明确权利与义务，这不利于社会对贫困学生的帮助与支持。

（八）考试招生制度改革呈现新亮点

党的十八届三中全会《决定》确定了高考招生改革的大方向，2013年全国近20个省份不同程度地放开随迁子女就读地高考，教育部完成制定考试招生总体方案。考试招生制度改革呈现出一些新气象。

1. 建立健全义务教育免试就近入学的制度

全国各地把义务教育招生入学工作作为全面深化教育领域综合改革的关键环节，作为教育系统贯彻落实十八届三中全会精神的具体举措，作为党的群众路线教育实践活动的重要内容，在调查研究的基础上，制定政策，解决难题，在招生入学工作方面有所突破。这一政策针对“择校热”现象，通过小学到初中对口直升、地区合理划分和新学校连贯直升等方式，缓和社会矛盾，促进教育公平。不过，这一改革对于农民工随迁子女教育问题而言并没起到实质性的作用，教育资源仍然向城市居民倾斜。

2. 推进高中阶段招生考试制度改革

党的十八届三中全会《决定》专门提出了考试招生制度改革，《决定》明确考试招生制度改革的顶层设计是我国教育考试招生制度系统性综合性最强的一次改革，将显著扭转应试教育倾向，更加有利于促进学生健康成长、科学选拔人才、维护社会公平，彰显有教无类、因材施教、终身学习、人人成才的理念，为亿万学生提供多样化的学习选择和成长途径，搭建符合基本国情的人才成长“立交桥”。在初升高考试中，需要以初中考试水平和综合评价作为入学的招生条件，而不是将入学成绩作为唯一的评价标准。近年来，各省市在这方面取得了一定的成效，制定出对学生全面的考察标准，促进了各地教育公平的发展。

3. 建立健全适合高等职业教育特点的“文化素质＋职业技能”考试招生制度

21 世纪的社会是需要大量不同类型人才的社会，2013 年的改革主要从高考改革出发。将高考一分为二，分别面向技能型人才和学术型人才的考试招生的政策，如今正处于探索阶段，预计至 2017 年推广实施。高考制度改革将对考试评价制度和招生录取制度进行系统设计，建立起分类考试、综合评价、多元录取的现代考试招生制度。此次改革包括建立健全适合高等职业教育特点的“文化素质＋职业技能”考试招生制度。

4. 改革统一高考，建立普通本科综合评价、多元录取机制

改革统一高考，建立普通本科综合评价、多元录取机制是维护教育公平的重要体现。近年来，教育领域的体制改革重点解决教育公平问题，突出地体现在出台异地高考新政，抓住教育资源和教育机会公平配置这个关键，追求流动人口包括农民工子女异地参加高考的合理性、协调性和公平性。人们也期待在异地高考政策的制定与执行过程中解决教育资源配置和教育机会公平问题。① 有分析认为，最高教育主管部门乃至更高的国家权力机构才是“异地高考”的解决者。②

5. 建立有利于创新型人才和高层次应用型人才选拔的研究生考试招生制度

研究生考试招生制度改革是一个系统工程，需要从考试招生管理体制到考试形式、考试内容等方面全方位展开。创新型人才和高层次应用型人才选拔的研究生考试招生制度主要包括探索专业学位与学术学位研究生分类考试、扩大培养单位和导师团队的招生自主权及建立博士研究生“申请—考核”录取制度等。

6. 增加社会成员接受多样化教育的机会，建立多种学习成果转换认定制度

教育的发展为社会成员接受多样化教育提供了新的契机，各种先进技术

① 参见谢宇等：《教育公平视野下的异地高考新政思考》，载《复旦教育论坛》，2013（5）。
② 参见孙志远：《“异地高考”前瞻——政策过程的视角》，载《高教探索》，2013（1）。

经验以多样方式在迅速传播，从而拓宽了社会成员的文化视野，增加了其社会流动机会。因此，亟须拓宽社会成员接受各级各类教育的渠道，为各行各业在工作岗位上取得优异业绩的在职人员提供接受高等教育的机会。建立学习成果认定、积累与转换制度的主要目标是促进不同学习成果间的沟通与衔接，为学习者继续学习提供多次选择机会，满足个人多样化的学习和发展需要。

三、创新教育领域社会治理体制，切实推进教育公平事业

党的十八届三中全会着眼于维护最广大人民的根本利益、增强社会发展活力，为我国创新教育领域社会治理体制提供了理论和实践意义上的指导。

创新教育领域社会治理体制，要始终坚持“求真务实、育人至上、学术创新、服务人民”的办学理念，以“办人民更加满意的教育”为宗旨。在创新教育领域社会治理体制中必须坚持人民主体地位、发挥人民主人翁精神、尊重人民首创精神，最广泛地动员和组织人民积极投身教育领域的社会治理中，实现政府治理和教育自我调节、学校与社会的良性互动；促进教育资源城乡统筹，教育公共事业和社会公益事业相互补充、共同发展；创新教育为了人民、依靠人民、成果由人民共享的机制。

创新教育领域社会治理体制的目的在于推进教育公平事业。坚持教育的公益性和普惠性，把促进公平作为国家基本教育政策，是促进社会公平的重要基础性任务。

创新教育领域社会治理体制要求改革治理方式。一是要坚持系统治理。从源头治理、标本兼治、重在治本，到社会化和网络化教育、信息化支撑、教育社会化服务，健全教育创新平台。二是要加快构建以法律、道德规范调节为手段的教育领域社会治理方式。全面推进依法治教和依法治校，坚持用规范管理维护教育公平，探索教育行政执法体制机制改革，完善督导制度和监督问责机制；实施好考试招生“阳光工程”，建立和完善高校毕业生就业服务体系；坚持以发展促公平，以改革促公平，以政策支持促公平，不断满足人民群众日益增长的多层次、多样化教育需求。

［社会保障］

第三章　迈向“普惠·整合型”社会福利制度

李迎生*

基于社会政策学理，结合国际经验与中国实际，建立“普惠型”社会福利制度是一种必然趋势。当前我国正处在构建“普惠型”社会福利制度的关键时期。“基本公共服务均等化”的提出为中国构建“普惠型”社会福利制度提供了可行性与操作空间，“整合模式”可以作为中国实现“普惠型”社会福利制度的路径选择。以“整合模式”构建中国“普惠型”社会福利制度，“基本公共服务”中的“基本社会福利”内容可以设计为全民共享项目，逐步实现全国统一；超越“基本社会福利”内容的一般项目，或者说在短期内尚难实现统一的社会福利项目，可以在城乡、人群、地域、阶层等之间保持一定的差异。为推动中国“普惠·整合型”社会福利制度建设，应当实现中国社会政策范式的全面转型。

---

* 李迎生，中国人民大学社会与人口学院及社会学理论与方法研究中心教授、博士生导师。

一、引　言

早在上世纪中叶，沃伦斯基（Harold L. Wilensky）和莱博克斯（Charles N. Lebeaux）在其出版的《工业社会与社会福利》一书中，以美国的社会变迁及福利制度的变迁为例，根据国家在社会福利供给中的职能，将社会福利制度区分为“补缺型”（residual）和“制度型”（institutional）两种类型。[①] 这是对福利制度的经典划分方式之一。“补缺型”社会福利重视家庭和市场的作用，强调依靠家庭和市场来提供个人所需的福利待遇，即只有当家庭和市场的作用失灵而难以提供个人所需的福利待遇时，国家和政府才会承担相应的责任。与此相对，“制度型”社会福利则重视国家和政府的作用，认为国家对于个人的福利需求负有不可推卸的责任，主张依靠国家和政府通过一整套完善的法规制度体系，提供个人所需的社会福利。稍后，英国学者蒂特马斯（R. M. Titmuss）等人提出普惠型福利和选择型福利[②]的划分，强调普惠型社会福利是一种面向全民的社会政策，旨在提升全民的福利水平。[③]

“补缺型”社会福利起源于1601年英国颁布的《伊丽莎白济贫法》，通常被认为是与工业化初期阶段相联系的社会福利发展模式，它以自由主义思想作为理论基础，认为自由竞争是资源配置的最佳方式，市场经济是实现社会福利的有效途径，国家对于市场的干预只会降低资源配置的效率，损害社会福利的最大化，因而主张国家仅对市场化进程中生活困难的居民实施最低限度的福利保障。二战以后，西方社会福利模式过渡到“制度型”或“普惠

① Harold L. Wilensky and Charles N. Lebeaux, *Industrial Society and Social Welfare*, New York: Russell Sage Foundation, 1958.

② Titmuss, R. M., *Commitment to Welfare*, London: George Allen and Unvin (first published 1968), 1976, pp. 129, 115; Collard, D., “The case for universal benefits,” in D. Bull (ed.), *Family Poverty*, London: Duckworth, 1971.

③ 关于“普惠型福利”和“选择型福利”的详细解释，参见 Pratt, Alan, “Universalism or Selectivism? The Provision of Services in the Modern Welfare State,” in Michael Lavalette & Alan Pratt (ed.), *Social Policy: A Conceptual and Theoretical Introduction*, London: Sage Publications, 2001。

型”，“福利国家”的普遍建立是其基本标志。“普惠型”社会福利认为贫困源于社会而非个人，享受全面的高水平的福利保障是全体公民的一项基本权利。①

中国改革发展进入21世纪以来，随着“科学发展观”的提出，由过去偏重GDP增长的“效率优先，兼顾公平”的发展模式开始向经济社会协调发展的模式转变。在“十二五”规划中，中央已明确提出要坚持把保障和改善民生作为加快转变经济发展方式的根本出发点和落脚点。这表明，中央在经济快速增长的同时已清醒地意识到正在显露的社会矛盾和社会问题，并积极加大了对民生问题的投入和解决力度。

在上述背景下，2006年，中共十六届六中全会明确提出要“建立覆盖城乡居民的社会保障体系”，明显区别于以往城乡有别的“补缺型”福利发展思路。十七大更进一步，提出“加快建立覆盖城乡居民的社会保障体系”。十八大将实现“社会保障全民覆盖”作为全面建成小康社会的基本目标之一。十八届三中全会提出要“建立更加公平可持续的社会保障制度”，其主旨涉及社会保障制度的更深层次的普惠（基于公平的普惠）问题。同样也是在2006年，民政部副部长窦玉沛第一次明确提出了“适度普惠型”福利制度的建设构想。② 其后民政部及不少地方政府也相继提出各自的“适度普惠型”社会福利建设构想（主要针对老人和儿童），表现出对“适度普惠型”福利模式的认同。

在学术界，由于对“社会福利”理解的不同，学者对中国社会福利制度改革的目标定位尚存分歧，如郑功成等学者对中国社会保障制度的发展定位提出了系统的看法，但其所界定的社会保障更多是指社会保险制度兼及社会救助制度。③ 而长期关注社会福利问题的学者，更多也是在民政部提出了构建“适度普惠型”福利制度之后，就如何构建的问题提出了不同的看法。景天魁认为中国目前仍应坚持“底线公平”的福利模式，不以追求福利最大化为目标，而应以经济发展与社会福利的均衡为目标。王思斌、彭华民、代恒猛等则认为，中国应坚持“适度普惠”的福利模式，在兼顾与经济发展的适

① 参见代恒猛：《从“补缺型”到适度“普惠型”——社会转型与我国社会福利的目标定位》，载《当代世界与社会主义》，2009（2）；尚晓援：《“社会福利”与“社会保障”再认识》，载《中国社会科学》，2001（3）。

② 参见窦玉沛：《中国社会福利的改革与发展》，载《社会保障研究》，2006（2），5～9页。

③ 参见郑功成主编：《中国社会保障改革与发展战略》（1～4卷），北京，人民出版社，2011。

应性基础上追求有条件的福利最大化。几位学者的共性在于，均强调了中国发展普惠型社会福利的前提是福利必须与中国经济发展水平相适应，福利制度目标定位处于普惠型和补缺型之间，是一种相对弹性的普惠定位。其差异在于，王思斌强调的是一种面向全民、致力于建构满足公民基本生活主要方面而非高级需求的福利模式①；彭华民则认为应当从以国为本的福利制度真正转向以公民需求为本的福利制度②；代恒猛则强调的是一种城乡统筹基础上的普惠型福利制度③。

综观决策界和学术界对中国社会福利制度改革目标定位的认识，笔者认为目前尚存几大问题：第一，就社会福利的概念而言，决策界所指的“社会福利”，以民政部为代表，通常仅指我国习惯意义上狭义的“社会福利”，即指主要面向老人、儿童、残疾人等社会特殊群体的福利④，而不包括社会保险。决策界所讲的“社会保障”，以人社部为代表，通常主要是指社会保险，又不包括习惯意义上狭义的“社会福利”。学术界的讨论大致因循了决策界的传统。第二，对福利制度改革目标定位的时限把握存在基本认识上的差异，存在将近期目标与长远（基本）目标相混淆之嫌，无论是政府，还是学术界，迄今大多是从近期目标来讨论社会福利制度改革的，很少有人涉及长期（基本）目标。第三，对“适度”到底如何把握尚无有效对策，更多是从经济发展的可承受角度来谈，这就很容易在以中庸之道著称的中国文化下成为各级政府“无为”的一种托辞。由此可见，目前中国还未从理论上真正厘清中国社会政策改革的目标定位，对实际的社会福利制度建设极为不利，也难以与国际对话，甚至由于对“福利”理解的歧义及政府部门划分的分野，国内的相关对话也难以有效进行。

促使笔者对中国社会福利制度改革目标再思考的动因还有一点，就是本人一直以来关注社会福利问题的研究，并提出过一些著名的观点或思路，但过去大多是在社会保障的范畴下讨论的，且更多地关注“城乡整合”，这些

① 参见王思斌：《我国适度普惠型社会福利制度的建构》，载《北京大学学报》（哲学社会科学版），2009（3），58～65页。

② 参见彭华民：《论需要为本的中国社会福利转型的目标定位》，载《南开学报》（哲学社会科学版），2010（4），52～60页。

③ 参见代恒猛：《从“补缺型”到适度“普惠型”社会转型与我国社会福利的目标定位》，载《当代世界与社会主义》，2009（2）。

④ 参见窦玉沛：《中国社会福利的改革与发展》，载《社会保障研究》，2006（2），5～9页。

成果是重要的，在学术界、决策界乃至舆论（媒体）界都产生了一定的影响，但终究存在片面性，不利于中国社会福利制度的整合与长远发展。

基于以上分析，笔者认为，基于建立统一的社会主义市场经济体制的需要，这里讨论的“福利”应是广义的“福利”，是适应我国社会转型要求的，同时又是与国际接轨的。上述的讨论，无论是“覆盖城乡的社会保障制度”，还是“底线公平式”福利制度，抑或“适度普惠型”福利制度，都是十分具有启发性的创见，但这些提法难以涵盖福利制度的复杂内涵，其操作是存在难度的，给实际部门在福利建设上的不作为或作为不到位留下了空间，也不利于福利制度的整合与学术对话。因此，应当旗帜鲜明地提出我国社会福利制度改革的目标就是要建立一种“普惠型”社会福利制度。至于这种福利制度怎样建立，实际部门自然会根据具体国情、地情加以掌握。这种制度是一种什么样的模式，是采取“碎片式”，还是“统一式”，抑或其他模式？笔者认为采取“整合式”比较合适。在接下来的内容中将做进一步的阐述。

二、“普惠型”社会福利制度是中国社会政策改革的目标

我国在计划经济时期实行的是一种类似西方学者所谓“补缺型”的福利模式，这种福利制度在城乡、群体、地域、部门、阶层等之间存在较大差异，且这种情况在改革开放以来一个较长时期内并未明显改变，在某些方面反而进一步强化。显然，从发展市场经济与追求社会公平的要求来说，上述情况背道而驰，因而必须加以改变。那么，我国究竟应当建立一种什么样的福利制度，或者说，我国社会福利制度建设的目标究竟是什么？笔者认为，无论是从社会政策的学理上，还是鉴于西方经验，抑或是基于中国实际，建立一种“普惠型”社会福利制度是必然趋势。

（一）公民社会权利：建立“普惠型”福利制度的理论基础

在现代社会，公民社会权利观的确立是社会福利思想的重大变革，它使社会福利从以往的慈善救济中解放出来，实现了从人道主义到公民福利权的

现实超越。[①] 这一超越体现了从慈善救济到制度福利，或从消极福利到积极福利的转变。这一超越的重要性还在于，它确认了福利权之于公民的合理性，并由此确立了国家和政府之于社会政策的主体责任。

最早提出社会权利概念的是英国伦敦政治经济学院的社会学家马歇尔教授（T. H. Marshall，1893—1981）。1949 年，他在以经济学家马歇尔（Alfred Marshall，1842—1924）冠名的“社会学讲座”上做了题为《公民权利与社会阶层》的讲座，细致梳理了英国自 17 世纪以来的公民权发展。

作为 19 世纪同凯恩斯和李嘉图等学者齐名的著名经济学家，马歇尔（Alfred Marshall）试图用经济学来分析社会不公平，并于 1873 年在《工人阶级的未来》中就“工人阶级如何成为绅士”的问题提出了教育权普及化这一解决方案。与经济学家马歇尔的“教育绅士论”相比，社会学家马歇尔指出，“公民地位”才是工人阶级绅士生活的本质。他亦学亦官，不仅从理论层面奠定了公民权利在福利国家建设中的理论基础，更积极推动了公民社会权在全世界的广泛传播。1966 年社会学家马歇尔担任了联合国教科文组织社会科学部主任等公职，通过《经济、社会及文化权利国际公约》推动和普及了包括社会保障权、家庭权、健康权和受教育权等内容在内的公民社会权利。

本质上，两位学者都认为社会不公、贫富差距等问题可以通过资产阶级的内部调节得以解决，即民族国家可以在不破坏市场体系效力的情况下改善资本主义社会的阶级对峙和冲突状况。只不过，社会学家马歇尔试图以权利的普遍化来对结果的不平等纠偏，以此部分消除资本主义市场持续运作所产生的社会分化。在他看来，公民权利由民事权利（civil rights）（自由及在法律面前平等的权利）、政治权利（political rights）（选举与参加政治过程的权利）和社会权利（social rights）（基本福利与充分参与社会事务的权利）三大要素构成[②]，每一个要素都由一整套权利以及一整套使这些权利得以施行并服务于这些权利的制度所组成。民事权利提供了保障市场经济成功运作所必需的自由；政治权利通过民主选择的理念，提供了保证市场体系持续性的合理支撑；而社会权利的实现能够在很大程度上促进社会融合、社会

---

① 参见钱宁：《从人道主义到公民权利——现代社会福利政治道德观念的历史演变》，载《社会学研究》，2004（1），46～52 页。

② 参见［英］彼得·德怀尔：《理解社会公民身份：政策与实践的主题和视角》，4 页，北京，北京大学出版社，2011。

成员的共同归属感，并有助于推动更好地实现公民的民事权利和政治权利。其贡献在于，社会权利被纳入与基本民权和政治权利一样不可缺少的公民权序列位置，使教育、健康和养老等权利成为全民共享的权利。正如社会学家马歇尔在《公民权利与社会阶层》中针对公民权利三要素的发展所阐释的，"民事权利归于 18 世纪，政治权利归于 19 世纪，社会权利归于 20 世纪……是可能的"①。然而，相较于民事权利和政治权利，公民社会权利的实现面临着更多现实性的挑战，其实现的代价也要远远高于前两者，如福利支出的经济来源、立法的有效支撑等。而且，实现社会权利所需的经济资源在很大程度上受制于政治意愿。

社会学家马歇尔认为，社会阶层间的不平等虽难以完全根除，但只有在确立了平等的公民权基础上，不平等才是可以被接受的。同样，在代表费边社会主义的蒂特马斯（1907—1973）看来，基于国家之上的普适的公民福利权不仅仅是保障公民需要的最佳途径，而且是在工业化和现代化进程中促进社会融合与平等的可行方式。②

在公民社会权利的理论支撑下，二战后的主要发达国家普遍进行了福利国家建设，积极促成了社会政策在 20 世纪的迅猛扩张。通过保障每一位公民平等的福利资格，公民社会权利在一定程度上缓和了资本主义社会劳动力商品化和人的异化之间的内在矛盾。而且，通过将福利国家的福利支出以法律的形式固定下来，它从根本上明确了国家在福利供给中的主体责任。③ 更为重要的是，公民福利权要求社会政策不再停留于简单的基本需求满足，而是要求其在推动公民形成一种导向自主的能力和国家对公民提供福利的可行责任间寻求平衡的能动性。④ 这就意味着，以人为本、可持续的社会政策才是现代民族国家化解市场乌托邦所引发风险的有效工具，同时它又是保障并实现公民社会权利的核心途径。

---

① ［英］莫里斯·罗奇：《重新思考公民身份——现代社会中的福利、意识形态和变迁》，17 页，长春，吉林出版集团有限责任公司，2010。

② 参见［英］彼得·德怀尔：《理解社会公民身份：政策与实践的主题和视角》，56～57 页，北京，北京大学出版社，2011。

③ 参见郑秉文：《社会权利：现代福利国家模式的起源与诠释》，载《山东大学学报》，2005（2），1～11 页。

④ Levine D. P., *Welfare, Right, and the State*, Shanghai: Routledge Advances in International Political Economy, 2008, pp. 120-121.

（二）福利国家建设：西方主要发达国家社会政策实践的启示

众所周知，社会政策包含学术研究和社会行动两条发展主线。以学术研究为发展主线的社会政策尽管直到 1871 年才正式被冠以科学的概念，但以社会行动为发展主线的社会政策其实早在 1601 年《伊丽莎白济贫法》颁布之时就已预示了它的萌蘖。只是在 19 世纪以前，西方的社会政策实践是以人的自然权利论为出发点的，它因无法调和个人主义的利己性和人道主义的利他性之间的内在矛盾而常常陷入困局。[①] 直至第二次工业革命时期，社会政策才在德国被率先正名并发展成为现代民族国家不可分割的组成部分。

在本质上，社会政策受制于资本主义的经济发展。反过来，就如何在工业社会谋求解决社会整合和社会秩序的问题，西方主要发达国家均历史性地选择了社会政策这一路径，并在建构中逐步表现出一定的趋同性。

第一，普及型的政策对象。在覆盖对象上，西方福利国家的社会政策表现出从选择型到普及型的共同转变。德国在二战后将政策保护对象从单一的社会大生产中的贫弱阶层覆盖至农业工人、家庭佣仆和学徒工等对象在内的全体民众。[②] 同样，以英国为代表的发达国家在治理《贝弗里奇报告》中所谈及的“五大巨人”——贫困、疾病、愚昧、肮脏和懒惰问题的过程中逐步奠定了凯恩斯福利国家社会政策的普享原则。除了必要的收入审计外，普惠型的社会政策不涉及任何其他标准，如性别、种族、宗教、阶层等，均等地覆盖到每一位公民。尽管在 20 世纪 70 年代的福利国家危机中，西方发达国家在福利收缩过程中一度出现了对普享原则的背离[③]，但在周期性经济危机的影响下，就连以法人市场经济福利国家著称的美国在历经重重阻力后也于 2009 年通过了旨在扩大覆盖范围和提高服务质量的医疗改革方案。

第二，整合型的政策框架。随着公民社会权利在 20 世纪的大发展，西方国家普遍加快了福利国家的建设进程，社会政策从原来只注重对最基本需

① 参见［英］弗利登：《权利》，45 页，台北，桂冠图书股份有限公司，1998。

② 参见沈琴琴：《德国社会保障状况及其对劳动力市场的影响》，载《欧洲》，1999（4），89～93 页。

③ 参见［加］R. 米什拉：《西方福利模式的改革趋势：日益背离普享原则》，载《国外社会科学》，2008（3），18～25 页。

求的满足转向了更深层次，即以社会上大多数人的生活水平作为福利提供的标准，逐步架构起以反贫困、教育、医疗、就业、养老、住房等为内容的统合框架。这种统合性一方面体现为政策在面向不同社会群体时的相对统一；另一方面体现在政策之间的对话与联结。就后者而言，如教育、医疗补助、就业培训等被逐渐整合至相对一体的反贫困政策框架内，避免了因政策的分割性而产生的政策矛盾与资源内耗。又如建立于罗斯福新政时期的“抚育未成年儿童的家庭援助政策”（AFDC），它就曾因政策的线性思路致使美国社会出现了严重的福利依赖和负激励问题[①]，最后经由 1996 年《个人责任和工作机会协调法案》将工作与福利整合起来。尽管它在政策对象的脱贫上仍面临着严峻挑战[②]，但这一具有指标性意义的政策因其较好地整合了工作—福利而成为整合型政策框架的典范。

第三，多元化的政策主体。社会政策的核心议题是弥补根本性的社会分化和减少社会不平等。无论是英国的旧济贫法还是德国的社会保险法，国家都是社会政策中公认的行动主体，这从瓦格纳对社会政策的定义中可管窥一二——“运用立法和行政的手段，以争取公平为目的，清除分配过程中的各种弊害的国家政策”[③]。随着福利国家的发展，无论是学术研究还是社会行动层面，社会政策的主体均发生了显著变化：从社会行动看，社会政策被视为一种中性的或趋于中性的功能化的工具，而非政府的专利[④]；而从社会政策学科发展的范式转向来看，社会政策已从单纯的政府决策向着多个社会主体共同决策转变[⑤]。

第四，发展型的政策取向。发展型社会政策对社会变化的主动关注和社会变革的积极倡导使其旗帜鲜明地区别于以往任何一种政策范式，体现出其特有的内涵。它注重对国家主义、个人主义、平民主义的整合，从而激发了独特的社会发展战略，推动了整体性社会政策的形成，故被视为一种更加积

① 参见孙志祥：《美国的贫困问题与反贫困政策述评》，载《国家行政学院学报》，2007（3），94～97 页。

② 参见郭俊岩：《美国工作福利政策的形成与转化：以 AFDC 改革为例》，载《台湾社会福利学刊》，2010，8（2），117～159 页。

③ 曾繁正：《西方国家法律制度社会政策及立法》，165 页，北京，红旗出版社，1998。

④ 参见杨团：《社会政策的理论与思索》，载《社会学研究》，2000（4），16～26 页。

⑤ 参见杨团：《社会政策研究范式的演化及其启示》，载《中国社会科学》，2002（4），127～139 页；［英］金斯伯格：《福利分化——比较社会政策批判导论》，1～2 页，杭州，浙江大学出版社，2010。

极且激进的"制度型"福利范式。[①] 这是因为：一方面，它明确了国家对公民的福利责任，积极践行着政府在社会福利中的统筹者与监管者角色；另一方面，它肯定个人在社会生活中的根本作用和中心地位，强调通过保障每一位公民参与市场经济的平等机会和培养公民的独立自主能力来发挥个体的自主性；最后，发展型社会政策十分注重社区在政策形成、实施和修改等过程中的积极角色，强调发挥本地社区之信仰、文化、惯习的整合功能。

第五，可持续的政策路径。归根结底，福利国家建设的目标在于促成经济社会和人类自身的可持续发展。而政策的可持续性一方面源于经济的良性发展和稳定的财政投入，另一方面则立足于对政策对象基本需求满足和自主能力激发的平衡。前者是世界各国社会政策建设的焦点，而后者在资产社会政策的发展中得到了充分体现。自 20 世纪 90 年代美国建立和发展个人发展账户以来，以资产建设为本的社会政策成为许多国家或地区探寻可持续发展之路的一剂良方。资产社会政策是指以收入为基本保障、资产建设为核心机制，通过制度化建设来促进政策对象立足长远目标，进行更多的储蓄和投资，进而使福利接受者在政府的配对供款与个体的能力建设中促进资产积累、提升福祉水平。它构建了相异于收入政策范式的政策模型，创新了既有的政策思路，以一种更大的政策包容性保障穷人的发展权，并致力于推动经济发展与社会发展的协调并进。[②] 因此，无论就政策对象还是就社会的整体发展，资产社会政策都从多元角度提供了可持续的发展路径。

一般认为，福利思想的根本性转变恰好分处于 19 世纪 70 年代以来的三次全球性经济危机时期：19 世纪 70 年代的危机催生了德国俾斯麦式的社会保险、英国的新自由主义、美国的进步主义，20 世纪 30 年代的大萧条产生了德国的法西斯主义福利国家、美国的罗斯福新政、英国的贝弗里奇改革和瑞典的社会民主主义福利改革，而 20 世纪 70 年代的石油危机则引发了对福利国家的诟病与改革。[③] 在此基础上，2008 年以来的金融危机促成了后福利国家改革中的"国家再临"。这一发展历程对其他发展中国家完善社会政

---

① Elliott D., "Social Work and Social Development: Towards An Integrative Model for Social Work Practice," *International Social Work*, 1993, 36 (1), pp. 21-36.

② 参见［美］迈克尔·谢若登：《资产与穷人——一项新的美国福利政策》，177～259 页，北京，商务印书馆，2005。

③ 参见张卓元：《转方式调结构是避开"中等收入陷阱"的正确选择》，载《新华文摘》，2011 (13)，22～24 页。

策具有重要的借鉴意义。

（三）中国现代化与改革发展对社会政策的客观要求

首先，建立“普惠型”社会福利制度是弥合现代化与现代性失衡的必由之路，是顺利实现现代化建设第三步战略目标的现实基础。在现代化的第一步和第二步中，重经济、轻社会的发展战略导致经济发展与社会发展严重脱节，制约了经济社会的全面、协调和可持续发展。回顾中国的体制转型与现代化之路，一方面是 GDP 年均 9%的飞速增长，另一方面却是消费率过低，产业失衡，第三产业发展滞后，生态环境总体恶化，居民收入差距过大。[①]高歌猛进的中国现代化并没有必然引致与之相称的现代性，相反却引发了社会民众的群体断裂、生活满意度下降、信仰缺失等问题。自 20 世纪 90 年代以来相当一段时期的经济增长愈来愈像是“无就业增长”、“不公平增长”；同时，这一时期的改革开放更像是一场“零和博弈”，“富者愈富、贫者愈贫”的行动逻辑导致产生了绝对意义上的“输家”或“赢家”，致使下岗失业和收入分配不公逐步演变为社会不稳定的根源。[②] 这些都有违以人为本和可持续发展的宗旨，有违全面建设小康社会和现代化的基本目标。因此，亟须从体制上、制度上加强经济发展与社会发展的协同性，发挥社会政策在促进经济社会协调发展过程中的关键作用。

其次，建立“普惠型”社会福利制度是增强保护性社会反向运动的内在要求。[③] 改革开放以来的较长一段时间内，中国社会政策始终没有突破经济发展的附庸这一依存模式，严重削弱了其在消弭社会分层与社会不平等中的作用。自新中国成立至改革开放以前，中国社会在城市和农村分别形成了依托“单位”和“集体”的福利制度。纵然是城乡二元分割的福利制度，这一

① 参见张卓元：《转方式调结构是避开“中等收入陷阱”的正确选择》，载《新华文摘》，2011（13），22～24 页。

② 参见王绍光、胡鞍钢、丁元竹：《经济繁荣背后的社会不稳定》，载《战略与管理》，2002（3），26～33 页。

③ 在《大转型》中，波兰尼提出，当一个社会无法疏解由自发调节的市场带来的巨大压力时，来自社会的保护性“反向运动”就必然产生。早在 20 世纪中叶，他就断言，脱嵌的（disembedding）、完全自发调节的市场经济是一项乌托邦建构，因为只有在人类与自然环境也变成纯粹的商品前提下它才能实现。显然，这一逻辑下人类发展的最终结果必然是陷入绝境。因此，在波兰尼看来，只有依托保护性的社会反向运动才能在某种程度上调和市场乌托邦和自由主义所衍生的矛盾。

时期的社会政策在国家的强势主导下提供给民众的福利在群体内部是相对均等的。[①] 然而，随着经济的快速增长，社会福利制度改革却长期处于滞后状态，致使城乡群体、区域群体、行业（职业）群体等不同属群间的福利差异在制度惯性下日渐增大。而且，由于改革开放以来的社会政策在整体上没有突破重事后补救、轻事前干预的取向，政策的有效性和覆盖面都相当有限。尤其是社会保险制度的“碎片化”[②]，已严重制约了其可持续发展的进程。因此，亟待从社会政策的主体（独立）地位、协调统合效力等方面进行突破，以切实提高其在保护性社会反向运动中的行动效力。

再次，建立“普惠型”社会福利制度是推进新型城镇化的需要。党的十八大报告明确指出，我国要坚持走中国特色新型城镇化道路，推动工业化和城镇化良性互动、城镇化和农业现代化相互协调。与传统的城镇化相比，新型城镇化将体现一系列的创新与转型。[③] 首先，它具有以人为本的特征。新型城镇化将人放在城镇化的核心地位，它追求的不仅是城市在“物”的层面的提升，更重要的是要实现进入城市的人由乡到城的彻底转变以及人的需求的公平满足。其次，新型城镇化具有统筹均衡型特征。新型城镇化要改变之前城乡不统筹、大中小城市（镇）发展不均衡的城镇化弊端，实现均衡发展。在城市发展道路上，它鼓励大、中、小城市（镇）协调发展，形成大、中、小城市（镇）协调发展的城镇网络体系。一方面，它鼓励大城市根据既有基础和资源禀赋适当安排人口规模，增长自身的辐射能力，走都市圈、都市带发展之路；另一方面，它又鼓励大力发展中小城市（镇），通过中小城市（镇）来吸纳农业人口。在发展步骤上，新型城镇化要克服之前城乡分裂的状态，由城市优先农村发展转为城乡一体发展，使城市与农村良性互动、相互融合。新型城镇化的上述特征要求有普惠型的福利制度相适应，因为没

---

① 参见吴忠民：《从平均到公正：中国社会政策的演进》，载《社会学研究》，2004（1），75～89页。

② 参见郑秉文：《中国社保“碎片化制度”危害与“碎片化冲动”探源》，载《甘肃社会科学》，2009（3）；郑秉文：《法国高度“碎片化”的社保制度及对我国的启示》，载《天津社会保险》，2005（8）；郑秉文：《从社保模式角度反思英法大罢工——“福利碎片”是改革的障碍》，载《社会科学报》，2006-06-01；郑秉文：《法国“碎片化”福利制度路径依赖：历史文化与无奈选择——2007年11月法国大罢工机记》，见谢立中编：《经济增长与社会发展：比较研究及其启示》，北京，社会科学文献出版社，2008；等等。

③ 关于新型城镇化“新”在何处？参见《人民论坛》2013年第4期刊登的《新型城镇化六个核心问题》等一组文章及相关文献。

有农民工社会福利的市民化，就不可能实现农民工的市民化；没有社会福利制度的城乡整合，新型城镇化所要求的城乡一体化就不能完成。

最后，建立“普惠型”社会福利制度是实现“中国梦”的现实要求。习近平同志在十二届全国人大一次会议闭幕会上的讲话中明确指出：“生活在我们伟大祖国和伟大时代的中国人民，共同享有人生出彩的机会，共同享有梦想成真的机会，共同享有同祖国和时代一起成长与进步的机会。”“我们要随时随刻倾听人民呼声、回应人民期待，保证人民平等参与、平等发展权利，维护社会公平正义，在学有所教、老有所得、病有所医、老有所养、住有所居上持续取得新进展，不断实现好、维护好、发展好最广大人民根本利益，使发展成果更多更公平惠及全体人民，在经济社会不断发展的基础上，朝着共同富裕方向稳步前进。”建立“普惠型”社会福利制度是实现中国共产党“实现好、维护好、发展好最广大人民根本利益”的根本宗旨的必然要求，是“使发展成果更多更公平惠及全体人民”的制度保障。

三、“基本公共服务均等化”为“普惠型”社会福利制度的建立提供了可行性

党的十六届五中全会提出了“基本公共服务均等化”的改革目标。十八大确立了到 2020 年全面建成小康社会的宏伟目标，其中基本公共服务均等化总体实现是这一目标的重要组成部分。可见，实现基本公共服务均等化，是中央近年来在改善民生力度不断加大的基础上，针对我国社会事业发展提出的更高目标要求，必将成为今后一段时期加强社会建设的重要着力点。

1954 年，诺贝尔经济学奖获得者、美国经济学家保罗·萨缪尔森（Paul A. Samuelson，1915—2009）在其《公共支出的纯理论》（The Pure Theory of Public Expenditures）一文中对“公共产品”做出了经典界定。[①] 在该文中，萨缪尔森指出：集体消费产品（collective consumption goods）是指这样一种产品，“每个人对这种产品的消费都不会导致其他人对该产品

① Samuelson，P. A.，“The Pure Theory of Public Expenditures,” *The Review of Economics and Statistics*，1954（36），pp. 387-389.

消费的减少”。萨缪尔森在此定义的集体消费产品就是我们现在所说的纯公共产品。[①] 在1955年发表的《公共支出理论梗概》（Diagrammatic Exposition of a Theory of Public Expenditure）一文中，萨缪尔森使用公共消费品（public consumption goods）一词；在1958年发表的《公共支出理论大纲》（Aspects of Public Expenditure Theories）一文中，他开始使用公共产品（public goods）一词。[②] 阿特金森和斯蒂格利茨指出，“更为一般的情况是，有一类商品具有这样一种性质：（在对该商品的总支出不变的情况下）某个人消费的增加并不会使他人的消费以同量减少”。他们继续举例说，“如果某人在一条很少使用的高速公路上行驶，则这条路对于其他人的利益只有轻微的减少”[③]。这里阿特金森和斯蒂格利茨描述了纯私人产品和纯公共产品中间的第三种类型，可以称为非纯公共产品（impure public goods）或称为准公共产品。布坎南在《民主过程中的财政》一书中，给公共产品下的定义是“任何由集团或社会团体决定，为了任何原因，通过集体组织提供的物品或劳务，都被定义为公共的”[④]。这一广泛的范畴包括了某些萨缪尔森及其他人所说的“纯集体的”物品，也包括了其他物品和劳务，比较全面。

公共产品具有非排他性和非竞争性的特征，决定了政府在公共服务提供方面的责任。但是在政策层面，受财力等诸多因素的约束，政府不可能对所有类别的公共服务和各类公共服务的所有项目实现同等力度的保障，这就需要区分轻重缓急，选择某些处于基础地位的公共服务项目加以保障。因此，根据社会需求的特点将基本公共服务与一般公共服务进行区分成为必要。这种区分凸显了基本公共服务的两个核心特征：第一，回应公众的基础性需求。基本公共服务指的是对社会公众的生存和发展具有基础作用的服务，所满足的是一定经济社会条件下公众基本的社会公共需要，关系到个人的最基本的生存权与发展权。第二，政府要承担提供基本公共服务的主导责任。提供公共服务是政府的基本职责之一，在政府提供公共服务的诸多领域中，相对而言，一般公共服务或非基本公共服务，在提供方式上可以灵活多样，甚至可以交给市场和社会，充分利用市场机制，以满足多层次、个性化的需

①② 参见龙新民、尹利军：《公共产品概念研究述评》，载《湘潭大学学报》（哲学社会科学版），2007（2）。

③ ［英］安东尼·B·阿特金森、［美］约瑟夫·E·斯蒂格利茨：《公共经济学》，619、625页，上海，上海三联书店，1992。

④ ［美］詹姆斯·布坎南：《民主过程中的财政》，13页，上海，上海三联书店出版社，1992。

求。但对于基本公共服务，政府负有义不容辞的责任，要发挥重要的保障作用。①

基本公共服务均等化的实质②，在于政府发挥保障全体社会成员的基本权利的职能，通过深化各方面的改革，建立与完善各领域内的制度体系，在这些制度中，以具有普遍可接受性或可容忍性的基本公共服务结果和机会均等来限制社会的不平等，使社会的权利与义务的分配尽可能地达到公正与合理。其宗旨是要在肯定和确保每一个社会成员的基本权利及其义务和机会自由平等的基础上，对实际存在着的“社会的与经济的不平等”进行普遍有利的合理性调节和再分配，以使社会的和经济的不平等“合乎每个人的利益”，尤其要“适合于最少受惠者的最大利益”③。

“正义是社会制度的首要价值”④，也是推进基本公共服务均等化的核心理念。确立公共服务的基本标准是维护社会公平的重要保障。⑤ 从我国的情况看，近年来，我们已经采取了一系列措施，实施九年义务教育、扩大基本养老和医疗保险以及失业保险覆盖面、解决贫困人口问题等，制定了政府公共服务的最低标准，并取得了显著成效。但是，按照全面建成小康社会目标的要求，还缺乏科学的界定、长远的规划和配套的措施。因此，需要从我国的基本国情出发，进一步制定公共服务的最低标准并纳入法治化轨道。同时，我们还应该根据公共需求和经济社会发展水平，分类制定公共服务标准，包括全面普及和巩固九年制义务教育，确保所有适龄儿童免费接受义务教育；建立健全覆盖城乡的公共卫生和基本医疗服务保障体系，抓紧制定基本药物政策，确保人人享有基本卫生服务；逐步扩大社会保障覆盖范围，合理确定保障标准和方式等。特别要十分重视对社会最低收入群体提供社会救助和社会福利；在最低社会保障、初级卫生保健、义务教育的基础上，以保护贫弱者为重点，扩大公共服务的覆盖面，从而实现人人享有基本公共服务的目标。当前，特别需要研究制定和完善一些重要领域的公共服务标准，如城乡公共设施建设标准、公共教育标准、公共卫生标准、公共安全标准、公

① 参见黄丽华：《论基本公共服务均等化总体实现的政策路径》，载《社科纵横》，2013（1）。

② 参见刘琼莲：《论基本公共服务均等化的实质》，载《教学与研究》，2009（6）。

③ [美] 约翰·罗尔斯：《正义论》，179 页，北京，中国社会科学出版社，1988。

④ 同上书，1 页。

⑤ 参见唐铁汉：《建设服务型政府与基本公共服务均等化》，载《国家行政学院学报》，2008（2）。

共事业标准等，以便公共服务主体按照标准提供公共服务。另外，还要根据经济社会发展及公民对公共服务的新要求，适时调整相关的标准。

根据上述讨论可见，社会福利属于公共产品、公共服务的范畴。前述“普惠型”社会福利制度中的“普惠”，顾名思义，即普遍惠及，与“基本公共服务均等化”的主旨是一致的。因此，中国“普惠型”社会福利制度的建立与“基本公共服务均等化”密切相关，或者说，推进“基本公共服务均等化”为构建“普惠型”社会福利制度提供了现实的可行性。实际上，“建立覆盖城乡居民的社会保障体系”及“适度普惠型”福利制度的建设构想等，就是在中央近年大力推进“基本公共服务均等化”的背景下提出来的。

四、以“整合模式”推进“普惠型”社会福利制度的建立

应当承认，在中央大力推进“基本公共服务均等化”的背景下，近年我国在建立“普惠型”社会福利制度方面取得了重要的进展。针对农村社会保障制度建设长期不足，2003 年新型农村合作医疗制度开始全国试点；2007 年，农村居民最低生活保障制度全面实施；2009 年 9 月，国务院又发布了《关于开展新型农村社会养老保险试点的指导意见》，开始在全国进行“新农保”的试点工作。目前，“新农合”已全面推广，“新农保”在“十二五”期间将实现全覆盖。在城镇，党和政府在继续深化企业职工社会保障制度改革的同时，也在不断尝试创新，力求将更多的（主要是城镇非就业）居民纳入社会保障范围内。根据国务院决定，2007 年起开展城镇居民基本医疗保险试点，2011 年起开展城镇居民社会养老保险试点。这两个项目的推进直接打破了计划经济体制下我国社会保障主要以就业为核心的传统架构，为社会保障的全覆盖打下了扎实基础。

同时我们也必须指出，固然我国社会福利制度的普惠型特征逐渐清晰，但存在着明显的“碎片化”问题。如，养老保险，目前就存在公务员及事业单位人员的退休金制度、城镇企业职工基本养老保险、城镇居民基本养老保险、农民工养老保险、农村居民新型养老保险等多项制度。医疗保险，存在公务员及事业单位人员的公费医疗制度、城镇企业职工基本医疗保险、城镇居民基本医疗保险、新型农村合作医疗、城乡医疗救助等制度。低保制度也

是城乡有别，独立运作。就业制度、住房制度、教育制度、福利服务等也是城乡区别对待，如社会工作，在城镇特别是城市社区已普遍开展起来，而在农村，尚仅限在极少数地区试点。不仅制度存在按人群、阶层、城乡分别设置的问题，“碎片化”还表现在各项制度的统筹范围目前都在省、市（县）层次，全国统筹的福利制度（项目）还很罕见。改革走在前列的企业职工养老保险上世纪末就提全国统筹了，至今甚至省级统筹尚远未全部实现。

“碎片化”式的普惠，显然只是主要体现在制度的普遍建立、覆盖人群的扩大上，这在短期内不难实现，但远未实现基本待遇的公平、普惠，与“基本公共服务均等化”的深层要求是不一致的。决策层对此显然已有清醒的认识，为“建立更加公平可持续的社会保障制度”，2013年党的十八届三中全会通过的《中共中央关于全面深化改革若干重大问题的决定》明确提出要“推进机关事业单位养老保险制度改革”、“整合城乡居民基本养老保险制度、基本医疗保险制度”、“推进城乡最低生活保障制度统筹发展”。其中“推进机关事业单位养老保险制度改革”涉及公务员、事业单位人员养老保险与其他阶层、人群的制度并轨问题。除社会保障制度之外，其他社会福利制度也都涉及通过统筹兼顾实现“更加公平可持续”的问题。

以何种模式或途径实现社会福利制度的实质普惠、实现社会福利制度的“更加公平可持续”？十八届三中全会《决定》涉及“整合”、“统筹”、“并轨”等概念，其中“并轨”涉及统一问题，在长期内难以完全实现，“统筹”含义模糊，“整合”倒是值得考虑的。

早在世纪之交，笔者在研究二元社会保障体系问题时就提出了“城乡整合”或“整合模式”的发展思路并产生了一定的影响。[①]“整合”顾名思义即整理、合并零散的要素，使之形成有序的、合目的的整体。其对应的英语词汇 integration 的基本词义是 the combining of two or more things so that they work together effectively，将两个以上的事物衔接起来以便共同有效地发挥作用。从词义看，整合含有衔接、统一、协调、一致、有序等多方面意思。它既体现为一种状态，也体现为一个过程，是状态与过程的统一。整合涉及政治、经济、文化、社会等各个领域，2004年著名经济学家郎咸平将

① 参见笔者所著的《社会保障与社会结构转型：二元社会保障体系研究》（北京，中国人民大学出版社，2001）、《从分化到整合：二元社会保障体系的起源、改革与前瞻》（载《教学与研究》，2002（8））、《中国社会保障制度改革的目标定位新探》（载《社会》，2006（2））等。

其出版的一部著作即命名为《整合》(东方出版社出版)，所讨论的是产业整合的理念和方法。笔者所提的“城乡整合”，是基于中国特殊国情对二元社会保障体系改革路径所作的一种合理选择，涉及基本项目的逐步统一与非基本项目保留一定的差异，亦即统分结合模式。

实际上，“整合模式”不仅对社会保障制度的改革是适用的，对包含社会保障制度的广义社会福利制度的改革也是适用的；不仅有利于促进城乡社会保障体系的一体化，也有利于广义社会福利制度的一体化。那么，在“整合模式”下，哪些社会福利项目是可以统一的？哪些是可以保留一定差别的？这是应当认真研究的。在笔者看来，广义社会福利概念下的基本社会福利项目是应当而且可以实现全国统一的，而不应存在城乡、地域、人群、阶层的差别，超越基本社会福利的特殊福利项目则可根据实际情况保留一定的差异。

这里引出了“基本社会福利”的概念。基本社会福利首先所对应的是一般社会福利。关于一般社会福利，“一般指作为人类社会，包括个人、家庭和社区一种正常和幸福的状态。贫困、疾病和犯罪等社会病态是‘社会福利’的反义词。广义的‘社会福利’制度指国家和社会为实现‘社会福利’状态所作的各种制度安排，包括增进收入安全的‘社会保障’的制度安排。狭义的‘社会福利’则指为帮助特殊的社会群体，疗救社会病态而提供的社会服务，它与‘社会保障’的制度安排同为促进人类幸福的制度措施，只是针对不同的社会问题”①。

西方社会更多地倾向于从广义上理解社会福利，将社会保障作为社会福利的一部分。而在我国，则更多地倾向于从狭义上理解社会福利，将社会福利作为社会保障制度的一部分。随着时间的推移，我国目前也出现了认同西方社会福利概念的倾向。②

由于社会福利属于公共产品、公共服务的范畴，我们还需弄清什么是基本公共服务，然后再界定基本社会福利。关于基本公共服务③，根据前文的论述，可以界定为：根据一国经济社会发展阶段和总体水平，为维持本国经济社会的稳定、基本的社会正义和凝聚力，保护个人最基本的生存权和发展

① 尚晓援：《“社会福利”和“社会保障”再认识》，载《中国社会科学》，2001 (3)。

② 参见李迎生：《社会工作概论》，2 版，17～18 页，北京，中国人民大学出版社，2010。

③ 参见窦玉沛在海南省委理论学习中心组 2011 年 5 月 13 日报告会上的专题演讲《加强和创新社会管理，推进基本公共服务均等化》。

权，为实现人的全面发展所需要的基本社会条件。我国现阶段的基本公共服务是指在我国社会主义市场经济基本框架初步建立但还需继续完善的条件下，政府为实现社会的公平和公正目标，通过完善财政体制和提供财政保障（包括一般性转移支付和专项转移支付）来使不同地区政府确保本地区居民有机会、有能力、有权力接近的与公民基本权利有关的公共服务项目，包括公共卫生、基本医疗、义务教育、最低生活保障、五保供养、就业援助、基本养老和医疗保险、优待抚恤以及环境保护、治安维护、食品药品安全等方面的服务。基本公共服务是政府的基本责任，是公民的基本权利，它体现了发展的社会属性。

上面提到的基本公共服务项目中的公共卫生、基本医疗、义务教育、最低生活保障、五保供养、就业援助、基本养老和医疗保险、优待抚恤等，就属于社会福利的基本内容（项目），属于基本社会福利。而环境保护、治安维护、食品药品安全等方面的服务，则属于一般公共服务的内容，不属于社会福利。

基于以上的分析，可以认为，“基本社会福利”是相对一般福利而言的，一般福利或广义的福利相当于中国的社会保障和社会服务，相应地，“基本社会福利”相当于中国社会保障和社会服务的基本或基础内容，属于基本公共服务的一个特殊部分。

界定或澄清什么是基本社会福利很重要，按照“整合模式”的要求，针对基本社会福利这些内容，可以通过制度设计，实现城乡、地域、人群、阶层等的统一；而对超越这些基本内容的社会福利或一般社会福利，根据实际情况，在城乡、地域、人群、阶层等之间可以保留一定的差异。

接下来我们根据“整合模式”的要求就如何实现中国社会福利制度的全面整合提出我们的思考，主要从城乡、地域、人群、阶层等几个方面讨论。

（一）实现社会福利制度的城乡整合

中国自计划经济时期延续至今的社会福利模式是一种城乡分割的模式，导致城乡居民的社会福利水平至今存在巨大差距。

以城乡居民的医疗支出为例，据 2002 年的大样本家计抽样调查显示，我国医疗支出的公共资金大部分都集中于发达的城市医疗部门，城市居民的平均医疗支出几乎是农村的 6 倍。[①] 北京大学国家发展研究院 2013 年发布的《中国健康与养老追踪调查全国基线报告》显示，我国不同类型养老保险差距大，“新农保”的养老金的中位数为每年 720 元，城镇居民养老保险的养老金的中位数为每年 1 200 元，政府或事业单位养老金的中位数为 24 000 元，企业养老保险金的中位数为 18 000 元。政府或事业单位养老金中位数，居然是“新农保”养老金中位数的 33 倍。中国社会科学院《中国社保收入再分配状况调查》显示，2012 年，社会保险收入使全国居民收入差距下降了 4 个基尼点，其中使城镇居民收入差距下降了 7 个基尼点，但仅使农村居民收入差距下降了 1 个基尼点。[②] 国务院参事室参事、经济学家汤敏在接受新华网记者专访时表示，城镇化的核心问题是农民工市民化的问题，这就涉及户籍问题，而户籍问题的关键是后头的社会福利。[③]

打破社会福利体系城乡分割的固有格局，实现社会福利制度的城乡衔接，“整合模式”是必然选择。那么，怎样按照“整合模式”来设计中国社会福利制度的框架比较可行呢？当然是按照“基本社会福利”的框架来设计。目前对城市企业职工实行的养老保险的第一支柱（社会统筹部分）与医疗保险的大病统筹部分以及社会救助（最低生活保障）、基本社会（福利）服务等可设计为城乡共享项目，实行城乡统一的社会统筹基本养老保险制度、大病统筹基本医疗保险制度、最低生活保障制度、基本福利服务制度。其中基本福利服务制度涉及养老服务、医疗服务、住房福利、就业服务、失业服务、教育福利、残疾人服务、流浪乞讨人员服务、青少年服务、特殊儿童服务、妇女服务、“三无”人员服务、贫困人员及家庭照顾等，应当实现城乡统一，尽快建立城乡统一的社会工作制度，实现社会工作服务的专业化、职业化、本土化。

以上是“整合模式”下可以实现城乡统一的社会福利项目。此外，一些一般福利项目，或者说在短期内尚难实现城乡统一的项目，在一定时期内可以保持一定的城乡差异。例如，现行城市企业职工养老项目的第二支柱（养老个人账户）与医疗项目的日常小病医疗部分（医疗个人账户）目前就不一

---

① 参见魏众、古斯塔夫森：《中国居民医疗支出不公平性分析》，载《经济研究》，2005 (12)，26～34 页。

② 参见邱玥、陈恒：《城乡收入差距，何处“破题”?》，载《光明日报》，2013-07-09；邱玥：《养老金：“统一”有多远?》，载《光明日报》，2013-08-05。

③ 参见汤敏：《城镇化中户籍问题的关键是社会福利》，见新华网，2013-05-25。

定实现城乡衔接，失业、工伤、生育等项目对农民，特别是个体农民来说，也不一定需要建立，城乡之间也可保持一定的差异。当然，上述这些保持一定差异的项目是对城市居民有利的，目前尚难立即取消。也有一些项目是对农民有利的，或者说是农民目前所特有的，如针对农村“三留”人员（留守儿童、留守老人、留守妇女）的服务项目、针对农民工的服务项目、针对进城农民工子女的服务项目，目前都应加强，这也是一种差异，只是这种差异表面看是针对农民的，实质上也是由于城乡有别的制度造成的。

（二）实现社会福利制度的地域整合

中国的经济发展与福利发展存在明显的地域差异，“普惠型”社会福利制度的构建也应当适应和体现这一特征或国情。

逯进等采用 2003—2009 年省域面板数据，测度了 7 年间中国省域社会福利和经济增长水平的变迁特征及区域发展的差异。[①] 从社会福利水平看，东部地区社会福利水平的落差较大：上海、北京、天津居于全国前列，河北、海南两省较低，其余五省相对较高。东北地区的社会福利水平均较高，且较为平稳。中部地区的社会福利水平一般，但也较为集中。西部地区的福利水平，内蒙古最高，宁夏、青海、新疆次之，其余八省落后于全国其他省区。可见，东、西部地区社会福利水平的省际差异较大，而东北、中部地区在社会福利水平方面呈现趋同状态。从经济增长水平看，东部、东北、中部、西部的经济增长水平逐次递减。对各省社会福利指数和经济增长指数的 7 年均值按照四大区域范围分别求均值，则可得东部、东北、中部、西部社会福利指数的均值分别是 0.564、0.524、0.464、0.428；经济增长指数的均值分别为 0.375、0.259、0.234、0.199。因此，从四大区域来看，社会福利和经济增长水平都符合一般所认同的由东至西逐次递减规律。[②]

根据中国经济发展与福利发展存在明显的地域差异的基本国情，“整合

---

① 该文按照《中国统计年鉴》的划分方法，划分四大区域为：东部包括北京、天津、河北、上海、江苏、浙江、福建、山东、广东和海南；中部包括山西、安徽、江西、河南、湖北和湖南；西部包括内蒙古、广西、重庆、四川、贵州、云南、西藏、陕西、甘肃、青海、宁夏和新疆；东北包括辽宁、吉林和黑龙江。

② 参见逯进、陈阳、郭志仪：《社会福利、经济增长与区域发展差异——基于中国省域数据的耦合实证分析》，载《中国人口科学》，2012（3）。

式”社会福利制度的建设可以依循的路径是，属于基本社会福利项目的社会统筹养老保险、大病统筹医疗保险、最低生活保障、基本社会福利服务等，应当成为各区域基本项目，实现制度和待遇的统一。在这里，制度统一比较容易，待遇统一则比较难，中西部地区需要政府特别是中央政府实行倾斜性财政政策。其他项目，可以保留一定的区域差异或灵活性。

实际上，这种差异已经在各地有所体现。例如，北京、江苏、上海等地的社会福利制度建设在不少方面已经领先一步。

（三）实现社会福利制度的人群整合

以“整合模式”实现社会福利的普惠制，如何实现对特殊群体（弱势群体）的有效保护是需要深入探究的。对特殊群体，不仅需要一般意义的社会保护，还需要特殊意义的社会保护。如对高龄老人、残疾人、孤残、失依及流浪儿童，特别是部分或全部失去生活自理能力的特殊社会弱者，他们所需要的，除基本福利项目外，还需要特殊的福利项目，这些特殊的福利项目，依不同的群体而体现较大的差异。这里以残疾人福利如何实现“整合模式”谈谈我们的看法。①

按照国际经验，同时也是基于社会公平的价值理念及构建社会主义和谐社会的实际需要，我国残疾人社会福利制度改革的最终目标应当是建立一个比较完善的现代社会福利制度体系，这一体系将基于充分满足全体残疾人这一特殊弱势群体的生存安全及社会发展的基本需求，不仅是与全国一般意义的社会福利制度整合的，而且是在制度形式与待遇水平上最终超越了全国一般意义的社会福利制度的。为什么要超越，原因在于残疾人有一些特殊需要，如康复、就业、就学、日常照顾等，都和普通人有明显的区别，在这些方面，福利制度应通过精细化、合理化、科学化的项目设计实现对残疾人的偏重、倾斜。

就我国实际而言，这样的一种残疾人社会福利制度体系的建立显然不是在较短的时期内能够实现的，而是需要经过一个较长的历史时期。在笔者看来，我国残疾人社会福利体系的建立、改革与完善的过程基本是和我国经

---

① 参见李迎生、孙平、张朝雄：《中国残疾人社会保障制度现状及完善策略》，载《河北学刊》，2008（5）。

济、社会发展的战略部署相同步、相一致的，是一个从低级走向高级的渐进的过程。为了最终实现我国残疾人社会福利制度改革的基本目标，当务之急就是根据我国现阶段所能提供的各种实际条件，构建残疾人社会福利制度的过渡模式，为实现残疾人社会福利制度的目标模式作充分准备。

上述关于我国残疾人社会福利制度建设与改革基本目标的界定，实际上已经将我们关于残疾人社会福利制度模式选择的看法内含其中，这一界定实际包含两层含义：第一层含义，这一体系应是与全国一般意义上的社会福利制度衔接或整合的；第二层含义，这种衔接或整合的残疾人社会福利体系，在制度形式、待遇标准、项目设计等方面是超越全国一般意义的社会福利制度的。

基于中国社会福利制度城乡差别巨大的现实在残疾人社会福利问题上同样存在，实现上述残疾人社会福利制度改革的基本目标或目标模式在城乡之间难以同步，因此，为推动这一模式的最终实现，国家可分城乡采取相应的推进策略。针对目前农村残疾人社会福利制度与城市差别较大，推动实现第一层含义即推动实现农村残疾人社会福利制度与城市的衔接乃至整合是当务之急。而对城市残疾人而言，上述第一层含义的社会福利制度已经基本建立起来，但目前尚存在一些比较突出的问题。当务之急包括两个方面：一是继续完善现有的社会福利体系；一是创造条件，推动实现上述第二层含义的残疾人社会福利制度改革的目标，即推动残疾人社会福利制度在制度形式、待遇标准、项目设计等方面超越全国一般意义的社会福利制度，以真正体现对残疾人的特殊保护与关爱。

农村残疾人社会福利制度在不久的将来、在第一层含义的残疾人社会福利制度与城市实现衔接乃至整合的前提下，也要推动实现第二层含义的残疾人社会福利制度改革目标。

（四）实现社会福利制度的阶层整合

由于不同阶层（职业）社会福利制度改革的不同步，目前福利待遇在阶层（职业）间存在显著的差距。以社会保险为例，目前机关事业单位工作人员与企业人员的退休金制度按完全不同的轨道运行：企业人员采取的是单位和职工本人按一定标准共同缴纳养老保险费的办法，以本人缴费工资基数和个人账户资金为计发依据。机关事业单位退休费用则由财政或单位统一筹资，个人不承担缴费义务，待遇计发标准和工作年限挂钩，以退休时的工资为基数，按一定比例计发，一般达到工资水平的70%～90%。

现行机关事业单位养老保险制度，已经暴露了很多深层次的问题。由于机关事业单位与企业实行不同的养老金制度，导致城镇职工基本养老保险制度的分割，造成机关、事业单位和企业等不同群体养老保障的起点不同和制度内人员保障水平悬殊，存在严重的制度不公。根据《中国统计年鉴2006》，2005年企业人均养老金约为8 537.18元，而机关事业单位人均养老金则高达15 277.18元，约为企业人均养老金的两倍。2000年，企业和机关事业单位的人均离退休费分别为6 531元和9 478元。到了2007年，该费用分别增长至11 342元和19 802元。机关事业单位人均离退休费用远远高于企业单位，2000年机关事业单位人均离退休费是企业的1.45倍，2007年更是增长为企业的1.75倍。且机关事业单位人均离退休费用的增长率亦高于企业：2000—2007年间，企业人均离退休费年均增长率为8.2%，而机关事业单位约为11.1%。①

且由于机关事业单位离退休人员数量的不断增加及离退休人员养老金待遇水平上涨的压力，近年来，养老金支出大幅增长，其增长速度甚至超过了当期财政收入的增速，长此以往，必将给国家财政造成巨大压力。因此，机关事业单位养老保险制度的改革势在必行。

2008年3月14日，《国务院关于印发事业单位工作人员养老保险制度改革试点方案的通知》（国发［2008］10号）下发，明确指出事业单位工作人员养老保险制度的改革方向是实行社会统筹与个人账户相结合的基本养老保险制度。同年，国务院确定在山西、上海、浙江、广东、重庆5省市先期开展试点，与事业单位分类改革配套推进。2009年1月，国务院要求5个试点省份正式启动此项改革，实现企业与机关事业单位之间制度的衔接。但由于各种原因，该试点并未实际推进。

关于机关事业单位养老保险制度改革的方式，卢驰文认为，把机关事业单位全部职工并入城镇企业职工基本养老保险体系，实行“老人老待遇”的标准，建立机关事业单位职业年金制度，是化解财政压力的基本途径。② 杨

---

① 数据来源于《中国劳动统计年鉴2008》。

② 参见卢驰文：《机关事业单位养老保险制度转轨的财政压力分析》，载《理论探索》，2008（1），78～102页。

燕绥认为应该社会统筹与个人账户结合，并且政府责任、个人责任要分开，做到社会统筹国民化和个人账户全民化。① 郑秉文则倾向于模糊政府责任和个人责任，建立一个混合型统账结合模式。②

政府及学术界关于机关事业单位养老保险制度改革方案的设计，大致是与笔者的“整合模式”一致的，即机关事业单位实行与其他阶层（职业）一致的基本养老保险制度，超越“基本”的部分，可以通过特殊的制度（项目）来体现。针对机关事业单位的其他社会保障项目、福利服务也可按“整合模式”来设计，基本宗旨是既保障与其他阶层（职业）基本的公平，又体现对机关事业单位工作人员特殊贡献的奖励。

五、加快中国社会政策范式的转型

借鉴西方社会政策研究及实践的最新成果，结合中国实际，建立“普惠·整合型”社会福利制度，中国传统的、与计划经济体制相适应的社会政策范式应当实现根本的转型。虽然经过三十多年的改革开放，由于制度的路径依赖，起源于计划经济时期的补偿性、补缺型、分割型、救贫型、单一型社会福利制度还在相当程度上发挥作用，对普惠型整合式社会福利制度的建立造成严重的障碍，应当尽快加以改变。

其一是从补缺型社会政策范式到普惠型社会政策范式的转变。在建国后的工业化初期发展阶段，中国社会政策的补缺型发展模式以低成本的社会福利支出较好地回应了特定历史情境下广大公民的福利需求。但是，随着改革开放和社会转型的深化，加之全球化对我国社会政策自主性的空间挤压，补缺型政策模型已远不能满足风险社会下不同社会群体的多元需求，社会政策安全网的功能也被大大削弱。在新时期下，中国社会政策亟须在政策对象上从补缺型转向广覆盖。在迈向普惠型福利制度的改革进程中，应结合中国国

① 参见杨燕绥：《社会保障定性与社会保险完善》，载《中国社会保障》，2008（1），38～39页。

② 参见郑秉文：《公务员参加养老保险统一改革的思路——“混合型”统账结合制度下的测算》，载《公共管理学报》，2009（1），1～12页。

情，既要在全覆盖模式下彰显政策的公平性、保障政策的平稳性，也要注意区分中国特色普惠型目标与西方发达国家普享原则的差异，切忌脱离国情、超越阶段搞"一刀切"的全民统一的福利制度改革。

其二是从补偿型社会政策范式向发展型社会政策范式的转变。发展型社会政策又可称为社会发展、发展性福利、社会投资、包容性自由主义和能动国家（enabling state）等。在社会政策与经济发展的关系上，发展型社会政策高度关注社会政策与经济发展的相互促进，注重社会政策的经济产出功能。发展型社会政策改变了传统社会政策纯粹的消费性再分配做法，强调社会开支的投资取向，力图通过社会项目促进福利对象的经济参与，获得经济增长的回报。① 补偿型或再分配范式的社会政策在中国的计划经济时代发挥了重要作用，保障了城乡居民在平均主义下相对均等的物质福利。改革开放后，尤其是进入新世纪以来，中国的社会政策进行了较大幅度的改革，一方面，以群体为据划分的多元政策体系（城市居民、农村居民、农民工等）相对以往有了新的突破；另一方面，所遗留的问题仍在较大层面制约政策的绩效，譬如最低生活保障制度的"贫困陷阱"问题。应当说，时至今日甚或未来的较长一段时间内，以收入补偿为导向的福利体系依然是中国社会政策的支柱。但是，在收入政策范式基础上，中国社会政策在面向下岗职工、残疾人、儿童、妇女、农民等弱势群体时应当融入发展型政策范式，这不仅有利于落实以人为本的政策理念，更有利于实现经济与福利制度的可持续发展。

其三是从分割型政策范式到整合型政策范式的转变。西方福利国家的社会政策历程告诉我们，立足于人群类属的差异化政策或根据政策领域的类别化政策，必将逐步走向政策的整合。显然，这是基于有限资源的福利最大化原则的考虑，它不仅可以降低政策运行的成本，优化有限资源的福利效应，还能对政策对象形成更大的政策激励。自 1994 年实行分税制以来，我国社会福利供给体系的财政投入机制已从原有立足税收基础上的中央集权式转向多元化税收基础上的分权模式。② 新模式下我国公民社会福利支出的主体是地方政府，这就导致"中央请客，地方埋单"或"中央点菜，无人埋单"的

① 参见方巍：《发展型社会政策：理论、渊源、实践及启示》，载《广东工业大学学报》，2013（1）。

② Tsang M.，"Financing Compulsory Education in China：Establishing a Substantial and Regularized Scheme of Intergovernmental Grants，" *Harvard China Review*，2002，3（5），pp. 15-20.

尴尬局面，不仅造成部分政策的随意化或空壳化，更直接导致各地社会政策的分割性愈演愈烈的结局。在新一轮的社会政策改革与创新中，分割型政策结构是最优先需要破解的一大难题。这不仅需要在人群类属内进行政策的整合，也需要在领域类属内进行政策的整合，进而从政策对象的获益、体制运转的成本等方面达到资源最优配置。

其四是从消除贫困政策范式到促进融合政策范式的转变。自社会政策这个概念出现以来，它一直以“克服贫困”为己任。客观地说，这些政策在实际运作中产生了非常重要的正面的影响，但它们也遇上了种种障碍。结果便是贫困非但没有消灭，反而有加重的趋势。这就使研究者开始了对过去各种社会政策的反思与质疑。① 在此过程中，起源于欧洲而后延至整个国际社会有关消除“社会排斥”的观念便出现了。“反对社会排斥”实质触及社会政策的核心要务在于尽可能消弭根本性的社会分化，促进社会公平与和谐。建国以来，中国社会政策依托公民身份而构筑的政策体系从一开始就被烙印了类属差异。而且，这种差异在工业化进程中被不断强化，在利益集团的博弈过程中那些未被体制覆盖的人群日益成为社会福利体系的边缘群体。改革开放进一步将这种二元性渗透进东中西部的区域差异中，在更广泛的层面加深了类属发展的不平衡性。尽管既有研究证实，大陆民众对当下的社会不平等仍在可容忍的范围内，但他们对官员和国有企业管理者的高薪普遍表达了不公和不满。② 可预见的是，一旦民众对社会不平等的感受上升为一种普遍化的心理结构，必然会给整个社会带来难以估量的负面影响。因此，在从中等收入国家行列迈向高收入国家行列的过程中，社会政策作为加强社会成员归属感、促进社会融合的目标手段应该在中国得到更充分的彰显。

最后，是从国家主体范式到福利多元范式的转变。福利多元主义是20世纪80年代新兴的研究范式，其重大意义在于反思了福利国家的发展困境并提出了福利供给的社会化框架。明确论述福利多元主义的应该是罗斯(Rose)，他在1986年的《相同的目标、不同的角色——国家对福利多元组合的贡献》一文中阐述国家不是福利唯一的提供者，市场、国家和家庭三

---

① 参见唐钧：《社会政策的基本目标：从克服贫困到消除社会排斥》，载《江苏社会科学》，2002（3）。

② Wu X.，“Income Inequality and Distributive Justice：a Comparative Analysis of Mainland China and Hong Kong，” *The China Quarterly*，2009（200），pp. 1033－1052.

个部门在社会中提供的福利总和即社会总福利。[1] 伊瓦斯（Evers）提出了福利三角的研究范式，认为应该把福利三角分析框架放在文化、经济和政治的背景中。后来伊瓦斯将三分法进行了修正，提出了四分法，将社会福利的来源分为市场、国家、社区和民间社会。[2] 总之，福利多元主义主张政府不再是社会福利的唯一提供者，社会福利可以由公共部门、营利组织、非营利组织、家庭和社区共同负担。我国计划经济下的社会政策范式实质上属于“国家统揽”范式，这种范式导致政府对公民福利的无限责任，以致不堪重负。随着市场转型的深化，“国家统揽”范式应向“国家主导”范式转变，福利多元主义为实现这一转变提供了有益的启示。[3]

六、结论与讨论

20 世纪 70 年代至 90 年代，福利国家在新自由主义影响下表现出对普惠原则的某种质疑、背离，很大程度上削弱了社会福利制度的安全网功能。[4] 在日趋严重的社会问题挑战下，各国从 20 世纪 90 年代起开始从国情与全球化角度探讨在经济上和道德上都能够被接受的、满足多元化社会需求的社会福利制度。2008 年，国际金融危机所引发的对自由放任资本主义的声讨粉碎了市场乌托邦的迷梦，进一步深化了各国对社会政策独特作用的共识，并在反思中促成了社会政策的全球性复归。[5] 可以说，这也在某种程度上印证了波兰尼的预言，即全球化所引发的更大范围内的市场乌托邦追求必然激起更强大的社会反向运动。

比照西方发达国家的社会福利制度建设历程，中国现行的社会福利水平

---

① 参见彭华民、黄叶青：《福利多元主义：福利提供从国家到多元部门的转型》，载《南开大学学报》（社科版），2006（6），45 页。

② 参见彭华民：《福利三角中的社会排斥》，23 页，上海，上海人民出版社，2006。

③ 参见李迎生：《国家、市场与社会政策：中国社会政策发展历程的反思与前瞻》，载《社会科学》，2012（9）。

④ 参见［加］R. 米什拉：《西方福利模式的改革趋势：日益背离普享原则》，载《国外社会科学》，2008（3），18～25 页。

⑤ 参见潘屹：《金融危机下社会政策的全球性复归》，载《红旗文稿》，2009（16），29～31 页。

与相对雄厚的物质基础是不匹配的。经过三十多年的改革开放，中国已形成了一定的现代化积累——2010 年我国人均 GDP 已超过 4 000 美元，中国经济总量已跃居世界第二。可以说，这对已一脚迈入“上中等收入”国家行列并旨在避开陷入“中等收入陷阱”的中国而言，无论是就现状或是预期都已具备了建设相对完备的社会福利制度的经济基础。另一方面，经历了六十载低水平、碎片化发展格局的中国社会福利制度确已到了迫切需要转型和再定位的时候。

借鉴国际经验，立足中国经济社会的发展现状与未来趋势，中国应致力于建立一种面向全民、体系完善、制度整合、可持续的社会福利制度。

中国社会福利制度的改革应当以面向全民为出发点。公民社会权利赋予每个公民享有社会福利的平等资格，它是不以个体的身份或其他特质为转移的。新中国成立以来，我国城乡二元的社会福利体系实际上是以一定的公民身份为基础的选择性设置。改革开放后，尽管我国的社会福利制度进行了渐进式改革，但制度的覆盖面在城乡、地域、群体、阶层间仍呈现出较大的差异性，整体上表现为城市居民要远远高于农村居民和农民工，机关事业单位因处于体制内而高居榜首。这种以身份差异为导向的福利制度严重违背了社会公平的价值导向，损害了公民享有福利的平等权利。中国如果不能从根本上走出既有社会福利制度的选择性模式，不能使社会福利制度真正惠及全体公民，那就意味着改革的方向难以摆脱原有模式的窠臼，也就无法真正体现“全民共享改革成果”。

中国社会福利制度的改革应当贯彻体系完善的内涵。“从摇篮到坟墓”是人们常常借以描述西方国家福利体系之完备的表达方式。福利国家完善的社会福利制度设计，有利于“促进社会平等、提高公民的生活质量或国家在国际上的竞争力”[①] 目标的达成。国内传统上将社会福利视为社会保障的一部分，即为狭义的社会福利概念，这与国际共识形成了鲜明的差异，导致国内社会福利制度在社会成员的福利需求发生急剧变化的背景下仍然以狭义化的取向复制着既有的制度安排，远不能发挥应有的层次化、立体化的福利功能。因此，亟须将既有的狭义福利概念升华为与国际接轨的广义福利概念[②]，并在

① 尚晓援：《中国社会政策面临的挑战》，载《人民论坛》，2010（2），35～37 页。

② 参见景天魁、毕天云：《从小福利迈向大福利：中国特色福利制度的新阶段》，载《理论前沿》，2009（11），5～9 页。

此基础上建设体系完善的社会福利制度。

中国社会福利制度的改革应当体现制度整合的内涵。整合模式或统分结合模式是普惠型福利制度的中国选择。这就要求社会政策决策者应当走出原有的分割式、碎片化思维，体现基于公平的衔接、整合的导向。改革过程中进一步加深的社会保险的“碎片化”格局弊端无穷，尽快走出这一格局，实现制度的整合才是上策。① 社会保险之外的其他众多社会福利项目也应当逐渐实现整合的目标，按照“基本公共服务均等化”的要求，实现基本社会福利项目的全国统一，基本项目之外的其他项目在城乡、地域、人群、阶层之间可以保留一定的差异。

中国普惠型、整合式的社会福利制度应当体现可持续性。西方发展型社会政策的研究成果已证实，社会政策并非简单的再分配手段，它同时也是促进经济发展的生产性要素。我国“普惠型”社会福利制度的建设如何避免陷入西方福利国家的两难——福利依赖现象滋生及对劳动者积极性的挫伤，这是值得认真思考和严肃对待的。

建立整合模式的社会福利制度是一项长期的、艰巨的工作，千头万绪，其中如何改善治理结构、界定政府角色无疑是最重要的工作。在这方面，西方的探索值得参考。关于福利治理，西方在 20 世纪 90 年代提出“整体政府”（whole of government）的主张，完善政府职能定位。在社会政策领域，无论是社会保障，还是福利服务，政府都在其中扮演了重要角色。然而，条块分割、各自为政的行政管理体制不仅制约了政府能力，更在很大程度上限制了我国公民福利水平的提升空间。西方在“政府再造”的新公共管理运动基础上提出的“整体政府”思路，强调的是在公共政策与公共服务中采用交互的、协作的和一体化的管理方式与技术，使政府、社会组织、私人组织及政府内部在共同的管理中达到功能整合，并为公民提供无缝隙服务。②

中国要实现“整体政府”，一是需要改革现有条块分割的行政体制，以统一的“社会福利部”或相应名称来整合分散在人社、民政、卫生、工会等各方的社会福利资源。二是亟待完善社会福利的财政投入机制。政府稳定而

---

① 参见郑秉文：《中国社会保险“碎片化制度”危害与“碎片化冲动”探源》，载《社会保障研究》，2009 (5)，209～223 页。

② 参见曾维和：《“整体政府”论——西方政府改革的新趋向》，载《国外社会科学》，2009 (2)，106～112 页。

高效的财政投入是支撑中国构建普惠型社会福利制度的前提，应合理分配中央和地方政府的财政负担，同时积极调动社会力量，推动形成多元的资金投入机制。

关于福利提供，西方早在 20 世纪 80 年代出现了福利多元主义的思潮，主张政府不再是社会福利的唯一提供者，社会福利可以由公共部门、营利组织、非营利组织、家庭和社区共同负担。我国计划经济下的社会福利供给实质上属于“国家统揽”模式，这种模式导致政府对公民福利的无限责任，以致不堪重负。随着市场转型的深化，“国家统揽”模式应向“国家主导”模式转变，福利多元主义提供了有益的启示。①

① 参见李迎生：《国家、市场与社会政策：中国社会政策发展历程的反思与前瞻》，载《社会科学》，2012 (9)。

［医疗卫生］

第四章　中国卫生治理体制改革：历史、现状与未来

刘仲翔*

党的十八届三中全会指出："创新社会治理，必须着眼于维护最广大人民根本利益，最大限度增加和谐因素，增强社会发展活力，提高社会治理水平，全面推进平安中国建设，维护国家安全，确保人民安居乐业、社会安定有序。"卫生领域作为当前我国一个备受关注的民生领域，迫切需要抓住这一有利时机，加快改革进程，进行体制机制创新，让新医改的各项政策落到实处，让老百姓获得实实在在的好处，切实解决好"看病难看病贵"问题。同时，在加紧推进改革的过程中，要探索建立与社会治理体制相适应的卫生治理体制。

一、中国卫生治理的历史沿革

卫生事业因为事关每个人的日常生活而成为民生领域的重要组成部分，

* 刘仲翔，人民出版社副编审，社会学博士。

卫生治理体制对于社会的良性运行和协调发展而言至关重要。新中国成立前后，我国的卫生治理体制因为其存在的政治体制、经济基础等方面所出现的根本性变化而发生了重大转变。总体而言，新中国成立之后我国所建立起来的卫生治理体制为此后的卫生事业改革发展打下了坚实的基础。

（一）卫生治理的概念

英语中的“治理”（governance）一词源于拉丁文和古希腊语，原意是控制、引导和操纵。长期以来，它与“统治”（government）一词交叉使用，并且主要用于与国家的公共事务相关的管理活动和政治活动中。但是，自从 20 世纪 90 年代以来，西方政治学家和经济学家赋予 governance 新的含义，不仅其涵盖的范围远远超出了传统的经典意义，而且其含义也与 government 相去甚远。它不再只局限于政治学领域，而被广泛运用于社会经济领域，不仅在英语世界使用，而且开始在欧洲各主要语言中流行。20 世纪 90 年代以来，西方学者，特别是政治学家和政治社会学家，对治理作出了许多新的界定。与统治不同，治理指的是一种由共同的目标支持的活动，这些管理活动的主体未必是政府，也无须依靠国家的强制力量来实现。①

詹姆斯·罗西瑙（James Rosenau）在其所著的《没有政府统治的治理》一文中指出：“治理指由共同的目标所支持的活动，这些目标可能不是来自于法定的或正式规定的责任，它们不必借助警察力量来克服抵制和得到遵守。”罗伯特·基欧汉（Robert Keohane）和约瑟夫·奈（Joseph Nye）认为，治理是“正式或非正式的、用以指导和限制一个群体的集体活动的过程和机制”②。

在关于治理的各种定义中，全球治理委员会的定义具有很大的代表性和权威性。该委员会于 1995 年发表了一份题为《我们的全球伙伴关系》的研究报告，对治理作出了如下界定：治理是各种公共的或私人的个人和机构管理其共同事务的诸多方式的综合。它是使相互冲突的或不同的利益得以协调

① 参见俞可平主编：《治理与善治》，1～2 页，北京，社会科学文献出版社，2000。

② ［加］马克·扎克、塔尼亚·科菲：《因病相连：卫生治理与全球政治》，21 页，杭州，浙江大学出版社，2011。

和各利益方采取联合行动的持续的过程。它既包括有权迫使人们服从的正式制度和规则，也包括各种人们同意或以为符合其利益的非正式的制度安排。它有四个特征：治理不是一整套规则，也不是一种活动，而是一个过程；治理过程的基础不是控制，而是协调；治理既涉及公共部门，也包括私人部门；治理不是一种正式的制度，而是持续的互动。①

由此我们不难看出，治理的概念蕴含在发展过程之中，而关于治理的经典定义揭示了治理的四个特征：治理不是一整套规则，也不是一种活动，而是一个过程；治理过程的基础不是控制，而是协调；治理既涉及公共部门，也包括私人部门；治理不是一种正式的制度，而是持续的互动。这四个特征主要强调的是治理与统治的区别，主要是多中心、分权、持续互动。

治理理念对于政府管理和社会管理来说是一种全新的理念，该理念对于卫生领域的影响同样巨大。卫生问题一直影响着人类的千年文明，随着全人类的社会流动速度的加快，尤其是网络技术的快速发展，世界正变得越来越小，而那些能引发毁灭性疾病的微生物并不会因为各国边境防卫的存在而止步于一国之内。卫生问题将会把全国、全世界都紧密联系在一起。所以卫生领域的治理跟社会治理一样，具有非常重要的作用。

2000年世界卫生报告引入政府卫生系统的管理职责，包括确定卫生政策的思路和方向、通过规章制度和宣传教育发挥影响，以及收集和利用信息。该概念随后被世界卫生组织重新定义为“领导和治理”，即“制定战略性政策框架，并结合有效监督、联盟构建、制定适宜的监管和激励机制、注重设计及问责制”。在卫生系统中，领导和治理通常是政府最复杂且最重要的职能。治理可以定义为社会协调，一般分为三种类型：层级治理、市场治理和网络治理。层级治理意味着需要制定规则、分配资源和责任，同时也意味着自上而下的直接控制。市场治理则强调购买、监管和激励机制。网络治理则需要基于专业规范和信息建立共同的价值观和知识体系。传统的治理模式是基于层级治理，并向包括市场和网络在内的混合模式发展。这就要求政府在放弃直接控制的同时，采取创新并且更加理想的治理方法。领导和治理不仅涉及政府自身的筹资、服务提供以及资源控制，同时政府也要有明确目标，并确保所有利益相关者能对系统行为和绩效发挥适宜的作用。复杂的卫

① 参见俞可平主编：《治理与善治》，4～5页，北京，社会科学文献出版社，2000。

生系统中，任何一个参与者都不具备全部知识和权力完成所有改革，因此，国家有必要通过多层组织进行网格式治理。①

从以上关于治理概念和治理理念的讨论中可以看到，我国的卫生体制离卫生治理还有差距。从治理的角度来说，中国的卫生政策将通过与广泛的内外部治理者的不断协商和回应过程而逐步完善和发展。同样，政策的有效执行需要这些多样化的治理节点的参与和协调。这就是中国卫生政策所面临的最大的治理挑战所在——但这也是创新的最佳时机。中国正处于创造一种可行的医疗体系的过程之中，包括对医疗质量、可及性及成本的管制。它必须应对大量的公众不满和不信任，必须直接或者间接地对保险公司、医疗机构和众多的从业者进行管制。它必须确保所生产的药品、医疗设施和食品的安全性和真实性。② 为此我们需要对我国的卫生治理体制进行回顾，对现有的卫生治理体制进行总结，从而在此基础上，建立起符合我国实际需要的卫生治理体制。

（二）新中国成立前的卫生治理体制

一般而言，早期的卫生治理主体主要是政府，考察这种卫生治理的主要角度就是政府卫生治理。在这种体制下，卫生治理体制由卫生行政、卫生服务、医疗保障等方面构成，这种卫生治理体制是工业革命以后社会政治改革和经济发展的结果，通过制定卫生政策、改善卫生条件、提供疾病的预防和治疗等措施，达到增进国民健康、减少疾病、促进社会良性运行的目的。就新中国成立前的卫生治理体制而言，我国在这些方面都取得了一些进展，但也存在明显不足。

从卫生行政体系来看，我国的卫生行政的建制化建设起步于 20 世纪初期。我国近代中央卫生行政机构初创于 1905 年，在巡警部警保司下设卫生科。1906 年，卫生科改隶内务部，并升格为卫生司，此后又几经变化。卫生司职掌全国公共卫生事务，但学校卫生由教育部管理，工业卫生由农业和商务部管理，陆军和海军部管理军队卫生。卫生司的主要职责包括：传染病

---

① 参见［英］Peter C. Smith 等：《七个发达国家卫生系统的领导与治理》，载《中国卫生政策研究》，2012（11）。

② ［美］Scott Burris、王琦：《治理与中国卫生政策》，见 Vivian Lin（林光汶）等主编：《中国卫生政策》，70 页，北京，北京大学医学出版社，2010。

预防与接种及其他公共卫生事务；海港和铁路检疫；医生和药剂师监管；药品检验和管理；管理有关卫生协会、地方卫生机构和医院。① 由于民国初期政局变动频繁，中央卫生行政所发挥的作用十分有限。虽然南京政府的中央卫生行政机构的规模和隶属关系也发生多次变动，但 1928—1937 年间，卫生行政建设颇有成效，基本上形成了以卫生部（署）和卫生实验处为核心的中央卫生体系。1929 年 2 月，卫生部在南京召开全国卫生会议，邀请 20 多位省市卫生机构的领导人出席会议，会议听取了世界各地现代卫生工作的介绍，讨论了当时卫生工作的迫切任务，决定了城市卫生工作中心的转移，即从过去仅仅把街道清洁和清除垃圾作为卫生工作的中心转移到以更科学和更现代化的卫生措施开展疾病防治工作，会议还要求政府从庚子赔款基金中尽可能多地拨款给公共卫生事业。②

卫生行政体系的建立确立了近代西方医学在中国的政治地位，近代医学的疾病观、卫生防疫观成为国家层次上的医学意识，而中医学则被视为一种民间疗法，不再是卫生政策、卫生立法的思想资源。近代医学的权限也从治疗疾病扩大到监控疾病流行，教给民众健康的生活方式，管理食品、水源、环境的卫生，保障儿童的健康发育等多项事务。

卫生服务是指卫生机构使用卫生资源向居民提供预防、医疗、保健、康复服务的过程。我国传统的行医模式是基于医生与病人之间一对一的坐堂模式。19 世纪中期之后，传教士在我国开办的西医医院，无论在数量上还是影响力上均不及中医的诊疗机构。从前现代的观点来看，在 20 世纪以前，中国城市中并不存在由国家统一控制的医疗网络。城内行医讲究的是“坐堂看诊”，呈现的是相当分散的个体分布状态。从“收生姥姥”的黄穗幌子到“阴阳先生”的古怪堂号，均可看出与医疗相关的行事无外乎是百行之中的一项生计而已，只要不触犯刑律明典，就属于相当自由的职业。民国初年，随着国家建设步骤与现代化变革速度的加快，把医事制度收束进国家控制秩序之内的呼声时有出现。③

民国建立后，在医学界的多次呼吁下，政府方确定了医院作为省卫生服

---

① 参见张大庆：《中国近代疾病社会史（1912—1937）》，105 页，济南，山东教育出版社，2006。

② 参见上书，109 页。

③ 参见杨念群：《再造“病人”：中西医冲突下的空间政治（1832—1985）》，97 页，北京，中国人民大学出版社，2006。

体系主干的地位。然而，无论从规模上还是从经费上，这些省立或市立医院尚不能满足民众的需要，但这种中央、省、市、县各级医院的设立初步形成了以医院为中心的卫生服务体系框架，对我国推行近代医疗服务起到了示范作用。以医院为中心的卫生服务体系的一大特点就是医院的专门化和分科化，一方面，医院的分科化是以疾病为中心的医学技术发展的需要；另一方面，医院分科化也扩大了医院的功能，医院不仅仅是治疗的场所，而且将出生和死亡这些传统意义上的生理学事件转变成为医学事件，实际上是在近代疾病观的影响下扩大了医疗干预的职能。

医疗保障制度是指一个国家筹集、分配和使用卫生保健基金为公民提供疾病预防等卫生服务的一种综合性措施和制度，包括医疗卫生机构的服务方式和医疗费用的负担方式，其核心是卫生费用问题。民国时期，政府的卫生行政经费主要用于一般清洁卫生和垃圾处理，除政府及少数部门建立有公医制度外，广大民众基本上为自费医疗，若遇到贫穷病人，也提供部分免费治疗。

不难看出，在新中国成立之前的很长一段时间里，我国的卫生治理体制处于一种探索的阶段，这一过程中，中医与西医之间发生了长时间的博弈，这种博弈的过程实际上也是我国融入世界现代化过程的一个组成部分。作为博弈的结果，西医逐渐占据了上风，以西医理念为基础的卫生治理体系逐渐建立起来，但是此时的卫生治理体制还不完善。

（三）改革开放前的卫生治理体制

新中国成立以后，面对医药卫生领域落后的局面，采取了相应措施，在人才缺少、机构不足、医药短缺的情况下，利用合理的体制机制，实现卫生治理的大变革，尽快提高了国家的卫生治理水平，改善了人们的健康状况。

这一阶段的卫生治理，最重要的一点就是制定了合理的卫生工作方针，新的卫生工作方针中强调了多主体的参与，凸显了治理的基本理念。卫生方针在卫生治理体制中具有非常重要的作用，它确定了卫生治理的基本原则，所有的具体政策举措都得以在这种方针的指导下出台。面对当时的严峻形势，国家制定的卫生方针就是：面向工农兵，预防为主，团结中西医，卫生工作与群众运动相结合。面向工农兵，就是要解决医药卫生工作为了谁的问题。也就是说，卫生工作不应该仅仅为少数人服务，更重要的是为大多数人服务。这一点尤其重要，新中国成立之初，我国农村人口占总人口的85%以上，农村缺医少药情况最为严重。预防为主则是强调对待疾病从预防着手，这一点跟我国中医强调预防、强调治未病的思路是完全一致的。实行预防为主的方针并不是不重视治疗，而是无病防病，有病治病，防治结合，立足于防。这一方针在新中国成立之前，在根据地就已经提出并实行过。立足于预防是成本最低、效果最好的一种做法，也特别适合当时缺医少药的形势。团结中西医，也是解放前在革命根据地实行过的一条方针。由于中西医不同的特点，它们在治病防病中所发挥的作用不完全相同，面对严峻的形势，迫切需要团结广大中西医人才，调动一切力量，提高国家的卫生治理水平。事实上，农村合作医疗之所以能够取得成功，除了赤脚医生的低成本之外，当时充分利用低成本的中医中药也是一个重要的因素。卫生工作与群众运动相结合这一方针充分发挥了我们党善于开展群众运动这一特长，突出体现在爱国卫生运动之中，这一做法直到今天仍然在继续坚持，并且取得了很不错的效果。

在这一阶段，卫生部门在正确的卫生工作方针的指导下，积极开展工作，召开了几次全国性的卫生工作会议，出台了一系列的文件和规定，取得了很大的成就。一是集中力量预防那些严重危害人民群众的流行性疾病和严重威胁母婴生命的疾病；二是整顿卫生工作队伍，建立农村、工矿和城市的基层卫生组织；三是建立健全医疗保健制度，城乡卫生医疗网络基本建成。随着爱国卫生运动的全面开展，我国城乡的卫生面貌大为改善。60年代初期，天花、霍乱等流行病已经灭绝，血吸虫病、疟疾等流行病的防治工作取得了显著成绩。

“文革”期间，我国卫生工作受到极大冲击，卫生机构瘫痪，卫生制度受到破坏，医学研究陷入停滞。这也表明，一旦国家陷入了混乱，卫生治理体制也会跟着出问题，整个社会的卫生工作就会陷入困境，会严重影响人民群众的生活，也会给社会稳定带来极大危害。

二、改革开放以来中国卫生治理体制变革的几个阶段

医疗卫生是社会发展的一个重要组成部分，社会发展的每一项大的变革

都会自觉不自觉、或多或少地体现在医疗卫生领域。改革开放启动以后，我国的医疗卫生领域也发生了翻天覆地的变化，但是医疗卫生领域的改革非常复杂，涉及方方面面的利益，总体而言，改革过程有所反复，不是很顺利。从卫生治理的角度来看，在制度的连贯性、治理主体的多元化、治理方式的科学化等方面存在一些问题。

（一）改革开放初期的卫生治理体制改革

改革开放初期，我国的卫生治理体制改革工作也处在酝酿阶段。1979 年 4 月 28 日，卫生部、财政部、国家劳动总局联合下发了《关于加强医院经济管理试点工作的意见》，同月，卫生部、财政部联合发布了《关于改进医疗机构药品管理的通知》。《关于加强医院经济管理试点工作的意见》指出，“为搞好医院的经济管理，应在统一领导、统一计划的原则下，给医院较大的自主权和机动权，以便充分发挥医疗单位的主观能动作用，认真把医院办好”。对医院实行“五定”，即定任务、定床位、定编制、定业务技术指标、定经费补助。医院内部各科室也要结合“五定”，制定各项有关的定额标准、规章制度，建立各种岗位责任制和其他科学管理制度。国家对医院的经费补助实行“全额管理、定额补助、结余留用”的制度。将包工资的办法，逐步改为按编制床位实行定额补助的办法。补助定额的确定，根据各类医院的不同情况区别对待，考虑医院的职工工资、补助工资、职工福利费等方面的实际情况和需要。增收节支的结余，主要用于改善医疗条件，也可以拿出一部分用于集体福利和个人奖励。

1980 年 8 月 24 日，国务院批准卫生部《关于允许个体医生开业行医问题的请示报告》，打破了国营公立医院在医疗卫生领域一统天下的局面，是医药卫生体制改革的一次重大突破。从治理的角度来看，这一政策的出台，使得卫生治理的主体走向了多元化，一改过去国营公立医院一统天下的局面，使得医疗卫生领域出现了一定程度的竞争，有利于提高医疗卫生领域的效率，更好地满足人民群众的医药卫生需求。

1981 年 3 月，卫生部发布了《医院经济管理暂行办法》和《关于加强卫生机构经济管理的意见》。从这几个文件的内容来看，当时主要的改革举措就是在医院经营中加强经济管理手段的运用，目标是扭转卫生机构不善经营核算的局面，用经济手段来调动医院的经营积极性，提高医院的经营效率。

1984年中共十二届三中全会通过的《中共中央关于经济体制改革的决定》对于这一阶段的卫生治理来说有着相当重要的影响，因为该决定是当时改革的最高指示，标志着经济改革从农村向城市推进，以加强经济管理为特征的改革思路在各个领域逐渐推开，毫无疑问，医疗卫生领域的改革也会在前几年的基础上进一步推进。1985年4月，国务院批转了卫生部《关于卫生工作改革若干政策问题的报告》，该报告针对卫生事业发展缓慢的现实，提出中央和地方应当逐步增加卫生经费和投资，同时必须进行改革，放宽政策，简政放权，多方集资开阔发展卫生事业的路子，把卫生工作搞活。文件提出：卫生工作改革的目的是，调动各方面的积极性，改善服务态度，提高服务质量和管理水平，防病治病，便民利民。医院的改革要坚持正确的治疗原则，注意合理用药和合理的检查，避免浪费，不要单纯考虑经济问题。这标志着中国医药卫生体制改革正式启动。该报告还提出要“积极发展集体卫生机构”，鼓励和支持集体经济组织、城镇和街道组织举办医疗卫生设施，鼓励民主党派、群众团体办卫生机构，鼓励离退休医务人员集资办卫生机构。卫生技术人员富余的单位，根据不同情况，经过批准，可以允许一部分医务人员离职办卫生机构。文件也同时“支持个体开业行医”。可见，当时改革的主要思路就是通过政策的调整，充分调动医务人员的积极性，鼓励个体行医，鼓励发展集体卫生机构，让更多的人参与到医药卫生领域中来，不断满足人们的医药卫生需求。

1989年，国务院批转了卫生部、财政部、人事部、国家物价局、国家税务局《关于扩大医疗卫生服务有关问题的意见》，该文件主要有五个方面的内容：一是积极推行各种形式的承包责任制；二是允许有条件的单位和个人开展有偿业余服务；三是进一步调整医疗卫生服务收费标准；四是卫生预防保健单位开展有偿服务；五是医疗卫生事业单位实行以副补主。

不难看出，我国这一阶段医药卫生领域的改革具有很明显的市场化的取向，目标就是调动各方面的积极性，扩大医疗卫生服务的供给，更好地满足人民群众的需要。改革的成果也比较显著，医疗卫生总量持续增长。从卫生治理的角度来看，这一阶段的改革促使治理主体走向多元化，治理方式也更多地引入了市场化的手段。然而也存在一些不足，尤其是市场化的改革取向，弱化了政府在医疗卫生领域的责任，虽然政府的卫生支出绝对数一直在增长，但其占卫生总费用的比重却下降迅速。根据有关部门的测算，1980

年，我国政府卫生支出占卫生总费用的 36.24%，1982 年为 38.86%，而随着一系列市场化举措的推行，1990 年，我国政府卫生支出占卫生总费用的比重下降到 25.06%。①

(二) 20 世纪 90 年代的卫生治理体制改革

1992 年邓小平同志的南方谈话，对我国改革开放的进一步推进有着决定性的意义，此后我国进一步确立了建立社会主义市场经济体制的改革目标，医药卫生领域成为改革的重要领域。1992 年 9 月，国务院下发了《关于深化卫生医疗体制改革的几点意见》，提出"拓宽卫生筹资渠道，完善补偿机制"。鼓励采取部门和企业投资、单位自筹、个人集资、银行贷款、社团捐赠、建立基金等多种形式，多渠道筹集社会资金，用于卫生建设。遵循价值归路，改革医疗卫生服务价格体系，调整收费结构，保证基本医疗预防保健服务，放开特殊医疗预防保健服务价格。该文件进一步明确了市场化的改革方向，这种被称为甩包袱的做法，一方面减轻了政府在卫生投入方面的压力，另一方面也毫无疑问地激发了医疗机构的营利动机，增加了患者的负担。

从制度建设的角度看，这一阶段我国在医疗保险制度方面进行了试点工作，并且取得了一定的成果，以此为基础出台了相关的文件。1994 年，国家体改委、财政部、劳动部、卫生部共同下发了《关于职工医疗制度改革的试点意见》，启动城镇职工医疗保障制度改革，经国务院批准，在江苏省镇江市、江西省九江市进行试点工作。1997 年，《中共中央、国务院关于卫生改革与发展的决定》发布，这一文件对未来一段时间我国的卫生改革和发展工作进行了顶层设计。该文件提出卫生改革的目的在于增强卫生事业的活力，充分调动卫生机构和卫生人员的积极性，不断提高卫生服务的质量和效率，要适应社会主义市场经济的发展，遵循卫生事业发展的内在规律，逐步建立宏观调控有力、微观运行富有生机的新机制。该文件的一大亮点就是提出要"改革城镇职工医疗保障制度"，建立社会统筹与个人账户相结合的医疗保险制度，逐步扩大覆盖面，为城镇全体劳动者提供基本医疗保障。保险费用由国家、用人单位和职工个人三方合理负担。文件提出，"九五"期间，

① 参见张振忠主编：《中国卫生费用核算研究报告》，38 页，北京，人民卫生出版社，2009。

要在搞好试点、总结经验的基础上，基本建立起城镇职工社会医疗保险制度，积极发展多种形式的补充医疗保险。在农村，要“积极稳妥地发展和完善合作医疗制度”，要在政府的组织和领导下，坚持民办公助和自愿参加的原则，筹资以个人投入为主，集体扶持，政府适当支持。力争到2000年在农村多数地区建立起各种形式的合作医疗制度，并逐步提高社会化程度，有条件的地方可以逐步向社会医疗保险过渡。

1998年12月，国务院发布了《关于建立城镇职工基本医疗保险制度的决定》，该文件指出，基本养老保险的水平要与社会主义初级阶段生产力发展水平相适应，城镇所有用人单位及其职工都要参加基本医疗保险，实行属地管理，基本医疗保险费由用人单位和职工双方共同负担，基本医疗保险基金实行社会统筹和个人账户相结合。该文件规定，城镇所有用人单位，包括企业（国有企业、集体企业、外商投资企业、私营企业等）、机关、事业单位、社会团体、民办非企业单位及其职工，都要参加基本医疗保险。乡镇企业及其职工、城镇个体经济组织业主及其从业人员是否参加基本医疗保险，由各省、自治区、直辖市人民政府决定。

总之，在这一阶段，国家在试点的基础上对医疗保险制度建设投入了大量的精力，出台了相应的制度，确定了医疗保险制的基本原则，为此后的制度建设奠定了基础。

（三）21世纪以来的卫生治理体制改革

2000年，国务院体改办、国家计委、国家经贸委、财政部、劳动保障部、卫生部等部门发布《关于城镇医药卫生体制改革的指导意见》，提出建立新的医疗机构分类管理制度，将医疗机构分为非营利性和营利性两类进行管理。非营利性医疗机构在医疗服务体系中占主导地位，享受相应的税收优惠政策。营利性医疗机构放开服务价格，依法自主经营，照章纳税。该指导意见提出要转变公立医疗机构运行机制，扩大公立医疗机构的运营自主权，实行公立医疗机构的自主管理，建立健全内部激励机制与约束机制。实行医药分开核算、分别管理，解决以药养医问题，切断医疗机构和药品营销之间的直接经济利益联系。该文件还提出要调整医疗服务价格，对非营利性医疗机构的收入实行总量控制，调整结构，在总量控制幅度内，综合考虑医疗成本、财政补助和药品收入等因素，调整不合理的医疗服务价格，体现医务人员的技术劳务价值。增设或调整诊疗费、护理费、挂号费；适当提高手术费、床位费等，降低过高的大型医疗设备检查费，适度放宽特许医疗服务价格。该指导意见涉及医药卫生体制改革的方方面面，对医药卫生的各个方面进行了原则性的规定。实际上，对于如何解决以药养医这一卫生治理的重要问题，该文件进行了比较详细的规定，比如医疗服务收费调整、药品生产和流通等，然而比较遗憾的是，这些规定并没有得到很好的贯彻。

为了加强农村卫生工作，解决体制改革之后资金投入不足、卫生人才匮乏、基础设施落后等问题，2002 年 10 月，中共中央、国务院颁布了《关于进一步加强农村卫生工作的决定》，该决定提出要加强农村公共卫生工作，明确农村公共卫生责任，加强农村疾病预防控制，做好农村妇幼保健工作，大力开展爱国卫生运动；要推进农村卫生服务体系建设，建立社会化农村卫生服务网络，发挥农村卫生网络的整体功能，推进乡（镇）卫生院改革，促进农村药品供应网络建设；要加大农村卫生投入力度，政府卫生投入要重点向农村倾斜。该决定提出要建立和完善农村合作医疗制度和医疗救助制度，政府对农村合作医疗和医疗救助要给予支持。此后，新型农村合作医疗在各级政府的大力支持下，得到了很好的发展，覆盖面得到扩大，农民得到了实惠。

2003 年，我国发生了非典疫情，疫情造成了大量的人员和财产损失，暴露出我国医药卫生体制的诸多问题，暴露了我国在公共卫生、医疗服务、医疗保障等领域存在的很多薄弱环节，从而引发了社会各界对医药卫生体制的高度关注，由此进一步加快推动了医药卫生体制改革的进程。

2005 年国务院发展研究中心“中国医疗卫生体制改革”研究小组发布报告称：改革开放以来，中国的医疗卫生体制发生了很大变化，在某些方面也取得了进展，但暴露的问题更为严重，从总体上讲，改革是不成功的。这一结论经媒体的广泛报道，使得医改问题成为人们关注的焦点。医药卫生领域所积累的种种问题，引起了中央高层的高度重视，分管卫生工作的副总理吴仪、总理温家宝以及国家主席胡锦涛分别在不同场合表示要解决群众的看病难、看病贵问题，并就医药卫生体制改革的基本原则做了一些指示，国家成立了由发改委和卫生部牵头、16 个部门参加的深化医药卫生体制改革部级协调工作小组。2006 年 9 月，成立由 11 个有关部委组成的医改协调小组，新一轮的医改工作正式启动。在此后的两年多时间里，医改协调小组深入各地进行了大量实地调研，专题研究有关重点难点问题，广泛听取了各方意见，并委托国内外知名机构，开展独立平行研究。2008年10月，发改委网站发布了《关于深化医药卫生体制改革的意见（征求意见稿）》，广泛征求社会各界意见，引起各方面的积极反响。随后，工作小组对各方反馈意见进行认真梳理，对该征求意见稿进行了修改。

2009年4月6日，中共中央、国务院颁布了《关于深化医药卫生体制改革的意见》，正式启动了新医改，该文件对医药卫生体制改革的方方面面做了具体的规定。与此同时，国务院印发了《医药卫生体制改革近期重点实施方案（2009—2011年）》，明确了2009—2011年应重点抓好的五项改革：一是加快推进基本医疗保障制度建设，二是初步建立国家基本药物制度，三是健全基层医疗卫生服务体系，四是促进基本公共卫生服务逐步均等化，五是推进公立医院改革试点。此后，国家还出台了一系列的配套改革措施，全面启动新医改。我国的卫生治理体制改革走入了全新的阶段。

三、当前中国卫生治理体制的现状及改革思路

新医改的最初几年，随着政府投入的加大，我国在医药卫生领域取得了很大的发展，例如医保制度的建设、公共卫生的改善等，然而随着新医改的深入推进，改革已经进入到了深水区，往前推进的难度越来越大，好改的地方已经改完了，剩下的都是一些难啃的骨头了。新医改的推进对于我国卫生治理来说是一个很好的帮助，它涉及了卫生治理的方方面面。新医改推动我国的卫生治理走向善治。新医改五年来，我国的卫生治理取得了很大的进步，但也存在一些问题，有的还很严重，比如说医患纠纷问题、食品安全问题等，需要在下一步的改革过程中加以解决。

（一）当前中国卫生治理体制所面临的主要问题

当前中国卫生治理体制所面临的问题很多，主要表现为医患矛盾突出、治理主体结构不合理、医疗机构布局失衡、新医改有待进一步落实。

1. 医患矛盾突出

近年来，医患关系备受关注，成为卫生治理中的一项重要任务。医患冲

突不仅发生频率上升，其对抗形式也是多样化的。发生医疗纠纷后，部分患者及家属比较理性，寻求法律手段或者通过与医疗机构协商解决，但也出现了很多非理性维权的患者和家属，他们谩骂殴打医务人员、霸占病房、破坏医院财物、停尸病房、停棺院内、拉挂横幅、封堵大门、袭击保安、反复上访等。多种方式轮番上场，持续时间从几小时到几十天不等。参与者除患者及其家属外，还有受患方委托的黑恶势力，有的地方甚至产生了为患方提供哭丧、造势、打官司一条龙服务的职业“医闹”。

最近几年，我国连续出现暴力伤医甚至杀医的案件，在全社会造成很大、很不好的影响，严重打击了医护人员的积极性。如果人身安全得不到保护，怎么可能好好地治病救人呢？有的地方甚至出现了职业“医闹”群体，专门替人出头与医疗机构打交道，通过不正当的途径甚至暴力手段，干扰医疗机构的正常秩序，严重影响医护人员的生命安全和医疗机构的财产安全。

根据中青舆情监测室对2013年1—10月媒体报道的20件伤医事件的统计（见表4—1），从受害者职业身份来看，一线医生首当其冲，占到75%，护士占25%。与之相对，患者家属是最主要的伤医者，比重高达60%，家属一般是因为对医护人员的服务、医疗方案等不满，对医护人员下重手。其次是患者本人，占比为30%。从遇害地点来看，八成以上的事件在医院发生。2012年12月至2013年7月间，中国医院协会等机构的调查表明，中国医院场所暴力伤医事件逐年递增，每年每所医院发生的平均数从2008年的20.6次上升到2012年的27.3次。中青舆情监测室统计，三级甲等医院发生的伤医事件最多，占比达80%。大城市的三甲医院，集中了优势的医疗设备、人员、技术资源，导致人们集中在三级甲等医院看病，从而导致伤医事件发生的概率较高。相比之下，二甲医院及其他等级的医院的伤医事件则数量较少。

表4—1　　2013年1—10月曝光的伤医事件列表

时间	地点	事件名称
1月15日	北京	通州潞河医院一急救女医生出诊遭殴打。
1月20日	内蒙古	包头一女医生出诊，被病患丈夫砍死。
2月16日	上海	因病人未能转入住院部，龙华医院一查房医生遭到患者家属殴打。
4月11日	江西	萍乡桐木镇一职业乡村医生被撞死。
4月26日	陕西	西安市第四医院一护士长被产妇家属殴打成重伤。

续前表

时间	地点	事件名称
4月29日	河北	馆陶县人民医院一女医生因受患者家属殴打辱骂，坠楼身亡。
5月9日	湖北	武汉一患者家属不满病情介绍，刺伤查房医生。
5月15日	辽宁	沈阳儿童医院医生被一家长因女儿高烧殴打致脑震荡。
5月21日	山东	青岛妇女儿童医院患儿家长嫌医生接诊太慢，暴打医生。
6月4日	陕西	西安儿童医院医生因患儿穿刺失败，被家长挥拳怒打。
7月9日	北京	北京安贞医院四护士被打伤住院。
9月9日	广东	宝安区人民医院一名已怀孕的护士正常进行夜间巡诊，一产妇丈夫因不满夜里被吵醒，将其狂殴致耳膜穿孔。
9月23日	湖南	湖南中医药研究院附属医院三护士被打成重伤。
10月9日	上海	上海交通大学附属仁济医院一名医生被患者及家属打至昏迷。
10月17日	上海	上海中医药大学附属曙光医院一患者家属因怀疑医院治疗不力，进行粗暴打砸事件。
10月21日	辽宁	沈阳医学院奉天医院一男子因与医生探讨治疗方案时意见不合，挥刀刺中医生6刀后坠楼身亡。
10月21日	广东	广州医科大学附属第三医院两名医生曾被患者家属殴打。
10月22日	湖北	湖北黄冈市中心医院发生伤医事件。
10月25日	浙江	温岭人民医院三名医生被刺，一人身亡。
10月27日	江西	江西南昌第一医院发生护士被歹徒劫持事件。

资料来源：庄庆鸿、俞积：《杀医案之后，谁还愿意做医生》，载《中国青年报》，2013-10-30。

随着医患冲突越来越频繁，冲突程度越来越升级，严重影响到医院和医生的行为，影响到医院正常的秩序，破坏了医院的声誉。医生在人身安全得不到保障的情况下，怎么能好好治病救人呢？医护人员把更多的精力放在提防患者上，在治疗过程中小心翼翼，可做可不做的检查都去检查，治疗过程偏于保守，每个环节都让家属签知情同意书，这样的结果是医生把保护自己放在首位，把治病救人放到了第二位，虽然避免了不必要的纠纷出现，实际上最终受到损害的还是患者。

严重的医患冲突也影响到医生的职业声望，很多人不愿意选择医生这一职业，最为突出的现象是，中国医师协会的调查数据表明，78%的受访医生表示，不希望自己的孩子再穿白大褂。实际上，中国医师协会此前曾做过4次调查，显示这一比例呈上升趋势：2000年的首次调查中，不愿意自己的子女报考医学院校的占53.96%；2004年，这一比例升到了63%；2009年与

2004年基本持平，为62.49%；但在2011年的第四次调查中，不愿意的比例陡升至78.01%。①

2. 治理主体结构不合理

我国的卫生治理主体结构不合理，主要表现在：长期以来，与整个社会治理相对应，我国在卫生治理中也是政府主办的医疗机构占绝对统治地位，而由其他主体如企业、社会组织举办的民营医疗机构力量非常薄弱，结果造成整个卫生治理主体失衡，不利于形成竞争有序的局面，在医疗服务、医疗保障等方面带来了一系列的问题。

经过十多年的发展，我国民营医疗机构虽然数量增长较快，但规模偏小，服务能力不强。2013年，全国民营医院达到1.13万家，民营医疗机构数量已经占全国医疗机构总数的43.24%，而诊疗人次数却仅占总诊疗人次数的2.7%，入院人数占比为2.5%，在每年超过1万亿元的医疗市场中，民营医院占比不足3%。② 民营医院最为短缺的是人才，由于民营医院在科研立项、职称晋升、户籍政策等方面存在劣势，它们很难吸引到合适的人才，而医院的竞争说到底还是人才的竞争，没有高精尖的人才队伍，民营医院很难获得患者的青睐，很难做大做强。另外，民营医院还面临很多的政策壁垒。在土地、贷款、税收等方面，民营医院都处于劣势。民营医院的土地都是按商业用地购买的，成本很高。其土地、房产不能抵押贷款，导致融资成本远高于公立医院。此外，营利性医院所得税税率高达25%，并且难以纳入医保定点。

这方面，我们不妨借鉴台湾地区的经验。1995年，台湾在推行“全民医保体制”的过程中，以发展社会保险来替代政府出资办公立医院，使台湾的医疗体系逐渐由政府直接筹资兴办医院，转向政府直接筹资补贴需求方，民营机构提供医疗服务的模式。公立医院病床占有率从上世纪80年代的90%下降到2010年的34%；2010年公立医院的市场占有率仅为31%，民营医院市场占有率为69%。③

3. 医疗机构布局失衡

长期以来，我国医疗机构布局失衡，这对于满足人民群众的医药卫生需

① 参见庄庆鸿、俞积：《杀医案之后，谁还愿意做医生》，载《中国青年报》，2013-10-30。

② 参见李晓宏：《社会办医须破“瓶颈”》，载《人民日报》，2014-04-14。

③ 参见黄洁夫：《台湾民营医院的“鲶鱼效应”》，载《人民日报》，2014-04-14。

求很不利，也成为卫生治理的薄弱环节。医疗机构布局失衡表现在：医疗机构尤其是大的医疗机构集中在大城市尤其是特大城市，从地域来看，又主要集中在东部地区，中西部较弱；从城乡来看，存在严重的城乡失衡，广大农村地区医疗机构少，服务能力有限。由于医疗机构布局的失衡，再加上其他配套措施的缺失，如分级诊疗体系、医保体系等缺乏相应配套，导致人们在看病的时候盲目地涌到大医院，使得大医院忙不过来，而小的医院则门庭冷落，结果造成了医疗卫生资源的巨大浪费，很大程度上也导致了看病难的问题。

首先，从卫生机构的数量和人员来看，我国东中西部存在很大差距。总体看，东部地区的卫生机构和卫生人口，以及每千人口卫生技术人员数量比中部地区和西部地区要多。而且东部地区还集中了相对优质的资源，比如，从医院分级来看，三级甲等医院在我国医院体系中是最好的，东中西部之间存在很明显的差距（见表4—2）。这就造成东部地区集中了大量的优质医疗资源，使得中西部地区的很多病人往东部地区集中，去寻找医疗服务，从而造成这些地方的大医院一号难求。

表4—2　　2012年东、中、西部医疗机构和卫生人员对比

	东部	中部	西部
医疗卫生机构数（个）	343 064	306 978	300 225
三级甲等医院数（家）	438	317	234
卫生服务站数（个）	4 013	2 315	1 854
卫生人员数（人）	3 950 917	2 783 467	2 374 321
基层卫生机构人员数（人）	1 389 115	1 105 839	942 218

资料来源：国家卫生和计划生育委员会编：《中国卫生和计划生育统计年鉴（2013）》，北京，中国协和医科大学出版社，2013。

其次，从城乡结构来看，我国长期以来存在重城轻乡的倾向。随着城市医疗资源的集聚，农村乡镇卫生服务机构以及村卫生室所起的作用也越来越弱化，尤其是公共卫生服务的弱化，使得我国广大农村面临很大的风险，导致基层公共卫生体系在遇到2003年SARS这样的严重传染病时不堪一击。近些年来，虽然我国对农村卫生越来越重视，乡村的卫生服务机构建设有所加强，但是由于相关制度不够完善，比如医疗保险制度的差异，医疗方面没有对农村医疗卫生机构倾斜，再加上现在各地的交通非常便利，农民一旦生病，往往选择去大医院就诊，从而造成农村医疗卫生服务处于尴尬境地，大医院一号难求，而乡镇医院和村卫生室门庭冷落。

表面上看，似乎城市医疗机构比农村还少（见表 4—3），但是要注意的是农村医疗机构中包含县和县级市的医疗机构，而不仅仅指农村基层的乡镇卫生院和农村的卫生室。进一步从每千人口所拥有的医疗卫生机构床位数看，就不难发现城乡之间的巨大差距。2012 年，我国城市每千人口医疗卫生机构床位数为 6.88 张，而农村每千人口医疗卫生机构床位数仅为 3.11 张，不到城市的一半。此外，2012 年每千农业人口乡镇卫生院床位数仅为 1.24 张。从每千人口卫生技术人员数来看，也同样存在着巨大的城乡差异，2012 年城市每千人口卫生技术人员为 8.54 人，农村仅为 3.41 人；城市每千人口执业（助理）医师为 3.19 人，农村仅为 1.40 人；城市每千人口注册护士为 3.65 人，农村仅为 1.09 人。[①]

表 4—3　　　　2012 年我国城乡医疗机构对比

	城市	农村
医院数（家）	139 035	811 262
基层医疗卫生机构数（个）	121 132	791 488
专业公共卫生机构数（个）	4 625	7 458
其他医疗卫生机构数（个）	1 048	1 376
各类医疗卫生机构床位数（张）	2 733 403	2 991 372

资料来源：国家卫生和计划生育委员会编：《中国卫生和计划生育统计年鉴（2013）》，北京，中国协和医科大学出版社，2013。

4. 新医改有待进一步落实

根据我国新医改的制度设计，新医改主要从加快推进基本医疗保障制度建设、初步建立国家基本药物制度、健全基层医疗卫生服务体系、促进基本公共卫生服务逐步均等化、推进公立医院改革试点五个方面入手，推进整个国家医药卫生体制改革。

近几年来，我国新医改的五个方面推进速度很快，工作做得很扎实。但是在某些方面推进的速度不太均衡，取得的成绩各不相同，例如，在基本医疗保障制度建设方面，过去的几年内，改革取得了长足的进步。在制度建设上实现了全面覆盖，我国的基本医疗保障制度由城市居民和职工基本医疗保

① 参见国家卫生和计划生育委员会编：《中国卫生和计划生育统计年鉴（2013）》，36、78 页，北京，中国协和医科大学出版社，2013。

险制度与新型农村合作医疗保险以及医疗救助制度组成，覆盖了所有的人群。2012 年，我国参加新农合的人数达到了 8.05 亿人，参合率达到 98.26%，人均筹资达到了 308.50 元，补偿受益人数达到了 17.45 亿人次。2012 年，我国城市居民和职工基本医疗保险参保人数达到了 53 589 万人，其中城镇居民基本医保参保人数为 27 122 万人，城镇职工基本医保参保人数为 26 467 万人；城市医疗救助 6 898 816 人次，农村医疗救助 14 837 582 人次；城市医疗救助支出 708 801.6 万元，农村医疗救助支出 1 329 104.8 万元。[①] 又如，新医改以来，我国基本公共卫生服务均等化水平进一步提高。国家免费向全体居民提供国家基本公共卫生服务包，包括建立居民健康档案、健康教育、预防接种、0～6 岁儿童健康管理、孕产妇健康管理、老年人健康管理、高血压和Ⅱ型糖尿病患者健康管理、重性精神病患者管理、传染病及突发公共卫生事件报告和处理、卫生监督协管等 10 类 41 项服务。针对特殊疾病、重点人群和特殊地区，国家实施重大公共卫生服务项目，对农村孕产妇住院分娩补助、15 岁以下人群补种乙肝疫苗、消除燃煤型氟中毒危害、农村妇女孕前和孕早期补服叶酸、无害化卫生厕所建设、贫困白内障患者复明、农村适龄妇女宫颈癌和乳腺癌检查、预防艾滋病母婴传播等，由政府组织进行直接干预。2011 年，国家免疫规划疫苗接种率总体达到 90% 以上，全国住院分娩率达到 98.7%，其中农村住院分娩率达到 98.1%，农村孕产妇死亡率呈逐步下降趋势。农村自来水普及率和卫生厕所普及率分别达到 72.1%和 69.2%。[②]

然而，在国家基本药物制度建设、基层医疗卫生服务体系建设和公立医院改革试点方面都面临一定的问题，比如，基本药物制度的品种和数量的调整、招标过程仍然存在很多不足，基层医疗卫生机构依然偏弱，由于制度安排的问题，基层医疗卫生机构无法担负起看门人的角色，在公立医院改革试点中没有调动广大医药卫生工作者的积极性，等等。可以说，这些方面的改革已经进入了深水区，下一步的改革需要更大的勇气，有些方面需要打破现有利益格局。

---

① 参见国家卫生和计划生育委员会编：《中国卫生和计划生育统计年鉴（2013）》，347、348、350 页，北京，中国协和医科大学出版社，2013。

② 参见国务院新闻办公室编：《中国的医疗卫生事业》（白皮书），载《人民日报》，2012-12-26。

（二）创新社会治理体制给卫生治理体制改革提出的机遇与挑战

2013年11月召开的党的十八届三中全会通过了《中共中央关于全面深化改革若干重大问题的决定》，该文件明确提出了“创新社会治理体制”，这给卫生治理体制的改革提供了一个很好的机遇。文件指出，“创新社会治理，必须着眼于维护最广大人民根本利益，最大限度增加和谐因素，增强社会发展活力，提高社会治理水平，全面推进平安中国建设，维护国家安全，确保人民安居乐业、社会安定有序”。医药卫生领域事关最广大人民的根本利益，而且由于当前紧张的医患关系，使得医药卫生领域成为影响社会稳定的重要变量，为此必须进一步推进卫生治理体制的改革，在深入开展新医改的过程中，落实好各项制度设计，从根本上解决看病难、看病贵的问题，这既是创新社会治理体制所带来的机遇，同时对于医药卫生领域来说，又是一项严峻的挑战。

1. 创新卫生治理体制是创新社会治理体制的题中之义

医药卫生事业关系亿万人民的健康，关系千家万户的幸福，是重要的民生问题。创新卫生治理体制，满足人民群众日益增长的医药卫生需求，提高人民群众的健康素养，事关社会全面协调可持续发展，是维护社会公平正义、提高人民生活质量的重要举措，是创新社会治理体制的一项重大任务。

医药卫生领域事关每一个人的生活，每个社会成员从出生到死亡，都离不开医药卫生，尤其是随着医学的不断向前发展和社会的进步，医学对于每个人生活的影响越来越大。以慢性病防治为例，从人类发展的实际进程来看，随着医学的不断进步，越来越多的人类活动被纳入医学的范围之中，最为明显的就是慢性病的防控，由于慢性病属于病程长且通常情况下发展缓慢的疾病，所以它并没有传染性疾病那样引人关注，然而，心脏病、中风、癌症、慢性呼吸系统疾病和糖尿病等慢性病却是世界上最主要的死因，所以现在人们越来越关注慢性病的防控。人们一旦患上某种慢性病，就意味着他要自觉地通过药物治疗或者其他方法对该慢性病进行控制，这一过程会伴随他很长时间，也同样会花费大量的钱物。就目前而言，慢性病的防治已经成为卫生部门的重要任务，同样，由于慢性病患者越来越多，所以慢性病的防控已经成为重大的政治任务。慢性病防治的进步不仅事关患者的身体健康，对于患者的家庭、单位等利益相关者而言，也很重要。慢性病防治绝不只是患者本人和家庭的事情，需要全社会的参与，通过健康教育、宣传等手段，从预防入手，增加人们对慢性病的认识，通过加强锻炼、养成良好的生活方式等手段，避免患病。应该说慢性病的防治牵涉全社会，包括患者个人、患者家庭、患者单位、各级医疗机构、教育机构等，所以从这个意义上讲，不难理解为什么卫生治理的创新是社会治理创新的题中之义。

2. 创新社会治理体制给创新卫生治理体制提供了思路

虽然社会治理体制与卫生治理体制不是一回事，但是创新社会治理体制仍然能够给创新卫生治理体制提供思路。十八届三中全会通过的《中共中央关于全面深化改革若干重大问题的决定》对创新社会治理体制做出了专门的论述，文件里的“改进社会治理方式”为创新卫生治理体制提供了思路，卫生治理也要把握“四个治理”原则。①

首先是坚持系统治理。社会治理强调“加强党委领导，发挥政府主导作用，鼓励和支持社会各方面参与，实现政府治理和社会自我调节、居民自治良性互动”。卫生治理与社会治理有异曲同工之妙，在我国的卫生治理中，同样要发挥政府主导作用，尤其是在制度设计的过程中，在公共卫生的提供上，要强调政府的主导作用。卫生治理同样要鼓励和支持社会各方面参与，这一点也关系到我国医药卫生体制改革的成败。长期以来我国都是政府主办的医院包打天下，这种医院格局，存在管办不分、政府补贴不到位等问题，造成了看病难看病贵的问题，严重影响到社会的良性运行和协调发展。解决看病难看病贵的一个重要的方法，就是引进社会资本，使医药卫生服务主体多元化，通过民营医院的发展，来推动公立医院的改革，让医药卫生市场充分竞争，让老百姓得到实惠，从而解决看病难看病贵的问题。

其次，坚持依法治理。社会治理强调依法治理，加强法制保障，运用法治思维和法治方式化解社会矛盾。卫生治理同样要强调依法治理。经过三十多年的不懈努力，由公共卫生法、医疗法和药事法三个联系紧密、不可分割的部分所构成的卫生法，基本形成了内容相对完整、结构比较合理的体系。在卫生治理过程中，必须坚持依法治理，比如时下全社会都高度关注的食品安全问题，对于那些敢于以身犯法的奸商和不法分子，就应该按照《中华人民共和国食品安全法》的有关规定加以严厉打击，以保护广大人民群众的食品安全和身体健康。

① 参见郑杭生、邵占鹏：《牢牢把握“四个治理”原则》，载《人民日报》，2014-02-06。

再次，坚持综合治理。社会治理强调“强化道德约束，规范社会行为，调节利益关系，协调社会关系，解决社会问题”。卫生治理过程中，也一样要坚持综合治理。医药卫生是一个复杂的系统，主要由医疗服务系统、医药生产和流通系统组成，其行为主体至少包括医院、医护人员、药厂、医药代表、患者、政府主管部门等，卫生治理涉及各种行为主体，他们的利益诉求并不一致，在推进医药卫生体制改革的过程中，涉及各方面利益关系的调整。需要以满足人民群众日益增长的医疗卫生服务需求、改善人民的身体素质、增强国家的竞争力为目标，综合考虑，既考虑当前，又考虑长远，考虑整个社会的全面协调可持续发展。

最后，坚持源头治理。社会治理强调“标本兼治、重在治本，以网格化管理、社会化服务为方向，健全基层综合服务管理平台，及时反映和协调人民群众各方面各层次利益诉求”。卫生治理也同样要坚持源头治理，比如对于人民群众反映强烈的看病难看病贵的问题，要找到问题的根本，从根子上入手加以治理，否则很难取得实质性的成效。新医改启动以来，我国出台了一系列的改革措施，有的取得了很好的成效，有的效果并不是太好。总体说来，凡是涉及政府投钱做增量的，很快都取得了成效，比如说医疗保险制度的覆盖面迅速扩大和保障水平迅速提高，这取决于各级财政的大力投入，但是在公立医院改革试点和基本药物招标等方面，进展不是很顺利，因为这些方面往往涉及利益格局的调整，这有时候比“撼动心灵还要难”，需要从源头上找原因，找到问题的根本所在，然后坚持社会化服务的方向，健全基层服务平台，以满足人们对医药卫生服务的基本诉求。

总之，社会治理的“四个治理”原则给卫生治理提供了思路，在推进卫生治理的过程中，完全可以借鉴社会治理的做法，综合施治、依法治理、标本兼治，调整医药卫生领域中的各种利益格局，满足人民群众日益增长的健康需求。

3. 医药卫生领域的特殊性使卫生治理体制改革更为复杂

医药卫生领域有它自己的特殊性，从而使得卫生治理体制改革显得更为复杂，需要考虑的因素更多，有很多地方需要用到专业知识，有些地方需要综合考虑，还有的地方需要做一些取舍，而这些取舍又不仅仅是算术题那么简单，可能涉及一些更为根本的东西。

首先，疾病的发生具有不确定性。这就使得人们并不知道自己什么时候会生病，同样，人们也不知道什么时候会出现像 SARS 那样的流行病，所以很多时候医药卫生领域做的都是未雨绸缪的事情，这就需要建立科学的医疗保险制度，搭建完善的公共卫生服务体系。然而，不是每个人都能认识到这种未雨绸缪的做法的重要性，因此就会出现医疗保险制度中的“逆向选择”难题，也就会出现平时不注意公共卫生体系建设，而当大的流行病来袭的时候，措手不及，从而导致大面积的人财物的损失的情况。此外，对于没有发生的疾病，人们能够投入多少，取决于很多因素，比如人们自身的健康素养、经济实力、知识层次，政府的健康宣传，政府在医药卫生方面的投入，等等。

其次，医疗卫生领域存在着严重的信息不对称。对于绝大多数人来说，对疾病的知识非常有限，他们并不知道某些具体的疾病的病因、症状、治疗办法等，同理，他们对于药物的知识也很有限，不知道这些药物的成分、药物的功效、使用某种特定药物的相应要求。拥有专业知识的是那些医药卫生专业人士，如医生、护士、药剂师等。这就出现了信息不对称：生病的患者对自己的病和应该用的药物、需要进行的检查不甚了了，甚至是一无所知，而医药卫生专业人士拥有疾病和药物、检查、护理等方面的专业知识，所以如果没有好的制度设计，就会出现医药卫生专业人士诱导患者消费的现象，而患者完全处于被动状态，对此无能为力，只能乖乖地掏腰包，这在很大程度上会导致看病贵的发生。除此之外，医药卫生领域还存在两种信息不对称：一是医疗服务提供方与保险方之间存在信息不对称，针对不同的保险计划，医疗服务提供方往往可以通过病症升级、诱导病人过度检查等方式，让保险方承担不必要的成本，从而导致保险方和患者利益受损；二是在医保过程中，保险方和患者之间的信息不对称，从而导致保险中的逆向选择问题。

最后，还有一种特殊性也很重要，那就是医药卫生领域科技进步往往带来了费用的上升，然而其获益的人群并不多，这就会造成两种后果：一是从社会整体来看，国家投入了大量的人力物力到医药卫生领域进行科研，取得的成果往往只能供部分人使用，例如癌症的防治、艾滋病的治疗、某些罕见病的研究等。二是对于每个人来说，往往会在生命的最后阶段花很多钱采用很多高端的治疗仪器和药物来治疗某些疾病，而这种投入很大，但是换来的结果往往不过是延长了几个月甚至更短的生命而已，而且这种靠高科技设备和药物来维持的生命，其生活质量往往并不高。

正是由于医药卫生领域存在这些特殊性，所以国家在进行卫生治理的时候，需要进行科学的制度设计，以应对疾病的不确定性，避免信息不对称所带来的种种后果，保证患者的利益。此外，由于医药科技进步一方面会推高医疗费用，另一方面其受益人群往往很少，这就使得国家在这方面的投入上要进行综合考虑，既保证国家在医药卫生领域的竞争力，又要在一些非关键领域吸引社会资本，把更多的人力物力投入到关系更多人的公共卫生、基层医疗卫生等方面。

（三）新时期中国卫生治理体制改革的基本思路

当前，我国的卫生治理体制改革的直接推动力量就是新医改，新医改所取得的每一项进展，都会直接带来卫生治理体制的进步和完善。新医改推行几年来，我国的医药卫生体制各方面都取得了进步，尤其是在基本医疗保障体系、基本药物制度、公共卫生等领域取得的进步非常明显，但是在公立医院改革试点、基层医疗卫生服务体系建设等方面都面临着一些难题待解。下一步的中国卫生治理体制改革的基本思路就是继续沿着国家既定的医改方针，攻坚克难，尽快建立起与小康社会相适应的卫生治理体制，满足人民群众日益增长的医疗卫生服务需求。

1. 适时推进医保制度整合

目前，我国的医保制度由三大块组成，分别是城镇职工基本医疗保险、城镇居民基本医疗保险、新型农村合作医疗，这三种医保制度组成了我国的基本医疗保障体系，标志着我国基本医疗保障实现了“制度全覆盖”。新医改以来，我国的基本医疗保障发展很快，保障水平在提高，覆盖面在扩大。但同时也不可否认，这种制度设计存在体系多元分割和制度“碎片化”等多种问题，现有的制度体系离全民医保要求还相去甚远。因此，为最终实现真正意义上的全民医保，加快不同制度的衔接与整合显得尤为重要。①

当前的基本医疗保障制度的碎片化主要表现在如下几个方面：一是城乡分割。城乡医保制度不同，发展程度也不同，再加上户籍政策、就业政策等的影响，使得城乡医疗保障存在很大差距，制度之间也不衔接，很大程度上影响了全民医保的实现。二是地区分割。对于同一医保制度，不同地区甚至不同县的具体规定存在明显差异，主要跟当地的财政投入水平直接相关，富

---

① 参见申曙光、李亚青、侯小娟：《医保制度整合与全民医保的发展》，载《学术研究》，2012(2)。

裕的地方财政投入多，保障力度大，而穷的地方财政投入少，保障水平也低。三是制度分割和人群分割。三大医保制度分别覆盖不同的人群，在参保原则、统筹层次、筹集水平、报销比例等方面存在很大差异。这种碎片化的医保制度从制度保障层面有一定合理性，使得我国基本医疗保险实现了制度的全覆盖，但是随着医改的深入，在实际操作中存在很大的弊端，比如说流动人口的医保，由于异地保障水平不一、报销制度不统一，使得这部分人在具体缴费、报销等环节面临很大的不便，甚至影响到这些人正常参加和享受基本医疗保障。作为整个国家卫生治理的一个重要方面，甚至是整个医药卫生制度的一个支撑点，基本医疗保险对满足人民群众日益增长的健康需求来说至关重要。这就迫切要求我们适时推进基本医疗保险的整合，打破医疗保障制度的多元分割现状，逐渐实现制度的统一，让各类人群在同一个制度框架下运行，考虑到实际情况，保障水平、统筹层次可以逐步走向统一。总之，制度整合是解决当前基本医疗保险领域所存在的种种矛盾的关键，也是全民医保的核心工作和必由之路，是下一步基本医疗保险制度建设的重中之重。

2. 进一步推进国家基本药物制度的全面实施

国家基本药物制度作为新医改的一个重要举措，从 2009 年到现在取得了很大的进展，我国已经基本建立起一套完整、有效的基本药物制度，在制定基本药物目录、组织生产、质量监测、定价、招标采购、配送销售、合理使用等方面取得了很大进步，2011 年基本药物制度已经扩大到所有政府举办的基层医疗卫生机构，实行基本药物零差率销售。基本药物全部执行新的质量和安全标准，电子监测基本药物的生产和配送的全过程。[①] 然而在具体的实施过程中，基本药物制度也同样面临一些问题，需要在进一步推进国家基本药物制度的过程中加以解决。首先是国家基本药物目录的品种和数量的确定过程需要完善，相关研究调查了全国 5 812 家基层医疗机构基本药物使用情况，发现国家与省级基本目录中，只有 49%的品种是一致的，国家基本药物目录缺乏应有的权威性，这一方面说明国家在最初遴选基本药物时就没有满足临床用药的需要，另一方面也说明地方在增补目录时缺少统一标准，省级增补的遴选标准值得研究。[②] 此外，零差率销售对地方财政提出了

① 参见胡善联：《我国基本药物制度改革的进展与挑战》，载《中国卫生政策研究》，2012（7）。

② 参见姜虹丽等：《国家基本药物制度实施的阶段性效果与问题分析》，载《中国卫生信息管理杂志》，2012（1）。

巨大的挑战，有的地方由于财政补偿不足，从而导致了基本药物制度推行受阻的情况，这就迫切需要明确基本医疗卫生机构的补偿方式并及时落实财政补偿政策，同时还需要明确财政和不同医疗保险制度各自的补偿比例。还有就是，目前在各地基本药物采购中出现了价格与质量的矛盾，在具体招标过程中，有的地方采取以价格高低为唯一选择标准，这就导致一些大型且高质量的药品生产企业反而无法中标，也有一些品种招标价反而高于市场价的情况出现，甚至出现了天价药。

针对基本药物制度所存在的这些问题，下一步的改革思路主要是动态调整基本药物目录，适时增补基本药物目录品种，特别是增加儿童、老人、妇女等重点人群常见病和慢性病防治的药品，满足群众合理的基本用药需求。确定新版国家基本药物目录的增补遴选标准和原则，规范省补基本药物目录的制定方法。增加财政投入，弥补基层医疗卫生机构因基本药物零差率销售所带来的损失，在此基础上扩大基本药物制度的覆盖面，让基本药物制度覆盖全部基层医疗卫生机构。规范基本药物的招标采购，合理确定招标方式，不断改进和完善评价机制，保证药品生产企业的供应能力，落实单一货源制度，加强对基本药物的配送监管，适当提高市场集中度。此外，要加强对基本药物制度利益相关者的政策宣传，下一步要通过政策引导和制度激励促进临床合理用药。

3. 加强基层医疗卫生机构建设

新医改启动以来，按照“保基本、强基层、建机制”的原则要求，政府加大投入建设基层医疗卫生机构，硬件水平显著提高；加强全科医生培养和住院医师规范化培训，定向招生、定向招聘医生到乡镇卫生院工作，提高基层医疗卫生服务能力和水平。然而，基层医疗卫生人才短缺、结构不合理、服务能力不高等问题依然突出，与“强基层”目标仍有很大差距；稳定的财政投入增长机制尚未建立，难以保证可持续发展；基层医疗卫生机构绩效考核机制不完善，绩效工资总量与比例较低，难以有效调动人员工作积极性；同时，如何平衡好公共卫生和基本医疗服务的提供，切实发挥健康“看门人”的作用也有待解决。

由于基层医疗卫生机构并没有真正的加强，而且也缺乏相关制度的配套，使得大量的病人都涌向城市大医院，造成大医院门庭若市、一号难求，挂号时间长、交费时间长、拿药时间长、看病时间短，这也在很大程度上加重了看病难的问题，也正是由于看病的经济成本和时间成本高，而医生在看病的时候由于病人太多，并没有太多时间认真仔细跟病人沟通，倾向于依仗各种高科技仪器的检查来辅助，一方面增加了病人的看病成本，同时也加大了医患冲突的风险。而基层医疗卫生机构则门庭冷落，病人很少。要真正把病人引导至基层医疗卫生机构，需要进一步加大政策的倾斜，一方面要真正强基层，通过加强硬件建设、加强全科医生建设、招募高水平医药卫生人才、与大医院建立医联体等办法，把基层医药卫生机构的水平提上去，另一方面要通过报销比例的倾斜、扩大基本药物品种范围等办法，把病人留在基层医疗机构，把大医院的康复病人吸引至基层医疗机构。此外，要完善并真正落实分级诊疗制度，让基层医院担负起“看门人”的角色，只有这样才能发挥好基层医疗卫生机构的作用，否则只能是花架子、空架子，病人还是源源不断地涌到城市大医院，形成大医院和基层医疗机构的苦乐不均。

4. 促进公共卫生服务均等化

公共卫生服务均等化方面，新医改以来我国以基本公共卫生服务项目和重大公共卫生服务项目为手段，政府投入不断提高，基本公共卫生服务均等化水平显著提高，基层卫生人员预防为主的理念得到强化，基本公共卫生服务能力明显提升，居民对公共卫生服务的认同度也在提高。通过这几年的改革，基层医疗卫生机构在基层公共卫生服务中的主体地位和“网底功能”得到强化。① 公共卫生服务均等化之所以能够取得这些成就，最主要的因素是政府的大力投入，简单地说，就是有钱好办事，按照国务院办公厅 2013 年 7 月下发的《深化医药卫生体制改革 2013 年主要工作安排》，2013 年我国人均基本公共卫生服务经费标准提高到 30 元。同时该工作安排也提出了一些公共卫生服务方面的定量指标：城乡居民健康档案规范化电子建档率达到 65%以上，高血压、糖尿病患者规范化管理人数分别达到 7 000 万和 2 000 万以上，老年人和儿童中医药健康管理目标人群覆盖率均达到 30%以上。虽然公共卫生服务均等化取得了很大进步，但也应该注意到，其中有些问题不能忽视，比如说，花钱是好事，可是怎么花好公共卫生的钱则是一门学问，也同样重要。对于公卫项目的选择要经过科学论证，要注意涉及公共卫生的各部门之间的合力分工协作，建立起科学的考核机制，推进公共卫生服务的信息化建设。

值得注意的是，近年来作为公共卫生安全一项重要内容的食品安全问题

① 参见代涛：《卫生体系改革评价研究的进展与实践》，载《中国卫生政策》，2013 (4)。

引起了全社会的高度关注，也成为当前创新社会治理体制的一项重要任务，需要下大力气解决这一问题，回应人民群众对食品安全问题的关切。国家出台了一些政策和决定，加强了这方面的工作，取得了一些成果。2012 年 6 月 23 日，国务院下发了《关于加强食品安全工作的决定》，该文件指出，当前我国食品安全形势总体上是稳定的，但基础仍然薄弱，违法违规行为时有发生，制约食品安全的深层次问题尚未得到根本解决。随着生活水平的不断提高，人民群众对食品安全更为关注，食以安为先的要求更为迫切，全面提高食品安全保障水平，已经成为我国经济社会发展中一项重大的紧迫的任务。2014 年 5 月，国务院办公厅印发了《2014 年食品安全重点工作安排》，决定围绕重点产品、重点行业，着力开展九个方面的治理整顿：一是开展食用农产品质量安全源头整治；二是深入开展婴幼儿配方奶粉的专项治理；三是开展畜禽屠宰和肉制品专项整治；四是开展食用油安全综合治理；五是开展农村食品安全专项整治；六是开展儿童食品、学校及周边食品安全专项整治；七是开展超过保质期食品、回收食品专项整治；八是开展“非法添加”和“非法宣传”问题专项整治；九是开展网络食品交易和进出口食品专项整治。可以预见，随着政府对食品安全越来越重视，随着全社会对食品安全问题的关注度的提高，我国一定会在食品安全方面取得更大的进步。

5. 稳步推进公立医院改革试点

2009 年颁布的《中共中央国务院关于深化医药卫生体制改革的意见》中提出要“建立规范的公立医院运行机制”，要求“公立医院要遵循公益性质和社会效益原则，坚持以病人为中心，优化服务流程，规范用药、检查和医疗行为。深化运行机制改革，建立和完善医院法人治理结构，明确所有者和管理者的责权，形成决策、执行、监督相互制衡，有责任、有激励、有约束、有竞争、有活力的机制。推行医药分开，积极探索多种有效方式逐步改革以药补医机制”，“逐步改革或取消药品加成政策，同时采取适当调整医疗服务价格、增加政府投入、改革支付方式等措施完善公立医院补偿机制”，“改革人事制度，完善分配激励机制……有效调动医务人员的积极性”。

2011 年 2 月 28 日国务院办公厅下发了《2011 年公立医院改革试点工作安排》，提出的工作思路是：按照上下联动、内增活力、外加推力的原则，坚持点面结合、远近兼顾、突出重点、边试边推，紧紧围绕缓解群众看病难、看病贵问题，在全国实施一批看得准、见效快的公立医院改革政策措施，争取在人民群众得实惠和医务人员受鼓舞方面取得突破性进展。同时，大力推动试点城市在“管办分开、政事分开、医药分开、营利性和非营利性分开”等重大体制机制综合改革方面积极探索。要把实施惠民便民措施和推进体制机制综合改革、建立长效机制紧密结合起来，使之相互配合、相互促进。

2012 年 6 月 7 日国务院办公厅下发了《关于县级公立医院综合改革试点的意见》，该意见提出县级公立医院综合改革试点的总体要求就是通过管理体制、补偿机制、人事分配、价格机制、医保支付制度、采购机制、监管机制等综合改革，建立其维护公益性、调动积极性、保障可持续的县级医院运行机制，坚持以改革促发展，加强县级医院的能力建设，统筹县域医疗卫生体系发展，力争使县域内就诊率提高到 90%左右，基本实现大病不出县。把县级医院定位为县域内的医疗卫生中心和农村三级医疗卫生服务网络的龙头，并与城市大医院分工协作。文件提出要在全国选择 300 个左右县（市）作为改革试点，力争 2013 年上半年总结评估，形成基本路子，为 2015 年实现县级医院阶段性改革目标打好基础。

当前我国县级公立医院改革试点正稳步推进。2014 年 4 月 4 日，国务院召开县级公立医院综合改革电视电话会议，李克强总理做了重要批示，刘延东副总理出席会议并讲话，肯定了各地县级公立医院改革试点以来所开展的多种形式的探索和所取得的积极进展。刘延东强调，要进一步扩大县级公立医院综合改革试点，2014 年试点县增加到 1 011 个，覆盖全国 50%以上的县、5 亿人口。

下一步公立医院改革主要应从以下几个方面入手：一是要优化医疗卫生资源布局，形成基层首诊、分级诊疗、双向转诊的就医制度，使老百姓就近享受优质医疗卫生服务。二是坚持医疗、医保、医药联动改革，破除以药补医，理顺医药价格，确保百姓看病负担减轻、资金保障可持续。三是建立现代医院管理制度，完善激励机制，调动广大医药工作者的积极性，从而不断提高医疗卫生服务质量水平，同时还要加强医德医风建设。四是加快建立医疗纠纷人民调解和医疗责任风险分担机制，严厉打击违法犯罪行为，构建和谐医患关系。五是加强全行业监管，严肃整治打击非法行医和虚假违法医药广告，推进医院信息公开，保障人民群众健康权益。

［社会分层］

第五章　权利分层与社会治理转型

王水雄*

社会治理转型离不开对权利分层问题的考量。社会治理转型意味着充分调动整个社会的各级和各类行动者——包括个人、组织、群体、团体、机构等等的积极性，促使他们站在相应主体权利的立场，在社会行动和互动的过程之中，为社会发展、整合、和谐与秩序作出自己的贡献。这也就必然涉及与之相关的一系列的、各级和各类行动者的权利意识、取向及其调整问题。

已有的社会分层研究，有一个强烈的倾向性就是强调量的分层，而较少强调针对量的权利的分层。即使有时候在分层研究中强调权利时，也倾向于用法律权利来替代实质性或实践性权利，或者用权力概念来模糊掉权利概念。其一个隐含的假定是：量的多与少直接意味着相关权利的多与少，或者权利的差异可以忽略。这样的假定可能带来极大的问题，因为正如后文将要提到的，量的分层和权利分层之间并不必然存在这种正向相关性，而权利的差异性在现实生活中也不容忽略。

西方社会分层的研究之所以较少关注权利分层问题，一个重要的原因

* 王水雄，中国人民大学社会与人口学院社会学系副教授。

是，它们强调所谓“法律面前人人平等”。而实际上，无论是以欧美为代表的西方社会，还是社会主义中国，权利分层的问题都是一个不可回避的现实。中国当前正面临着更深层次的社会转型，权利分层研究在此也就更具特殊的现实和理论意义。

社会治理转型的一个重要的起点、内容和方向，是权利分层的妥善化。这种妥善化并不意味着一定要拉平所有行动者的权利。实际上，拉平的结果极可能是社会的停滞和社会成员的一盘散沙状态。当然，过度的权利分配不平等所带来的社会危害显而易见。那么，权利分层妥善化的具体方向究竟是什么？后文将强调是各个维度权利分层间的相互独立性。

一、权利分层理论的视角与考察层次

权利分层的表述虽然相对于各种定量的社会分层测量结果要显得粗糙，但一旦汇入整个社会分层研究之中，却完全可能在把握一个社会的总体分层状况方面更为准确。原因不仅在于权利概念相对于“权力—自由”这组概念更客观和基础化，而且在于权利分层的考察可以在多个不同维度中展开，并分析各维度分层间的相关性或独立性；此外，权利分层分析还能在不同系统层次，特别是在非常宏观的系统中进行。总之，权利分层理论的视角与考察层次可以显而易见地让人们看到仅偏重于量的、追求精细测量的以往社会分层研究的局限性。

（一）权利、权力和自由

权利可以说是一种规范性（对应于法律等制度规定）和实践性（对应于经济和社会行为）的能力。在这个意义上，可以将权利区分为两种：一种是法律、政府规章、习俗等形式上的，或明或暗地规定了的权利；一种是经济社会生活中实践着的实质性的权利。法律等形式上的权利，受到法律等明文规定和社会认知的影响；而实质性的权利，则直接受到人们实践行为及其能力的影响。形式上的权利，会影响到人们实质性的权利，不过这两者虽然有非常紧密的联系，却并不是一回事。特别是在现实生活中，人们对于明文规定，往往可以通过一系列的变通行为来绕开，因此也就会影响到明文规定的形式权利的行使。本章强调的权利分层，会参考法律等形式上的权利安排，但主要还是围绕实质性权利展开。

权利在经济、政治和社会生活中扮演着基础性角色，具有极端的重要性。诺贝尔经济学奖获得者科斯的一个重要贡献，就是认为生产要素不应该被理解为一个具体的物，而是应该被更恰当地理解为人行使一定实在行为的权利。[①] 这种理解不仅有利于将人们的思维从对物的分割的产权纠缠中解放出来，而且有助于形成用制度来规范权利，进而提高经济效率的思考问题的正确方向。

与物相关的、人行使一定实在行为的权利[②]，在后来的一些产权经济学家那里，被概念化为财产权利或者产权。法律权利和经济权利的界定对社会发展的重要性被经济学家、法学家和社会学家们广泛强调，新制度经济学、社会学的制度学派等制度主义的理论因此成为显学。

权利在一定数量行动者身上的分布并不是完全均等的。比如，一个知识丰富的人可以用电脑来做许多事，而一个文盲在电脑上所能完成的任务就非常有限。又比如，同样是一个亿的现金，并且同样是在他们各自的家中，政府官员（比如魏鹏远等）对其拥有的法律权利和经济权利就与一个商人大不一样。政府官员在反腐风暴背景下，害怕被查出贪污的线索，往往对这一资金不敢轻易动用，商人则大可将其用于各种各样的投资。

权利分配的不平等带来的、与权利相对应的一对重要概念是：权力与自由。那些权利比较多的行动者在一定程度上能获得支配其他权利比较少的行动者的行为的能力，这种具有一定相互作用性的能力可以视为一种权力。与之相对，就有了所谓“自由”的问题，即行动者可以根据自己的意愿行使一定实在行为的权利或能力。显然，在这个世界上不存在不受约束的权利。权利不受约束，整个社会将或趋向于集权状态，或趋向于无政府状态，都可能

① Ronald Coase, “The Problem of Social Cost,” *Journal of Law and Economics*, 1960 (10), pp. 43-44.

② Ronald Coase, “The Problem of Social Cost,” *Journal of Law and Economics*, 1960 (10), p. 43. 原文为：“a right to perform certain (physical) actions” 即为“行使一定（实在）行为的权利”。在《论生产的制度结构》（上海三联书店，1994年）一书中，中译文为“行使一定（实在）行为的权力”，误将“right”译作了“权力”，是错误的。关于该问题的较详细的探讨，参见王水雄：《经济社会分析的一个框架和体系》，载《社会学评论》，2014 (1)。

导致系统性崩溃。

（二）属性的相关和独立

齐美尔有关社会属性间的相互独立性和布劳的不平等性与异质性等考察，对权利分层理论之现实取向的确立而言，是极具启发性的。

齐美尔注意到社会属性间的相互独立性越强，人们在各方面属于同一类社会集团的可能性也就越小。比如说，如果宗教信仰与民族这两种社会属性相互独立，那么，各民族成员就可能均匀分布在不同的宗教信仰集团之中。而如果二者的关联程度很高，就会出现某个民族专门信奉某种宗教，而另外一个民族信奉另一个宗教的情况。如此，如果各种社会属性间存在一定程度的相互独立性，一个社会成员就不会完全屈从于某个社会集团的压力。换言之，各种社会属性的相互独立性，成为人们获得自由、个性和独创力的客观基础。① 站在权利分层的角度来看，这意味着，行动者权利取向的多维性、差异性和独立性带来了他们相互接触过程中的耦合性，而不是对抗性。当然，这需要以各社会集团的开放性，以及行动者对各社会集团相对自由的参与权、退出权和组织权为前提条件。

布劳完全继承了齐美尔关于社会属性的关联性与独立性对社会互动模式具有重大影响的思想。布劳于 1977 年出版了《不平等与异质性》一书。作为他关于宏观社会结构理论的代表作，布劳在该书中的兴趣不在于论证异质性存在的合理性，或是不平等性存在的不合理；而在于探讨社会结构的异质性之间、不平等性之间，以及异质性与不平等性之间的相互关联程度对群际交往和阶层间交往、社会流动、社会互动模式乃至社会整合的影响。当然，作为一种重要的不平等性，权力差别被布劳特别关注，诸如“权力的集中会对社会冲突产生什么样的影响”② 之类的问题都得到了比较细致的分析。布劳有关宏观社会结构的一个重要结论是：“如果一个社会的各种不平等性高度相关，这个社会就必然具有鲜明的阶级差别。如果一个社会的各种不平等性相互独立，整个社会就可能有机地融为一体”③。

① 参见贾春增主编：《外国社会学史》，345～346 页，北京，中国人民大学出版社，2000。
② ［美］彼得·布劳：《不平等与异质性》，20 页，北京，中国社会科学出版社，1991。
③ 转引自贾春增主编：《外国社会学史》，346 页，北京，中国人民大学出版社，2000。

秉承齐美尔和布劳考察社会结构和社会分层的思路，权利分层理论强调其具有如下两个方面的特征：

第一，无论是社会各级行动者，还是作为其环境的各级社会系统，都具有多维的社会属性，这些社会属性构成布劳所谓异质性或不平等性的基础。当然，究竟是构成为异质性还是不平等性，又需要依据一定的社会共识来进行判定，这种社会共识可以通过行动者之间的社会互动模式来切实观察。

第二，关注各行动者、各社会系统的不同社会属性之间的相关性和独立性，以及这种相关性和独立性给社会整合和社会治理带来的影响。强调不平等性的多样化和相互独立化对良好的社会治理具有基础性意义。

（三）考察的层次与维度

权利分层分析强调社会总体性质的把握，而不是针对抽样所获得的样本进行统计分析。这意味着权利分层分析需要涉及多个不同层次。一方面，社会行动者本身是分层次的，包括个人、组织、社会团体甚至国家等；另一方面，作为行动者所处环境的系统也相应地具有层次性。本章的权利分层分析，针对行动者及与之相应的作为其环境的系统，将主要分为如下四个层次展开：

第一，国际关系层次。在这个层次上，国家是行动者。中国在多维的社会属性空间中与其他国家比照形成的相对位置是这一层次权利分层分析关注的重点。如何看待中国在当今世界权利分层体系中的位置？细致地观察中国和其他国家在最近表现出来的互动模式，便不难发现国际间存在的一些权利分层的深层次结构。

第二，国内区域、部门或组织间关系层次。这个层次的权利（或权力）结构分析涉及中央与地方、地方与地方的关系范畴。此外就是部门或组织间的关系层次，在此可以将企业间关系纳入思考，比如说，特别是国营企业与私营企业之间存在的权利分层问题。各个级别的区域、部门或组织是这个层次的行动者，比如说，东、中、西部地区，各个省市级别的地区等。

第三，官方与个人的关系层次。官方与个人虽然不是同一个层次的行动者，但是，这一维度的考察，对于分析不同个人（一个代表官方，一个为简单自然人）之间的权利分层是至关重要的。更何况在日常生活中，官方往往被切实地认为是与个人相对立的一个行动者。

第四，国民间关系层次。国民间关系层次是最具根本性的，因为前面所讲的各个关系层次，都需要落脚到国民间关系层次，才能够真正发挥其影响力和社会意义。并且，该层次的互动行为、模式与权利分层，也会反过来影响其他层次的权利分层状况。

在权利的社会属性上，布劳区分了类别参数（对应于群体的成员资格）与等级参数（对应于地位），类别参数涉及性别、种族、宗族、宗族联盟、氏族、职业、工作地、工业、婚姻状况、政治联盟、国籍、语言等；等级参数涉及教育、收入、财富、声望、权力、社会经济背景、年龄、行政权威、智力等。①

类别参数诚然是非常重要的，但是，本章强调从等级参数入手展开问题的研究，因此，本章将与权利分层相关的参数，分为五类：物质财富、货币、暴力潜能、社会舆论及其影响、价值承诺。围绕着这五类参数，各个层级的行动者所拥有的权利可能是不对等的。比如说，对于物质财富，掌握多的人和掌握少的人在权利上是会存在明显差异的。由于掌握的物质财富数量微不足道，穷人在权利上甚至很难将这些物质财富典当出去，以换取相应的货币收入；但是掌握物质财富多的人，则可以轻松地将物质财富置换成货币或暴力潜能。

基于齐美尔和布劳的研究，可以认为：沿着不同的等级参数实现的权利分层，如果它们具有正向（或反向）的相关性，比如说，基于物质财富在权利分层中处于较高位置的人，其在货币、暴力潜能、社会舆论及其影响、价值承诺等维度的权利分层中，也相应地具有优势地位，也就是拥有更多的权利，则这样的社会就极可能会成为“具有鲜明的阶级差别”的社会。

二、影响当前中国权利分层的客观因素

对我国权利分层基本情况和趋势的考察，不仅必须结合我国的实际情况展开，还需虑及时代特征作为其背景，比如说网络社会的发展、风险社会的出现等。这一切都会影响权利在社会行动者中的分布。在探讨当前中国权利

① 参见［美］彼得·布劳：《不平等与异质性》，14页，北京，中国社会科学出版社，1991。

分层的基本情况和趋势之前，有必要结合我国国情，具体地分析影响权利分层的一些客观因素。

（一）社会内在要求

权利分层特别是妥善的权利分层，是经济、政治和社会维持及发展的必然要求。

首先，是经济发展的要求。在当今全球竞争的世界体系中，一个社会不可避免地存在着经济持续发展的要求，或者更根本地，是有效配置资源的要求。这意味着需要让那些有价值的资源，相对自由地流动起来，进入一些有能力发挥其价值的人的手中，换言之，对这些资源最有需求且最愿意为之支付最高价格的人的手中。这就使得有些资源的权利，作为生产要素，不能固定地留持在某些既定的所有者的手中，而是需要将这些资源权利解放出来，使之能够持续地、循环性地进入到市场的流通领域之中去。这种微观效率机制对宏观社会结构提出的要求不仅意味着整个社会贫富差距不能过大，而且也意味着权利安排不能太过于绝对化，从而使得权利分层太过于僵化。

其次，是政治安全的要求。经济发展的要求，必然受到政治安全要求的影响和制约。比如说，当一个国家的民众大量地挣扎在死亡线上的时候，其生存权的要求，如果得不到满足，就极有可能会激发不满，甚至会爆发革命，进而引起政权更迭的危险。当然，并不是所有的此类相对剥夺感都会动摇当局的政治统治，但是对于当局的合法性来说，毋庸置疑，持续的社会不满会像白蚁一样侵蚀掉社会这条大坝的根基。政治安全的要求促使各个维度的权利分层，一方面要能在合理的限度内呈现社会不满和冲突，另一方面也要通过合理的权利分层安排，来真正有效地、根本地缓解由社会贫困和相对剥夺感所激发的社会不满。

第三，是社会稳定的要求。无恒产者无恒心，在权利分层极其易变或不合理的大格局下，基本财产的稳定性也就受到了威胁，更遑论民众的其他诸如货币、暴力潜能、社会舆论及其影响、价值承诺等方面的权利。反过来，社会不稳，大量的权利也没有任何保障。此时，权利分层是一个缺乏稳定性的结构和再结构过程。人们在动用暴力潜能方面的权利差别，容易直接演变成命令与服从的权力关系，并且会进一步发展起来统摄其他分层维度，使得整个社会变成极具阶级和身份色彩的不平等社会。

（二）人口数量和质量

对于物质财富来说，人口数量的大小，不仅会影响到人均物质财富享有数量的值，也会影响到人们对于物质财富的权利及其分层问题。比如说，如果人口数量极其巨大，而土地非常少的话，每个人平均所可能分配到的土地就是有限的；而与此同时，这一定数量的人口对于土地的权利，也必然会容易受到更多外部的约束和限制。比如说，他们可能没有权利随意地在土地上挖掘、建房，或者改变土地的用途——将非农用地直接转变为农用地。这势必影响到围绕着土地而出现的权利分层，或者说权利不平等现象。在我国，由于农民人口数量庞大，在没有很好的途径转移剩余农村劳动力的前提下，机械化地耕种土地的权利就会受到约束；哪怕是基于所谓“自由交易”的市场机制，土地资源的过度兼并现象甚至于土地承包权的流转也要受到一定程度的抑制；此外，约束村民集体以及农民使用土地的方式或者说基于土地的行使一定实在行为的权利的范围，也是非常有必要的。在这样的现实基础之上，围绕着土地的权利不平等，就需要进行适度的限制，不仅要考虑限制农民的土地相关权利，而且要限制、约束和规范政府征用农民土地的权利（或曰权力）。

又比如说，对于汽车等交通工具的权利，在人口数量极其巨大的情况下，如果城市的道路、生态、发展空间是有限的，汽车的数量就势必要相应地受到限制。更进一步，人们拥有和使用汽车的权利，也相应地需要受到限制。其控制方式一方面是限号，另一方面是征收汽车持有税等。

过度的人口数量在一定时间和空间中聚集的可能性，同样还会影响到人们在货币、暴力潜能、社会舆论及其影响、价值承诺等维度的相关权利，进而影响到它们的社会分层问题。其中的道理在于：人们一定实在行为的权利在人口聚集的城市中行使，可能会构成强大的外部效应。比如说，涉及货币权利的银行兑现行为，在兑现者达到一定数量时，容易爆发银行挤兑情况，便是外部效应再明显不过的例子。又比如说，游行示威，作为一种社会舆论及其影响的权利的行使方式，在西方人口相对比较少，或居住比较分散的地方，其有序地进行，而不致造成社会惊慌、动乱包括踩踏事故，是比较容易实现的。但是，在一个人口数量相当多、密度相当大的城市，参与乃至参观游行示威的人口数量一旦达到一个临界点，其所具有的不可控制性就会大大增加，其可能带来的危害性也将相应增强。这样一来，人们游行示威的权利，其实也就是行使社会舆论及其影响的权利，也不可避免地需要受到约束和限制，连带着也就会影响到相关的权利的分层现象和问题。

人口的质量也会对权利及其分层问题构成影响。这不仅仅是因为不同知识、素质和能力的人，对于同一个维度或参数的物（比如电脑、房屋或现金等）往往懂得行使不同程度和性质的权利；更是因为一个社会中人口质量的拔尖水平、平均水平、众数水平，会极大程度地在权利行使上互相影响：彼此激励或有效制衡。比如说，一个社会中有拔尖水平思想的人往往能够提出一些恰当、妥善的价值承诺，如果这个社会中平均水平或众数水平的人口质量太低，这些价值承诺往往也难以获得充分的影响力，其提出者在相关权利分层体系中的位置也就不容乐观。

(三) 地理环境

中国地势呈西高东低，海岸线主要集中于东部、南部地区。由于适宜发展和进行外贸，人口、产业和商业也大量地集中在东部、南部地区。中国人这种居住的空间格局以及产业发展机会的分布，必然会影响到相关行动者的权利及其分层。

比如说，西部地区有着丰富的自然资源，但是由于交通的不便，这些自然资源很难实现其价值。这也使得资源价值的“挖掘”和权利的获得，极大地依赖于资源的销售渠道，特别是来自东部、南部地区的销售渠道。有时，这些资源需要运到东部、南部地区进一步加工来实现其销售。这意味着，即便是西部地区的人们天然地在空间上接近这些自然资源，他们对这些资源的权利，特别是在市场中实现其价值的兑现能力，也是有限的。

又比如说，当前，我国西部地区的金融发展程度要低于东部地区。东部地区往往有比较发达的金融系统和金融机构，汇聚了大量的金融技术人才。这些系统、机构和人才的汇聚促使东部地区国民所拥有的货币投资渠道及其利润可获得性比西部地区丰富得多。货币权利的优势，也使得如果西部地区相关物质资源（比如矿产）没有受到足够好的保护，就很有可能会遭遇到东部地区金融资本的剥夺。

（四）交通和通信

交通的发达和便利可以大大地增加人口迁徙或者从一个空间移动到另一个空间的能力。比如说，西部和中部地区的人口可以在短时间内大量地流动到东部和南部地区打工。通过排解人口聚集的技术障碍，克服地理环境的阻隔，普通民众的实践性或实质性权利会有所提升。但是，比较吊诡的是，随着交通的发达和便利，要想继续维持可能是更为公平的规范性或形式性权利分层格局就变得不再容易，前面（二）、（三）所表达的人口和地理环境因素对权利分层的约束性逻辑会被进一步强化。比如说，户籍制度因为一定程度上限制人口流动影响人的权利而被认为应该取消，但是，在人口借交通便利可迅速大量涌入北上广深等大城市的背景下，这一制度至少在相当长的时间里又是有其重大价值的。

这种情况下，顺应更为公平的规范性权利分层的潮流也不是不可能的。只是这样一来，就需要从社会治理上根本性地改变和摘掉北上广深等大城市的拔尖效应所带来的权利分布上的不平等现象。可这意味着在根本上更改原有权利分层模式，而这绝非一日之功所能奏效。

如果说交通的便利使得人口流动起来更加迅速的话，那么，互联网的蓬勃发展使得信息和知识的流动与储存也变得更加迅速和便捷。人们可以比较方便地获取各个地方、各种各样的信息，从而对并不共同在场的异域生活形成想象和某种感知。比如，随着一些境外信息的流入和传播，网民对带有“自由”、“民主”等色彩的其他国家的社会形式及其生活也浮想联翩，尽管这种浮想与真实的状况之间难免会有所出入。互联网信息获取的过程除了满足好奇心、丰富视野、扩充知识之外，在中国的社会治理背景下，也相应地还会生出大量的信息焦虑感——因为权力结构上层的信息与人们的日常生活息息相关（至今许多人还保留着天天必看《新闻联播》的习惯）；而一些并不方便直接透露的信息，对底层大众又有着极强的吸引力。

互联网还增加了普通民众特别是网民的话语权，使得“每个人都有一个话筒的世界”呈现在世人的面前。尽管这些“话筒”发出的声音的分贝大小很不相同，但是许多相同内容的小分贝的声音汇聚在一起，往往能够成为大的声浪；更何况互联网还有很强的各类信息的储存功能，这些当然也使得权利分层（特别是与社会舆论及其影响相关的权利分层）深受影响。比较明显的就是，网络舆情普遍地被官方所重视，而官方在引导社会舆论的过程中，也更倾向于讲求实事求是，尊重民意。

三、当前中国权利分层基本情况和趋势

基于上文第一节所呈现的考察层次和有关权利的五种等级参数或维度，对当前中国权利分层基本情况和趋势的把握将按表 5—1 所列示的内容展开。

表 5—1　　当前权利分层考察的内容、中轴及热点

参数层次	物质财富	货币	暴力潜能	社会舆论及其影响	价值承诺
国际关系层次		热点	热点		中轴
国内区域、部门或组织间关系层次	热点	热点	中轴		
官方与个人的关系层次	热点	热点	热点	热点	中轴
国民间关系层次	中轴	热点	热点	热点	

从表 5—1 不难看到，不同考察层次的中轴与热点是不尽相同的。这里中轴指的是互动模式的主旋律，它具有较长时段的稳定性；热点指的是行动者在当前互动中经常会涉及的内容，相对于中轴而言，其时段较短，比较缺乏稳定性。中轴的概念一定程度上借助于丹尼尔·贝尔的“中轴原理”① 方法论的思想。中轴和热点的得出，部分地是基于理论思考，部分地是基于对现实的经验观察。随着互动行为和互动模式的根本性改变，热点甚至中轴也可能相应地发生改变。

经过三十多年以放权让利为主要特征的改革开放，我国的权利分层状况取得了一定程度的进步，多元权利主体逐步形成，各维度权利分层之间的相互独立性有一定程度的增强，人口流动的水平、社会成员对特定社会系统的退出权也有了很大程度的提高。当然，在这些成绩的背后，也仍然存在一些亟待修改完善的地方。

---

① ［美］丹尼尔·贝尔：《后工业社会的来临——对社会预测的一项探索》，北京，新华出版社，1997。

（一）国际关系层次

“和平和发展是当代世界的两大问题”，邓小平同志在近三十年前的1985年就判定：“虽然战争的危险还存在，但是制约战争的力量有了可喜的发展。……如果说中国是一个和平力量、制约战争的力量的话，现在这个力量还小。等到中国发展起来了，制约战争的和平力量将会大大增强”①。不管怎样，邓小平同志的判断是准确的，自1985年以来，近三十年的世界历史表明，世界大战没有发生（也希望永远不要发生），中国经济取得了飞速的发展，逐渐成为一支重要的“制约战争的和平力量”。

不过，国际关系层次的分层现象仍然普遍地存在着。一般认为，随着资本主义发展阶段的展开，低度发展国家将借由发达国家走过的道路，步入高度发达的行列。但是，依附理论的代表弗兰克指出：历史的经验表明，“低度发展并不是原始的或传统的现象，低度发展国家的过去和现在根本不同于已发展国家的任何一个阶段……低度发展国家和已发展国家之间过去和现在持续不断的经济和其他方面的关系，才是导致目前低度发展国家发展停滞不前的最主要原因”②。

站在依附理论的立场来看，桑托斯指出，当今世界对应的发展的第三种类型的依附是：以跨国公司为基础的依附类型。它“形成于第二次世界大战之后，这一形式的依附基本上是科学技术与工业的依附”③。的确！在国际贸易中，邓小平就曾经强调指出：“一些发达国家担心，如果中国发展起来，货物出口多了，会不会影响发达国家的商品输出？是存在一个竞争问题。但是，发达国家技术领先，高档的东西多，怕什么！”④。而事实上，丹尼尔·贝尔也基于经验观察，在提出后工业社会概念时，指出了“理论知识”的首要性和“知识价值论”的中轴地位。

值得注意的是，“科学技术与工业”以及“技术领先，高档的东西”，与“理论知识”毕竟还是不同的。在丹尼尔·贝尔看来，“理论知识处于中心地

---

① 《邓小平文选》，1版，第3卷，104、105页，北京，人民出版社，1993。

② 转引自贾春增主编：《外国社会学史》，390页，北京，中国人民大学出版社，2000。

③ 同上书，391页。

④ 《邓小平文选》，1版，第3卷，106页，北京，人民出版社，1993。

位，它是社会革新与制定政策的源泉”①。丹尼尔·贝尔说：“后工业社会是围绕着知识组织起来的，其目的在于进行社会管理和指导革新与变革；这些反过来产生新的社会关系和新的结构……每一个现代社会的存在，都依靠革新以及社会对变革进行管理，并力求预测未来，以便预作计划。承担管理社会的这种任务，使得社会有了制订计划和进行预测的需要。正是由于对革新的性质在认识上发生了变化，才使得理论知识变得如此重要”②。

丹尼尔·贝尔所谓“理论知识”对后工业社会的中轴性质，与本章所谓“价值承诺”在国际关系中的中轴性质有一致之处，它们都强调革新和对变革进行管理。当然，“价值承诺”在一定程度上要比“理论知识”更加具体地聚焦于价值观念的文化层面上，以之为中轴，还能够更多地考虑和兼容传统文化的因素。

相对于物质财富、货币、暴力潜能、社会舆论及其影响而言，价值承诺更独立于国家的规模大小，其国际性权利分层因此更具不确定性。即便是一个国力并不强盛的国家，也能够就价值承诺提出自己的富有个性的内容，并在这一权利分层体系中占据优势的地位，如果它的价值承诺足够好，并能获得广泛认同的话。当然，这是以世界形成一个势力相对均衡的多极化体系为前提条件的，或者至少是以主要的几个国家在各个维度或参数上的权利大致相当为前提条件的。

最近几年来，我国越来越明显地表现出一种相对于欧美等西方国家的自信心。特别地，中国共产党和中央政府强调了道路自信、理论自信、制度自信的要求，这是一种在价值承诺维度上力图获得更多国家权利，以让我国在相应的国际分层中占据优势的行为表现。当然，这也并不妨碍中国人对欧美先进理论知识、制度、技术和科技产品的学习和接纳。不过，最近我国还有一个越来越明显的迹象，就是官方在国民教育中的去美国化，这也许主要是为了维护中国文化，以更早、更好地实现中国在国际价值承诺的权利分层中的优势地位，或者在其中把握更多自主性。

值得注意的是，当今世界，在价值承诺相关的权利分层中拥有相对优势的位置，往往意味着，这个国家有比较大的社会舆论及其影响的全球控制能

① ［美］丹尼尔·贝尔：《后工业社会的来临——对社会预测的一项探索》，14页，北京，新华出版社，1997。

② 同上书，21页。

力，而这种控制能力又以足够的暴力潜能拥有量为基础，这又会涉及货币的量和相关的权利，最终落脚到一国物质财富包括人口的拥有量和相关权利等。

也就是说，就国际层次而言，基于物质财富、货币、暴力潜能、社会舆论及其影响所形成的量的分层和权利分层，对国家地位而言仍然是非常重要的。一般来说，一个国家拥有这些维度或参数的量越大，其拥有的权利也就越多，相应地，甚至会在国家间形成“命令—服从”的关系，牵涉到“权力—自由”的主题。时至今日，随着国力的强盛，中国作为世界之重要一极的出现，对世界和平与国际局势的稳定日益起到重要的作用。其秉承的“不干涉他国内政”等外交准则，对于保障小国的权利是有益的。

对于国际关系层次而言，货币和暴力潜能，这两个维度或参数在相当长的一段时间里都是热点，甚至有时会表现出成为中轴的趋势。其涉及的权利分层的重点，一个是货币是否有权利成为国际货币，或者说国际贸易中的通用货币，比如说人民币国际化的问题；另一个是在国际事务中一个国家是否有权利使用武力，按照什么样的规则和方式来形成、发展和使用武力，比如说核武器等的问题。中国在这些权利维度的力争，甚至导致美国最近（2014年5月底）开始担心其国际领导者的地位。

（二）国内区域、部门或组织间关系层次

2013年以来，中国所展开的如火如荼的反腐败行动以及党和政府在一些制度层面上的调整与规定，可以看作国内区域、部门或组织间关系层次上一种新互动模式的确立过程——这里行动者不仅仅是省市意义上的“区域”，还涉及中央、地方、部门、机构、企业与社会团体等等。相应的行动者之间均可能存在具有重大意义的权利分层问题。

对于社会治理而言，与这种国内区域、部门或组织间关系层次的权利分层相关的是，对反腐机制的积极探索。这种反腐机制最终所要确立的，就是一种正确的体制内的权利（乃至相对于民众而言的权力）分层关系，它也可以表述为妥善的分权机制。这种分权，不仅仅意味着中央和地方、中央与部门之间的纵向分权，它还涉及同一级国家机构内部的横向分权问题，特别是依据功能性质而不是依据任务性质的分权，甚至还涉及民众的政治参与——通过民众的参与来更好地约束和平衡权利与权力。

围绕着暴力潜能所形成的权利（对民众而言也就是权力）分层意味着：

为了避免国家的分裂，中央对军队、对其他国家合法的暴力组织需要拥有绝对的控制力，即使是那些不得不让地方或各区域直接控制的部分暴力机器，也需要将其数量和权利约束在适度的范围之内。特别地，这也涉及公、检、法等国家强制力机器的分权、分工、相互制约的问题，因为这样才可以更好地约束地方或各区域、各部门对于暴力潜能（无论其量是多还是少）的使用方式和使用范围——公、检、法不分，一致行动的司法和执法行为是极端可怕的。

作为一个热点，在这一层次中，有关货币方面的权利分层涉及地方债以及银行业的机构监管等问题。从地方债务权利的相关规定及其变动之中，从银行业严格的制度规约及其变动之中，可以看到中央与地方之间的货币权利边界的变动情况。与此类似，中央与地方的事权与财权的划分方式，则同时涉及物质财富和货币的权利分层的形式问题。分税制背景下，目前地方的普遍感受是：事权过度，财权有限。可以预期未来该维度的权利分层会有所调整，不过需要以地方政府行为受到较好约束，特别是来自民众有组织的约束为前提条件。

值得一提的是，区域、部门或组织间关系层次的影响，会受到前述国际间关系层次的权利分层的影响。其中的道理就在于：比如说，如果是在国际间发生了战争，那么一个国家国内的军事部门的相对重要性就会凸显出来。而在地理空间上，某些具有战略要塞位置的地方或区域也就会显得更为重要。相应地，这些部门或区域的权利（或权力）在分层体系中也就会相对更多、更具优势一些。

（三）官方与个人的关系层次

官方与个人关系层次的权利分层，受到官方内部权利（或相对于个人而言的权力）分化机制的影响，其内部的制衡机制，会影响到官方相对于个人的权利（或严格来说权力）。此外，它还受到区域、部门或组织间关系层次其他因素，以及国际关系层次的权利分层的影响。比如，一个外国人在中国，中国官方相对于这个人的权利（或者说权力）就会受到这个人所属国家，以及中国与该国之间国际关系权利分层的影响。如果这个人是美国人，中国官方相对于他的权利，在实践中，就有可能会小于如果这个人是埃塞俄比亚人的情况。

官方与个人关系层次的权利分层，在众多参数维度上，都具有非常重要的意义，其中价值承诺具有中轴性。官方给个人提供价值承诺的权利，往往成为官方合法性地位的根源。就目前中国的状况来看，任何其他机构或组织给个人提供终极性价值承诺的权利是有限的，或者是受到官方一定程度的排斥的；而官方的这一权利则几乎是无限的，除了其受到民众个人是否认同这一价值承诺的权利之制约外。目前新一届中央领导人所提出的最新的价值承诺是中国梦，官方对其作了比较倾向于民众的阐述，民众对其认同度也比较高。

在物质财富、货币、暴力潜能、社会舆论及其影响这四个维度之中，官方的权利（也可以说是权力）相对来说也是占据优势地位的。不仅官方拥有的物质财富、货币、暴力潜能、社会舆论及其影响等在“量”上比较多，而且在“质”（权利）上也较多。个人总体来说还处于较弱势的地位。

比如说，根据我国2004年修正的《土地管理法》，不难看到其第六十三条明令：“农民集体所有的土地的使用权不得出让、转让或者出租用于非农业建设”。2004年修正的《宪法》第十条则规定：“城市的土地属于国家所有。……国家为了公共利益的需要，可以依照法律规定对土地实行征收或者征用并给予补偿”。这意味着农业用地转为非农民自用的建设用地，必须完成从土地集体所有制向国有制的转变，这其中必然要求形形色色的官方权利（亦即权力）介入。同样一块土地，在农民手里可能一钱不值，在代表“国家”进而代表“公共利益”的官方手里，则可以轻松步入市场，立即身价百倍。

又比如说货币，一般的个人其实是没有运营银行的权利的，官方给个人设置了很多货币权利上的障碍。当然，有幸的是，该领域最近的发展趋势是：党的十八届三中全会通过的《中共中央关于全面深化改革若干重大问题的决定》中，第十二条强调了完善金融市场体系，其中提出：“扩大金融业对内对外开放，在加强监管前提下，允许具备条件的民间资本依法发起设立中小型银行等金融机构。推进政策性金融机构改革。……发展普惠金融”。

值得一提的是，在全球追税的压力下，2014年5月6日于巴黎举行的欧洲财长会议上，瑞士同意签署一项有关银行间自动交换信息的全球新标准。瑞士银行家协会（Swiss Bankers Association）表示：“只要所交换信息仅与税收目的有关，瑞士的银行愿意与其他金融中心自动交换信息”[①]。这意味着，瑞士的银行不再承诺为客户的信息保密，在被查税的情况之下，有

① 转引自岳菲菲：《瑞士银行不再为中国客户保密》，载《北京青年报》，2014-05-07。

可能向相关官方公开客户的账户信息。这是一项有着巨大影响的政策，它表明在货币的权利分层中，官方相对于个人（尤其是富人）的一个重大胜出，对于避免金融资产的国际转移和全球金融风险是有所帮助的。

至于暴力潜能，官方相对个人在数量上的不平等非常之高。除了在个人可以合法地拥有枪支的国家，比如说美国，个人有相对较高的暴力潜能拥有量之外，在其他国家，个人暴力潜能拥有量都是非常之小的。事实上，个人所能调动的暴力潜能，相对于官方现代化的军队，是极其有限、微不足道的。正是因此，官方在暴力潜能的使用权利（权力）上，通常要受到相对更多的约束。

在官方与个人的权利分层的各个维度或参数中，目前个人能够在某种程度上占据一些优势的，或者说其权利相对于以前有较好增加的，是社会舆论及其影响这个维度，这在一定程度上是拜互联网等现代技术所赐。

根据国务院新闻办公室 2014 年 5 月 26 日发表的《2013 年中国人权事业的进展》白皮书："互联网成为公民表达意见和发表言论的重要渠道之一。20 年来，中国投入大量资金建设互联网基础设施，建起了覆盖全国、惠及全民的互联网基础设施，促进了互联网的普及和应用。……截至 2013 年底，中国网民规模达 6.18 亿，互联网普及率为 45.8%；域名总数为 1 844 万个，网站总数为 320 万个，网页数量为 1 500 亿个；论坛/bbs 的用户数量为 1.2 亿人，博客和个人空间用户数量为 4.37 亿人，社交网站用户数量为 2.78 亿人，网络文学用户数为 2.74 亿人，网络视频用户数量为 4.28 亿人，微博用户数量为 2.81 亿人，即时通信用户数量为 5.32 亿人；手机即时通信用户为 4.31 亿，手机微博用户达到 1.96 亿。……根据对新浪微博和腾讯微信等 7 家网站所发帖文的统计，在 2013 年网民关注的 20 大热点事件中，前 12 位的帖文都超过了 200 万条，其中排第一位的帖文数量超过 4 500 万条。网民言论关注的范围十分广泛，涵盖了司法案件、民生问题、个人权益保护、医患纠纷、反腐败等各方面"。

个人构筑的网络言论不仅量大，而且其权利因为汇聚于众多其他网友的发言之中，又脱出必要的约束，成为一种权力之势，甚至在网络中慢慢形成一种可动员民众的价值承诺的能力。为此，官方不时出台措施管控网络"谣言"，特别是大 V 们创制和转发的"谣言"。不过，相应地，有些个人也指出：整治网络"谣言"更重要的是先整治"官谣"。可见当前官方与个人层次中"社会舆论及其影响"维度权利分层状况相对于以前的明显变化。

（四）国民间关系层次

就国民间关系层次来说，物质财富在量上的不平等，以及由此所形成的权利的不平等，具有中轴性质。这里特别值得注意的是，国家通常强调法律面前人人平等，指的主要是形式上的权利平等，而不是实质上的或者实践意义上的权利平等。在实践意义上，当前国民间的权利分层极大地受到他们物质财富在量上的差异的影响。

国民间关系层次的权利分层所展现出来的一些热点，包括货币、暴力潜能、社会舆论及其影响等三个维度；而随着社会信仰和科学精神的缺失，以及人们寻求心灵慰藉的需要，有些个人和组织乘此机会造神、炒作，价值承诺的权利分层问题在最近也有成为一个重要热点的趋势。

国民间关系层次的权利不平等，部分地是因为国民间知识、能力和个人素质上的差异，部分地则是由于不同国民借助官方体系、区域部门或组织层次、国家层次力量的能力存在差异，而与此同时，这些不同层次的行动者之间又存在权利分层或不平等的缘故。

总体而言，国民间关系层次的权利分层具有根本性。前述各个层次的权利分层问题，都可以在国民间关系层次中得到体现，并由此对人们的社会生活产生作用和影响。当然，这并不意味着，其他层次的权利分层分析就不重要。

四、分层复合与权利意识及流动的冲突

上一节强调了各个层次的权利分层状况，部分地呈现了量的分层与权利分层，以及各个维度的权利分层在方向上并不完全一致的事实。本节力图强调的是：即便是仅仅关注权利分层，判断其合理性并不简单意味着具体维度或参数的分层要力图均等（尽管价值承诺维度的权利平等异常重要），而是要更加注意考察所有维度权利不平等性之间的相关性和独立性问题。

（一）分层相关性与独立性

不平等性的相关性指的是行动者在各个维度或各个参数中所处的权利分

层的位置具有的相互关系。比如说，一个人在暴力潜能维度权利分层中的优势地位，也带来了他在货币维度权利分层中的优势地位；或者，一个人在货币维度权利分层中所处的弱势位置，也带来了或导致了他在价值承诺维度权利分层中的弱势位置，这意味着这些不平等性之间是具有正相关性的。如果这种不平等性的正相关性增强，就有可能会导致阶层差别明确化以及分层固化。

中国封建社会中存在长时间的官本位。这意味着：政治权力（几乎囊括物质财富、货币、暴力潜能、社会舆论及其影响、价值承诺的所有方面），在分层中如果不是处于绝对重要的地位，也是处于基础性地位。换句话说，中国封建社会不平等性的正相关性是比较强的，这导致各个维度或各个参数的权利分层“一荣俱荣、一损俱损”。

在计划经济时代，人们社会地位的高低受到政治系统和一整套意识形态的控制，可以说，此时共产主义的价值承诺处于中轴地位，且统摄全局，人们物质财富、货币的权利普遍地受到极大的限制，其权利分层和量的分层之间甚至具有一定的反向相关关系；物质财富、货币的权利不平等性又与暴力潜能、社会舆论及其影响、价值承诺的不平等性之间有一定的反向相关性——这一切从“地、富、反、右、坏”有“钱”却挨批斗这一点不难看到。这样的分层状况当然不利于物质财富的创造和经济的发展。

随着计划经济向市场经济的转变，计划之外的力量开始萌发出来，一些草根创业者成为先富起来的人，物质财富的多少不再与被批斗的可能性正相关，权利分层在各个维度或参数上的相对独立性有所增加。而人们自由迁移的权利，大大加强了这一独立性。

不过需要特别注意的是，随着外部市场的壮大以及深层次制度改革推进的相对缓慢，大面积的腐败现象也滋生了。腐败会严重地影响各个维度的权利分层的相对独立性。比如说，钱权交易本身就意味着，在货币的权利分层中占据优势地位的人，也相应地会在暴力潜能的权利分层中占据优势地位；而相应地，在暴力潜能的权利分层中占据优势地位的人，也相应地会拥有在货币权利分层中的优势地位——如果这个社会对腐败行为的容忍度还相对较高的话，情况就确乎如此。这样继续下去，会导致各个维度的权利分层的复合或者说正相关性，使得整个社会变成具有明显阶级性的社会。

幸而，中国还时不时地存在高压的反腐败攻势。在这一压力下，一些贪官会步入类似马德、魏鹏远式的境地。他们的情况是：虽然因为腐败，家中藏有大量的现金（比如魏鹏远据说家藏现金1亿元），但是，他们的生活却相当朴素。他们不仅衣着简单，而且骑自行车上下班。这意味着，虽然他们拥有的货币现金在数量上是巨额的，但是他们对于这些货币所拥有的“权利”却是可怜的，或者至少暂时是可怜的。在这个意义上，高压的反腐败攻势对金融稳定和经济发展是很有益处的。因为如果反腐败的力度松懈，贪官们觉得安全，便可能大肆地对这些现金加以使用，行使其“权利”，或者逐步通过各种渠道将其洗白，使其重新流入到经济大循环中，极容易造成全国货币的大幅度贬值。

（二）权利意识

在国民权利意识尚未觉醒的前提下，即使权利分层不理想，社会的维持仍然不会存在太大问题。不过，当前中国一个主要的社会矛盾是：人们普遍的权利意识的觉醒和权利分层现状不理想、机制不妥善、各维度分层缺乏独立性之间的矛盾。

随着网络时代的来临，网络的深化发展使信息传播速度加快，增强了人们的权利意识。这种权利意识的飞速增长，与权利分层的现状之间存在的矛盾于是不可避免地会以各种各样的形式表现出来。

比较直接地，如前文所述，代表社会舆论及其影响的民间网络话语权在最近的一段时间里有一定的增长。但是，在这种权利意识普遍增强的背景之下，在民间网络话语权极度膨胀的情况之下，我国的社会治理方式却仍然缺乏突破，停留在过去习以为常的阶段；科层制缺乏进一步的权力分化和权利让渡，保留着许多总体性社会的特征。中国政治及社会体制的这一特征，加上民众其他政治参与合法渠道的相对欠缺，以及极其容易扩大范围的网络社会舆论及其影响力，也使得中国网民往往缺乏从我做起、从身边小事做起、从基层事务做起的心态，而更多地将注意力集中于中央和上层，因为这样才能吸引更多的注意力，构造更多的影响，唤起更多的共鸣。

糟糕的是，现实生活中权利意识不断“觉醒”甚至是恣意生长的民众，针对官方的权利抗争行为虽然实际指向的往往是很小的地方乃至基层政府，其在网络中所造成的社会舆论及其影响的声势，却每每集中针对着中央政府。这样使得中央政府承受着巨大的压力，也使得官方疲于应对，无法将民众的这种注意力很好地转移到其他领域中去。

（三）人口流动

交通工具，特别是高铁的迅速发展，极大地提高了大规模的人口空间位移的能力和速度。原来在非机械力的时代，可能是需要几个月才能到达的目的地，现在只需要几个小时就可以到达。

人口流动的迅速增加，一方面使得人们见多识广，可以增加各个维度或参数相关的形式权利方面的知识；另一方面也使得人们能够迅速地流动到各个地方去，充分地利用区域、部门或组织间关系层次上分布的不同实质权利，从而实现自己在这些方面基本权利的优化和发展。这导致的一个非常重要的结果是：在某些具有基本权利优势的区域中，人口可能海量聚集，客观上构成向官方要求更多权利的“倒逼”可能。哪怕这种聚集已经不足以给人们的生活质量和未来发展带来很好提升的情况之下，人们仍然不愿意轻易离开。应对随时可能爆发的社会风险的要求，又使得官方对于自身的集权有了更为现实的正当理由，“放权让利”也就变得更难推进。

人口在一定区域空间中的海量聚集，与权利分层的复合性或者正相关性有着密切的关系。在这种意义上，如果要在根本上改变一些城市的城市病，就需要在区域、部门或组织间关系的这个层次上，非常好地避免这种权利分层的复合性或正相关性。比如说，如果各个区域（比如省市）都能根据自身特征，类似于联邦制下的州那样，做出比较好的、各具特色的价值承诺（比如具有自身特色的大学教育），整个国家的大学生为之奋斗的价值目标因而多元化，对于中国这样一个安土重迁的民族来说，人们可能就会相对更少地汇聚在北京这样的大城市，从而使各地能更加均衡地、富有特色地发展培养和留住适合自己的人才，也避免因为人口聚集而形成的各种各样的城市病。

（四）退出权和组织权

在任何维度或参数的分层体系中，退出权都是重要的；而在具有复合性和相关性的总体分层体系中，退出权显得尤为重要。通俗来说，如果我什么都比不上别人，那么对我而言最好的，就是什么也不比。这最后一点，如果被认为是有价值的，当然就涉及价值承诺领域权利分层的平等性问题。

如果每个人在价值承诺领域中都不再存在权利不平等的问题，或者具体地，就是说那些在其他维度的权利分层中具有优势地位的人，在价值承诺领域的分层体系中，往往不再具有相应的优势地位，这就意味着，一种非常好的退出权通过相对平等的价值承诺的权利分层体系得以实现，换句话说，价值承诺领域成为一个非常好的、终极性的退出领域。这种价值承诺的权利分层独立性，对整个社会而言具有缓解冲突、增强社会稳定的功能。

按照以上独立性逻辑，也就可以比较好地分析宗教领域或其他各种各样提供价值承诺的意识形态性质的领域，及其相关的权利分层问题。如果宗教领域或者说意识形态领域越来越多地受到世俗权力或金钱等其他领域的影响，那么，这样的宗教领域，或者说意识形态领域，就无法很好地发挥社会保护以及维护社会稳定的作用和功能。这也就难以避免地会导致整个权利分层体系变得僵化。

当然，退出权问题还涉及从现实生活的时空中的退出，比如说离开特定的区域空间，甚至于说离开某个国家的权利。这样的退出权实际上有助于倒过来逼迫国家权利分层体系的改变，使得既有权利体系更具有开放性，或在各个维度上更具有相对的独立性，从而避免过于剧烈的社会冲突。

无论是心理层面的退出权，还是现实时空的退出权，都意味着用“脚”投票；与之对应的，还有用“手”投票，这后一点就涉及组织权问题。在中国，很长一段时间里个人的组织权都是受到较多限制的，特别是跨区域和跨领域的组织权更是受到明显的限制。不过，近年来，我国民众的组织权似有放开的迹象。值得注意的是，一旦相对自由的组织权可能被民众实施的时候，就要特别关注和评估由此产生的组织的规模、多样性、内部的权利分层，及其对当前社会权利分层状况所可能造成的影响。如果组织权及其实施仅仅是带来了权利分层的各个维度的高度相关性，那么在这一基础之上所形成的组织，以及与此相对应的组织权，就未必是好的。

五、维稳和维权给社会治理带来的挑战

官方与个人之间关系的权利分层，对社会治理转型来说是非常重要的。原因在于：社会管理中政府所扮演的角色历来都特别重要，而对于以此为基础和前提条件的社会治理转型来说，政府也同样起着不可或缺的核心作用。

在转型过程中，官方掌握着处理好自己与民众之间权利分层的主动权。官方怎么控制、行使自己的权利，怎么约束自己的权力，往往意味着不同的精英循环和社会冲突模式，这些是社会治理转型的关键点。这一切其实相当于要求官方正确地处理好维稳和维权的关系。

（一）精英循环和社会冲突

对中国当前的社会结构，有些社会学者将其概念化为后总体性社会或新总体性社会。无论总体性社会、后总体性社会还是新总体性社会，其很重要的一个特征应该都是各个维度的权利分层具有明显的相关性，而这种相关性特别是正相关性对社会的精英循环，进而对社会良性运行是不利的。

帕累托的精英循环理论，指出两种不同的剩余物在精英群体和非精英群体中的分布，及它们的相互作用所可能导致的精英循环问题。这两种剩余物，一种叫组合体持久性的情感，拥有这种情感较多的精英被帕累托形象地称为“狮子”；另一种叫组合的本能或者说情感，拥有这种情感较多的精英所对应的是“狐狸”。

帕累托指出，一个政权存在的时间越长，组合体持久性的情感在统治集团中就越趋向于减少，而这种剩余物在下层群体中却会相对保留较多。在组合体持久性情感衰弱的情况下，统治集团中将会盛行组合的本能，这种本能或情感丰富的统治者居于主流地位，他们一方面会变得更加贪婪、腐化、堕落，为了满足其贪欲，大量搜刮民脂民膏，引起群众的普遍不满；另一方面也无法“无欲则刚”，因而会变得软弱无力，不善于或难于运用暴力进行统治。……这种情况会引出灾难性的后果：社会革命或社会运动会兴起。社会革命和运动一旦开始并持续，组合体持久性情感占据主导性地位的精英就会凸显出来，这样，旧的精英将会被消灭，新的精英上台，实现精英的循环。①

帕累托有关两种剩余物的说法，显然有概念建构的成分，不过如果将其落实到年龄结构和知识倾向上来看，却是有一定道理的。年轻人通常被认为是有闯劲、有些愣头青、易冲动、能接受新鲜的颠覆性知识、富有创造力、敢于突破既有体制的。老年人则通常被认为是守成、比较理性、慢条斯理、

① 参见贾春增主编：《外国社会学史》，175页，北京，中国人民大学出版社，2000。

相对倾向于成熟稳定性知识、善于协调、具有统摄力、擅长保护既有体制的。

一个新政权建立之初，精英中年轻人比较多。但是随着一个政权存续的时间越长，政权精英中的老人会越来越多，精英群体中的人口年龄结构倾向于老龄化，思维方式也趋向于老化，此时干部群体中年轻人的思维会受到阻碍，特别是如果精英群体中的成员总体来说讲求资历，能上不能下，甚至是实行终身制的话，这样一种情况就会更加严重，而此时非精英群体中的年轻人比例却会相对居多。

年轻人比较倾向于接纳激进的思想观念，也容易偏激。这可能导致年轻人更容易形成与老年人不一致的观点，导致两者发生冲突。不过，如果权利分层在各个维度上具有独立性，如果年轻人能够很容易地获得相对稳定的工作和安宁的生活，这一冲突就不会导致社会崩溃性危机，而这样的社会也能够容纳更多年轻人的创造力。

不过，一旦经济下行，整个社会仍然保有较强的总体性社会特征，社会群体中的“狮子”就难免会进行一些抗争性社会运动，虽然由于整个当今社会的老龄化且家庭呈现出“421”的格局而不会闹出太大动静，却仍然会以零散的方式呈现——或者通过宗教性的活动体现，或者借助民族冲突的形式表达，或者在一些地方以群体性的活动爆发出来。此外，还有一种可能性就是导致地方和基层的黑社会化。

（二）一些有价值的新做法

习近平同志在 2014 年 1 月 7—8 日召开的中央政法工作会议上的讲话中指出：“要把群众合理合法的利益诉求解决好，完善对维护群众切身利益具有重大作用的制度，强化法律在化解矛盾中的权威地位，使群众由衷感到权益受到了公平对待、利益得到了有效维护”①。这是对官方如何把握其与个人之间权利边界的重要要求，是对社会治理转型中官方角色的一个重要阐述。

最近，中国一个非常重大的权利分层上的改变是，实行了 50 多年的劳

① 《习近平：处理好维稳和维权的关系》，见 http://news.sina.com.cn/c/2014-01-09/081929195200.shtml。

动教养制度废除了。“自 2013 年 3 月起，各地基本停止使用劳动教养。2013 年 12 月 28 日全国人大常委会通过废止有关劳动教养法律规定的决定，废止了劳动教养制度；并对正在被依法执行劳动教养的人员，解除劳动教养，剩余期限不再执行”①。劳教制度的废除所带来的影响是深远的，这意味着国家暴力潜能之行使权利（或权力）的收缩，官方不能再无标准地绕过相对公开的法律程序对个人进行长时间的惩罚。

最近一段时期的反腐败是极其深入的，给中国官场带来了不小的震动。尤为重要的是：对腐败官员和相关敏感人物的法律审判，其信息公开性非常明显，取得了极大的进步。而在防止和纠正冤假错案方面，公检法也都采取了一系列措施进一步加强。例如，“2013 年 10 月 9 日，最高人民法院发布了《关于建立健全防范刑事冤假错案工作机制的意见》，坚持疑罪从无原则，规定对定罪证据不足的案件，应当依法宣告被告人无罪；采用刑讯逼供等非法方法收集的供述，应当排除；未在规定的办案场所讯问取得的供述，未依法对讯问进行全程录音录像取得的供述，以及不能排除以非法方法取得的供述，应当予以排除。确保无罪的人不受刑事追究”②。法律制度的规范化运行，特别是一些民告官且胜诉的案例，使得官方与个人之间的权利分层状况有了非常明确的变化，这种变化的方向对民众的权利提升是非常有利的。

最近的一些制度规定表明政府在一定程度上限制越级上访。这种对越级上访的限制在未来可能会倒逼民众将维权的注意力转向当地、转向法律武器的使用，而不是迈向漫漫的、具有巨大不确定性的上访之路，进而也就可以在一定程度上限制访民没有意义的四处流动，特别是向省城甚至北京的聚集。不过，这也意味着建立起全国性的、针对地方和基层官方的权力制衡机制变得越来越重要。

六、社会治理转型内涵和一点美国经验

社会治理转型不仅要结合中国人口、地理环境等实际情况，还要从网络社会、风险社会等时代特征出发，对权利分层的结构安排做出妥善化的处

①② 国务院新闻办公室：《2013 年中国人权事业的进展》（白皮书），2014-05-26。

理。此外，也要注意基于这些新的社会特征的考虑，总结来自他国的经验，在深层次上改变我们过去的一些根深蒂固的社会治理思路。

（一）社会治理转型内涵

社会治理转型是有前提条件和出发点的，其中一个非常重要的前提条件，就是权利分层的当前结构及其特征。而保持不同维度权利分层的相对独立性，也应该成为社会治理转型的重要取向、目标和内涵之一。

这意味着社会治理转型不仅要充分发挥官方的重要角色，也需要有意识地保障底层民众的权利，特别是充分尊重甚至利用他们维权的积极性和主动性。鉴于中国当前贫富差距的严峻形势和量的分层上两极分化的明显趋势，对底层民众权利（特别是维权权利）的保障和利用具有维稳的重要功能，只有这样才能更好地保证整个国家较长时间的和谐与社会的稳定。

在这一过程之中，需要妥善地调整官方内部的权利（权力）制衡关系，成系统、用制度、有组织地惩治甚至预防腐败，逐步地确立法律至高无上的地位。而法律本身，也需要不断地修改和完善，以促使其在社会实践中成为一部部良法、真正发挥作用的法。在这样的权利分层的基础之上，才能比较好地把握一些具体的社会治理问题。

（二）一点美国经验

美国社会治理中一个非常重要的特点就是它的权力制衡机制，这一机制使得它能够充分调动各个社会行动者站在自己的立场展开社会博弈，从而形成一种在各个维度上接近于具有独立性的权利分层体系。

比如说在区域治理的安排上，就像中国存在军分区与省区一样，美国存在着军队系统、联邦调查系统、法院系统、税收系统等，与各州的行政管理区域在安排上有意识地不一致，而且这些系统本身也并不重叠。这样的一种“条块分割”可以比较有效地避免各个有权力的行动者因为区域接近而形成不可控的隐秘联系和串谋行为，从而保证官方相对于个人（特别是官员相对于普通民众）不会形成一种广泛的、具有垄断性的权力。

又比如说，美国在宪法层面上就有意识地避免将某种宗教设定为国教，在公共权力上有很明显的去宗教化取向。相对于用某种特定的意识形态来整合和团结国民而言，它更倾向于促使社会整合从机械团结迈向有机团结，而特别强调一种权力（权利）行使的相互制衡的程序所具有的合法性和至高无上性。这样的一些安排，比较有效地保证了不同宗教信仰、政治理念等价值承诺之间相对平等的权利分层格局，对于充分发挥各种价值承诺的社会正功能、推进社会治理良性化而言是至关重要的。

[城市社区]

第六章　城乡社会变迁统合性视野中的城市社会与社区

——“全域城市社会”理念下的生态社区建设

杨　敏*

数十年来，异常快速的城乡社会变迁激起了当代中国的各种不良反应，包括城市与农村发展过程的社会问题与社区问题。显然，采取何种理论视野和眼光将影响到关于问题的思考方式和解决方案，并将引发更多的后续结果。在城乡二元结构理论及旧的社会发展理论或现代化理论中，工业与农业、现代与传统、城市与乡村形成了非此即彼的分隔，工业化、现代化、城镇化被理解为一种孤立的进程。在这一逻辑中，现代社会是一个对立的系统，其工业体系、城市格局是与广大的农业和农村相对立的，这也意味着现代社会是与自己的过去、历史和传统势不两立的，于是，工业化、现代化、城镇化也就成为对以往的宣战。这种二元对立理路引申出的实践选择，在时间进程中得到了沉重的教训，也付出了高昂的成本和代价。

在本章中，针对近年来对中国城乡社会变迁的历史与现实进行的理论思考，笔者尝试探求一种新的理路，即城乡关系的统合性视野和“全域城市社

* 杨敏，中央财经大学社会发展学院教授。中央财经大学社会发展学院社会学系 2012 级硕士研究生骆明璞对本章一些数据资料进行了整理，特在此鸣谢。

会”的理念，并将其运用于城市社会与社区的实际问题。

一、城乡社会变迁视野中的城市社会与社区

自上世纪 70 年代末以来，我国城镇化进入了加速发展时期。至 2008 年美国金融危机爆发，这一进程受到了诸多影响，出现了“倒逼”、“被迫”及“挤压式”推进的特征，由此诱发了城镇化的种种病态现象。城市的土地扩张成为重要指标，并提供了土地经济、土地财政及其他地方利益的基础，地方政府的公共行为和行政机制发生了畸变，这又引起地方政府的泡沫化政绩和“三高”反应——GDP 总值高、财政预算收入高、债务高，地方自我利益的最大化往往压倒了公共责任和社会目标。所有这些都与我国城市社会和社区的各种问题有着实际关联。

（一）城乡变迁中的城市社会与社区

伴随着城镇化的病态过程，中国城乡社会出现了未曾预料的变化，引发了层出不穷的社会问题。一方面，中国农村以惊人的速度衰败，每年有数以万计的村庄消失，其中有许多是历史悠久的名村古镇；另一方面，因土地征用、强制拆迁、环境污染等直接导致的群体性事件此起彼伏、愈演愈烈。与此同时，城市的空间规模普遍出现了爆发式的膨胀，大城市和超大城市的数目迅速增加，二三线中小城市也越来越大。中国也遭遇了以往未曾有过的新型城市问题。

譬如，超负荷的城市人口导致了基本的民生问题。在就业方面，按照 2020 年中国城镇化率将达到 60%左右的预测，未来十年全国城镇人口年均增加 1 300 万～1 600 万，其中，农村转移人口 1 000 万～1 300 万。城市劳动力市场和就业面临的巨大压力，势必造成城市就业不足和失业率升高。在养老方面，我国 75 岁以上的高龄老人迅速增多，而 20 岁至 24 岁的年轻劳动力明显减少，人口老龄化给经济增长潜力、社会保障体系以及家庭结构都带来了巨大的压力。特别是中国传统一向以孝为先，因而“老有所依”不仅是严峻的实际困境，也是对道德和良心的沉重拷问。在交通方面，随着城市

面积的扩大和建设规划“摊大饼”，再加上发展的空间不足、道路狭窄，造成城市道路长、路况复杂，导致交通拥堵。此外，随着城市扩张、人口膨胀，入托、上学、住房、就医的困境也不断加剧，成为很难治理的民生问题。

同时，当代城乡社会结构关系和利益格局出现的变化，也引发了新的社会问题。根据中国城乡社会的历史脉络和演进阶段，城乡社会结构关系经历了从“城乡合治结构”到“城乡差距结构”再到“同城差距结构”的演进，城乡社会利益格局则发生了从“城乡同构体系”到“城乡差别体系”再到“同城差别体系”的转变。在此过程中，近代以来形成的城乡二元社会结构也日趋复杂并演变成了一种新形态，即本地市民、本地农民和外来流动人口构成的“三元化特征的社会利益格局”①。在同一座城市中，市民、农民、外来人在户籍制、所有制、职业等方面进行了制度区隔和社会区分，这类既有的划分进一步延伸成了“身份—权利—待遇”体系的同城差别。因此，传统上较大区域中的城乡差别越来越集中和浓缩在一座城市之中，形成了一种非此非彼同时也亦此亦彼的同城差距。② 这就意味着，在新型城镇化过程中，消除同城差距和推进同城化是一个新的挑战。

此外，快速城镇化导致的生态环境问题对城市造成了严重的负面影响。如水资源污染，我国近海污染情况加剧，近岸海域水体污染、生态受损、灾害多发等问题突出。约 1.9 万平方公里海域呈重度富营养化状态，81%实时监测的河口、海湾等典型海洋生态系统处于亚健康和不健康状态。③ 河湖水质方面，2012 年，十大流域国控断面中Ⅳ～Ⅴ类和劣Ⅴ类水质断面的累计比例达到 31.1%，国控重点湖泊（水库）Ⅳ～Ⅴ类和劣Ⅴ类水质比例为 38.7%。④ 另外，土壤污染和毒化“现状严峻”，有毒化工和重金属污染由工业向农业转移、由城区向农村转移、由地表向地下转移、由上游向下游转移、由水土污染向食品链转移的趋势，逐步积累的污染正在演变成污染事故

---

① 杨敏：《三元化利益格局下“身份—权利—待遇”体系的重建——走向包容、公平、共享的新型城市化》，载《社会学评论》（创刊号），2013（1）。

② 参见杨敏：《三元化利益格局下“身份—权利—待遇”体系的重建——走向包容、公平、共享的新型城市化》，载《社会学评论》（创刊号），2013（1）；杨敏、王娟娟：《社会学理论视野中的中国城乡社会变迁——关于〈三元化利益格局下“身份—权利—待遇”体系的重建〉一文的访谈和思考》，载《学习与实践》，2013（4）。

③ 参见《近海海岸污染问题严重》，载《法制晚报》，2013-03-20。

④ 参见中华人民共和国环境保护部：《2012 中国环境状况公报》，见 http://jcs.mep.gov.cn/hjzl/zkgb/2012zkgb/201306/t20130606_253418.htm，2013-06-06。

的频繁爆发。而且，城市的人口聚集和经济发展，使得垃圾处理量也与日俱增，固体废弃物品以及空气污染、光污染、噪声污染等对环境的影响日趋严重。尤其是空气污染，给城市生态带来了直接的大范围的灾难性影响。2013年1月14日，亚洲开发银行和清华大学发布的《迈向环境可持续的未来——中华人民共和国国家环境分析》报告数据显示，世界上污染最严重的10个城市有7个在中国；全国500个大型城市中，空气质量达到世界卫生组织推荐标准的不足5个，比例不到1%。该报告指出，从北京到天津，从河北到山东，从河南到广西，我国大范围的雾霾天气正在影响人们的生活。①

持续了数十年的城市急剧扩张使城乡生态环境都付出了巨大的代价。②尽管在主观意愿方面，我国城镇化的战略目标一直强调自然系统与社会系统的和谐、生态环境系统与居住环境系统的协调、城市建设与生态建设的统一，但从实际效果来看，我国城市和农村的生态环境普遍恶化，虽然各地区的具体情况可能有所不同，但总体趋势无疑是负面的。目前，快速发展的城镇化、工业化使得城市生态环境的转变面临很大难度。

（二）生态环境问题向社区环境终端的聚集及其影响

城市社区是各种社会问题的聚合终端。近年来，对于民生问题如何直接导致社区层面的各种利益问题和冲突，人们给予了较多的关注，但对生态环境问题与社区矛盾的关系还缺乏足够的研究。事实上，这一问题已成为增加和激化社区矛盾的一个重要诱因。

譬如，前文提到的空气污染对城市社区生活圈已经产生了直接的负面影响。相关资料显示，按照世卫组织推荐的空气质量标准，全国500个大型城市均未达标，这些城市几乎都出现了严重的空气污染。近些年来，城市的空气质量逐渐恶化，雾霾天气现象出现频率越来越高，范围也越来越大。据报道，在2013年1月13日出现雾霾时，仅京港澳高速公路长沙—湘潭路段上，从早上8点到下午5点的9个小时内，连续发生40多起交通事故。北京、济南、石家庄、南宁等城市各大医院里，呼吸内科、过敏源测试科等接

① 参见《环保部急令地方控污染减排放　治理PM2.5超标需顶层设计“治本之策”》，载《经济参考报》，2013-01-15。

② 参见洪大用、范叶超：《公众对气候变化认知和行为表现的国际比较》，载《社会学评论》，2013（4）；龚文娟：《社会经济地位差异与风险暴露——基于环境公正的视角》，载《社会学评论》，2013（4）。

诊人数在短短几天时间里飙升了7～8倍。[①] 从2013年11月至2014年3月的近半年时间里，我国华北、黄淮、江淮、江南等中东部地区持续出现雾霾天气，多地遭受严重污染。相关研究表明，雾霾在人们毫无防范的时候侵入人体呼吸道和肺叶中，从而引起呼吸系统疾病、心血管系统疾病、血液系统疾病、生殖系统疾病等，诸如咽喉炎、肺气肿、哮喘、鼻炎、支气管炎等炎症，长期处于这种环境还会诱发肺癌、心肌缺血及损伤。目前，雾霾的频发已经给社区居民的生产生活和身体健康带来了不利影响，并成为日常活动、晨练、出行、社交活动的障碍因素。

又如，城市经济发展带来的各种污染剧增，除空气污染之外，还有水污染、噪声污染、生活垃圾污染、工业垃圾污染、农药污染、公共场所污染、海域污染等，都使社区居民的生活安全感大大下降。以垃圾处理为例，随着城镇化的快速发展，城市生活垃圾也明显激增，城市垃圾清运能力不足，直接引发了社区环境问题。据住房和城乡建设部的数据，2012年全国设市城市生活垃圾清运量达1.71亿吨，比2010年增长了1 300万吨，增长速度有增无减，总量巨大。[②] 同时，部分垃圾处理设施建设水平和运行质量不高，垃圾处理能力相对不足。[③] 在一些城市，由于垃圾清运和处理能力存在的缺口，导致一些社区的生活垃圾常年得不到及时清运，部分老旧社区由于没有物业公司管理，垃圾清运问题也很突出，因而严重污染了社区生态环境，影响了居民的正常生活。

再如，噪音污染近年来也成为困扰社区居民的一个心病。噪音不仅使人心绪烦躁，严重影响居民的休息和睡眠质量，持续的噪音还会对居民的身心健康造成较大威胁。根据环保部发布的《2012年中国环境状况公报》，在监测的316个城市中，区域声环境质量为一级的城市仅占3.5%，环保重点城市各类功能区的昼间达标率为90.6%，夜间声环境达标率只有65.4%。[④]

---

① 参见《环保部急令地方控污染减排放　治理PM2.5超标需顶层设计“治本之策”》，载《经济参考报》，2013-01-15。

② 参见《垃圾无害化处理率将达90%》，见新华网，http://news.xinhuanet.com/politics/2013-09/18/c_125408509.htm，2013-09-18。

③ 参见《“十二五”全国城镇生活垃圾无害化处理设施建设规划》，见中国政府网，http://www.gov.cn/zwgk/2012-05/04/content_2129302.htm，2012-05-04。

④ 参见中华人民共和国环境保护部：《2012年中国环境状况公报》，见http://jcs.mep.gov.cn/hjzl/zkgb/2012zkgb/201306/t20130606_253399.htm，2013-06-06。

除了居民活动及社区周边商业活动产生的噪音之外，随着近年来城市路网和地面轨道交通网络的快速建设与扩容，交通噪音污染也日益成为影响交通沿线社区声环境的“头号杀手”，而交通噪音的治理往往涉及环保、交通、铁路、开发商等多方，各方利益相互交织，治理难度较大。

再有，社区资源循环的低利用率也是造成社区矛盾的一个原因。以建筑能耗为例，建筑节能是社区整体节能的重要基础。发达国家的建筑能耗一般要占到全社会终端能耗的40%以上，2012年建筑能耗占我国全社会终端能耗的比例约为27.5%。截止到2011年底，我国城镇节能建筑仅占既有建筑总面积的23%，建筑节能强制性标准水平还有提高的空间。北方城镇采暖能耗平均为每平方米17公斤标准煤左右，也还有降低的空间。[①] 目前仍然有许多老旧小区未进行节能改造。在水资源循环利用方面，2010年，全国城镇污水处理再生水生产能力为1 209万立方米/日，只占到全国城镇污水处理规模的1/10。[②] 以再生水利用情况处于全国领先水平的北京市为例，2012年再生水利用量约7.5亿立方米，已经成为北京市第二大水源。[③] 但再生水仍主要用于工农业、园林绿化和市政杂用等，尚未大范围接入社区供水管网。而在接入再生水的小部分社区中，由于管道、设备维护成本较高和市民对再生水气味和水质的顾虑，部分中水管道闲置，一定程度上造成了再生水的浪费，再生水流进社区之路依旧漫长。在城市垃圾分类回收方面，根据循环利用的减量（reduce）、再使用（reuse）和回收（recycle）“3R原则”，社区中的资源循环利用主要是节约能源、使用可再生资源、循环利用水资源和生活垃圾的分类回收，使社区由资源的纯消耗者变为部分生产者，降低社区对资源与能耗的依赖，最大限度减少社区对环境的不利影响，提升社区生态品质。从我国实际情况看，生活垃圾分类回收虽然已在不少城市试点多年，但由于缺乏强制性规定和配套处理设施，垃圾混装混运的情况十分普遍。

我们知道，人与自然和人与人之间发生的一切问题，都将转化为人们生

① 参见《截至2011年底我国城镇节能建筑仅占既有建筑总面积23%》，见中国政府网，http://www.gov.cn/zxft/ft228/content_2164266.htm，2012-06-19。

② 参见中华人民共和国住房和城乡建设部：《中国城镇排水与污水处理状况公报2006—2010》，见 http://www.mohurd.gov.cn/xytj/tjzljsxytjgb/index.html。

③ 参见《北京市加大节水和再生水利用　新水用量持续下降》，见新华网，http://news.xinhuanet.com/2013-09/08/c_117277624.htm，2013-09-08。

存环境中的问题，最终落地于人类的初级生活圈之内。所有这些都表明，在社会建设、社区建设和新型城镇化过程中，社区生态环境问题已经成为一个重要议题，社区生态环境建设既是一个现实基础，也是解决许多实际问题的根本途径。

二、城乡社会变迁视野及理念的反思与社区生态治理的转型

在我们看来，城乡社会问题及社区治理问题有其思想和理论的根源。较长时期以来，学术界对工业化、现代化和城镇化抱有一种肤浅的认识甚至误解，以为走向现代就意味着与传统实行最彻底的决裂，因而个人、群体和社会必须弃绝以往习得的生活方式，通过人为的、技术的、工程的彻底改造和再行安排，以实现工业社会和城市社会的最终归宿。这种简单化的思想和理论逻辑，在实践中导致了“现代—传统”、“社会—自然”、“城市—农村”的各种二元矛盾冲突和社会病态反应。

在时间进程中，城乡社会二元对立理路及其实践选择遭受了沉重的教训，也付出了高昂的成本和代价。因此，从西方到中国，伴随着片面的、庸俗的工业化、现代化、城镇化过程，也形成了一种深刻的反思和检讨。于是，走出追逐利润、收益至上的庸俗经济学原则，阐发城市社会的有机性、人文性和生态性的丰富内涵，也就蔚成趋势。在本章内容中，笔者沿着对中国城乡社会变迁的历史与现实进行的理论思考，继续尝试一种新理路的探求，提出了城乡社会变迁的统合性视野和“全域城市社会”的理念，以进一步明晰当今中国实现从初级的、粗放的旧式城镇化，转向高级的、精致的新型城镇化的“历史性转折”的关键所在。

（一）城乡社会变迁统合性视野下的城市生态环境问题

城乡社会变迁的统合性视野有助于我们重新理解和看待新城市病的根源。正是伴随着城市和农村社会结构的超速变化，每年超过两亿的大规模流动人口涌向城市，巨量的人口流动带动了财富、技术等要素在城市的快速集

中和聚变，使城市的居住状态、生活方式、能源消耗、消费模式发生了根本变化。特别是随着流动人口的年轻化趋势，青年流动人口群体正处于需要的旺盛期和人生的高期望值时段，其目标、动机、心态以及行为的高度复杂性和变动性，既带来了巨大的活力，也对社会的各个方面释放出张力，由此催生出各种不确定因素。所有这些都使得城市出现了严重的不适应，公共事业和社会治理面临着十分严峻的局面。

与此同时，城市的组织方式、管理方式和服务方式等存在的任何滞后，都会引发新的城市问题。近年来，城市生态环境的持续恶化越来越受到关注。如对于雾霾、PM2.5等多种污染物反映出的空气污染，社会各界的敏感度一直是有增无减。相关研究显示，在中国局部地区，污染物相互作用，并且与来自附近城市和工业区的污染叠加，形成空气污染比较严重的区域。因此，随着烟雾、阴霾、酸雨发生频率的增加，这些区域的环境质量总体上在下降。[①] 事实上，与许多实际问题相类似，生态环境恶化的缘由在于工业化和城镇化的错误理路和途径。

城市生态环境问题与城镇化过程的工业结构、能源消耗、城市规划等有着直接联系。如城市生产过程中的燃煤、机动车尾气、工业烟粉尘、扬尘等，这类重要的工业污染源造成了中国城市空气污染的严峻局面。中国相关部门也越来越认识到这一点。2013年1月持续雾霾期间，环保部紧急发出通知，要求各地在继续强化火电、钢铁、水泥等行业二氧化硫、氮氧化物总量控制基础上，突出抓好工业烟粉尘、施工扬尘、挥发性有机物和机动车尾气污染治理工作，在重点地区建立最严格的大气污染物排放标准特别排放限值制度和新建项目污染物总量倍量替代制度。京津冀、长三角、珠三角等重点区域要建立和完善区域大气污染防治联防联控机制，进一步增强区域治污整体合力。[②] 可以看出，中国城市需要生态治理方面的彻底转型，而这又涉及城市布局、工业结构、能源消耗等的全面调整。

城市生态环境问题标志着城乡社会二元化理路的失败。这种旧理路把城市与乡村分离开来，将城市发展视为一个孤立的过程，可以脱离乡村而达到

① 参见《中国环境分析报告发布：全球10大空气污染城中国占7》，见中国青年网，http://news.youth.cn/gn/201301/t20130115_2806705.htm，2013-03-15。

② 参见《环保部急令地方控污染减排放　治理PM2.5超标需顶层设计“治本之策”》，载《经济参考报》，2013-01-15。

自我完善和完美。然而，仅从空气污染这一城市生态环境问题就足以证明上述想法的不可能性。譬如，城市空气中 PM2.5 的超标就与城市以外更大范围的环境问题有关。环保部专家指出，大型城市 PM2.5 严重超标与以下因素相关：一是最远达到几百公里之外的植被遭到破坏，裸露的表土大量增加，沙尘远距离运输到城市；二是城乡接合部继中心城区之后大兴土木，以北京为例，五六环外尘土飞扬；三是工业生产和日常生活的污染物排放，包括燃煤锅炉废气、机动车尾气、烹饪油烟、加油站和家居装修的挥发物等等；四是周边城市重化工业污染物排放，如周边城市对北京 PM2.5 排放的贡献度接近 1/4。① 事实上，将城市社会游离于乡村社会之外，成为一个特立独行的、以自我为目的的孤立系统，不仅毁掉了乡村和整个社会系统，最终也毁掉了城市本身。因此，对于城乡社会二元化理路及其导致的“现代—传统”、“社会—自然”、“城市—农村”的各种二元矛盾冲突和社会病态反应，必须进行深入的反思和检讨。

根据中国城乡社会演变的历史与现实，我们采取城乡社会变迁的统合性视野来观察和思考当代中国的诸多社会问题。譬如，将“三农”问题置于城乡社会变迁的统合性视野中，就可以看出，这是工业化、现代化、城镇化过程所导致的问题。笔者认为，从中国城乡社会变迁的历史看，城市与乡村始终构成了同一进程的两侧。当代中国城镇化进程的每一阶段必然牵涉乡村，引发农村、农业和农民的许多方面的实际反应。② 甚至可以这样说，所谓“三农”问题并非从来就有，也非必然形成，而是工业化、城镇化和现代化的产物，或者说这一过程未完全预料到的一组副产品。所以，“三农”问题完整地说，应该是工业化、现代化、城镇化过程中的“三农”问题。③ 就实际而言，工业化和城镇化进程出现的各种不充分性、有限性和不确定性，与以往的理论构想已经相去甚远，试图将农村社会变为单一同质的城市型社会，显然是十分可疑的和幼稚的思路。这也意味着，继续将工业化、现代化、城镇化视为孤立的进程，“三农”问题注定是无解的，而且还会日趋严重。

---

① 参见《环保部急令地方控污染减排放 治理 PM2.5 超标需顶层设计“治本之策”》，载《经济参考报》，2013-01-15。

② 参见杨敏：《新型城镇化过程中“新三农”发展格局的构建》，载《学术论坛》，2013 (9)。

③ 参见郑杭生、殷昭举、杨敏等：《多元利益诉求时代的包容共享与社会公正——社会建设和社会治理创新的“中山经验”》，北京，中国人民大学出版社，2014。

如果我们不再采取孤立的眼光，就会理解到城市生态环境问题与“三农”问题的一体性——两者实际上发生在同一过程中，只是落在了两个不同的侧面而已，其发生机理是相类似的，都是将工业化、现代化、城镇化过程予以简单化、片面化的产物，试图将农村社会并入单一同质化的城市型经济社会结构之中，然后是乡村社会的终结和完全城市社会的最终到来。事与愿违的是，在致力于终结乡村的道路上，工业化和现代化病态的频率越来越高，症候也越来越显著。如果我们不能真正摆脱城乡社会二元化的发展理路，城市社会病态、城乡生态环境问题与“三农”问题一样，注定是无解的。只有在城乡社会变迁的历史与现实的统合性视野中，重新观察与思考城乡社会问题及社区生态环境问题，才能找到这些问题的合理解释。也唯其如此，才能找到这些问题的真实答案。

（二）“全域城市社会”理念与城市生态治理转型

在城乡社会变迁的统合性视野下，“全域城市社会”的理念也就势所必然。所谓“全域城市社会”理念是指，在城镇化过程中，对一个特定区域内的城乡社会进行整体系统和空间全域的审视和思考，将城市社会与农村社会的转变纳入同一个进程之中，通过工业化、现代化使其城市性与乡村性形成相互吸收、转化和提升，从而促使两者的变迁和发展成为一个协同过程。按照“全域城市社会”的理念，一个区域的城市性提升应带动乡村的工业化、现代化，同样道理，其原有的乡村性也应赋予城市相应的自然特征和人文品质，从而使城市与乡村形成有机交融。在此，“全域”意指一种系统的完整性和有机性，是在一个有限的局部区域中，将城市与农村视为一个完整的、有机的社会系统。因此，“全域”意味着采用城乡社会连续体的眼光，深入透析自然与社会、空间与文化、生态与人文等各种因素中相互连带的有机关系。

全域中的城市与农村所构成的社会系统，其内涵与以往意义上的城乡一体化有着实质性的区别。这里，“以往意义上的城乡一体化”是与初级发展的土地城镇化相联系的，其不合理性在于强调城乡一体的空间规划，特别是土地扩张意义上的城乡一体的空间规划，侧重于运用物质的手段、工程的方式、强制的安排，人为地改变乡村，使其并入城市之中，并服从和服务于城市的需要。这也是以城市为中心而牺牲乡村的城乡一体化。由于旧的城乡一体化是以满足城市需要为目的，在这一过程中，产业、资本、技术、市场等各种经济要素和生产要素的流动，也是以城市为目的地而形成高密度的聚集，以支撑城市各产业部门的运作和经营。这种工业化、城镇化和市场化对农村、农业和农民形成了一种挤榨机制，并且将农村社会的衰竭和农民的牺牲视为合理的和必要的。这种城乡一体化过程，只会使城市与农村、城市经济与农村经济、工业部门与农业部门、市民与农民等之间的矛盾和冲突日益激化。

真正在实践中体现“全域城市社会”的理念并不容易。从西方国家的工业化和城市化过程看，近三百年间，西方国家的城市化也经历了许多曲折，这一过程可分为三个阶段。

18 世纪中叶至 1950 年为工业城市化阶段，18 世纪从英国发端的工业革命是城市化的动力，城市即以工厂生产和贸易交换为主体形态的经济中心；第二次产业革命（19 世纪 40 年代到 20 世纪 50 年代）的兴起，使重化工业取代纺织等轻工业而成为主导产业。1950—1990 年为逆城市化阶段，工业城市化过程衍生出了“城市病”，诸如环境污染、人口拥挤、城市犯罪及各种社会问题，非均衡发展带来的城市经济社会问题突出，城市生活环境的吸引力大大降低，欧美各国普遍出现了“逆城市化”现象，人口迁移和聚集发生了从市区向郊区的逆转，中心城区日渐衰落。20 世纪 90 年代以来为再城市化阶段，美日欧等发达国家已达到成熟的城市化水平，开始由建设新城市转向中心城区的复兴，人口重返较大城市及中心城区，人们对城市的功能有了进一步的认识，市场化的产业分工、现代服务业发展，城市为人们提供更多的就业机会、更舒适的生活环境。①

西方城市化的曲折进程也通过城市社会学研究的偏差或缺失反映出来。早期西方城市社会学中的古典人类生态学将城市社会生活视为生物性的竞争和稀有资源的争夺。在一些学者看来，与竞争过程相联系的“统治”原则可以解释城市社区结构的形成，正是围绕着稀有资源，特别是中心区土地展开的竞争、占有以及统治地位的获得，城市空间得以不断扩张。这种侧重城市的物质属性和空间结构的功利眼光，主要从经济学意义来理解和分析城市化，认为土地的收入和租金构成了城市扩张和发展的动力。正如美国学者荷德（R. M. Hurd）所言：“因为土地价值取决于经济租金，租金取决于位置，

① 参见周跃辉：《西方城市化的三个阶段》，载《理论导报》，2012（2）。

位置取决于方便程度，方便程度又取决于距离远近。我们因此可以略去中间环节，直接得出地价取决于距离远近”①。由于城市空间依据其价值含量被分割成不同的部位，城市的功能安排和人口布局的不合理现象——如贫民区、城郊混合部的衰落、混乱等——也就难以避免，然而，按照土地位置、价值、收入、租金的经济学逻辑，这些现象恰恰是合理的。总之，把城市化等同于对土地收入和租金的攫取，而且遵循最佳位置、最大收益以及最低成本、最少费用、最小能量支出的规则，经济学原则完全左右了城市化过程。这种庸俗的城市化已经为我们所熟悉，这就是所谓的“土地城市化”。

上世纪中期，西方学者对古典人类生态学的弊端做了深入反思。如新正统生态学的代表人物霍利（A. Hawley）指出的，古典人类生态学及芝加哥学派过于强调城市空间结构，使生态学的关注降到了地理学层面。他主张，空间仅仅是生态学中需要考虑的一个因素，人类生态学应当关注的不是具体的物质性，而是城市的社区生态过程。② 此外，文化生态学对人类生态学与新正统生态学的共同局限进行了思考，认为它们忽视了文化对于城市以及社区的意义，离开文化基础不可能真正了解城市空间结构、社区中人们的相互关系及各种活动，因而完整的生态理论必须把文化价值考虑在内。文化生态学还对城市空间、土地价值做了重新阐释，指出城市空间不是纯粹自然性的，而是与某一文化体系的象征相联系的，因此，土地利用必然要面对理性与情感、利益与价值的冲突和选择。文化生态学将文化引入城市社区研究，直接促进了社区生态理论的形成和发展。

通过这一研究过程，学者们越来越意识到，城市不仅是人口迁移和聚集导致的一种新的生活形态，也是一种新的适应方式，这就促使研究者进一步从人类的、文化的、生态的意义上理解城市的空间规模、复杂关系的有机性，并把握城市系统的功能和运作机制。20 世纪 70 年代，以现代生态学的理论和方法来研究城市渐成趋势，形成了现代意义上的生态城市理论体系。1971 年，联合国教科文组织科学部门发起了“人与生物圈”（Man and Bio，MAB）研究计划，提出了“生态城市”的概念，将生态城市定义为“从自然生态和社会心理两方面去创造一种能充分融合技术与自然的人类活动的最

① Hurd，R. M.，*Principles of City Land Values*，New York，1905，p. 913.

② Hawley，A.，*Human Ecology*：*A Theory of Community Structure*，New York：Ronald，1950，p. 10.

优环境，诱发人的创造力和生产力，提供高水平的物质和生活方式”。自此，“生态城市”的概念对城市化及城市发展的长期走势形成了深远影响。中国于1971年积极参与了联合国“人与生物圈”（MAB）研究计划，并当选为该计划的国际协调理事会的理事国。

本世纪以来，中国生态城市建设步伐日益加快。2000年，国务院颁发了《全国生态环境保护纲要》，提出要大力推进生态省、生态市、生态县和环境优美乡镇的建设。2003年，国家环保总局发布《生态县、生态市、生态省建设指标（试行）》，从经济发展、生态环境保护、社会进步三个方面制定了生态省、生态市和生态县建设指标体系和评价标准。2006年，国家环保总局制定了《全国生态县、生态市创建工作考核方案（试行）》和《国家生态县、生态市考核验收程序》，后来又对其中相关指标的指导性和操作性进行了修订和增强。2012年，十八大报告首次单篇论述“生态文明”，指出“建设生态文明，是关系人民福祉、关乎民族未来的长远大计”。“必须树立尊重自然、顺应自然、保护自然的生态文明理念，把生态文明建设放在突出地位，融入经济建设、政治建设、文化建设、社会建设各方面和全过程，努力建设美丽中国，实现中华民族永续发展”。2013年，十八届三中全会通过的决定中进一步强调：“紧紧围绕建设美丽中国深化生态文明体制改革，加快建立生态文明制度，健全国土空间开发、资源节约利用、生态环境保护的体制机制，推动形成人与自然和谐发展现代化建设新格局。”并对加快生态文明制度建设做了更为具体的论述：“建设生态文明，必须建立系统完整的生态文明制度体系，实行最严格的源头保护制度、损害赔偿制度、责任追究制度，完善环境治理和生态修复制度，用制度保护生态环境。”可以预见的是，在未来一定时期内，生态城市建设将成为我国新型城镇化的一个重要侧面。

三、中国城市社区生态治理的探索与转型

上世纪末期以来，世界范围内出现的资源、环境、人口等问题，促使人们对城市化路径、城市模式等有了进一步反思，对城市生活的合理性、人文性、品质性的关注逐渐取得了主导地位，并对实际政策取向发挥了日益明显

的作用。在此趋势下，抛弃追逐利润、收益至上的庸俗经济学原则，阐发了城市社会的有机的、人文的、生态的丰富内涵，并形成了向基层下行和沉落的观察和思考路径，开启了对于社区生态治理的探索与转型。

（一）生态社区：城市社区治理理念的转变

所谓生态社区（ecological community），是促进人类在城市的生活圈和人群聚落与文化及生态环境的有机融合，使涉及居民家庭、基础设施、服务与治理的人力资源、文化资源、环境资源的协调与整合的社区发展模式。其基本特征是，实现人、社会、自然的和谐，促成社区环境（包括生活、经济、文化、社会关系等）的生态化。生态社区强调社区生态环境自身的永续发展，因而生态社区也称为绿色社区（green community）或可持续社区（sustainable community）。生态社区理念的形成标志着城市社会及城市社区发展的一个新里程。

有关城市社区的认识经历了较长的曲折发展过程，可以追溯到“花园城市”（也称“田园城市”）的概念。空想社会主义者罗伯特·欧文（Robert Owen）曾最先提出“花园城市”。英国建筑学家霍华德（Ebenezer Howard）在《明天的花园城市》（1898 年）一书中阐述了“花园城市”理论。19 世纪末到 20 世纪 70 年代，古典人类生态学、新正统生态学、文化生态学等学派，也从不同侧面阐述了城市及城市化具有的自然、人文和生态的复合意义，涉及城市社区的多重功能，阐述了作为人类聚集体和生活圈的城市社区，其文化价值和传统遗迹的留存，与居民的情感、理性及对社区的认同都有着密切关系，一个完整的城市规划需要在这类功能之间进行权衡。这些思想都为生态城市及生态社区理论提供了基础。此外，20 世纪 70 年代西方学者对马克思主义的生态学意义的发掘，也为生态城市和生态社区的发展注入了活力。

1979 年，加拿大学者本·阿格尔（Ben Agger）在其代表作《西方马克思主义概论》中，第一次使用了“生态马克思主义”（the Ecological Marxism）的概念。他对《1844 年经济学哲学手稿》、《共产党宣言》和《资本论》等著作进行了重新发掘，通过马克思关于资本主义生产本质以及生产、消费、人的需求、商品和环境之间关系的论述，阐述了“生态马克思主义”的思想，指出了资本主义社会危机中的新转变：“今天，危机的趋势已转移到消费领域，即生态危机取代了经济危机。资本主义由于不能为了向人们提供缓解其异化所需要的无穷无尽的商品而维持其现存工业增长速度，因而将触发这一危机。”阿格尔认为，工业化、现代化及其决定的生产方式和生产关系摧毁了生态环境；由异化劳动导致的异化消费只不过是真正自由的苍白反映，克服异化消费的关键是改造生产使其不再异化。同时，生态危机的解决带来了社会变革的机会：“社会变革就可能由人们为征服生态危机的真正威胁所作的努力而引起”①。从资本主义生产方式和生活方式以及资本积累和扩张的逻辑、无限追逐利润的原则，揭示其与环境危机、生态危机的内在关系，是生态马克思主义的重要思想。中国学者亦指出：“把自然主义作为共产主义的一个主要特征，强调共产主义就是人道主义与自然主义的有机结合，是马克思的生态世界观的最根本之处。”“马克思的生态世界观的现实意义，主要体现在对当今人类消除生态危机、建设生态文明提供了深刻的启示。”②

20 世纪 70—80 年代，生态社区理论渐趋成熟。1972 年，斯德哥尔摩联合国人类环境会议发表了“人类环境宣言”，提出“人类的定居和城市化工作必须加以规划，以避免对环境的不良影响，并为大家取得社会、经济和环境三方面的最大利益”。这次会议成为生态社区理论发展的重要里程碑。1987 年，世界环境与发展委员会在《我们共同的未来》报告中提出了“可持续社区”（sustainable community）概念，强调现在和未来、生活和工作、安全性和包容性、生活品质和环境保护等应规划合理、统筹协调，为社区居民提供平等的机遇和优质的服务。20 世纪 90 年代至今，生态社区理论进入了新的发展阶段：1992 年，联合国环境与发展大会通过的“21 世纪议程”中，将生态社区与“可持续发展”联系起来，并将“促进人类安居的可持续发展”单列成章。进入 21 世纪以来，德国弗赖堡沃邦社区、丽瑟菲尔德社区和英国伦敦拜德零耗能小区等生态社区的建设成为生态社区理念实践的成功典范。同时，一系列生态社区评价指标体系相继出台，如美国绿色建筑委员会推出的“能源与环境设计领袖”（LEED）分级评估体系、英国建筑研究所开发的评价体系（BREEAM）、日本“建筑物综合环境性评价体系”

① ［加］本·阿格尔：《西方马克思主义概论》，486、497、498 页，北京，中国人民大学出版社，1991。

② 陈学明：《马克思主义与生态文明建设》，载《文汇报》，2010-02-22。

(CASBEE) 等，为生态社区建设提供了技术规范和评价标准。①

中国生态社区建设始于 20 世纪 90 年代初。1994 年，国家环保总局制定了《全国生态示范区建设规划》，1995 年发布了《全国生态示范区建设规划纲要》。从 1996 年至 1999 年，全国先后分 4 批开展了 154 个国家级生态示范区建设试点。2000 年，国家环保总局要求各地环境行政主管部门结合贯彻中央文明委《关于在城市深入开展创建文明社区工作的若干意见》，开展创建绿色社区的活动。② 进入本世纪以来，生态社区建设日益为我国社区建设添加了丰富靓丽的新景观。经过十多年的努力，我国生态社区建设在多方面取得了重要进展。

1. 生态社区发展模式的探索

不同的实践主轴可形成各具特点的生态社区发展模式，如根据社区的主导性运行机制，有政府导向型生态社区建设、市场导向型生态社区建设、社会导向型生态社区建设，分别体现了行政机制、市场机制、社会机制的主导地位。根据城镇化不同阶段城市空间结构和人口分布的多元特点，可形成"公共需求"为核心的生态社区发展模式，具体有中心城区中老城区生态化建设模式、中心城区新城区生态化建设模式、城中村社区生态化建设模式。③ 此外，还可根据功能、技术等不同要素的实践轴心作用来形成生态社区发展模式。

2. 生态社区文明和文化的探索

通过生态文明与文化建设、社会建设和社区建设的互促关系，使"社区在生态文化建设中能发挥主体作用"④，推进了生态社区文明和文化的发展。生活方式和消费理念的引导也促进了生态社区文明和文化建设，我国"两型社区"建设就是这方面的典型。"通过两型社区的物理环境、制度环境和人文环境建设，最终的目的在于引导社区居民形成资源节约、环境友好型的生活方式与消费理念。"⑤ 此外，社区参与也对生态社区文明和文化建设有重

① 参见赵清：《生态社区理论研究综述》，载《生态经济》，2013 (7)。

② 参见肖晓春、蔡守秋：《民间环保组织与生态社区建设》，载《生态经济》，2006 (7)；童志锋：《互联网、社会媒体与中国民间环境运动的发展 (2003—2012 年)》，载《社会学评论》，2013 (4)。

③ 参见郑俊敏：《生态社区建设思路、模式及对策研究——以广州市为例》，载《生态环境学报》，2012 (12)。

④ 李叔君：《社区生态文化建设的参与机制探析》，载《中共福建省委党校学报》，2011 (5)。

⑤ 赵清：《生态文明视域下的两型社区建设研究》，载《生态经济》，2013 (3)。

要贡献。建立健全居民主动式参与机制，确保居民知情权、参与权、表达权、监督权的“四权”贯彻落实，建立严密严格的责任体系，保障城市社区居民共享资源和共享发展成果，实现人与自然和谐相处的居住生态化，使适度消费观念深入人心。①

3．生态社区治理的探索

生态治理过程的多元主体共同参与是实现社区可持续发展的核心环节，也是生态社区建设的基本途径。实践证明，在城市社区治理中，政府应该有所为、有所不为，通过合理的放权与分权，建立多元共治的治理结构；生态治理理念倡导城市社区居民都应享有平等追求全面发展的机会和权利，在资源配置中应具有平等地位。② 这些都有助于建立公正合理的城市社区新秩序，通过民主协商来解决社区生活中的争端。此外，生态社区的核心内涵是强调社区自然—经济—社会的协调发展。社区生态关系的整合和生态服务功能的提升，城市社区中人与环境、人与人的和谐发展，都需要社区建设过程的多主体（规划、设计、建设和管理全过程中设计者、房地产开发商、政府部门、社区居民、物业管理部门和居委会等）的参与和协调。③

4．生态社区环境规划的探索

随着本世纪生态社区的发展成为一种趋势，对生态社区的规划要求也不断提高，这方面的探索涉及了生态社区环境规划的原则。“建设生态社区的原则是‘和谐安全、健康舒适、高效清洁、环境优美’，实现社会、经济和自然协调发展，物资、能源、信息高效利用，生态系统良性循环的聚居区。”④ 此外，对城市生态社区规划的设计和技术更具专业性的探索，譬如，运用生态学原理和遵循生态平衡及可持续发展的原则，实现能源系统、水环境系统、气环境系统、声环境系统、光环境系统、热环境系统、绿化系统、废弃物管理与处理系统、绿色建筑材料系统等综合系统效率的最优原则。再如，实现消耗最少资源和能源的效果，通过设计、组织社区空间构成物质，

① 参见杜勇敏：《生态文明视域下城市社区居民参与机制的建设》，载《贵州民族学院学报》（哲学社会科学版），2009（3）；彭远春：《城市居民环境行为的结构制约》，载《社会学评论》，2013（4）。

② 参见孙百亮：《生态治理理念创新与城市和谐社区构建》，载《长春工业大学学报》（社会科学版），2009（1）。

③ 参见赵清：《生态社区理论研究综述》，载《生态经济》，2013（7）。

④ 陈伟：《城市生态社区的环境规划设计与研究》，载《中国住宅设施》，2005（12）。

使得能源与物质在综合系统中有秩序地循环交换，获得一种高效、低耗、无废、无污染并保持生态平衡的社区环境，等等。

（二）社会资源配置与生态社区建设和治理转型

对于不同的学科而言，“资源”可以有不同的解释。经济学中的“资源”侧重于物质的、有形的和经济的、市场的资源，强调其对于经济生产和市场发展的规定性与决定性。而在社会学中，“资源”被理解为“社会资源”，也就是说，“资源”的社会性含义和属性受到更多的关注。“所谓‘社会资源’，其内涵是指一个社会赖以生存和发展所需的人力、财力、物力、机会等生产和生活资料。”① 根据不同的标准可以将社会资源划分为不同类型，如不同领域的社会资源可区分为经济资源、政治资源、文化资源、社会生活资源等。从社会学视角来看，物质的、有形的、现实的、经济的、市场的资源固然重要，非物质的、无形的、抽象的、文化的、符号的资源也十分珍贵，某种意义上甚至更为重要。②

社会学以独特的学科视角和核心命题，对现代社会的各个方面进行分析和解释，这些研究涉及社会变迁过程、结构转型、各种问题及其政策回应和解决途径。在我们看来，这个独特的学科视角和核心命题以社会资源的配置方式的合理性与公平性最具有代表性。事实上，指出社会资源的配置方式对于社会学研究的特殊意义，是中国社会学理论研究的一个原创性贡献，中国社会学家对此做出了反复的思考和论述。

“社会学的核心命题之一是社会资源和社会机会的合理配置和分配。”“给社会正义下一个更广泛的社会学定义：社会正义就是社会资源和社会机会配置的公平性和平等性。”“社会资源和社会机会合理配置”是新中国 60 年来社会变迁和社会转型、社会建设和社会发展的“主线”。“社会建设的实质是与合理配置社会资源和社会机会这个根本问题联系在一起的”。“社区建设，也跟社会建设一样，又是与合理配置社会资源和社会机会这个根本问题

---

① 郑杭生：《走向更加公平合理的社会资源配置格局——新中国 60 年社会发展和建设成就》，见郑杭生主编：《学界回眸丛书·社会学回顾》，即将由人民出版社出版。

② 参见杨敏：《我国城市发展与社区建设的新态势——新一轮城市化过程社会资源配置的社区化探索》，载《科学社会主义》，2010（4）。

联系在一起的。”①

社会学的这一学科视角和核心命题，对于任何社会学研究都具有绕不开的、关键性的意义。这一学科视角和核心命题有助于我们进一步透析工业化、现代化、城市化过程出现的各种实践误导及其思想根源。譬如，“现代—传统”、“社会—自然”、“城市—农村”的二元理路及其引发的实际矛盾和冲突，以及伴随城镇化的超速推进，城市人口急剧增长和城市规模不断扩张，出现的各种社会病态反应，最终都涉及社会资源配置方式的不合理性、不公平性。这一学科视角和核心命题也有助于我们更为具体地理解城乡社会变迁的统合性视野和“全域城市社会”的理念，这一视野和理念同样要诉诸社会资源配置方式的合理性、公平性。这一学科视角和核心命题还有助于我们厘清城乡社会与社区治理的现实问题。重新制定城乡社会与社区生活圈的生态环境治理，还是离不开社会资源配置方式的合理性、公平性。这一学科视角和核心命题有助于我们进一步探索生态社区建设，包括生态社区的机制、功能、规划、技术、要素等，因为生态社区建设是由社会资源配置方式的合理性、公平性所产生的结果。

随着我国经济和社会的发展，对社会资源采取单一的配置机制——譬如，传统上由国家和政府对所有的社会资源实行统一配置，以单一的行政化方式实现对社会资源的管理；或者由企业等营利组织自发地进行公共物品的生产和供给，以单一的市场化方式对社会资源进行调配；或者由非营利的社会组织自愿地提供资源或服务——都不能很好地满足社会生活的实际需要。现实的要求是，必须促成三大部门（政府、市场、社会）的“合力”，共同构成社会资源配置的新机制，使三大部门对社会资源配置的不同作用相互补充，从而更充分、更合理地发挥出来。我们将这种集合了三大部门的公共性、市场性、社会性三种机制的协作机制，称为社会资源配置的“复合型”

---

①　参见郑杭生：《改革开放 30 年：中国社会发展和社会转型——一种社会学解读》（2008 年 12 月 16 日在中国社会科学院学部主席团召开的“改革开放 30 年国际学术研讨会”上的主题发言）；《学界回眸：新中国 60 年的社会发展与建设》，“导论”；《共建共享，把我国社区建设推向新水平》（2009 年 5 月 30 日在上海潍坊街道举行的中国社会工作协会城区工作委员会主办的“全国首届社区共建共享高层论坛”上的发言）；《关于社会建设的内涵和外延——兼论当前社会建设的时代内容》；《中国人民大学中国社会发展研究报告 2008——走向更讲创新的社会：社区建设与制度创新》，“总论”。见《郑杭生社会学学术历程之四·中国特色社会学理论的深化》（上卷），85、105、118、497、533、693 页，北京，中国人民大学出版社，2009。

机制。①

通过社会资源配置这个视角，可以促成生态社区建设过程的基层治理转型行为的整合。

第一，国家、市场、社会三大部门的合作。在具体的组织形态上，就是"政府组织—企业组织—社会组织"的合作。在生态社区建设过程中，通过社区内外部的政府组织、企业组织、社会组织及个人力量的整合，将各种生态建设资源转化为社区的可支配资源，使社会资源配置社区化，共同助推社区生态环境的优化。

第二，政府、企业、社会不同机制的协调。政府组织、企业组织、社会组织的运行机制各不相同。政府组织针对公共服务的需求，以行政机制运作；企业组织注重经营的效率目标，以市场机制参与竞争；社会组织则体现共同体的要求，侧重于社会机制。这三种机制的协调运作可形成优势互补的效果，我们称之为社会资源配置的"复合型"机制。②

第三，从多元主体到复合主体的共同参与格局。目前，我国城市社区的主体呈现多元性，除了政府组织、企业组织、社会组织，还有家庭、居民个人以及其他社会群体。这些多元主体通过一定的方式相互结合，形成了行动主体的复合性，可称为"复合主体"。这一主体形态更有利于使各自拥有的社会资源形成整合，对于生态社区建设要求的社会资源配置的合理性、公平性，能够产生显著的效果。

第四，社区治理过程的分工与合作。生态社区建设离不开治理过程的分工与合作。企业组织可以发挥在技术和管理上的优势，为社区提供生态技术支持和精细化管理服务，如清洁能源的推广使用，水资源的收集、处理和循环利用，生活垃圾的无害化处理等，都依赖于新技术的应用。社会组织（如志愿者组织、义工组织、社会工作组织等）可以发挥其公益性和专业性的优势，在为社区居民提供服务的同时，通过多种形式广泛动员居民积极参与到

① 参见杨敏：《我国城市发展与社区建设的新态势——新一轮城市化过程社会资源配置的社区化探索》，载《科学社会主义》，2010（4）；《"国家—社会"的中国理念与"中国经验"的成长——社会资源的优化配置与创新公共服务和更好社会治理》，载《河北学刊》，2011（2）；《当代社会变革中的"国家—社会"新型关系——社会学中国化视野下的社会建设与社会管理》，载《华中师范大学学报》（人文社会科学版），2012（5）。

② 参见杨敏：《我国城市发展与社区建设的新态势——新一轮城市化过程社会资源配置的社区化探索》，载《科学社会主义》，2010（4）。

社区生态建设的政策制定与实施过程中，深化与政府和企业的积极合作。此外，社区家庭、居民个人和其他群体也可以在分工与合作中起到积极作用。

第五，运用信息化网络化技术实现优质服务与良好治理。在当今中国城市社区建设中，信息化网络化技术的推广和运用已经成为一个重要趋势。信息化网络化技术将实体性、物理性和地域性社区与虚拟化、数字化和信息化社区融为一体，形成了一种新型社区，以技术软环境和运行轨道为依托，消除了政府行政部门之间的分割，进一步整合和优化了政府、企业、社会等各种资源。在生态社区建设中，如果能够促成社会资源进入到基层社区之中，使优质的服务在居民身边落地，这一过程也就实现了良好的治理。

（三）我国生态社区建设与治理转型的案例

从观察中可以发现，生态社区建设与治理转型总是与城乡社会变迁的统合性视野及“全域城市社会”的理念存在着某种契合，也对社会资源配置方式的合理性、公平性的逻辑有着实际的印证，尽管基层社区的实践过程、自觉意识水平和具体运作方式可能会表现出这样那样的差异或不同。这种观察能够使中国生态社区建设进程及内涵得到进一步的充实。

1.“联街结社”：杭州市上城区共建社区生态文明

杭州市上城区社区建设在社会资源合理配置方面做出了实践探索，“社会资源社区化”是其中的重要方面，笔者曾经对“上城经验”进行了研究和总结。① 本世纪以来，上城区逐步实现了生态环保工作重心的转移，从以往关注工业企业的污染防治转向了服务辖区居民的环境诉求，创建了“联街结社”这一社区生态环境建设的新形式。“联街结社”包含了几“多”，首先是多主体，即联系街道、结合社区，坚持政府主导、政策扶持、优质服务、宣传先行，着力于区生态文明办、街道、社区三个层面的力量整合，充分调动居民群众关注和参与生态环境保护。其次是多层面，将各社区卫生委员聘请为社区环境监督员，将各居民小组长、党员志愿者聘请为居民环境信息员，还广泛纳入“两代表一委员”（党代表、人大代表、政协委员）、行风监督员、市民代表等，形成多个层面的工作网络架构。再次是多功能，这一平台

① 参见杨敏：《我国城市发展与社区建设的新态势——新一轮城市化过程社会资源配置的社区化探索》，载《科学社会主义》，2010（4）。

集合了生态环保宣教、环境信访调解、敏感项目预防等多种实际功能。

上城区通过这种新的形式使社会资源在社区得到合理配置，从而推进生态社区建设。在生产技术上，转变高消耗、高污染的工业化生产方式，实现以生态化产业为主导、以生态技术为基础，因地制宜发展绿色旅游产业；在个人消费行为上，不追求对物质财富的过度享受，倡导不损害自然生态的绿色健康生活；在治理方式上，鼓励大众积极参与生态文明的共建，发挥群众的力量，实行决策公正、民主的准则；在价值观念上，大力宣传环保、低碳的理念，将生态文化、生态意识融入到主流意识形态中。2010年，上城区开始推行“生态文明试点城区”，开展了“生态文明示范社区”创建活动。“十二五”期间，上城区又确定了生态环境、生态经济、生态文化、生态制度四大类30项建设工程，包括饮用水源保护、绿地景观建设、“低碳”试点建设、数字管理等全方面生态文明措施，以生态文明城区创建、环境保护和低碳示范城区建设为基础，打造节能环保、绿色低碳的“生态上城”。

2. 公园里的城市：佛山市南海区里水社区“美村计划”

佛山市南海区里水社区也提供了优化配置社会资源和社区资源的一个实际典范。早在上世纪八九十年代，里水社区的前身里水村就是全国著名的文明村。1995年，里水镇被国家11个部委定为小城镇综合改革试点镇，被国家建设部定为全国500个小城镇建设试点镇之一。1996年，里水镇被省委、省政府授予“文明单位”的称号。1997年，里水镇获得了省人民政府授予的“两基教育”先进镇的荣誉。1999年9月，里水村被中央文明委授予“全国村镇文明建设先进单位”。李岚清、费孝通等曾到里水村参观视察。近年来，里水社区又提出了“公园化”战略，努力将城市建在公园之中，推进“美村计划”的实施。里水社区在统一规划改造的基础上，对现存的自然和人文景观进行提升。①

里水社区通过“公园化”战略对社会资源进行充分挖掘和利用，在原有的田园风光、山水资源基础上，把林田变景区、鱼塘变湖景、荒山变公园，变“在城市里建公园”为“在公园里建城市”，实现了居民在公园中居住、工作和生活。里水区“公园化”战略的意义在于对新型城镇化的独特构想和实践。按照里水人的想法，以前是城市发展跟着产业走，产业发展到哪里周边就配套什么，但以后要改变这种发展模式，要用城市来引领产业布局，有

① 参见《里水社区：在公园里建城市》，载《南方日报》，2012-09-12。

什么样的城市就有什么样的产业。“公园化”战略不仅仅是环境建设上的提升，而且能以“不平衡发展”去破解“发展不平衡”的问题。这样，里水的“城镇化”不是将农民搬出城市，而是“就地城镇化”，如何将农民就地城镇化，是推进里水城镇化进程的关键。

3.“绿色家园、富丽山村”：临安市绿色新社区建设

在临安市的绿色新社区建设工程中，城乡社会变迁统合性视野以及“全域城市社会”理念得到了特别的体现。临安是杭州的一个县级市，在新农村建设中有着举足轻重的地位，在这一过程中，临安市对城乡社区生态建设进行了创造性探索。自2010年1月起，临安市开始实施“绿色家园、富丽山村”建设工程，旨在将农村建设成“村美、家富、社兴、人和”的美好家园。这一构想融汇了生态环境、家庭社区、社会关系、文化价值，特别凸显了对于社会资源和社区资源优化配置的更高要求。譬如，“绿富工程”创建村、创建镇的规划设计涉及多部门、多单位、多因素的考虑和选择，临安市相关部门实行了严格的遴选程序，在精品线和风情小镇的规划设计中，对规划单位实行优选，采取“四进二”、“二选一”的竞争机制，通过集中评审的方式，由领导、专家组、业务部门、镇村代表现场打分择优选择规划设计单位。又如，临安市还组建了联合规划组，在规划组下设规划编制、专家指导、政策咨询、镇街保障和村级工作五个小组，明确各小组责任分工，相关部门、专家提前介入，实行规划设计的多方联合。① 这些规划措施得到了浙江省、杭州市相关部门的充分肯定和宣传推广。

临安市对新农村建设、“三农”工作采取了特别的眼光和对策，我们能够品味出其中蕴含的城乡社会变迁统合性视野及“全域城市社会”理念。例如一些偏远的尚未列入创建的村庄，往往是历史文化村落和自然生态村落，一时难以进行有效的保护。为了使这些村落不遭受破坏，进行提前编制控制性规划，使其特有的历史风貌和自然景观得到很好的传承。又如产业提升问题，临安强调“绿色”与“富裕”的内在联系，不赞成单纯注重绿色新环境打造工程、轻视绿色新产业提升工程，对投入资金在“绿色”与“富裕”、环境建设与产业发展中进行合理配置。再如乡土特色问题。“绿色家园、富丽山村”建设是一项创新的工作，没有可以照搬照抄的现成模式。在城市建

① 参见临安市“绿色家园、富丽山村”建设办公室：《“绿色家园、富丽山村”建设情况及下一步工作建议》，见《临安市“绿色家园、富丽山村”建设领导小组会议汇报材料》，2012-10-18。

设的观念和元素之外，需要克服“千村一面”和同质化、低端化现象，结合地域特征、文化特点、产业特色，多角度、全方位地展示村庄和社区的个性亮点和乡土特色。又比如文化培育问题，强调“绿富”建设中三者的有机整合——环境是基础、产业是支撑、文化是灵魂。临安人坚持认为，一个有文化积淀和传承的村落，不仅有丰富的精神内涵，而且有强大的生命活力。对有历史文化传统的村落，要深入发掘、传承、弘扬，把耕读、民俗、宗族等优秀的传统文化与现代文明进行有机的融合。临安市的实践探索已在杭州、浙江乃至全国居于领先地位，这种影响力的形成绝非偶然。

总起来说，以城乡社会变迁统合性的视野和“全域城市社会”的理念，沿着本土社会的实际线索进行观察和思考，对于城乡社会及社区生活圈的生态环境治理，无疑是大有裨益的。在当今中国社会建设、社区建设及生态社区建设的一些较为突出的和成功的实际范例中，总会与城乡社会变迁的统合性视野及“全域城市社会”的理念表现出这样或那样的契合甚至印证，在运作机制层面也与社会资源的合理配置以及社区化的理论思考，存在着高度一致性的线索。在中国非常独特的现代化和城镇化过程中，上述视野、理念和运作机制有着根本性意义，一定意义上可以说，是实现从初级的、粗放的旧式城镇化转向高级的、精致的新型城镇化的“历史性转折”的关键。

［农村社区］

第七章　农村基层治理转型与农村社区建设*

黄家亮**

加强农村社区建设是推进我国基层社会治理转型的必然选择和重要内容。相对于城市社区建设，我国农村社区建设具有明显的特点和独特的逻辑。由于起步较晚等原因，我国农村社区建设受到的关注远远不及城市社区建设。

一、我国农村基层治理转型与农村社区建设命题的提出

从社会学的角度来看，社区就是成员间基于情感、传统、共同联系、亲密互动而形成的社会生活共同体，而传统村落本身就是社区的典范。因

* 本章为北京高校“青年英才”项目（YETP0401）、国家社科基金项目（10CSH005）和北京市优秀博士论文指导教师人文社科类项目（YB20101000203）的阶段性成果。北京科技大学社会学系研究生张丽同学为本章的写作提供了帮助，特此感谢。

** 黄家亮，北京科技大学文法学院副院长、副教授，中国人民大学社会学理论与方法研究中心副研究员。

此，村庄远比城市的居民小区更接近社区的真正含义。那么，为什么还要提出农村社区建设的命题呢？这需要从我国当前所面临的基层治理转型谈起。

（一）传统村落共同体及其解体

最初提出“社区”这一概念的是德国社会学家腾尼斯。在他那里，“社区”和“共同体”（德文原词是 gemeinschaft，英文表述为 community）是同一个概念，是与“社会”（德文原词是 gesellschaft，英文表述为 society）不同的一种社会联合形式。“由自然意志占支配地位的联合体称为共同体”，而“通过选择意志而形成并根本上被其决定的联合体为社会”；在“社会”中，人们的关系基于个人理性及契约和法律，而在“社区”或“共同体”之中，人们之间则是基于共同的历史、传统、信仰、风俗及信任而形成的一种亲密无间、温情脉脉、相互信任、默认一致的人际关系。与社会相比，社区或共同体是更符合人的本性的，“人们在共同体里与同伙一起，从出生之时起，就休戚与共，同甘共苦。人们走进社会就如同走进他乡异国”①。后来，不同学者对社区概念的内涵有不同的表述，但至少有以下三个因素被认为是社区的基本内涵：首先，“认同感”（identity），即社区成员相互之间应有基本的了解和信任，彼此把对方作为“我们中的一员”来看待；其次，“安全感”（security），社区成员能够基于守望相助而产生主观上和客观上的安全观，在情感上相互慰藉，在物质上互帮互助；再次，“凝聚力”（solidarity），大家在遇到任何形式的灾难、挑战或风险时，相互之间都有照应和协作，哪怕平时互不往来或往来不多。② 简单说，社区就是一个基于共同生活体验和情感认同的生活共同体，是人们社会生活的基本单元。

从历史上看，我国的乡村共同体是比较发达的，特别是在现代性因素进入前的传统乡村中，村落共同体基本上能够无须国家公共权力的介入而实现自治，即有学者所概括的“国权不下县”③。那么，村落共同体的这种自治

---

① ［德］斐迪南·腾尼斯：《共同体与社会》，52～53 页，北京，商务印书馆，1999。

② 参见黄平：《导论》，见黄平、王晓毅主编：《公共性的重建：社区建设的实践与思考》（上），2～3 页，北京，社会科学文献出版社，2011。

③ 秦晖：《传统十论——本土社会的制度文化与其变革》，3 页，上海，复旦大学出版社，2003。

资源到底来自哪里呢？有学者分析认为主要来源于传统中国社会的村落家族文化，村落家族的血族性、聚居性、等级性、礼俗性、农耕性、自给性等特征，使得村落家族能够形成一个比较封闭、稳定、有序、自洽的共同体。① 当然，除了家族这一核心机制之外，维系传统乡村社会自治的还有与家族密切相关的自然经济、宗族力量、士绅系统、熟人社会、礼俗传统等。② 虽然，传统社会中的不同历史时期，基层社会治理的具体模式不尽相同，但作为农民生活基本单元的村落共同体这一组织形式大致是稳定的。

1949 年后，我国农村村落共同体经历了从乡村生活共同体向乡村经济、生产与政治共同体的重大转型。新中国成立后，国家通过土地改革和一系列的农村基层政权建设，在全国农村创建了一整套新的政治、社会经济制度，农民的各种活动都被迅速整合进了全国的政治生活之中。基于传统亲缘、地缘关系建立起来的家族、宗族、士绅等民间自治系统迅速解体，代之以生产队、合作社、人民公社等农村基层党政组织。国家政权第一次全方位地进入到农民的日常生活之中。在整个集体化时期，农民生活的基层共同体是人民公社，特别是作为农村最基层的生产单位和核算单位的“生产队”。对于“生产队”以及更大范围的“大队”甚至“公社”，农民还是具有一定的认同感、归属感的。但是，无论是“公社”、“大队”，还是“生产队”，与传统的村落共同体相比，都已经发生了深刻的变化。其中，最显著的变化就是“从主要是家族血缘或地缘认同为基础的社会生活共同体转变为以集体产权或经济为基础的生产和经济共同体，从一种自然或自发形成的社区共同体转变为由国家权力深度干预和控制而形成的政治共同体”，“社队不过是一种集经济、生产和政治于一体的农村基层共同体”③。在这种高度政治化的共同体中，人们之间的互动、联系和集体意识都基于对集体经济的依赖和对集体权力的服从，而事实上是没有“选择权”和“退出权”的。

上世纪 70 年代末以来，伴随着农村人民公社制度的终结和家庭联产承包责任制的推行，集体经济迅速瓦解，建立在集体经济和政治控制基础上融经济、生产与政治功能于一体的基层共同体也逐渐瓦解。人民公社体制解体

---

① 参见王沪宁：《当代中国村落家族文化——对中国社会现代化的一项探索》，29 页，上海，上海人民出版社，1990。

② 具体论述可参见费孝通在《乡土中国》、《中国绅士》等著作中的论述。

③ 项继权：《中国农村社区及共同体的转型与重建》，载《华中师范大学学报》（人文社会科学版），2009（3）。

后，农村逐渐建立起了村民自治制度。然而，由于集体资源的严重匮乏、人口的大量流动，以及人们思想观念的日益多元化等种种原因，使得村委会等组织的控制力、影响力受到限制，不少村庄陷入一盘散沙的状态，只剩下社区的空壳，而很难再说是“共同体”了。市场化改革一方面带来了整个社会活力的大大增加和农民生活水平的大幅度提升，但另一方面也使得农村的基层共同体趋于瓦解。正如有学者分析的那样，中国的许多乡村正面临着“共同体解体”带来的种种困境，如：乡村公共产品的供给严重不足；乡村关系危机四伏，乡民的集体认同感和互助合作的基础减弱了，人与人之间的信任感、人情味也大大减少了；农民陷入“原子化”状态，乡村灰恶势力乘虚而入，农村的治理危机已经到了非常严重的地步。①

（二）新型基层共同体重构与农村社区建设的时代使命

无论是传统乡村的“村落家族共同体”，还是新中国成立后集体化时期具有强烈政治色彩的“行政共同体”，尽管有诸多不足，但至少还能使村民从中体验和感受到“共同体”所带来的安全保障和亲密情感。② 共同体的解体使人们生活的不确定性和危机感大大增加了，必须正视的一个现实是无论是“村落家族共同体”还是“行政共同体”，在我国绝大多数农民的生活中都一去不复返了。正如西方管理学大师德鲁克所说的那样：“人类需要社区。……可是100多年前腾尼斯希望保留的社区，那种传统乡村社会中的‘有建制’的社区已经一去不复返了。”③ 我们今天都提倡的农村社区建设一方面是“共同体的重建”（community rebuilding），但另一方面必须明确的是这不是对过去共同体的简单恢复（事实上也无法恢复），而是要构建一种适应时代需要的新型基层共同体。换言之，我国农村社区建设是有着独特的时代使命的，这主要包括以下方面：

首先，重建我国农村的基层治理体系。改革开放以来，特别是近年来，我国农村社会结构已经发生了前所未有的深刻变化。这主要表现为：第一，

---

① 参见王晓毅：《历史的视野：公共资源与乡村共同体重建》，见黄平、王晓毅主编：《公共性的重建：社区建设的实践与思考》（上），205页，北京，社会科学文献出版社，2011。

② 参见上书，206～207页。

③ ［美］彼得·德鲁克：《城市的文明化——〈社区的未来〉序言》，见德鲁克基金会主编：《社区的未来》，北京，中国人民大学出版社，2006。

随着农民的大量流动，村庄出现了两种截然不同的人口特征，在大量内地乡村，大批青壮年农民进城务工，甚至举家搬迁，农村常住人口大大减少，“空心村”现象普遍出现；而在发达地区或城郊区，大量人口流入，常常出现外来人口多于本地户籍人口的“人口倒挂”现象。[①] 第二，随着农村利益主体的多元化、价值观念的多元化，农村的各种利益矛盾空前尖锐，需要一个高效的基层治理体系，然而，农村出现了一定程度的“权威真空”。有学者根据权威来源，将农村权威系统划分为原生性权威、次生性权威和外生性权威三个层次。原生性权威主要是指村庄内的非正式组织和精英；次生性权威主要是指被体制、制度吸纳而获得力量保证的地方性精英（即村、组干部）；外生性权威是指介入村庄生活中的强大外在力量，主要是国家力量。[②] 当前，这三个层次的权威都缺乏力量，新中国成立后的国家政权建设摧毁了传统的家族、宗族、长老等原生性权威，税费改革后乡镇等基层国家政权的“悬浮化”[③] 状态使得外生性权威对农村的控制力大大减弱，资源的匮乏、村干部的自利化等因素使得村民自治组织等次生性权威的作用非常有限。“权威真空”造成的直接后果就是乡村的治理危机，乡村的基本秩序得不到维系，乡村的公平正义得不到保障，甚至出现“村将不村”[④]、乡村秩序的“豪强化”[⑤] 等危险局面。当前，我国农村社区建设的首要任务，就是要创新农村社区治理主体，形成高效运行的社区多元治理体系。

其次，重建我国农村的公共服务体系。社区的基本功能就是满足社区成员的公共服务需求，也只有居民的公共服务需求在社区内能够得到满足，社区才有可能具有吸引力、凝聚力。在我国传统乡村社区中，农民的公共服务基本是由家族、宗族等民间系统提供；而在新中国成立后的集体化时期，农民的公共服务基本是由社队等农村集体经济组织提供。在新的历史时期，以上几类组织提供公共产品的能力都大大下降，而农民对公共服务的需求内容

---

① 参见《关于人口倒挂地区基层治理面临的独特难题的分析》，见金三林：《人口倒挂地区社会管理研究》，16～29页，北京，中国发展出版社，2013。

② 参见贺雪峰、董磊明：《中国乡村治理：结构与类型》，载《经济体制比较》，2005（3）。

③ 周飞舟：《从汲取型政权到“悬浮型”政权——税费改革对国家与农民关系之影响》，载《社会学研究》，2006（3）。

④ 董磊明：《村将不村——湖北尚武村调查》，见黄宗智主编：《中国乡村研究》，第五辑，174～202页，福州，福建教育出版社，2007。

⑤ 储卉娟：《从暴力犯罪看乡村秩序及其“豪强化”危险》，载《社会》，2012（3）。

更加广泛、标准也更高。而且，在城乡接合部，以及较发达地区，农村公共服务提供的对象，不仅包括户籍村民，还包括流动人口。因此，当前农村社区建设的一个中心任务就是要充分调动政府、集体经济组织、民间组织等多元主体的积极性，形成多元主体共同参与、通力合作的良好局面，为社区居民提供高水平的公共产品。

再次，重建我国农村的公共价值体系。社区是一个具有共同价值观和共同精神追求的精神共同体和文化共同体。当前，制约我国农村社区共同体形成的一个重要因素就是公共价值的弱化甚至缺失，以及村庄在精神维度上的普遍萎缩。这主要表现为：第一，随着现代性因素的进入，农村社会中每一个个体的独立性日益增加，个体价值越来越得到提升，但社区的公共意识却在降低，“人心散了”，人们逐渐失去了对公共事务的兴趣，也失去了在村庄公共领域中寻求价值认同的动力，普遍出现了只强调自己的权利而无视对公众或他人的义务与责任的“无公德的个人”现象。① 第二，由于村庄舆论效力的降低，一些基本的行为准则受到挑战，“社会风气坏了”，各种社会伦理问题逐渐浮出水面，中国农村出现了伦理性危机，这种伦理性危机表现为村庄日常生活中的伦理标准的缺失，很多事情开始说不清楚，并且不同人群对生活的体验和看法出现了明显的分歧甚至是断裂。② 第三，各种形式的西方宗教在中国农村迅速传播，甚至一些邪教也乘虚而入。③ 因此，当前我国农村社区建设的一个重要使命就是要通过社区文化建设，重建农村公共价值体系，真正培育农民的共同体意识。

（三）我国农村社区建设的历程

在我国政府层面，相对于城市社区建设来说，农村社区建设提出的时间要稍晚一些。从某种意义上看，农村社区建设是在农村社会“移植和嵌入”城市社区化的管理和服务模式。④ 因此，农村社区建设的推进和城市社区建

① 参见阎云翔：《私人生活的变革——一个中国村庄里的爱情、家庭与亲密关系（1949—1999）》，261页，上海，上海书店出版社，2009。

② 参见申端锋：《中国农村出现了伦理性危机》，载《中国评论》（香港），2007（3）。

③ 参见董磊明、杨华：《西方宗教在中国农村的传播现状》，见观察网，http://www.guancha.cn/DongLeiMing/2014_06_09_235967_s.shtml。

④ 参见陈建胜：《城乡一体化视野下的农村社区建设》，载《浙江学刊》，2011（5）。

设一样，都是从开展社区服务开始的，并且从试点逐渐铺开的。目前，我国农村社区建设总体上还处于试验阶段，大致可以分为以下三个阶段：

第一，农村社区建设思路初步形成及初步试点阶段。2003 年 10 月，中共十六届三中全会通过的《中共中央关于完善社会主义市场经济体制若干问题的决定》中，明确提出了“农村社区服务”、“城乡社区”、“自我管理、自我服务”等概念。2006 年 7 月，民政部党组在全国民政工作年中情况分析会上，从贯彻落实科学发展观、统筹城乡发展、推进社会主义新农村建设的角度，第一次向民政系统提出了“开展农村社区建设试点”的要求。此后不久，民政部下发了《关于做好农村社区建设试点工作推进社会主义新农村建设的通知》（民函［2006］288 号），对试点工作进行了部署。山东、江苏、浙江、天津、广东、福建、安徽、湖北、青海、上海等省（区、市）结合各自的特色，因地制宜，开展了试点工作。

第二，农村社区建设战略部署正式提出及试点扩大阶段。2006 年 10 月，中共十六届六中全会通过的《中共中央关于构建社会主义和谐社会若干重大问题的决定》首次完整地提出了“农村社区建设”这一命题，并明确将城乡社区建设作为构建社会主义和谐社会的一个重大战略部署，提出要“全面开展城市社区建设，积极推进农村社区建设，健全新型社区管理和服务体制，把社区建设成为管理有序、服务完善、文明祥和的社会生活共同体”。在同年 11 月召开的第十二次全国民政会议上，国务院又对如何实施农村社区建设提出了明确的要求，即在农村社区建设过程中“整合社区资源，推进农村志愿服务活动，逐步建立与社会主义市场经济体制相适应的农村基层管理体制、运行机制和服务体系，全面提升农村社区功能，努力建设富裕、文明、民主、和谐的新型农村社区”。2007 年 3 月，民政部在山东省青岛市召开了专门的全国农村社区建设工作座谈会。随后，民政部印发《全国农村社区建设实验县（市、区）工作实施方案》（民函［2007］79 号），并先后批复了 304 个“全国农村社区建设实验县（市、区）”。

2007 年 10 月，党的十七大将农村社区作为农村基层群众自治建设的基础，指出：“要健全基层党组织领导的充满活力的基层群众自治机制，扩大基层群众自治范围，完善民主管理制度，把城乡社区建设成为管理有序、服务完善、文明祥和的社会生活共同体。”同年 12 月 31 日，中共中央、国务院联合发出《关于切实加强农业基础建设进一步促进农业发展农民增收的若干意见》（中发［2008］1 号），进一步指出“不断增强社会自治功能，创新农村社区管理和服务模式，优先在城市郊区开展农村社区建设实验工作，加强农村警务和消防工作，搞好农村社会治安综合治理，努力把农村社区建设成管理有序、服务完善、文明祥和的社会生活共同体”。

第三，农村社区建设试验走向深入阶段。2009 年 3 月 6 日，民政部印发了《关于开展“农村社区建设实验全覆盖”创建活动的通知》（民发[2009] 27 号），要求巩固农村社区建设实验工作的阶段性成果，以农村社区建设规划为引领，以农村社区公共服务设施建设为抓手，以提高农村社区管理和服务能力为重点，以完善农村基层社会管理体制为保障，深入推进农村社区建设实验工作，推动各个层面确定的农村社区建设实验单位在较短的时期内尽快实现实验工作全覆盖，让更多的农村居民从中受益。同时，该通知还规定了农村社区建设领导协调机制、社区建设规划、社区综合服务设施、社区各项服务、社区各项管理等五项全覆盖创建标准。同年 7 月 29 日，民政部印发《关于命名首批“全国农村社区建设实验全覆盖示范单位”的决定》，命名江苏省海门市、江苏省张家港市，浙江省嘉兴市南湖区、浙江省平湖市，山东省诸城市、山东省青岛市黄岛区，甘肃省阿克塞哈萨克族自治县等 7 个县（市、区）为首批“全国农村社区建设实验全覆盖示范单位”。

2010 年 10 月，党的十七届五中全会提出了“加强农村基础设施建设和公共服务”、“强化城乡社区自治和服务功能”的新要求，要求城乡社区在加强和创新基层社会管理过程中发挥重要作用。2011 年 12 月 20 日，国务院办公厅公布的《社区服务体系建设规划（2011—2015 年）》中，将“农村社区服务试点工作有序推进”作为“十二五”期间我国社区服务体系的重要发展目标，提出要“继续开展农村社区服务试点，加强资源整合，推进农村社区综合性公共服务设施建设，将就业、社会保障、卫生、计划生育、文化、体育、社会治安等基本公共服务向农村延伸，重点发展面向农村老年人、病残人员、妇女及未成年人等群体的照料、帮扶等服务，促进城乡基本公共服务均等化，把农业技术推广、动植物疫病防控和农产品质量监管等公共服务能力建设与农村社区建设结合起来”。

党的十八大以来，我国农村社区建设更多地被纳入到城乡一体化的总体战略部署之中，“城乡社区”、“农村、城市社区”等概念频繁出现在官方话语之中。党的十八大关于农村社区建设的表述有“要加大统筹城乡发展力度，增强农村发展活力，逐步缩小城乡差距，促进城乡共同繁荣”、“加强基层社会管理和服务体系建设，增强城乡社区服务功能”、“强化农村、城市社区党组织建设”、“在城乡社区治理、基层公共事务和公益事业中实行群众自我管理、自我服务、自我教育、自我监督，是人民依法直接行使民主权利的重要方式”。党的十八届三中全会通过的纲领性文件《中共中央关于全面深化改革若干重大问题的决定》，关于农村社区建设的表述是“统筹城乡基础设施建设和社区建设，推进城乡基本公共服务均等化”。

从以上梳理来看，我国农村社区建设的内涵是不断丰富的，农村社区建设的实践也是逐渐推开的。农村社区建设是在党和政府的领导下，动员社会各方面的力量，整合农村社区资源，完善乡村治理机制，强化农村社区功能，改善农村社会服务，合力建设管理有序、服务完善、文明祥和的农村社会生活共同体的过程。在实践中，农村社区建设主要包括社区基础设施、社区公共产品和服务、社区组织与管理和社区文化建设。农村社区基础设施包括农村社区的公共道路、公共交通、村民生产生活用电用水，以及广播、电视、电话、通信系统等。农村社区公共产品和服务既包括政府层面的公共服务，也包括社区层面的自我服务，具体而言，涉及环境卫生、医疗社保、社会保障、社区教育、文化体育、法律服务、警务综治等方面。农村社区组织和管理包括村党委、村民委员会、社区共建理事会、社区企业、社区社会组织和专业协会等。农村社区文化包括农村传统风俗、社区认同、参与意识、互助合作、公共活动等。

二、我国农村社区建设的主要模式

自党的十六届六中全会提出“推进农村社区建设”，特别是 2007 年 3 月民政部在全国确定了 251 个首批“全国农村社区建设实验县（市、区）”开始农村社区建设实验以来，农村社区建设在全国各地迅速展开。各地在农村社区建设中因地制宜，探索出多种农村社区建设模式。当前，我国农村社区建设尚处于探索阶段，各种模式还尚未完全成形，而且从不同角度可以做不同的归纳。如从与城镇的距离看，可将农村社区建设划分为城镇化扩张下的农村社区建设模式或城郊型农村社区建设模式、“就地城镇化”农村社区建设模式，以及村民自治体制下的农村社区建设模式或村落型农村社区建设模式；从农村社区体制改革角度，可分为村落自组织模式、村社合一模式、村企主导模式和联村建社模式；从政府和社区之间权能关系的角度，可分为行政主导型模式、合作型模式和自治型模式。①

本章主要按照社区的形成过程和总体形态，将农村社区建设划分为“一村一社区”、“多村一社区”、“一村多社区”和“集中建社区”四种模式。

(一)“一村一社区”模式

所谓“一村一社区”，是指以现有的行政村为单位设置农村社区，一个行政村建一个农村社区，在村里设立社区综合服务中心，有的还在村民小组或自然村建立服务站或代办点，在不改变村民自治架构的情况下建立健全农村社区管理和服务体系。目前，全国绝大多数地区都是采用这种模式。据统计，全国有226个实验县（市、区）实行了“一村一社区”的建置，占实验县（市、区）总数的74.34%。②

四川省宜宾市是率先尝试这一模式的。其主要做法如下：

首先，在符合条件的村设置农村社区，把农村社区与村委会融为一体。宜宾市组建农村社区要求必须具备三个条件：村民居住相对比较集中，村庄已经形成或初具规模；具有一定村级集体经济收入；地处平坝或平原或浅丘，乡村道路畅通。符合以上条件的行政村改设农村社区，将“中共××乡（镇）××村支部委员会”改设为“中共××乡（镇）××社区支部委员会”、“××乡（镇）××村村民委员会”改设为“××乡（镇）××社区村民委员会”。

其次，按照社区管理方式搞好农村社区建设的各项具体事务。把行政村村民委员会改设为社区村民委员会，并不是单纯意义上的名称变化，而是村庄治理方式的大变革。由以前的管理型向服务型整体转变，把公共服务向农村社区延伸，不仅做到光纤、电话、自来水、沼气进入每家每户，道路硬化，而且将医院、警务室、学校、幼儿园、爱心超市、影院、图书室等服务项目覆盖到农村社区。他们将农村社区建设的主要内容概括为“三基础三支撑三体系”，即搞好阵地、住房和环境等基础设施建设，以集体经济、科技

① 参见滕玉成：《我国农村社区建设的主要模式及其完善的基本方向》，载《中国行政管理》，2010（10）。

② 自2007年3月以来，民政部先后确定了304个“全国农村社区建设实验县（市、区）”。

和信息为支撑点，建立城乡互助扶持体系、农村社会救助体系和社区服务网络体系。通过农村社区建设，实现“一站式”社会服务，让农民体会到政府公共服务的便捷和实惠。①

“一村一社区”模式之所以被全国多数实验县（市、区）所采用，在于其具有以下优势：第一，不增加管理层和管理成本。由于服务中心建在村委会层面上，人员配备和使用与村干部相结合，这样一来，农村社区和村委会都是一个班子、一套人马，变化的只是服务的内容、方式、形式等。第二，避免农村社区和村委会两张皮，顺理成章地理顺了农村社区和村委会之间的关系。如果在村委会之外另设农村社区，就容易出现各吹各的号、各唱各的调、各说各的重要，有资源时相互争夺、遇到问题时相互推诿的局面。第三，便于广大村民的认同和接受。经过多年的运行，村委会体制已经深入人心，被普遍认同和接受了，村民遇到事情都习惯于找村委会。如果在村委会之外又建立一套社区系统，不符合老百姓的行为习惯。第四，直接以行政村为单位建立社区，便于农村社区范围的划分和具体操作。

同时，“一村一社区”模式也存在弊端：第一，自然村落过多的村难以选定村域中心。在高原、丘陵、山区地区，常见一个行政村管辖几个自然村落，而且自然村落之间距离较远，如果采取“一村一社区”模式设置，就会给农村社区开展各项服务活动带来难度。② 第二，对于一些常住人口较少、资源匮乏的“空心村”，每个村建一个社区综合服务中心，资源利用率会大打折扣，甚至会造成资源浪费。

（二）“多村一社区”模式

“多村一社区”模式按照地域相近、规模适度、有利于集约配置公共资源的原则，把两个或两个以上的建制村规划为一个社区，在社区层面设立协调议事机构。每个社区确定一个中心村，在中心村设立社区服务中心，为社

① 参见宜宾市农村社区建设工作领导小组办公室：《“一村一社区”的宜宾模式具有三个特征》，见宜宾市人民政府官方网站，http://www.yibin.gov.cn/bsfw/content2.jsp?newsId=318307&classId=7703；《“一村一社区”宜宾模式铺就新农村建设新路子》，见四川省人民政府官方网站，http://www.sc.gov.cn/zwgk/zwdt/szdt/200809/t20080917_360433.shtml。

② 参见李方才：《“一村一社区”利弊的剖析》，见宜宾新闻网，http://www.ybxww.com/content/2009-1/22/2009122142934.htm。

区范围内各村村民提供服务。社区服务中心只是服务机构，与行政村没有隶属关系，也不干预村里工作。在这种模式下，农村社区是外在于各个行政村的，其与村、户的关系结构是“农村社区—村委会—农户”。目前，全国共有 45 个县（市、区）实行“多村一社区”，占实验单位总数的 14.80%。

山东诸城市是在全国率先探索“多村一社区”模式的地区。从 2007 年开始，该市把相邻的 5 至 6 个村庄和村庄间的一些单位，规划建设成一个农村社区，然后在每一个社区选择一个位置比较适中的村庄设立社区服务中心，形成“2 公里公共服务圈”。到 2008 年 6 月，由全市 1 249 个村庄规划建设的 208 个农村社区和社区服务中心全部建成运行。社区服务中心成立后，诸城市又在每个服务中心建立了具体负责与群众基本生活及社会保障密切相关的基本服务保障体系。由社区医疗、社区环卫、文教体育、计划生育、社会保障、社区治保组成六个服务站，同时为六个服务站配齐了工作人员，为社区居民提供高效便捷的公共服务。农村社区建设使政府职能得以转变，实现了由管理“三农”向服务“三农”的转变，农村社区成为政府服务职能转移的平台与载体。在农村社区建设试点村，已基本实现了“三清”（清理粪堆、清理垃圾堆、清理柴草堆）、“四改”（改水、改厕、改灶、改圈）、“五化”（硬化、净化、亮化、绿化、美化），农民群众切实感受到了农村社区建设的新气象、新变化。

“多村一社区”模式的特点是社区服务中心的服务半径超出了单个行政村，一般掌握在 2～3 公里、涵盖 5～6 个村、辐射 1 500～2 000 户居民。这样做，目的是较好地整合村镇资源，克服服务半径过大导致服务水平低下或服务半径过小导致公共服务成本过高、最终难以持久运行的问题。其优势在于财力投入少而集中，政府的公共产品和服务供给相对集中，可以避免资源分散和重复建设，从而提高资源的有效利用率。

在实践过程中，这种模式也存在一些明显的弊端。这主要体现在：第一，社区服务中心容易演化为乡镇街道的派出机构，相当于又增加了一级行政组织和一道管理层，形成了“乡镇街道—农村社区—村委会”的管理格局。而且，这种模式还很有可能成为乡镇街道体制改革分流乡镇机关工作人员回流的一个渠道。过去，乡镇街道的“七站八所”变成了今天农村社区的“一厅八站”（综合服务大厅，医疗卫生、社区警务、灾害应急、社区环卫、文化体育、计划生育、社会保障、社区志愿者服务站/室），增加了管理成本。第二，弱化了村委会的功能和权威。这种农村社区建立后，政府的公共服务资源不再向村一级倾斜，而多集中在社区层面，村委会的职能和威信等受到削弱，更难得到本村村民的拥护。①

（三）“一村多社区”模式

“一村多社区”是在自然农村的基础上建立社区，即将一个行政村下属的多个自然村分别建成一个社区，不改变与行政村之间的关系，主要依靠社区内的志愿群体开展社区建设。在这种模式下，农村社区是村委会之下的一个组织单元，其组织架构是“村委会—农村社区—农户”。目前，全国共有 21 个实验县（市、区）实行这种模式，占实验单位总数的 6.91%。

湖北省秭归县杨林桥镇是较早探索这一模式的地区。秭归县地处山区，是国家级贫困县，在农村税费改革之后，面临着农村社会中无人管事、无钱办事的“治理真空”。该县杨林桥镇受到当地运行良好的“红白理事会”等农民自发组织的协会启发，提出了划小村级管理单位，撤销村民小组改建社区的工作方案。其具体做法如下：

第一，按照“地域相近、产业趋同、利益共享、规模适度、群众自愿”的原则进行“撤组建社区”。社区一般以自然村为基础进行划分，每一个社区由 30 户左右的农户组成，社区又以屋场为基础，划分 3～5 个互助组。

第二，在每一个社区成立社区理事会，形成“村委会—社区理事会—互助组—基本农户”的新型农村社区自治体系。理事会成员按照社区户数确定，一般由 3～5 人组成，设理事长 1 人，理事 2～4 人。杨林桥镇 14 个村成立了 306 个社区、991 个互助组，理事会成员 1 028 人。社区理事会是社区自治的组织机构，由村民选举产生，介于村委会与农户之间；社区之下成立互助组，理事会成员与互助组由村民选举产生，任期一年，不计报酬，主要由农村党员、产业大户和经营能人担任。

第三，社区理事会在村党支部与村委会领导下开展工作，制定社区理事会章程，以议事恳谈会的形式行使自我教育、自我管理、自我服务、自我发展的职责，在广泛听取社区群众的意见与建议的基础上形成决议并付诸实施。

---

① 参见杨炳珑：《农村社区建设体制机制研究》，见民政部官方网站，http://zqs.mca.gov.cn/article/ncsqjs/llyj/201001/201001 00055884.sht。

这种模式将共同体理念引入乡村治理中，并以社区体制重新构造农村微观组织体系，对于构建乡村自我整合机制具有重要启示性意义。① 其优势在于：第一，发挥民间力量参与公共事务，通过建立村落社区组织，开展村落社区公益事业服务，发展村落社区卫生，繁荣村落社区文化，美化村落社区环境，调解村落社区民间纠纷，倡导村落社区互助精神，树立村落社区良好社会风气，建立良好的人际关系，有利于提高社区居民民主决策、民主管理、民主监督的自治能力；第二，社区范围较小，而且社区成员之间具有相同的风俗习惯、相似的价值观念、千丝万缕的利益联系以及天然的亲密关系和频繁的互动，有利于形成真正的社会生活共同体。

同样，该模式也存在一定的局限性。主要表现为：第一，有限的公共资源要分散到各个小型社区，不利于资源的有效整合，难以建起具有一定规模和体系的服务设施；第二，过于依赖“五老”（老党员、老干部、老劳模、老教师、老复员军人）的奉献精神，难以具有持续性；第三，社区理事会不是独立的法人单位，行动能力有限，同时由于社区规模太小，无法提供真正有质量的公共服务。

（四）“集中建社区”模式

“集中建社区”模式，又可称为“集聚型社区”模式或“村转居型社区”模式，表现为把分散居住的农村集中到新规划建立的居民小区中，并在此基础上设立“社区”。在城近郊区、乡镇驻地，以及一些经济发达、城乡一体化程度高的地区，这种模式比较普遍。

江苏省宿迁市是比较早探索这种模式的地区。2006 年 4 月 12 日，宿迁市人民政府发布了《关于推进农村集中居住点及康居示范村创建工作的实施意见》，正式拉开了“村转居”的序幕。该市计划用 3～5 年的示范创建、用 10～20 年的时间，将全市农村目前分散居住的自然村庄，逐步迁并成具有一定规模、功能基本齐备的新农村集中居住点。该意见还明确提出新的集居社区应该符合“五有”标准，即有一套完善的集中居住点建设规划、有一定规模的居住人口、有一组完整的村内道路、有一个综合性的服务中心、有一

① 参见徐勇：《农村微观组织再造与社区自我整合——湖北省杨林桥镇农村社区建设的经验与启示》，载《河南社会科学》，2006（5）。

套较为完善的环境清洁体系。

近年来，不少地方都通过类似的方式，将农民集中起来居住，建立新的社区。比较有影响的模式有：第一，成都的“拆院并院”模式，即将农民集中起来居住，按照城市社区的方式来管理。集中居住后节约出大量宅基地用于复垦成耕地，然后将若干拟复垦为耕地的农村建设用地地块和拟用于城镇建设的地块共同组成建新拆旧项目区，通过拆旧建新、土地复垦，最终实现项目区内建设用地总量不增加、耕地面积不减少。第二，天津华明镇的“宅基地换房”模式。其用意和做法与成都相似，农民以其宅基地，按照规定的置换标准，换取小城镇内的一套住宅，迁入小城镇居住。原村庄建设用地进行复耕，而节约下来的土地整合后再招、拍、挂出售，用土地收益弥补小城镇建设，包括农民居民小区建设的资金缺口。第三，浙江嘉兴的“两分两换”模式，即农民集中到新建小区居住，以宅基地置换城镇房产，以土地承包经营权置换社会保障。①

尽管各地方政府推行这一模式主要是为了在“十八亿耕地红线”这一严格约束之下，用农民宅基地置换出更多的建设用地指标，但其对提高农村社区的公共服务水平是有帮助的，因为长期以来，不少地方农民居住分散，导致路网、水网等公共基础设施缺乏统一规划，占地、投入较多，农村环境污染较为严重，村内公共设施严重不配套等，虽然各级财政投入了大量资金，但效益难以体现。而且，对于解决“空心村”的公共服务难题，这一模式也有显著的效果。

这一模式的局限性也同样比较明显，这主要体现为：第一，在不少地方的实践中，这种“集中建社区”演变为“赶农民上楼”，不少农民有“被社区化”的感觉，如有些农民习惯了自由、散居的居住和生活方式，而对单元楼式的集居方式不习惯，甚至有排斥心理。第二，不少地方仅仅将农民集中起来居住，而没有提供相应的工作机会和生活保障，使得农民的生活成本大大提高了，甚至要走很远的路程回原村从事农业生产。第三，相对于以前的村落模式，在这种新的社区中，居民之间缺乏情感交流和共同体认同。此外，不少农村因在“转居”过程中集体资产没有处理好，造成了错综复杂的

① 具体介绍和分析参见汪晖、陶然、史晨：《土地发展权转移与农民集中居住的地方试验：挑战与出路》，载《领导者》，总第37期（2010年12月）。

利益冲突。①

总之，我国的农民社区还处于起步阶段，各种模式都还不成熟，但有一点是明确的，那就是每一种模式都各有利弊。各地区在开展农村社区建设过程中，一定要根据本地人口结构、风俗文化、服务半径，以及产业发展特点等因素，因地制宜，探索符合本地特色、能够最有效实现公共产品供给的模式。

三、发达地区农村社区治理体制创新的主要经验

我国地域辽阔，各地区发展水平很不一致，这对农村社区建设的顶层设计来说是一个很大的挑战。但总体来说，经济发达地区在农村社区建设方面也走在前列，它们遇到的问题很有可能也是其他地区将要遇到的问题，它们的经验也能够给其他地区提供有益的借鉴。在这一部分，我们主要介绍中国人民大学社会学理论与方法研究中心课题组曾经系统调研过的广东南海和中山在农村社区建设方面的经验。②

（一）当前我国发达地区农村社区建设面临的突出问题

发达地区在农村社区建设方面面临着诸多新、老问题，其中最突出的是：

第一，利益主体和利益诉求日趋多元导致社会矛盾日益复杂，如何做到多元利益统筹兼顾，化解社区内外各利益群体之间的利益冲突，实现社区的良好治理，是开展农村社区建设首先要面临的问题。发达地区的农村集体经济比较发达，村庄内部资源比较丰富，这既是农村社区建设的优势，但同时也为社区内不同群体的利益冲突和资源争夺埋下了隐患。我们在南海和中山

① 更系统的分析，可参见徐琴：《“村转居”社区的治理模式》，载《江海学刊》，2012（2）。

② 2011年10月和11月，郑杭生教授带领的课题组先后两次到南海进行“创新社会管理的南海经验”的系统调研，调研成果已公开出版（郑杭生主编：《多元利益统筹兼顾与社会管理创新——来自南海的“中国经验”》，武汉，华中科技大学出版社，2012）。2013年4月和5月，郑杭生教授带领的课题组先后两次到中山进行“社会治理体制创新的中山经验”的系统调研，调研成果即将在中国人民大学出版社出版。本章所使用的南海和中山的材料，主要来自这几次调查。

调研过程中，都看到了由农村集体经济股权分红而引起的激烈冲突。如南海一个区一年可分红的资金达到几十个亿，已有分红权的那部分人要防止没有分红权的人进来，没有分红权的人要想各种办法进去。他们都抓住了政府的软肋——怕群众上访，没有分红的上访，已有分红的也上访。最突出的表现就是“外嫁女”及其子女问题（原来嫁出去了，现在要回来分红），还有对越自卫反击战的老兵、农村中自理粮和农转非人员、知青及其子女、高等院校毕业生等群体，都是因为这样那样的原因，失去了村里的户口，被排斥在分红范围外。他们为了讨回自己的分红权，常年上访甚至发生暴力冲突事件。整个南海区被股份分红权分割为冲突严重的不同利益群体，经济越发展，利益关系就越复杂，利益冲突也就越激烈。①

第二，整体社会结构从“二元结构”向“逆二元结构”、“内二元结构”、“三元结构”转变，如何提高社区服务水平和覆盖范围，如何实现社区内新老居民的融合，都是农村社区建设中要解决的关键问题。我国多数地方，城市地区比较发达，而农村地区比较贫困，城乡差距很大，而在中山、南海这样的发达地区，农村和城市都比较发达。而且，由于有集体经济的分红等原因，农民在经济收入、福利保障等方面远远强于市民，农民比市民更富裕，农村户口比城市户口更“值钱”，甚至出现“宁要农村一户口，不要城市一栋楼”、“城里人哭着喊着要去农村”等现象。这就是所谓的“城乡逆二元结构”。此外，在发达地区的农村，外来人口占有很大比例，甚至在常住人口中，外来人口的比例也大于本地户籍人口，如南海区的户籍人口大约为 120 万人、外来人口大约为 136 万人，中山市的户籍人口大约为 150 万人、外来人口达到 164 万人，这就出现了“城乡内二元结构”，即无论是城市还是农村内部，都包括本地人口和外来人口两部分。从整体上来看，相对于传统的城乡二元结构，发达地区的社会结构呈现“三元结构”状态，即本地农民、本地市民、外来人员，各个群体在“身份—权利—待遇”方面都有很大差别。②

① 参见郑杭生、黄家亮：《当前我国社会管理和社区治理的新趋势》，载《甘肃社会科学》，2012 (6)。

② 关于城乡“逆二元结构”、“内二元结构”、“三元结构”的分析，参见黄家亮：《利益纠纷化解：“情理法”交叠的南海基层治理》，见郑杭生主编：《多元利益统筹兼顾与社会管理创新——来自南海的“中国经验”》，162～163 页，武汉，华中科技大学出版社，2012。关于城市化进程中不同群体“身份—权利—待遇”体系的分析，参见杨敏：《三元化利益格局下“身份—权利—待遇”体系的重建——走向包容、公平、共享的新型城市化》，载《社会学评论》，2013 (1)。

经济发展水平高了，农民在社区自治、社区服务方面的要求也势必会更高、更专业；同时，大量外来人口也有日益强烈的参与社区自治、融入社区发展、享有社区公共服务的诉求，这些都是发达地区农村社区建设必须考虑的新情况。

第三，社区的陌生化、异质化、理性化程度大大提高，传统熟人社会解体，如何在新的社会基础上构建社会生活共同体，增强社区融合、加大社区认同、培养共同体意识，是发达地区农村社区建设的重要任务。当前，发达地区农村社区认同的基础发生了重要变化：首先，随着人口流动的加快，特别是大量外来人口的进入，传统的熟人社会逐渐变成了陌生人社会；其次，随着社会开放程度的增加，人们在利益诉求、价值观念等各个方面发生了空前的分化；再次，整个乡村社会的理性化程度大大提高，传统乡村中那一套基于血缘、礼俗的温情脉脉的秩序形态逐渐被理性化了。然而，正如有学者所分析的那样，“经过 30 年的改革开放，广东农村的面貌发生了深刻变化，乡村社会经历的快速而剧烈的变革并未结束，而是仍然在持续进行。传统上完整而封闭的乡村社会被打破了，新的稳定的社会规范还未确立，仍在进一步地探索尝试之中”[①]。在这种情况下，农村社区建设，需要在文化层面，以及社区居民的心理层面、精神层面下更大的功夫。

当然，发达地区农村社区建设所要解决的问题，远远不止以上几个方面，各地区在农村社区建设的具体做法上也不尽相同，但有些趋势是一致的。

（二）构建“分工合理、权责明确、多元共治”的农村社区治理体系

社区治理体制是社区建设的总体构架，南海和中山在农村社区建设过程中，都特别注重构建“分工合理、权责明确、多元共治”的社区治理体制。所谓“分工合理、权责明确”，是指社区各主要组织要有合理的职能分工、各个主体要有明确的权力和责任划分；所谓“多元共治”，是指社区各主体要相互合作、相互补充、扬长避短，共同完成公共事务治理。这里仅以南海

① 周大鸣：《告别乡土社会——广东改革开放 30 年的思考》，载《中南民族大学学报》（人文社会科学版），2010（4）。

为例。

广东省佛山市南海区地处珠三角腹地，全区面积为 1 073.82 平方公里，下辖 1 个街道、6 个镇、251 个村（居）。南海区以社区为平台，以社工为核心，以社会组织为抓手，按照"回归自治"、"协同共治"、"社区善治"的思路，构建多元主体通力合作的社区复合治理体系。其突出特点是"政经分离"和"四位一体"。

所谓"政经分离"，是指把村（居）的自治职能与集体经济管理职能相分离。[①] 所谓"四位一体"是指社区党组织、居委会、集体经济组织（经联社）、社会组织等社区四大组织权责明确、相互配合，共同管理社区公共事务。社区党组织负责对社区自治组织和经济组织的人选推荐、绩效考评、联席会议召集主持、财务审批、集体资产监管等重大事项，发挥统揽全局的作用。基层社区自治组织与经济组织分工明确。社区居委会则专注于自治等事务，发挥枢纽型组织的功能，其基本职责是组织社区公共服务、进行社会管理、协助行政、帮助村（居）民自治，不再直接参与集体经济组织的经营活动。集体经济组织的职责是民主制定集体资产经营方案，按照集体资产管理交易平台运作的有关规定，落实经营方案民主管理程序，组织监督本级集体资产经营收益等经济管理事项，其领导成员由具有选举资格的股东选举产生。社区社会组织则通过专业化、人性化、个性化的服务参与社区治理。特别值得一提的是，为了提高社区治理的水平，南海各村还普遍建立了社区协调共建机构社区事务理事会，由村干部、村民代表、企业代表、外来人员代表构成，负责对社区内的重大事务进行协商，并监督村委会的工作。

（三）构建"城乡一体、统筹兼顾、功能复合"的农村社区服务体系

社区服务是社区建设的中心内容，也是社区建设各方面中与老百姓日常生活质量联系最紧密的部分。南海和中山在农村社区建设过程中，都非常注

① 关于南海区"政经分离"改革的具体介绍和分析参见郑杭生主编：《多元利益统筹兼顾与社会管理创新——来自南海的"中国经验"》，85～107 页，武汉，华中科技大学出版社，2012；邓伟根、向德平：《捍卫基层——南海"政经分离"体制下的村居自治》，武汉，华中科技大学出版社，2012。

重社区服务体系的完善。两地社区服务体系共同的特色是强调“城乡一体、统筹兼顾、功能复合”：所谓“城乡一体”，是指将城市公共服务体系延伸到农村，让农民享受到与市民同等水平的公共服务；所谓“统筹兼顾”，是指在社区服务体系构建中，兼顾不同利益诉求群体，特别是本地人和外地人；所谓“功能复合”，是指社区服务各个部分在功能上要高度整合、衔接，让社区居民能够便利地享受到各项服务。这里仅以中山市为例。

中山市从社会主义新农村建设和基层治理着手，逐步探索出以“2＋8＋*N*”为重点的农村社区建设之路。所谓“2”，是指各社区组建一个农村社区建设协调委员会，搭建一个社区服务中心。所谓“8”，是指各社区服务中心内设“四站”和“四室”，即社区公益事业服务站、社区环境卫生监督站、社区志愿者服务站、社区农技服务站和社区文体活动室、社区计生卫生室、社区治安警务室、社区法律服务室，分别承担党团服务、公益事业服务、劳动社保、城管环卫、文体活动、计生卫生、治安警务、综治信访维稳等八项主要职能。所谓“*N*”，是指根据农村社区和村民生产生活需要增加若干服务项目，设立各类服务机构，以及通过政府购买服务而存在的社会组织，以满足村民的多元需求。

在“2＋8＋*N*”社区建设模式之下，中山市153个农村社区基本实现了“领导协调机制、社区建设规划、社区综合服务设施、社区服务、社区管理”五项全覆盖，农村社区达到了“党建好、自治好、服务好、治安好、环境好、风尚好”的目标。“2＋8＋*N*”的逐步实施，一方面将城市公共服务体系延伸至农村，并进一步规范了村级公共服务流程、提升了服务水平；另一方面将服务对象从户籍村民扩大到辖区所有人口，社区服务范围和水平进一步拓展。截止到2013年10月，全市153个行政村都设立了社区服务中心，大大提高了社区公共服务的效率。

为了更好地保障外来人口的权益，中山市实施了“社区事务协调委员会”制度和村委会特别委员制度。具体做法是：(1) 通过社区事务协调委员会，将外来务工人员吸纳到本社区的管理中来，实现“共建、共管、共享”，而且在村委会换届选举过程中，积极支持经村（居）民代表会议同意符合条件的非本市户籍人口登记为参选居民，通过选举，成为正式的村委会委员。如在2011年的换届选举中，共有69名非中山户籍人员当选为当地村委会委员。(2) 在外来人口集中的地区，试点聘任2～3位优秀异地务工人员为村委会特别委员。这些特别委员的职责是反映包括异地务工人员在内的辖区居民的社区需求，根据工作需要，列席村内重大会议，对村工作提出意见和建议，收集苗头性、倾向性信息，调解民间纠纷。截止到 2013 年 10 月，全市共有 12 个村（居）聘请了 32 名特别委员，为异地务工人员表达诉求、参与社区管理开辟了重要渠道。

（四）构建“导向明确、特色鲜明、形式多样”的农村社区文化体系

正如我们前面所分析的那样，当前发达地区农村社区建设必然要面临的一个难题就是要在陌生化、异质化、理性化程度大大提高的社区构建认同感高、归属感强的社会生活共同体。这就需要在社区文化建设上下功夫，构建“导向明确、特色鲜明、形式多样”的农村社区文化体系。

所谓“导向明确”，就是指在价值观念多元分化的情况下，应该明确倡导社会的主流文化、核心价值，用这些主流文化和核心价值来凝聚和引导社区居民的共识。南海区明确提出要加强“关爱、孝德、树本、至善”文化核心价值观在社区的培育和推广。鼓励和引导社区开展爱己及人、助人为乐、父慈子孝、家庭和睦、仁爱奉献、互助共享、为善去恶、努力进取等健康精神学习和推广的文化活动，塑造邻里互助、诚信友爱、尊老爱幼的社区新型人际关系，切实提升社区居民素质和道德水平以及社区文化品位，引导居民对健康精神文化生活的追求，营造“关爱、孝德、树本、至善”的良好社区氛围。① 中山市充分挖掘本市“博爱”文化传统，开展了持续二十多年的声势浩大的“慈善万人行”活动，对于弘扬“博爱”、“互助”等主流价值观起到了很好的引领作用。近年来，中山又在全市 279 个村（居）建设“修身学堂”，通过名家讲授、身边人讲身边事、个案交流，在社区深入推广职业道德、社会公德和家庭美德。

所谓“特色鲜明”，就是指各地在社区文化建设中，要善于结合本地实情，挖掘传统资源，形成自身特色，用本社区特有的文化因素来感染社区居民、促进社区认同。中山市鼓励各社区传承和发扬各自独具特色的民俗文化，作为吸引新老中山人参与城市建设的要素。近年来，各村定期举办粤剧、龙狮鹤舞、飘色、咸水歌等活动，一些村社区还开设了曲艺社、歌唱

① 参见杨宝安：《文化引领：大战略进入小社区》，载《珠江时报》，2011-08-01。

队、飘色队、龙舟队、舞狮舞龙队等，定期活动和比赛。此外，外来务工人员较多的东升、三乡等镇，还经常在节假日开展外来工游园、外来工文艺演出专场等文化活动。这些特色鲜明的社区文化活动，都为增进社区融合、提升社区凝聚力发挥了很好的作用。

所谓“形式多样”，是指在社区文化建设中，要注重形式的多样性、内容的丰富性。从 2011 年开始，南海区每两年举行一次社区文化节，目前已成功举办两届。首届社区文化节包括“社区大舞台”、粤韵悠扬曲艺“私伙局”大赛、社区大讲堂、社区熟男淑女选举秀和社会与社区艺术展等五大项共 200 多小项的活动。第二届社区文化节有“声由心生，风采飞扬”主持人大赛、“欢乐一家亲，幸福新生活”家庭才艺大比拼、“舞味俱全”社区广场舞大赛、“和谐你我他”合唱大赛、“我的社区我的家”主题征文比赛、“美好生活幸福湾”美术书法摄影比赛、“幸福社区食全食美”家庭厨艺大赛、闭幕式等 8 项活动。每届社区文化节都持续近两个月，活动面遍布全区 286 个社区，参与活动的人数超过 20 万人次。

四、当前我国农村社区建设面临的主要问题

用历史的眼光来看，我国农村社区建设是在城乡社会结构和农村社会结构发生前所未有历史性巨变的时刻，国家对农村基层社会组织、管理和服务体制重新进行调整的重大历史性事件。当前，这一实践还处于起步和探索阶段，要真正达到目标，还有很长的路要走，还要进一步在理论和实践上破解诸多难题。

第一，如何在顶层设计和基层实践之间实现良性互动。我国农村社区建设还处于试验阶段，国家只是出台了一些非常笼统的原则性指导意见，各地都在进行自主探索。这是非常有必要的，因为我国农村地域广阔，各地情况千差万别，如果规定过细的话，势必会影响到各个地方自主探索的空间。但同时，顶层设计的缺乏也会使各地在实践中缺乏方向感。因此，在实践中，国家要及时回应地方实践过程中提出来的一些棘手问题，解答基层实践的困惑。而且，国家还需要不断提炼各地实践探索的经验，形成一些理论性和共识性的认识，使整个农村社区建设事业的自觉性层次越来越高。此外，特别

需要强调的是，除了要有国家的顶层设计之外，各地方政府也应该有比较系统、周密的中层设计，在撤组、并村、集中建社区、整村搬迁、公共设施建设等涉及老百姓公共利益和重大关切的事情上要反复论证、整体规划，特别要避免“一个领导一个方案”的情况。

第二，如何处理好农村社区建设中国家与社会的关系。国家与社会的关系问题是城市社区建设面临的突出问题，更是农村社区建设中面临的重大问题。无论在理论界还是在实践领域，都有两种截然不同的思路：一种是认为农村社区建设应该强调乡村社区自治，应充分调动社区居民参与的积极性，充分发挥各种民间组织的自治功能，避免国家行政力量过多干预；一种是认为农村社区建设涉及农村体制机制的诸多方面，需要国家行政力量来主导。实际上，国家和社会在农村社区建设中都非常重要、缺一不可。一方面，农村社区建设需要大量的资源投入，需要国家公共服务职能向下延伸，一些体制性的问题也需要国家出面协调甚至主导。在现阶段，离开国家行政力量，农村社区建设无从谈起。但另一方面，社区的本质是自治，一个没有自治能力的社区不是真正意义上的社区，也不可能形成具有认同感和归属感的共同体。目前，我国农村社区面临的问题是如何形成良性互动的“国家—社会”关系。

第三，如何重建社区的公共性。正如有学者分析指出的那样，“公共性是社区—社会存在、发展的基础”①。公共性包括“认同感”、“安全感”和“凝聚力”三个主要维度。但当前农村社区的现状使得公共性重建变得非常困难：首先，在多数农村地区，青壮年劳动力常年在外务工，农村剩下一些老弱病残和妇女儿童，“空心化”现象非常普遍，一些基本的公共服务都无法开展。有学者在分析城市社区建设的困境时，非常有洞察力地提出了“社会主要群体不在场”② 这一概念，其实在农村社区这种现象更为突出。其次，在一些经济发达的地区，农村社区利益主体非常复杂、价值观念非常多元，外来人口占很大比例，熟人社会基本解体。在这种局面下，要重建社区的公共性需要有新的思路。

第四，如何解决农村社区建设中的一些具体问题。这主要包括：（1）农

① 黄平、王晓毅主编：《公共性的重建：社区建设的实践与思考》（上），3页，北京，社会科学文献出版社，2011。

② 刘少杰：《新形势下中国城市社区建设的边缘化问题》，载《甘肃社会科学》，2009（1）。

村社区的范围如何确定。我们前面分析过，现有的每一种模式都有自身优势，也有自身劣势，各地如何结合自己的实际选择合适的范围设立社区，是农村社区建设首先要解决的问题。（2）资金如何保障。在多数农村地区，集体经济力量很弱甚至完全没有，民间社会力量也基本缺位，农村社区建设的经费主要来源于国家的财政拨款，远远不能满足需求。（3）在农村社区建设的过程中，集体经济权益如何妥善分配是一个非常关键的问题，处理不好会带来非常严重的社会后果。（4）如何在“城市人—乡村人”、“本地人—外来人口”这双重二元格局下，构建均等化、全覆盖和高水平社区服务体系，以及认同感高、归属感强的基层社会生活共同体。

［劳动就业］

第八章　结构优化：经济换挡期的就业增长新动力

陈　云*

2013年，关于我国就业问题最重要的一个关键词，也许是“下限”。2013年上半年，一些经济指标下行，引起社会各界关注，甚至出现对政府出台刺激政策的预期。7月9日，国务院总理李克强在广西主持召开部分省区经济形势座谈会，在会上，他提出宏观调控要立足当前、着眼长远，使经济运行处于合理区间，经济增长率、就业水平等不滑出“下限”，物价涨幅等不超出“上限”。① 一直到2014年“两会”期间，在回答记者提问时，李克强再一次明确下限就是“GDP增速必须保证比较充分的就业，使居民收入合理增长”②。事实上，保证比较充分的就业，其背后的潜台词就是保障基本民生、保持社会稳定、保持经济活力。“下限论”凸显了就业在经济社会发展中的基础性作用及现届政府对就业问题的高度重视，同时也为就业理

---

* 陈云，人力资源与社会保障部劳动科学研究所研究员。

① 参见《李克强在广西主持召开部分省区经济形势座谈会》，见新华网，http://news.xinhuanet.com/politics/2013-07/16/c_125017550.htm。

② http://www.gov.cn/guowuyuan/2014-03/13/content_2638499.htm。

论的研究者和实践工作者提出了新的课题和挑战：如何在理论上深入认识、在实践上准确把握这一政策调整的“底线”？如何走好经济发展与就业增长的“平衡木”？如何判断当前就业形势？如何在经济增速换挡中保持就业增长？这些问题都需要进行系统深入的研究和不断的实践探索。

一、2013 年就业形势与 2014 年走势分析

（一）2013 年就业形势分析

2013 年，我国国民生产总值增长率为 7.7%，首次“破 8”，标志着中国经济增长进入换挡减速期。在经济减速条件下，城镇新增就业持续增加，失业率保持在较低水平，企业用工没有大的波动，市场供求基本平衡，就业形势继续保持总体平稳，但一些结构性问题更加突出，也出现了一些值得关注的新变化。

1. 城镇新增就业人数持续增加，但增幅持续缩小

2013 年城镇新增就业 1 310 万人，比上年（1 266 万人）增加 44 万人，创近 5 年新高。全年走势与往年类似，没有非正常波动（见图 8—1）。从增幅看，2013 年增幅为 3.48%，比 2012 年回落 0.21 个百分点，这是自 2010 年以来连续 4 年增幅递减。

2. 重点群体就业基本稳定

2013 年高校毕业生就业人数多，压力大，但通过落实国务院有关促进高校毕业生就业的各项政策，基本实现了就业水平不降低、有提高的目标任务，截至 12 月底，2013 届毕业生总体就业率为 94.8%，同比持平，就业人数为 663 万，同比增加 18 万人。就业形势实现基本稳定。城镇失业人员再就业 566 万人，比 2012 年的 552 万人增长 2.54%；就业困难人员实现就业人数（180 万人）比 2012 年（182 万人）小幅下降 1.1%。

农村劳动力转移就业平稳有序，外出人数微幅增长，但增速下滑，就地转移略有增加。根据对 500 个行政村的监测数据，农村劳动力转移规模微幅增长，外出务工增速减缓，就地转移有所增加，没有出现大规模返乡潮，就

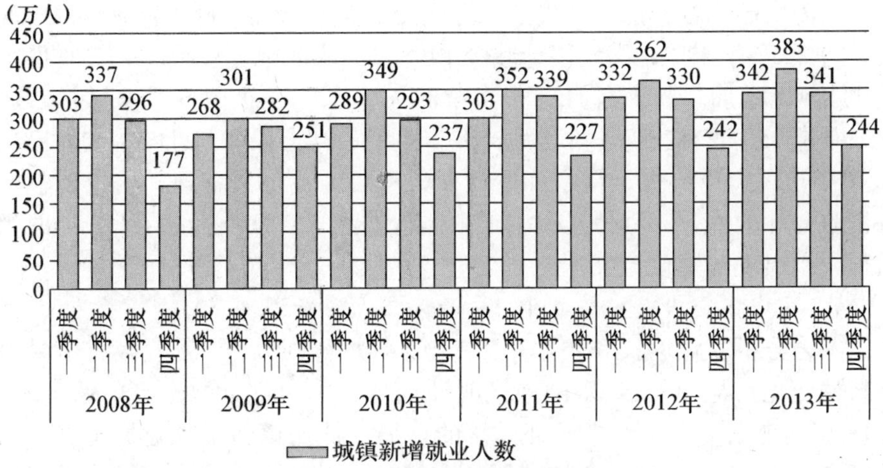

图 8—1　城镇新增就业人数情况

业基本稳定。截至四季度末，非农就业人数占劳动力人数比例为 57.24%，同比增加 0.2 个百分点。其中，在外务工人数同比增长 0.49%，占劳动力比例同比持平；本地非农就业人数同比增长 2.27%，占劳动力比例同比上升 0.2 个百分点。

3. 城镇登记失业率稳定在较低水平，但存在一定失业压力

2013 年末，城镇登记失业率为 4.05%，同比下降 0.04 个百分点，仍稳定在较低水平。但年末城镇登记失业人数为 926 万人，同比增加 9 万人（见图 8—2）。同时，新增领取失业金人数和企业岗位流失增加，表明存在一定的失业压力。

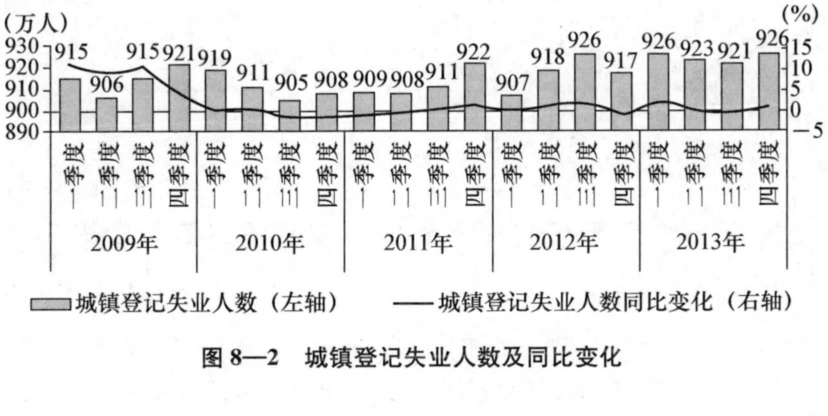

图 8—2　城镇登记失业人数及同比变化

人力资源和社会保障部失业动态监测数据显示部分行业企业岗位出现流失，与 2012 年末比，岗位累计减少 1.33%。从全年走势看，3—7 月份出现 5 个月环比增加，其余各月处于岗位流失状态。近年监测数据显示，建筑业，制造业，农林牧渔业，房地产业，卫生、社会保障和社会福利业已连续 3～4 年出现岗位流失；住宿和餐饮业，租赁和商务服务业，信息传输、计算机服务和软件业等其他几个用工主体行业在 2013 年停止持续 3 年的用工增长，也出现了岗位流失。

4. 区域格局出现东部上升、中西部回落的新变化

综合分析就业增长和企业用工等监测数据，2013 年就业区域格局出现了新的变化，与 2012 年东部地区明显走低、中西部大幅走高的情况不同，2013 年呈现东部上升、中西部回落的格局。从城镇新增就业情况看，东部地区自 2012 年底以来就业持续增长，2013 年末同比增长 3.9%，增速提升 2.9 个百分点；占全部新增就业人数的比重为 44.6%，同比上升 0.2 个百分点。中部地区同比增长 1.8%，增速下降 1.2 个百分点；比重为 31.2%，同比下降 0.5 个百分点。西部地区人数同比增长 5.1%，增速回落 4.9 个百分点；比重为 24.2%，同比上升 0.3 个百分点。

从监测企业岗位增减情况看，东部地区全年有 7 个月份环比岗位增加，用工增加的月数比上年多了 5 个月，说明其用工状况明显改善。西部有 5 个月增加，比上年减少 1 个月，用工基本稳定。中部则只有 8 月份一个月微幅增加，其他各月都环比减少，企业用工稳岗情况堪忧（见图 8—3）。分省（区、市）看，全年累计岗位增加的天津等 9 个省（区、市）主要在东部和西部地区。

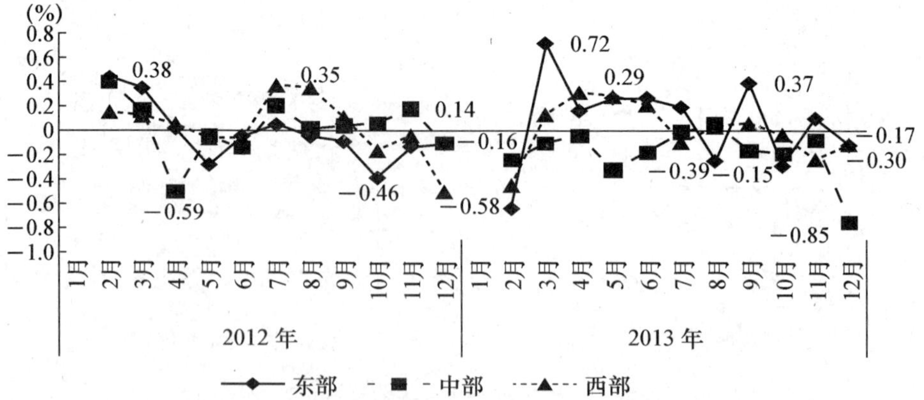

图 8—3 分区域监测企业岗位增减月度环比变化趋势

5. 人力资源市场岗位需求和求职人数持续下降，市场供求基本平衡

根据人力资源市场信息监测中心对全国部分城市公共就业服务机构市场供求信息进行的分析，人力资源市场供求关系基本平衡，市场供求均同比明显下降。比较相同城市数据，一季度至四季度，市场需求与求职人数均同比下降，这是自2008年以来，首次出现从第一季度开始需求人数和求职人数持续下降，其中第四季度需求人数同比下降3.3%，求职人数同比下降6.3%（见图8—4）。

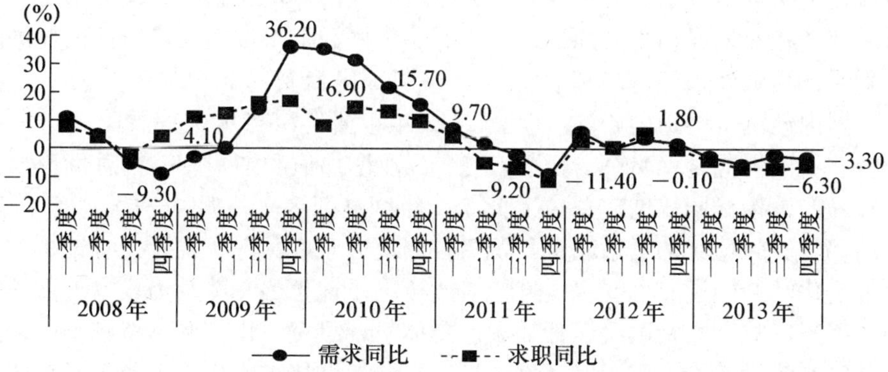

图8—4 人力资源市场岗位需求与求职人数同比变化情况

综合各方面情况看，2013年在国外经济艰难复苏和国内经济平缓增长条件下，就业形势保持了总体平稳，可谓稳中有进，也稳中有忧。“稳中有进”表现在城镇新增就业持续增长，创近5年新高；城镇失业人员、农村转移就业人员和应届高校毕业生等重点群体就业稳定；失业率保持在较低水平等。“稳中有忧”，“忧”的是一些结构性矛盾更加突出：市场岗位需求持续下降，中西部地区新增就业放缓，一些主体用工行业和部分省份用工持续减少；城镇登记失业人数同比增加，新增领取失业保险金人数较大比例提高，城镇困难人员就业和高校毕业生就业比例下降，表明促进就业增长的动力依然不足，部分群体就业依然困难。

（二）2014年就业形势预测分析

2014年，国内外宏观经济形势预期见好，总体就业形势可望稳定发展，

但一些就业结构性问题或将更加突出，受宏观经济形势影响，企业用工需求仍将谨慎，部分行业稳岗压力加大，行业性、局部性失业风险增加等问题需要予以关注。

1. 企业用工需求仍将谨慎

世界银行等研究机构认为目前发达经济体已开始走出金融危机的谷底，普遍预期 2014 年世界经济总体趋好，但由于金融危机影响的长期性和复杂性，世界经济将延续缓慢复苏态势，也存在不稳定不确定因素。受发达经济体量化宽松货币政策回归正常化、部分新兴经济体增长趋缓、世界贸易投资格局变动和贸易保护主义加剧、大宗商品价格和汇率波动不确定性增加等因素影响，我国外部经济环境仍然不容乐观，出口贸易状况显著改善尚为困难。国内经济有望稳中趋好，但从 2013 年主要经济指标走势看，固定资产投资、货币供应量（M2）、新增信贷、工业增加值和消费品零售总额等投入指标和产销指标同比增速总体上低于上年（见图 8—5、图 8—6）。2014 年，我国仍将实施稳健的货币政策，积极控制地方政府债务，优化投资结构；加快推进化解产能过剩；受水电气价格改革、土地价格和劳动力成本上涨的结构性因素影响，通货膨胀压力加大。总体看，投资、出口和消费都难以形成对我国经济大幅增长的激励条件，经济运行存在诸多不确定因素，下行压力依然存在。受此影响，企业将逐步调整增长预期，在扩大经营和用工规模上仍将谨慎，企业特别是小微企业生产经营困难依然突出，用工需求可能进一步收缩。

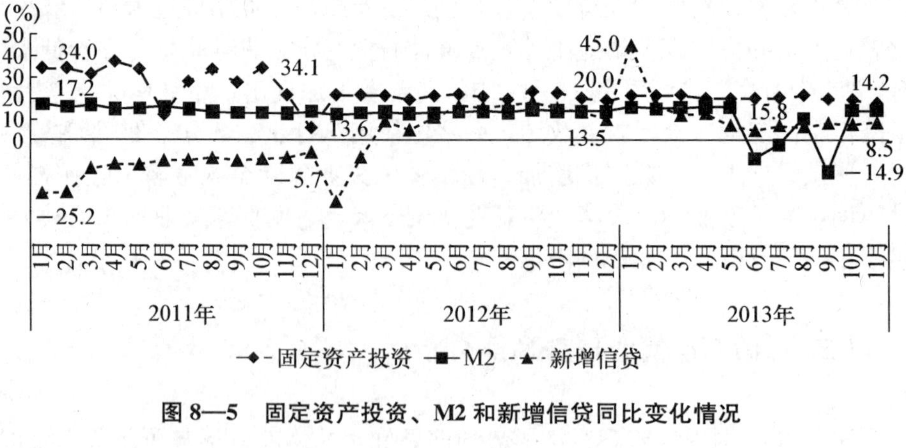

图 8—5 固定资产投资、M2 和新增信贷同比变化情况

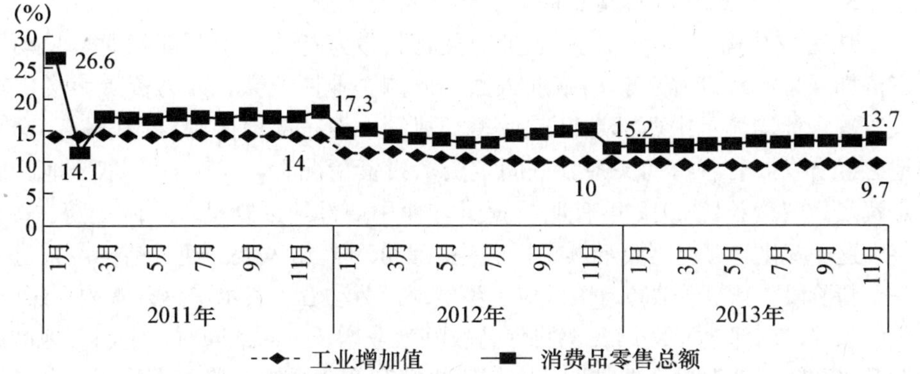

图 8—6　工业增加值和消费品零售总额同比变化情况

2. 部分行业稳岗压力加大

2014 年我国将加快推进化解过剩产能进程，提前一年完成"十二五"钢铁、电解铝、水泥、平板玻璃等重点行业淘汰落后产能目标，这将涉及上百万在岗职工的转岗安置问题，对所涉山东、河北、辽宁、江苏、山西、江西、广东等重点省份的就业增长和失业防控提出了挑战。据国家统计局数据显示，2013 年 12 月制造业 PMI 为 51.0，连续 15 个月居于 50 的枯荣线以上，但 12 月份从业人员指数为 48.7，已经连续 19 个月位于临界值以下，与制造业总体指数的上升不同步，制造业吸纳就业空间仍然有限（见图 8—7）。人力资源市场一线观察项目调查也显示，2014 年一季度计划招工企业中，"住宿和餐饮业"同比下降 9.6 个百分点；"居民服务和其他服务业"同比下降 3.3 个百分点；"房地产业"同比下降 8.5 个百分点。这表明部分行业企业在稳岗增员上存在一定压力，失业风险有所增加。

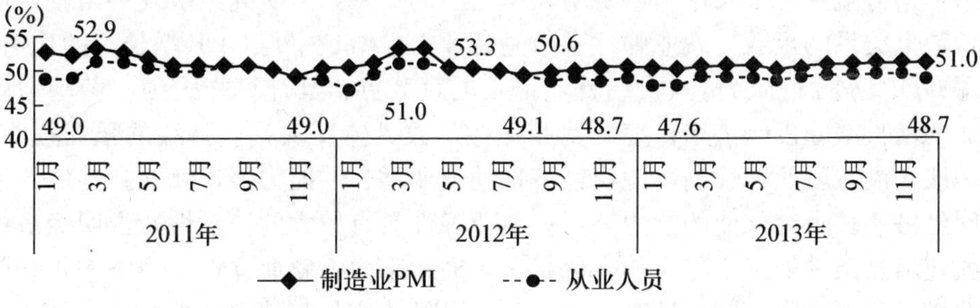

图 8—7　我国制造业 PMI 及其从业人员指数变化

3. 中西部地区就业增长的内生动力有待加强

从区域结构看，东部地区就业有望保持较好势头，中西部就业增长动力有待加强。2013年城镇新增就业人数、监测企业岗位数、人力资源市场供求人数等指标均显示中西部地区就业增长放缓，而东部地区则有所增强。这与地区经济发展有着密切关系。从固定资产投资情况看，2013年，东部地区固定资产投资增长比2012年有明显提升，而中西部地区则呈现下降趋势。2014年，这一变化趋势仍需要继续予以关注。受东部经济发展提速、结构调整进入一个新阶段、新一轮改革政策效应逐步显现、劳动者工资水平提升等因素影响，可以预计，东部地区2014年仍将保持较好就业增长。与此同时，中西部地区产业升级和转型进入艰难推进期，大规模投资和产业承接转移逐步放缓，自身经济发展的内生潜力尚未完全形成，其就业增长的动力有待进一步加强。

二、当前影响就业增长的主要因素

当前世界经济仍然陷于艰难的复苏期，一些国家失业率持续高企，就业紧张局势未能根本舒缓；中国经济面临外需紧张、增速放缓、转型升级和结构调整逐步深入、化解过剩产能强力推进的复杂时期。我国就业形势能否维持稳定，就业增长的新动力何在?

我们将主要通过对我国就业弹性的特征研究，分析当前影响我国就业增长的主要因素。就业弹性反映的是特定经济时期和经济条件下，经济增长对就业增长的拉动效应。就业弹性通常用就业弹性系数表示。就业弹性系数是指劳动力就业的增长率与经济增长率之间的比率，是研究经济发展与就业增长数量关系的函数。就业弹性系数是就业人数增长率与GDP增长率的比值，即GDP增长1个百分点带动就业增长的百分点，其计算方式为：劳动力就业的增长率除以经济增长率。就业弹性系数具体反映就业弹性的强弱程度。一般来说，就业弹性高，说明经济拉动就业增长的能力强；就业弹性低，说明经济增长吸纳就业的能力减弱；就业弹性具有较大的波动性，说明经济和就业增长条件处于不稳定的变化状态。通常来说，就业弹性、经济增长和就业增长三者之间存在三种基本关系：一是经济增长与就业增长一致，就业弹性保持稳定；二是经济增长大于就业增长，就业弹性下降；三是经济增长小于就业增长，就业弹性上升。从就业弹性计算公式可以看出，就业弹性是与经济增长和就业增长两个因素相关的，就业弹性是两个增长率之间的比值，反映的是两个具有动态性的变量关系，所以就业弹性高并不说明就业更加充分；反之，就业弹性低也不意味着失业更加严重。所以就业弹性的同一种变动，可能反映的是两个变量之间的不同变化状况，以就业弹性的具体数值来判断经济增长与就业增长的关系时，需要具体判断这一数值变化的情形。

就业弹性反映经济与就业增长关系，是在劳动力市场具备信息对称、市场能够“出清”、供需匹配充分等完全市场条件假设下产生作用。一旦劳动力市场条件存在其他因素和变量，就业弹性反映的经济与就业增长关系就需要进行修正。在我国从计划经济向市场经济转型过程中，我国的劳动力市场还存在一些特殊的情况，比如非充分就业、隐蔽性失业（冗员）、政策性下岗、非正规就业规模较大、未纳入调查统计的非正规劳动力市场活跃等等，这些因素都对劳动投入和劳动力的统计估算产生影响，形成系统性偏差，影响有关数据的完整性和准确性。

就业弹性反映的是产值与就业增长值的数量关系，但产值并不是影响就业增长的唯一因素。从就业弹性来看经济增长与就业增长的关系，还需要考虑到其他一些因素。在现实的经济运行中，由于受到经济结构、经济增长方式、技术进步、劳动者就业观念和就业方式、劳动力供给情况等诸多因素的影响，经济增长与就业之间表现出不同的互动模式，就业弹性的强度和方向也会有所不同。综合分析我国就业弹性的变化特征，及其所反映出的经济发展与就业增长的关系，将有利于发现影响就业的主要内在因素。

（一）经济增速拉动就业的“缓存空间”增大

我国 1986 年以来的经济增长，大致经历了两个较快增长期和两个较低增长期，且波幅较大，最高值到 15%，最低值到 4%，当前我国经济增长进入新的降速期。但从总体趋势看，GDP 增速还是平缓上升的，我国经济保持了总体快速增长。

从总体就业情况看，其增长率则呈现逐步走低的趋势。据国家统计局历年《中国统计年鉴》的数据显示，1978 年以来，我国就业总量净增长总体呈逐步下降的趋势。1978—1988 年期间，年均增长 1 469 万人，基本上每年增长 1 000 万人以上，平均增长率为 3.27%；1989—2001 年期间，年均增长

772万人，每年增长在500万人以上，年均增长率为1.19%；2002—2011年年均增长362万人，年均增长率为0.49%（见图8—8），除2004年以外，增长人数均低于500万，其中2008年受金融危机影响，仅增加243万人，为历史最低增长，之后逐年缓慢回升，2011年增长315万人。

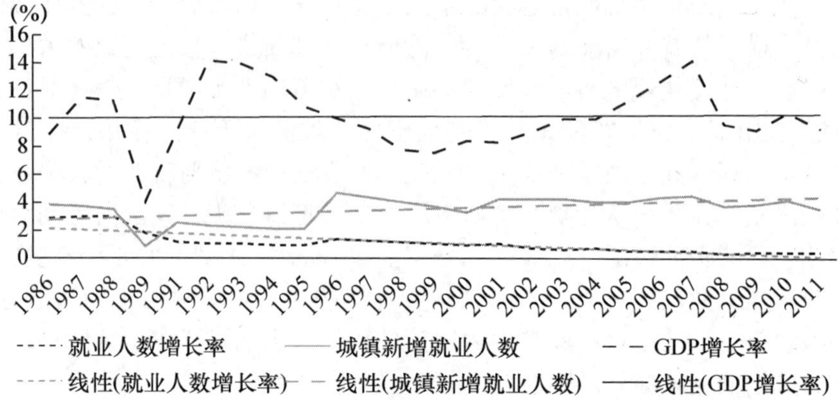

图8—8　就业人数增长率、城镇新增就业人数和GDP增长率变化

注：1990年人口、就业统计数据因人口普查数进行统计调整，数据异常，这里作平滑处理。

根据就业总量净增长率与GDP总量增长率之比计算就业弹性系数，结果表明，经济增长速度变化与就业弹性变化两者基本保持了负向相关的变化逻辑，就业弹性系数呈现波动中总体下降的趋势。从不同时期变化看，大致可以分为三个阶段，基本呈“前高后低”走势：1978—1990年，具有明显的波动性，平均值为0.339，各年均保持在0.2以上，就业弹性相对较高；1991—2001年，均值为0.163，各年均在0.2之下；2002—2011年，就业弹性系数均值为0.047，各年均低于0.1，总体就业弹性相对较低（见图8—9）。为消除人口增长因素、GDP总量规模扩张以及劳动生产率提升等因素对经济增长拉动就业效应的影响，我们以人均GDP增长率来计算经济增长与就业增长的关系，可以看到，就业弹性系数比按总量增长计算要略高，但以人均GDP计算的经济增长的就业弹性仍保持波动下降的趋势，特别是2005年以来，持续低于0.05，即GDP增长1个百分点，就业增加不到0.05个百分点，即30万～40万人。但是两者之间的差距在不断缩小，说明单位生产率的就业拉动力在某种程度上有所下降。

上述分析表明，经济增长率的长期上升趋势与就业总量增长率的逐步走低，决定了我国总体就业弹性逐步走低的基本态势。改革以来我国就业弹性

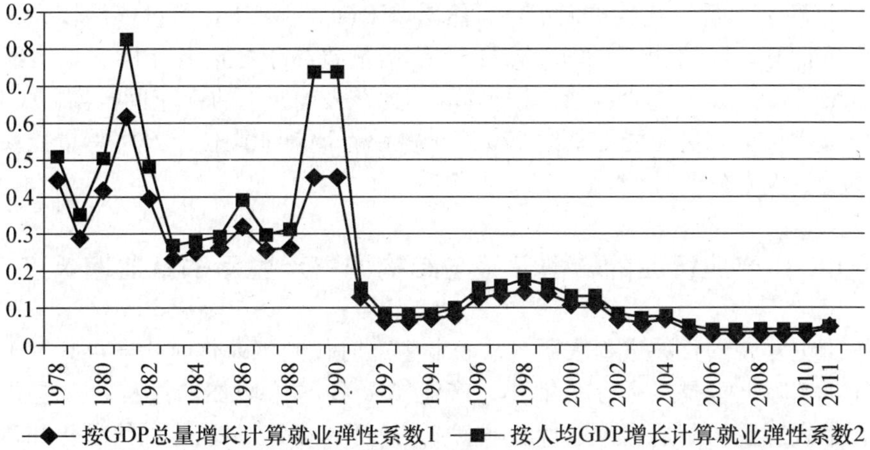

图 8—9　1978—2011 年按 GDP 总量和人均 GDP 增长计算的就业弹性

资料来源：各年《中国统计年鉴》。

与经济增长速度变化基本保持了负向相关的变化逻辑，即：经济增长加快，就业弹性变小；经济增速减缓，就业弹性相应扩大，并没有出现经济增长与就业弹性同时下降的现象。从就业弹性与就业增长率的变化趋势来看，就业弹性与就业增长率则没有明显的线性相关性。就业增长率呈现持续缓步向下的趋势，是一个相对稳定的变量，在经济增速波动的情况下，就业也保持了连续的稳定增长，就业增长波动的幅度要小于经济增速波动的幅度。就业弹性、经济增长与就业增长之间的这种关系显示，在当前我国经济发展条件下，经济增长速度的变动对就业的增长影响存在一定的“缓存空间”，即一定程度上的经济波动对总体就业形势的影响并不显著。其中原因，一是我国的经济增长速度在一定程度上并不反映我国经济发展的潜在水平，目前我国经济增长速度下降，在一定程度上是从一种过热状态向合理状态的转变。经济增长速度从名义增长率向潜在增长率移动。根据社科院蔡昉等人的估计，“十二五”期间，我国社会充分就业条件下的经济潜在增长率将为 7.2%左右。近两年 GDP 增速下行，但仍保持在 7.5%以上，没有大幅波动，这种增速下降实际上对经济发展中的有效劳动力需求影响有限。二是总量替代效应。也就是说经济总量规模的扩大对经济增速的下降具有一种替代效应。分析表明，我国经济总量与就业总量之间存在显著的正相关关系。我国经济增长速度下降的同时，经济总量在持续扩大，2012 年达到近 52 万亿元，比

2007 年翻了一番，基数扩大了，虽然增速下降，但 GDP 增量依然较大，按不变价计算，2011 年和 2012 年的 GDP 增量要高于之前各年的水平。经济总量增长，扩大了就业容量。据测算，2007—2011 年的 5 年间，实际 GDP 平均每增长 1 万亿元能带来约 270 万个城镇新增就业岗位，经济总量拉动就业规模效应十分明显。

（二）产业行业的转型升级与结构调整产生新的就业增长点

历史发展的长波进程表明，从农业生产时代到工业化时代，再到后工业时代，实际上也是一个分工细化、产业扩展和岗位增加的过程。工业化进程，是大工业的制造岗位取代农业就业的过程，而从工业化到信息化和智能化时代，制造业岗位比重会逐步萎缩，以创意和技术创新为代表的高端服务业和以生产组织流程环节服务为代表的服务业岗位比重扩大。目前世界发达国家也正在引领新一轮产业升级，即从工业化向智能化转型，我国也在大力推进增长方式转换和结构调整。当前，我国仍然处于工业化、城镇化未完成阶段，具有从传统农业到后工业时代的各类生产方式，未来，我国将进入深度工业化和信息化阶段，产业链条完整，产业升级和结构调整空间很大，有利于形成新的就业增长点。传统产业就业占比将下降，新兴产业就业将增加；服务业就业将稳步提升，就业结构将进一步优化，所以从经济发展的阶段来看，经济结构调整并不会从总体减少就业数量。通过产业和行业就业弹性的变化，可以看到，内嵌着社会分工机制的工业化和城镇化进程对就业增长的内在影响，在我国过去 30 多年的经验中也得到印证。

计算三次产业增加值的就业弹性，2002 年以来，农业的就业弹性持续为负，基本在－0.5%以下，即农业产值增加 1 个百分点，农业就业减少近 1 个百分点，农业就业持续减少。除少数年份如 1989—1991 年、1998—2002 年外，第二产业的就业弹性为正，即产值增加带动就业增长，而第三产业的就业弹性始终为正。可以看到第一产业就业人数逐步减少，二、三产业逐步增长的基本趋势（见图 8—10）。

从三大产业的互动关系来看，2000 年以前，一产和二产的就业弹性呈现明显的反向互补关系，表明我国就业结构的变动主要还是农业和非农业之间的结构变动，随着经济形势变化就业在一、二产业之间调整，保证了总体就业平稳，没有出现大的波动。值得注意的是，2002 年后，第一产业就业弹性持续为负，即使在 2008—2009 年金融危机时期也没有转正，可能表明非农部门的就业吸纳能力长足扩大，农业部门富余劳动力转移已阶段性完成，农业部门不再承担就业蓄水池的功能。

三产和二产的就业弹性变化总体上具有一致性，多数年份三产的就业弹性高于二产，三产的就业弹性变化也较二产平稳，说明三产对就业的拉动作用较大且较稳定，并且也有一定的蓄水池的功能，三产与二产息息相关。

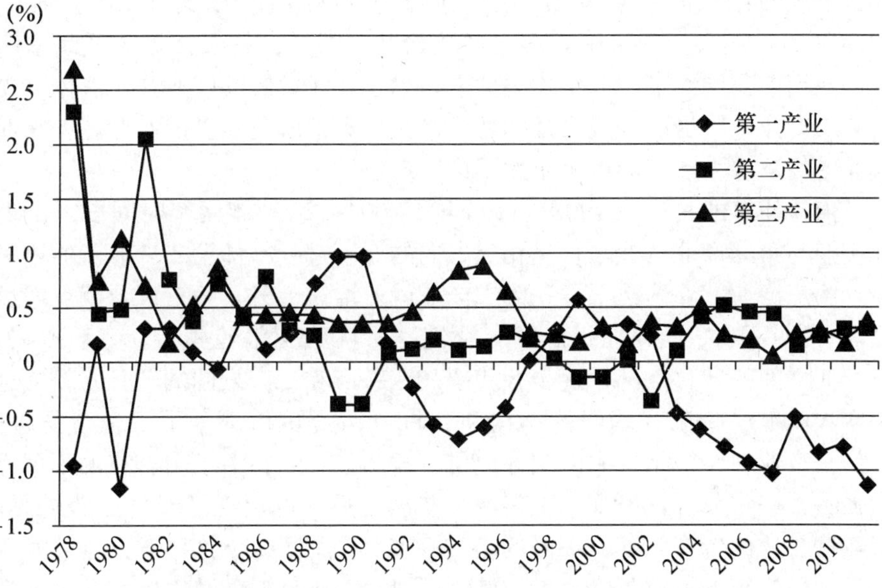

图 8—10　1978—2011 年三次产业就业弹性变化

资料来源：各年《中国统计年鉴》。

进一步比较第二产业和第三产业发展拉动就业效应，我们计算了第二产业和第三产业就业增长率与各自产值增长率构成的就业弹性系数，发现其变化也形成与就业增长基本相似的波动特征。第二产业就业弹性在 1978—1985 年间上下波动，1986—1990 年间第二产业就业弹性呈持续下降，1989 和 1990 年出现负值，1991—1998 年间有所回升，在 0.1 和 0.3 之间运行，1999 年再次下降，并出现负值，持续到 2002 年达−0.35，2003 年后出现回升并在 2005—2007 年保持在 0.45 以上，2008 年再次下降到 0.18，但很快又回复上升，2011 年达到 0.31。

第三产业的就业弹性在 1978—1985 年间也是上下波动，1985—1992 年在 0.35～0.45 的区间内基本平稳，1993—1996 年间出现一个升降过程，1995 年达到 0.89，1997 年回落到 0.26，至 2003 年，在 0.15～0.4 之间相对平稳，2004 年升至 0.52，而后转入下降，2007 年仅为 0.07，然后又逐步波动回升，至 2011 年为 0.38。

比较第二产业和第三产业就业弹性，可以看到，在 1990—2004 年期间，第三产业就业弹性系数均要高于第二产业，2005—2007 年由于第二产业的快速增长吸纳大量就业人员，第三产业就业弹性系数低于第二产业，但 2008 年后，第二产业下降，第三产业抬升，两者已趋于接近。因此总体来看，在当前我国经济产业结构条件下，第三产业发展的就业弹性总体上要大于第二产业，应当已经成为拉动就业最大、吸纳就业最多的产业，未来促进就业的经济着力点也应侧重于发展第三产业。

值得注意的是，在 1993—1996 年、2004—2007 年两个时间段内出现第二产业与第三产业就业增长呈相反方向的波动过程（即第二产业就业增速下降，第三产业就业增速上升；第二产业就业增速上升，第三产业就业增速下降），说明两者之间存在一定的互补性。而且从变化趋势看，劳动力在二、三产业之间的转移互补，逐步替代了其在一产和二产之间的转移互补，这在一定程度上反映出我国经济结构和农村劳动力转移进入了一个新的阶段，二、三产业在经济结构中的主导地位日益凸显，农村劳动力转移的不可逆性增强。进一步分析，发现在上述两个波动之后，都出现了经济形势的震荡，就业增长速度皆有下降，不同的是 1996 年之后第二产业和第三产业就业增长出现了连续的增速下降；而 2007 年之后，2008 年金融危机后，第二产业和第三产业的就业增长很快便恢复上升。第二产业和第三产业就业增长的变动特征与我国经济周期变动基本吻合。这两次波动，在某种程度上可能反映出经济波动前后就业人员在第二产业和第三产业之间存在互相转移。在经济增长较快或者过热时，第三产业向第二产业转移，而当就业人员再次从第二产业向第三产业转移时，则可能预示经济波动即将到来。从两次波动后就业增长的差异看，2008 年金融危机后的就业快速恢复和增长，可能得益于我国 4 万亿大规模投资政策和更加积极的就业政策的实施。

为进一步分析经济产业结构对就业增长的结构性影响，我们利用有限的行业数据对行业发展与就业增长的关系进行了分析。这有利于更为准确地了解就业增长与经济结构调整之间的关系，有利于更明确地分辨促进就业的经济增长点。但是由于受近年来各行业全部就业人数增长数据缺乏的限制，我们只能以各行业城镇单位就业人数增长与增加值增长为指标，分析各行业发展与就业增长情况。从2004—2011年各行业城镇单位就业人数的增长率看，建筑业和房地产业的平均增长率均在9%以上，制造业，信息传输、计算机服务和软件业，住宿和餐饮业，金融业，租赁和商务服务业，卫生、社会保障和社会福利业的平均增长率都在4%以上，是就业增长的主要经济行业部门。

再从各行业的城镇单位就业增长看，2005—2010年期间，建筑业，房地产业，信息传输、计算机服务和软件业，租赁和商务服务业的城镇单位就业人数平均增长率均在7%以上，制造业，住宿和餐饮业，金融业，卫生、社会保障和社会福利业的平均增长率都在2%以上，成为就业增长的主要经济行业部门。一些行业就业弹性有所上升，平均弹性系数较大的行业主要包括：信息传输、计算机服务和软件业（0.789），租赁和商务服务业（0.549），房地产业（0.431），建筑业（0.370），卫生、社会保障和社会福利业（0.317）。而教育（0.087），交通运输、仓储和邮政业（0.074），文化、体育和娱乐业（0.062），采矿业（0.048），电力、燃气及水的生产和供应业（0.026），批发和零售业（−0.160）等行业的弹性系数则较低（见表8—1）。虽然因为数据原因，城镇单位就业增长并不能全面和准确反映各行业的整体就业情况，但行业间比较说明以生产服务和部分生活服务为主的服务性行业在拉动就业方面具有优势，具有比其他行业较强的就业拉动力。

表8—1　　2005—2010年各行业城镇单位就业增长弹性系数

2005—2010年各行业城镇单位就业增长弹性系数（城镇单位职工人数增长率/各行业增加值增长率）							平均值
年份	2005	2006	2007	2008	2009	2010	
总计	0.188	0.173	0.105	0.077	0.365	0.214	0.187
农林牧渔业	−0.904	−0.341	−0.108	−0.215	−1.963	0.037	−0.582
采矿业	0.048	0.235	0.089	0.022	−0.166	0.06	0.048
制造业	0.324	0.237	0.149	−0.052	0.227	0.227	0.185
电力、燃气及水的生产和供应业	−0.013	0.048	0.014	−0.065	0.101	0.073	0.026
建筑业	0.614	0.395	0.216	0.092	0.501	0.402	0.370
交通运输、仓储和邮政业	−0.173	−0.012	0.099	0.056	0.509	−0.036	0.074
信息传输、计算机服务和软件业	0.411	0.528	0.337	0.359	2.319	0.782	0.789
批发和零售业	−0.838	−0.364	−0.049	0.059	0.118	0.117	−0.160

续前表

2005—2010 年各行业城镇单位就业增长弹性系数（城镇单位职工人数增长率/各行业增加值增长率）							平均值
年份	2005	2006	2007	2008	2009	2010	
住宿和餐饮业	0.161	0.103	0.066	0.208	0.605	0.263	0.234
金融业	0.054	0.065	0.134	0.349	0.386	0.259	0.208
房地产业	0.658	0.294	0.19	0.555	0.398	0.49	0.431
租赁和商务服务业	1.143	0.66	0.103	0.571	0.553	0.262	0.549
科学研究、技术服务和地质勘查业	0.153	0.194	0.079	0.35	0.332	0.373	0.247
水利、环境和公共设施管理业	0.229	0.331	0.196	0.142	0.25	0.351	0.250
居民服务和其他服务业	−0.022	0.37	0.115	−0.095	0.292	0.154	0.136
教育	0.072	0.154	0.045	0.055	0.059	0.136	0.087
卫生、社会保障和社会福利业	0.24	0.346	0.132	0.25	0.582	0.349	0.317
文化、体育和娱乐业	−0.05	−0.011	0.094	0.042	0.176	0.121	0.062
公共管理和社会组织	0.311	0.176	0.048	0.124	0.444	0.354	0.243

资料来源：各年《中国统计年鉴》。

（三）城镇化与非农化进程为就业增长提供持续动力

作为发展中国家，我国城乡二元经济社会格局长期处于从农村向城镇、从农业社会向工业社会转型的时期，受转型效应影响，城镇就业和非农就业增长总体平稳上行。1986—1996 年期间，城镇就业的平均增长率在 3%以下，1997 年后的平均增长率接近 4%。城镇就业在总量不断扩大的同时，增长速度也保持了上升趋势。分阶段看，1992—1996 年期间，城镇就业的平均增长率为 2.67%，在经济发展保持年均 12.44%的高速发展时，城镇新增就业却较前 5 年年均数降低了 0.2 个百分点，从一定程度上可以说明当时我国经济增长拉动就业的效应下降并导致了高经济增长与低就业增长并存。1997—2001 年我国经济增长率下降至平均 8.30%，但城镇新增就业保持了较好的增长势头，其中除 1999 年和 2000 年增长率降至 3.6%和 3.2%，其他各年的增长率在 4%以上，平均增速达到 3.90%。这一势头在之后的 5 年基本得到维持，2002—2006 年城镇就业增长率平均达到 4.20%，同期经济增长率平均为10.64%，这一时期就业增长与经济增长基本保持了一致趋势。2007—2011年平均经济增长率为10.55%，城镇就业增长率平均达到3.92%，比上一个5年略有降低（见表8—2），但仍保持在较高的水平，这也是当前我国城镇新增就业人数不断增长的原因。

表8—2　　不同时期我国城镇就业增长与经济增长情况

	就业总量平均增长率（%）	城镇就业平均增长率（%）	GDP平均增长率（%）
1986—1991年	2.33	2.87	8.99
1992—1996年	1.03	2.67	12.44
1997—2001年	1.09	3.90	8.30
2002—2006年	0.59	4.20	10.64
2007—2011年	0.38	3.92	10.55

从城乡就业结构角度分析经济增长对城镇就业增长的拉动作用，以1991年至2011年城镇就业人数增长率与GDP总量增长率计算城镇就业增长的就业弹性系数。1991—1995年，城镇就业增长的就业弹性系数基本都在0.2以下；1996—2004年，这一系数基本维持在0.4以上，说明经济发展拉动城镇就业增长的作用比较强；2005—2011年，城镇增长的就业弹性系数平均为0.369，多数在0.3～0.4之间（见图8—11），说明经济发展拉动城镇就业增长的作用有所减弱，但仍作用明显，经济每增长1个百分点，增加城镇就业人数约在100万人左右。

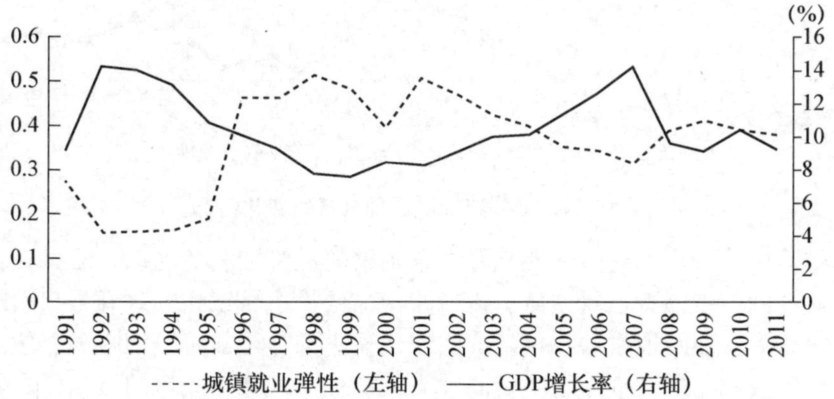

图8—11　1991—2011年城镇就业弹性和GDP增长率

资料来源：各年《中国统计年鉴》。

为了解我国经济发展对农业和非农部门就业的影响，我们将第二产业和第三产业就业合并成非农产业就业，并分别以 GDP 总量增长率和非农产业产值增长率（即第二、三产业产值增长率）为分母，计算其就业弹性系数。非农产业就业人数＝二产就业人数＋三产就业人数，非农产业产值增长率＝二产值增长率×二产占 GDP 比重＋三产产值增长率×三产占 GDP 比重。结果表明，1979—1989 年，非农产业就业弹性呈现波动下降的趋势，按 GDP 总量计算（见图 8—12 中非农产业就业弹性系数 1），从 1980 年的 0.87 下降至 1989 年的 0.027。从 1990 年到 1999 年，非农产业就业弹性经历一个上升而后下降的波动过程，从 1990 年的 0.027 上升至 1995 年的 0.57，后又下降至 1999 年的 0.06。2000 年以后，非农产业就业弹性呈现上升后下降再小幅上升的趋势，先从 2000 年的 0.14 上升至 2004 年的 0.59，之后下降至 2008 年的 0.26，并在其后几年出现小幅波动，2011 年为 0.39（见图 8—12）。如果按二、三产业产值增长率计算，非农产业就业弹性系数值还略有上升，但总体趋势不变（见图 8—12 中非农产业就业弹性系数 2）。

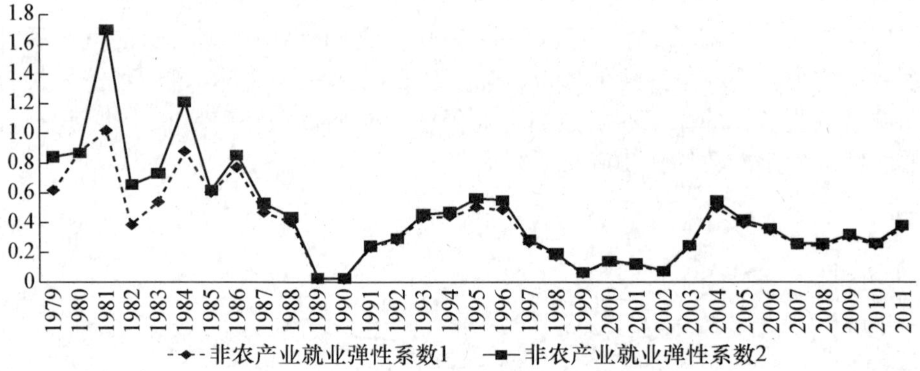

图 8—12　非农产业就业弹性系数变化情况

城镇化是产业、空间和人口等要素集聚的经济社会活动。十八大报告提出，要坚持走中国特色新型城镇化道路，加快推进城镇化。这既是我国政府确定的经济社会发展战略，也是我国现代化进程在当前阶段的客观必然。我国以往的城镇化进程中存在明显的“半城镇化”现象，人口的城镇化滞后于土地城镇化和产业城镇化。实现“人的城镇化”是新型城镇化最突出的特点和核心内容，为此 2012 年底的中央经济工作会议上明确提出要“积极稳妥推进城镇化”，“要把有序推进农业转移人口市民化作为重要任务抓实抓好”。

2013年底召开的城镇化工作会议和中央农村工作会议将城镇化时间表进一步细化，提出到2020年，要解决约1亿进城常住的农业转移人口落户城镇、约1亿人口在中西部地区的城镇化的目标任务。当前和今后一段时期，我国农村转移劳动力的规模巨大。根据国家统计局2012年监测报告，我国农村转移劳动力总量达到2.6亿。① 而未来一段时间我国农村转移劳动力规模仍将有所增加。这将成为我国经济持续增长的强大动力，也是实现就业增长的重要来源。

（四）区域发展差异与再平衡为就业增长提供新空间

我国经济社会发展的另一个重要特征，是区域经济发展的不平衡性。东中西部地区的发展差异，尤其是中西部地区的后发态势，为经济发展和就业增长提供了时间和空间上的巨大回旋余地。从区域来看，中西部地区的快速发展成为就业增长的新动力，东部地区在经历金融危机冲击和结构调整后，城镇新增就业也从2012年底逐步恢复增长。

根据统计年鉴中各省（区、市）历年城乡就业人数增长率以及GDP增长率，计算各地区就业弹性系数，可以了解各地经济发展拉动就业增长情况。在1996—2010年数据系列中，因2006年和2007年数据异常予以剔除，我们再计算各地区平均就业弹性系数，结果表明北京（4.076）、西藏（2.674）、广东（2.671）、浙江（2.109）、福建（2.054）、宁夏（2.042）等地区均在2.0以上。在前10位中，除北京、广东和浙江外，其他均为中西部地区，说明中西部地区的经济发展仍将为扩大就业提供较大潜力和空间。

（五）就业政策创新为就业增长提供“改革红利”

改革开放以来，我国逐步建立起了社会主义市场经济体制，与之相适应，也已经逐步建立起以市场就业为主的体制机制。在整个过程中，就业政策体系的不断发展、创新和完善，一直是促进就业增长的最直接动力。

---

① 参见《国家统计局发布2012年全国农民工监测调查报告》，见中央政府门户网，http://www.gov.cn/gzdt/2013-05/27/content_2411923.htm。

在从计划经济向社会主义市场经济体制改革过程中，中国政府始终坚持一手抓经济发展，一手推进就业，在国民经济社会发展规划中，都将经济发展与就业增长作为明确目标。尤其十六大以来，明确提出必须坚持把促进就业作为关系改革发展稳定全局的重大战略任务，实行促进就业的长期战略和政策。2006 年提出“把扩大就业作为经济社会发展和调整经济结构的重要目标，实现经济发展和扩大就业良性互动”，2008 年将此写入当年颁布实施的《中华人民共和国就业促进法》并作为重要指针，直到“十二五”规划提出把实现充分就业作为经济社会发展的优先目标。从前述各阶段我国经济发展与就业增长的论述中，可以看到政府宏观调控和发展规划在促进经济增长和保持社会充分就业中所发挥的作用。尤其在应对经济增长出现不稳定情况的过程中，政府为实现就业目标所出台实施的系列政策措施，为就业形势的稳定提供了重要保障。

上世纪 80 年代，改革开放初期，首先打破计划经济体制的禁锢，在农村实现联产承包制，推动了农业经济的发展，也解放了农村劳动力，随后乡镇企业的兴起和牧副渔业及多种经营的发展，启动了农村劳动力向非农产业的转移就业。据统计，1981—1990 年的 10 年间，从事非农产业的农村劳动力增加了 7 800 多万人。在城镇，实行搞活经济与广开就业门路并举，一方面加大轻工业、餐饮服务业的发展力度，恢复发展城镇集体经济、个体经济；另一方面，实行在国家统筹规划和指导下，劳动部门介绍就业、自愿组织起来和自谋职业相结合的“三结合”就业方针。这不仅化解了历年积累的上千万下乡知青回城后的就业问题，还消化了一批当年新生的劳动力。据统计，1981—1990 年的 10 年间，城镇新安置就业总数达 6 500 多万人。这一时期，我国经济增长波动幅度较大，就业弹性具有明显波动性，但保持了较高的水平。

上世纪 90 年代，随着经济体制改革的深入，以市场机制为导向的就业制度改革也随之推进。在农村，劳动力的流动就业以“民工潮”的形式演进到一个新的阶段，乡镇企业的大发展和东部沿海地区率先步入发达阶段，吸纳了大批农业富余劳动力。与此同时，在城市，与国企改革同步，城镇多种所有制经济特别是民营经济的较快发展，不仅成为我国国民经济发展的新的引擎，而且拓展了我国城镇就业新的领域。虽然在 20 世纪 90 年代后期，受亚洲金融危机的冲击，经济结构进行重大调整，出现 3 000 万国有企业职工下岗失业的严峻局势。但由于我们实行再就业政策并完善失业保险制度、基本养老保险制度和最低生活保障制度，从而保证了基本平稳的过渡；同时，通过发育劳动力市场和促进多种所有制经济增长，使一大批下岗职工实现了再就业。这一阶段（1997—2001年），国民经济保持8.3%的增长，就业仍保持了较稳定的增长。这使我国经济与就业同时渡过了难关，也保持了就业弹性的增长。

进入21世纪，中国经济与世界经济的联系更加紧密，国际经济变化对我国的影响更加广泛深入。同时，我国也进入转变发展方式和调整经济结构的新时期，在就业上也面临着“三碰头”的严峻形势，新成长劳动力的就业、农村富余劳动力的转移就业、下岗失业人员再就业三类问题在同一时期日益凸显。由于制定和实施积极就业政策，在经济发展和产业结构调整中注重发展就业容量大的服务业、劳动密集行业、中小企业和民营经济，使经济发展与就业增长的结合在政策上有较明确的体现，同时，对城乡劳动者自主创业和灵活就业给予支持，对农村劳动力转移就业和流动就业进一步取消限制，给予鼓励和保护，使这一时期的城乡就业有了新的增长。作为吸纳就业的主渠道，私营企业和个体经济虽然遇到了不少困难，但仍保持了一定发展。2002年至2011年，私营企业年均增长率为15.5%，个体工商户年均增长率稳定在4.4%。同期，私营企业、个体经济年均分别增加城镇就业539万人和310万人。至2012年末，私营企业就业人数占城镇就业人数比重达20.3%，超过了国有单位就业规模。

在总结我国就业政策实践经验基础上，根据新时期经济社会发展条件的变化和就业形势的新变化，党的十八大报告进一步丰富了就业方针，明确指出“就业是民生之本。要贯彻劳动者自主就业、市场调节就业、政府促进就业和鼓励创业的方针……引导劳动者转变就业观念，鼓励多渠道多形式就业，促进创业带动就业”。李克强总理在十二届全国人大二次会议上所作的《政府工作报告》中指出，“坚持实施就业优先战略和更加积极的就业政策，优化就业创业环境，以创新引领创业，以创业带动就业”。更加积极的就业政策体系，将充分发挥市场机制决定性作用和政府宏观调控作用两个积极性，在以简政放权、建立统一市场、创新投融资体制、开放经济社会领域等为主要内容的新一轮改革进程中，将有利于充分释放社会经济活力，为劳动者提供更多创业就业机会。2013年，全国新注册企业增加了27.6%，其中私营企业新增30%。

（六）技术进步与观念变化为就业增长创造新机遇

随着经济社会多元化的日益深化，社会分工、生产技术、交通通信、信息条件、价值观念和生活条件等的改变，劳动者的就业观念、就业方式和就业形态发生了深刻变化，近年来以非全日制、非单位化、非单一职业化等为特征的各种就业方式和形态纷纷出现，各种灵活就业和非正规就业的规模不断扩大，在很大程度上拓宽了就业增长的渠道。根据中国就业促进会发布的《网络创业就业统计和社保研究项目报告》，全国仅网络创业带动的直接就业规模就接近 1 000 万，其中个人网店带动网络创业就业人数达 600 万。

三、未来就业增长趋势分析与政策建议

（一）未来就业增长趋势分析

从经济社会发展阶段特征看，我国经济与就业仍然处于快速增长的阶段。从未来供需关系看，我国就业增长的基本条件仍然具备。从需求方面看，受 2008 年全球金融危机的影响，我国经济增速有所减缓，在我国应对危机政策刺激下，经济增长恢复了较高增长并持续了两年。自 2011 年以来，我国经济开始出现连续的增速下滑。根据有关预测，我国经济增长率将从以往的两位数降到一位数，这意味着将有一个相对长期的平稳中速增长期，但只要这种增长速度不低于一定的“下限”，就可以保持劳动力就业有效需求的基本稳定。从供给方面看，劳动年龄人口供给总量由持续增加转向逐步缩减通道，劳动年龄人口规模和占总人口比例将逐步下降。2010 年，16～59 岁劳动年龄人口规模为 9.16 亿人，2011 年即达到峰值为 9.18 亿人，之后转入逐步加速下降通道。我国人口总量、16 岁以上人口总量和劳动年龄人口总量的变化在时序上都呈现逐步减少的基本趋势。但“十二五”期间新增劳动力人口实际上仍将有所增加，因为当前劳动年龄人口下降主要是 16～24 岁人口，16～24 岁人口在校学习比例较高，进入劳动力市场将滞后 3～7

年左右，而 25～59 岁人口在未来十年内仍处于上升阶段。同时，劳动力供给结构也将出现显著变化，主要是青年人口比例持续下降，未来青年劳动力供给将有较大幅度减少，劳动年龄人口向大龄化转变。据测算，2010 年至 2020 年，16～24 岁青年人口每年减少约 700 万人，劳动年龄人口将更趋大龄化。

综合分析未来一段时期我国经济发展与就业增长走势，虽然我国经济增长进入中低速发展期，但是影响我国就业增长的动力仍未消失，甚至在某些方面有所改善和加强。一些积极的因素为我国就业增长及总体形势的基本稳定提供了基础条件。总体来看，只要不出现大的格局动荡，在今后经济保持中速发展、产业和区域结构不断优化、新兴产业发展和传统产业升级等条件下，就业形势并不会受经济波动的大的影响，会继续保持平稳，但就业总量压力和结构性矛盾日益突出的基本态势仍然难以在短期内得到彻底解决。在继续充分发挥市场机制决定性作用的同时，需要进一步创新和完善更加积极的就业政策体系，而改革创新的着力点在于促进各种经济社会结构的不断优化和协调运行，以形成就业增长的新动力，拓展就业增长的新空间。

（二）政策建议

一是在坚持和落实“就业优先”的原则下，建立就业政策与经济社会发展战略相互调适机制。一方面，要保持经济发展的持续平稳增长，为就业提供基本的保障。从目前形势来看，保持现有经济增速，可实现就业形势的基本稳定。根据我们的预测，在现有劳动力供给条件下，未来一段时间，保持 7%～8%的经济增长速度，就可能维持就业形势总体基本稳定。当前需要坚持积极的财政政策和稳健的货币政策，保持政策的延续性、稳定性，保持经济的持续增长，避免经济大幅波动。另一方面，要在经济增长和结构调整中始终贯彻就业优先原则，保持就业形势稳定的“下限”不被突破，国家和地方要在整体战略规划和重点项目规划中，纳入人力资源开发利用规划和就业影响评估内容，建立实现经济发展与就业增长的宏观综合政策体系和运行机制，包括实行更加有利于促进就业的财政保障政策、税收优惠政策、金融支持政策和对外贸易政策等等。

二是加快调整和优化产业结构，通过提升经济需求结构和劳动力供给结构的匹配程度，实现经济和就业的良好互动和质量改善。宏观经济方面要加快调整产业结构和产业升级，增加适应劳动者需要的有效岗位需求。优化经济结构有利于在经济增速下行阶段促进就业增长。当前我国经济产业链偏低，产业结构不很合理，劳动力市场中的低端岗位多，难以满足劳动者就业需要。化解就业结构性矛盾，需要加快推动经济产业结构的调整，大力发展战略性新兴产业，淘汰落后产能，加速产业升级，推动发展从主要依靠生产资料和资本要素投入向更多依靠人力资本投入和技术创新驱动转变，从主要依靠低劳动力成本比较优势向更多发挥综合竞争优势转变，从中低端产业向中高端产业提升。培育新的就业增长点，着力发展科技含量高、吸纳就业能力强的智力密集型、技术密集型产业，大力发展现代信息技术产业，加快传统产业转型升级，推动服务业特别是现代服务业发展壮大，创造更多高质量就业岗位。就业方面，当前和未来就业的结构性问题，很大程度上与劳动力内部结构差异密切相关，要以培育生产技能和职业教育为重点，针对不同的群体组织实施具有针对性的政策行动，提高其劳动参与的意愿和能力。

三是加快推进城镇化和区域均衡发展，加强就业增长的内在动力。以加速新生代农民工市民化为核心，加快推进城镇化，进一步破除户籍障碍和地域利益壁垒，加快消除影响劳动者合理流动和稳定就业的制度门槛和政策障碍，进一步优化劳动力在城乡之间的配置机制和效果，推动农村劳动力向城镇和非农生产领域的进一步转移。从区域结构方面，要立足国家功能区划，加强区域经济发展规划，促进各地区之间的均衡协调发展，通过调整区域产业结构、产业链条的梯次转移，形成差别性的人力资源需求结构，缓解人力资源供需之间的结构性矛盾。同时建立全国性和区域性的劳动力供求信息平台，以及地区协调机制，在发挥市场配置劳动力资源的基础性作用的同时，通过政府的组织和服务，有效对接岗位资源和劳动力资源，使人力资源和岗位资源在空间分布上得到最佳配置。

四是要进一步做好经济发展与就业增长规划，更好发挥政府调控和政策引导的积极作用。其一，要加强就业增长计划的科学化。结合宏观经济形势与劳动力供给变化趋势，深化对人力资源市场供求关系的预测分析，充分考虑我国经济发展的系统结构特征，在考虑经济增长速度计划的同时，对产业结构比重、产业政策、就业弹性、劳动参与率、城镇化率、新成长劳动力数量和失业率等因素给予适当考虑，探索建立系统分析预测模型，提高计划编制的精细化、科学化水平。其二，要加强就业增长计划的精细化，提高计划针对性。就业增长计划应当将总量目标进一步细化和结构化，除了区域性分解目标外，应针对不同的经济部门做出明确的规划，尤其是针对国有经济部门（包括国有企业、机关和事业单位）的就业增长，应根据其经营状况、工作职能、人员状况等做出刚性规定，以提高规划的可操作性和可监测性。其三，要加强就业增长计划的动态性。随着我国经济的市场化、国际化进程，以及我国经济增长方式转换和结构调整进入加速期，经济发展环境更具复杂性和敏感性，经济发展的不确定性和不稳定性也在一定程度上有所增加，经济波动的频度更大，经济增长和劳动力需求的动态性增强；同时，随着人口数量和结构的变化，劳动力供给的年度变化也更为明显，从供需双方的动态变化出发，应进一步加强新增就业年度计划的动态性，应根据编制中所使用的各个参数指标的年度变化情况，实时进行调整，使计划目标能够适应和体现出宏观经济因素的动态变化。其四，要进一步加强完善就业信息统计和数据分析，从统筹城乡就业出发，完善现有就业信息统计指标设计，加强就业信息统计基础平台和队伍建设，加强相关统计数据的分析，为准确研判就业形势、分析宏观经济提供科学可靠的数据依据。

［经济社会］

第九章　中国市场交易秩序的社会基础与优化途径*

刘少杰**

随着中国市场经济的快速发展，市场交易秩序问题变得日益突出。人们越来越清楚地看到，仅有快速扩张的市场规模，而没有规范健康的交易秩序，市场经济的持续发展也难以维持。正是在这个意义上，市场交易秩序问题引起了高度重视，很多学者从体制安排、法治建设和道德教化等方面作了思考与设计，为培育市场交易秩序作了有益探索。然而，令人困惑的是，尽管十几年来为规范市场交易秩序已经作了大量制度安排，加强了法治监管，同时也开展了对市场经营者的道德教育，但中国市场交易秩序仍然存在很多问题。究竟是何种原因导致中国市场交易难以形成健康稳定的交易秩序，其中难以治愈的症结究竟在哪里？我们认为，现有研究轻视了市场交易秩序存在的社会基础，应当对中国市场经济社会基础的形成历史和现实状况做出符合实际的判断，然后才能清楚揭示市场交易秩序的问题，并探索优化市场交

* 本章为国家社会科学基金重点项目“和谐社会建设背景下完善市场交易秩序的本土化研究”（项目批准号：10ASH005）的阶段性成果。

** 刘少杰，中国人民大学社会学理论与方法研究中心教授。

易秩序切实可行的途径。

一、中国市场经济立足的社会基础

市场交易秩序可以通过市场活动的多种维度呈现出来，如交易制度的健全性、交易价格的合理性、交易环境的稳定性、交易关系的协调性等，但无论交易秩序呈现为多少种表现形式，其实质都不过是交易者的行为秩序。因此，研究市场交易秩序，最根本的是研究交易者如何去行为。而交易者的行为一定是在特定的社会关系或社会结构中展开的，所以通过交易者的行为展开的交易秩序必然是建立在某种社会基础之上的。中国消费品市场中的交易秩序，更突出地表现了社会基础对它的形成与存在的重要作用。

仅用 20 多年的时间就迅速发展起来的中国消费品市场，存在于从传统社会向现代社会转变过程中的社会基础之上。虽然近年很多学者都习惯于称中国社会处于转型期，但中国社会的转型并不是发生了本质变化的转变，而是一个新旧交替的量变过程。在这个量变的转型过程中，一方面新社会因素努力地超越旧束缚积极生长，另一方面旧的社会因素也在抵制着新社会因素而顽强地保持着自己的巨大惯性作用。因此，应当在新旧因素的交替作用中把握中国消费品市场交易秩序的社会基础。

不可否认，随着中国市场经济的快速发展，在具有几千年自然经济基础上的中国社会，出现了很多与传统有很大不同的明显变化。在众多难以列数的变化中，最突出的变化首先是市场意识的生成与市场活动的发生。所谓市场意识，通常是指支配市场交易行为的效益原则、计算精神和竞争意识等。这种市场意识日益强烈地生成与发展，给中国消费品市场注入了旺盛的活力。正是在迅速提升的市场意识的支配下，数以千万计乃至数以亿计的城乡居民投入到了市场经济活动中，并且大多数人进入了消费品市场。

从 20 世纪 80 年代初期开始，中国城市生活中普遍流行了一个新名词："下海"。直至 90 年代后期，"下海"经商已经成为席卷中国城市各种行业的铺天盖地的社会风潮。越来越多的城里人离开了原来所在的公有制单位，放弃了机关、学校、科研和国有企业等单位的职位，由官员、教师、医生、科技人员和企业工人等，转身变成了市场经济中的商人。这不仅说明一些原来在计划经济体制中工作的干部与工人形成了市场意识、开始了市场活动，标志着市场经济开始在城市中迅速发展，而且意味着城市的就业结构和社会结构也发生了明显变化。

当市场经济在城市有了快速发展之时，中国农村也逐渐受到了市场经济的影响。到了20世纪90年代，市场意识逐步觉醒的中国农民，掀起了规模浩大的农民工“进城”浪潮。据国家统计局2013年5月27日发布的《2012年全国农民工监测调查报告》，到2012年，中国农民工总量已达2.62亿。大批农民工进城，不仅改变了城市工人队伍的构成，而且也给城市的市场经济注入了很多乡土因素。进一步说，乡土因素亦即几千年中国自然经济基础上形成的传统因素，费孝通在《乡土中国》中对乡土文明中的礼俗秩序、熟悉关系和差序格局等已经作了生动论述。

事实上，不仅农民工“进城”给市场经济注入了自然经济的传统因素，而且城市居民“下海”也具有相同性质的效应。区别不过在于，农民工“进城”带给市场经济的传统因素是农业经济基础上的乡土传统，而城市居民“下海”带给市场经济的传统因素则是工业经济基础上的单位制传统。然而，乡土传统和单位制传统都是建立在非商品经济基础之上，从二者存在的经济基础看，具有共同的性质。单位制传统的经济基础不是自然经济，也不是商品经济，而是排斥市场的计划经济，城市计划经济的这种非商品化和未市场化性质同乡村的自然经济是相同的。

并且，改革开放前中国社会的乡土传统与单位制传统，二者自身也有本质上的共性。费孝通曾把以农业自然经济或乡土文明为基础的乡村社会称为熟悉社会，是以亲缘关系、地缘关系或熟悉关系为纽带而形成的相对封闭的社会。事实上，改革开放前的中国城市社会，就其主要构成而言，也是一个熟悉社会。一方面，改革开放前的城市居民，大多数是20世纪五六十年代从乡村进到城里的，乡村社会的熟悉关系在这些城市居民中根深蒂固地存在着；另一方面，由单位制组织起来的城市社会，也是一种由制度规定甚至加固了的熟悉社会。功能齐全、无所不包的企事业单位，形成了一个个相对封闭的单位社区，而在其中工作的人们则结成了紧密而封闭的熟悉关系。

在六七十年代，城市企事业单位还通过一些优惠本单位职工的就业措施，强化了企事业单位的熟悉关系。在60年代初期，为了应对严重的经济困难，企事业单位实行了大规模的“精简下放”，全国有2 000多万城市职工离开工作岗位，一大部分下岗职工成为“下放户”回到了农村，还有一部分成为城市失业人口的闲散人员。1962 年，经济形势逐渐好转，一些企事业单位开始设法解决本单位职工失业家属的工作问题，普遍采取的措施是建立附属在企事业单位之下的“大集体”。

“大集体”是利用“全民所有制”企事业单位资源建立的服务性或依附性企业，特别是具有一定规模的工业企业和事业单位，基本上都建立了这种安排本单位职工家属的“大集体”。由于进入“大集体”单位的家属大部分是女性，因此在东北等地又称之为“三八大军”。1968 年，城市开始了大规模的知识青年下乡运动，大部分中学毕业生都到农村成为插队落户的下乡青年，但也有一些城市青年因为各种原因没有下乡，被“照顾”到“大集体”工作。于是，从 60 年代后期开始，在“大集体”中工作的已经不完全是女性，“三八大军”变成了“混合部队”。其结果是，在一些企事业单位中，经常能看到夫妻和子女同在一个单位工作的亲缘关系。

到了 70 年代初，从城里下乡到农村的知识青年越来越多，不仅长期在农村劳动的知识青年本身遇到了很多难以解决的困难，而且农村也出现了无法再接纳知识青年下乡落户的困难。于是，下乡青年回城工作问题摆在了党和政府面前。可是，长期开展的“左”倾政治运动，已经使国民经济疲惫不堪，城市无法妥善安置下乡青年回城工作。被逼无奈，一个类似建立“大集体”的招数被创造出来：由下乡青年的父母所在单位安排他们回城工作。当时一种普遍实行的办法叫“接班”或“顶号头”，即父母提前退休腾出自己的位置，用来安排自己下乡在农村的子女。“接班”或“顶号头”的结果是，企业内部形成了一种代际传承关系，不仅离退休职工同新职工形成了亲缘关系，而且父辈之间的熟悉关系也由子一辈承继了下来。计划经济时代相对封闭的企业内部关系，具有了更亲密、更浓厚的熟悉关系。

通过建立“大集体”和实行“接班”或“顶号头”的就业政策，原本就因为比较封闭而形成了稳定熟悉关系的城市企事业单位，又增添了亲缘或血缘关系，变成了与乡村社会没有太大区别的熟悉社会，而这正是城市居民下海经商的社会基础。因此，无论是“进城”的农民工，还是“下海”的城市居民，都是从熟悉社会中走出来进入市场经济的。于是，被视为与传统社会不同的市场经济，在诞生之初就与传统社会有着不可分割的联系。并且，尤为重要的是，被认为是以陌生社会为基础的市场经济，在中国却遭遇了无法摆脱的熟悉关系，形成了陌生关系与熟悉关系并存、交织、矛盾甚至冲突的中国市场经济特色。

不过，也不可否认，即便是由从熟悉社会走出来的人们参与的市场经济，其陌生关系也一定是存在的，这是市场经济的本性规定的。因为市场经济必须肯定理性计算、利益竞争和公平开放等原则，而这些原则必然要冲击缺乏计算精神和竞争意识的熟悉关系，并逐步在开放的市场关系中形成和扩展陌生关系。所以，陌生关系也一定是中国市场经济发展中的基本关系之一。并且，随着市场经济规模的进一步扩张，陌生关系一定会在更广泛的层面和更大的规模上存在。

如果从当代经济生活全球化、信息化和网络化等角度看，更能发现中国市场经济中的陌生关系会走向扩张和复杂化的趋势。经济生活全球化已经成为各国经济发展不可回避的趋势，新兴的中国市场经济也不例外。在日益开放的市场经济活动中，无论是来自城市还是来自农村的市场参与者，都被抛进不断更新的陌生空间中。市场的交易主体、交易行为、交易制度和交易商品，都在日新月异地变化着。尤其是考虑到经济生活信息化和网络化，市场经济的陌生关系就呈现更为复杂的状态。铺天盖地的市场信息，在互联网中目不暇接地转变着，面对难以鉴别真伪的市场信息，人们感到市场不仅是一个无法熟悉的空间，还是一个充满了不确定性的高风险领域。

同时，仅从中国市场经济的参与者来看，市场经济条件下的中国市场也一定是一个陌生关系逐渐增强的空间。中国市场经济的发展过程，也是人口流动大规模开展的过程。流量和流速不断提升的人口流动，不仅推进了中国城市化进程，使北京、上海、广州和深圳等一些中心城市，以及各省省会和青岛、苏州、宁波、温州等一些市场经济较为发达城市人口急剧增加，而且还改变了城市的社会结构。2.6亿农民工进城，改变了中国工人阶级队伍构成。2012年，农民工已经占产业工人队伍的57%。在建筑业，农民工占工人队伍的80%以上。并且，由于大批科技人员和管理干部下海经商，知识分子队伍也发生了重大变化，知识分子队伍中分化出一个在公有体制之外的新阶层。

城市化进程加快，城市人口迅速膨胀，阶级构成发生变化以及新阶层的诞生，这些变化都从不同方面扩展了城市生活特别是市场经济中的陌生关系。但是，当人们面对这些不断扩展的陌生关系时，却不能忘记一个基本事实：形成这些陌生关系的人是从熟悉关系中走出来的，不仅延续了几千年的中国乡土传统无法摆脱地规定着进城农民工的思维方式、行为方式和价值信念，而且有30多年历史的单位制也在下海经商的城市居民头脑中留下了不可磨灭的印记。单位制中的职位关系、裙带关系、圈层关系等，仍然是进入陌生关系下海经商者习惯依赖的资源。

是否可以这样看待中国市场经济中的陌生关系和熟悉关系之间的关系：作为中国市场经济参与者的熟悉关系，是在全球化、信息化、网络化、人口流动和城市化等方面推动下形成的市场经济中的陌生关系的基础。无论陌生关系有多么复杂或在多么广阔的空间上展开，它都是以延续着传统的熟悉关系为前提的，因为熟悉关系不仅是从传统社会中传承下来的客观结构，而且也是通过文化传承积淀在来自城乡的市场参与者心理底层的主观结构。如果说作为社会关系的熟悉关系的客观结构具有超长稳定性，那么积存于人们灵魂深处的心理结构就更具有难以改变的顽强持续性。

二、并未发生质变的熟悉社会

问题的复杂性在于，植根于中国文化传统的熟悉关系和由市场经济本性规定的陌生关系，二者对立并存，并且因为都具备真实根基而不可能发生截然相反甚至此生彼亡的变化。相反，二者勾连交织，相互利用且冲突排斥。特别是在交易人员众多的消费品市场，这个问题表现得就更为复杂，并使消费品市场的交易秩序面临无法回避的冲击。

然而，人们对中国市场经济中熟悉关系和陌生关系对立并存且相互冲击的事实，通常却形成了非此即彼的截然对立的看法。有学者根据市场空间扩大、陌生面孔增加和一些人在市场行为中唯利是图等现象，得出中国市场经济已经展开了一个与传统社会不同的陌生社会的结论①；还有学者说，由于市场经济的刺激，中国社会重视熟悉关系的传统已经被抛弃，人们开始“宰亲杀熟”，变成了一个六亲不认的陌生社会②。

---

① 参见冯启：《中国进入陌生社会》，见环球品牌网，http://www.globrand.com/2011/524077.shtml。

② 参见郑也夫：《走向杀熟之路——对一种反传统历史过程的社会学分析》，载《学术界》，2001 (1)。

认为陌生社会已经到来的最普遍根据是：老人摔在路上没人扶、社区邻里之间陌生面孔越来越多、人与人之间有戒备心理、人情日益淡漠、唯利是图成为社会普遍风气等。冯启就是根据这些社会现象得出了陌生社会已经到来的结论。谢俊贵也得出了陌生社会已经到来的相同结论："20世纪末期以来，我国正式开展社会主义市场经济建设，原有的社会主义计划经济体制被打破，原来束缚于计划经济体制之中的单位人（包括城市的单位人和农村的社员）开始走向了市场，人口的社会流动性日益增大，熟人社会发生了动摇，生人社会开始兴起。"①

人们一旦形成了熟悉社会行将终结、陌生社会已经到来的观点，通常首先关注的是道德关系的变化。郑也夫论述的"宰亲杀熟"观点，就是在从熟悉社会向陌生社会转变的背景中，对一些人见利忘义、无情逐利的市场行为的激烈谴责。按照历史唯物主义的观点，道德观念或道德原则属于思想意识的上层建筑，它建立在特定的生产关系或经济基础之上，当经济生活发生变化之时，人们的道德观念和道德行为也一定要发生变化。就此而言，如果确实发生了从熟悉社会向陌生社会的转变，一些人背弃注重亲情的传统道德而转向利益至上的市场原则，似乎也符合历史发展的规律。

不过，尽管"宰亲杀熟"现象引人注目，因为它是对熟悉社会中的道德原则的彻底背叛，但如果把陌生关系中的市场行为同熟悉关系中的市场行为加以比较，会发现陌生关系中的逐利行为要比熟悉关系中的更加冷酷，而熟悉关系中的"宰亲杀熟"并非是普遍现象。通常的情况是，在熟悉关系中开展市场交易行为时，大部分人还是比较注重道德情感的。即便在熟悉关系中人们也要追逐利益，但多少还要有些关照，彻底忘义灭亲的市场行为属于比较少见的极端现象。

对"宰亲杀熟"现象予以激烈谴责，是对熟悉社会中形成的道德观念的一种固守。指责"宰亲杀熟"，不仅抨击了那些对亲戚朋友坑蒙拐骗、损人利己的行为，而且也表达了亲情熟悉关系中不能开展以逐利为目的的市场行为的观点。尽管理想的市场行为是遵守诚信的，但市场行为必须以获利为目的，否则就超越了市场关系而不属于市场行为。而熟悉社会中崇尚的道德原则是牟利卑污、亲情至上，"君子喻于义，小人喻于利"，就是这种道德观念

① 谢俊贵：《生人社会的来临与社会建设的策略——基于城市社会关顾状态的思考》，载《思想战线》，2012（2）。

最明确的表达。

在一些人叹息熟人社会即将逝去、陌生社会已经到来之时，也有很多学者认为中国熟人社会根深蒂固，尽管快速发展的市场经济推动中国社会生活发生了很大变化，但熟人社会并没有从根本上发生改变。出现频次比较高的提法是，市场经济条件下的熟人社会已经不同于费孝通笔下的传统乡土社会，而是掺进了很多陌生因素的新型熟人社会。贺雪峰针对近些年乡村社会的一些变化，将之称为“半熟人社会”。他在一篇关于村委会选举的论文中指出：传统的熟人社会是自然村中的社会，而现在自然村已变成了行政村，“行政村已大大不同于作为熟人社会的自然村的情况。行政村是规划的社会变迁的产物。在行政村中，村民之间相互认识而不熟悉，共享一些公众人物，但缺乏共同生活的空间。若将自然村看作熟人社会，行政村便可以称为‘半熟人社会’”①。

受贺雪峰“半熟人社会”的观点影响，吴重庆对乡村熟人社会的变化作了进一步概括，他根据大批青壮劳动力离开家乡进城务工导致农村出现普遍的空巢现象，把乡村社会称之为“无主体熟人社会”。吴重庆认为“无主体熟人社会”比“半熟人社会”更清楚地揭示了乡村社会的变化：“‘半熟人社会’揭示的是与‘熟人社会’之间的量（熟识程度）的差异，其解释力表现在村民委员会选举这一特定事项上；而‘无主体熟人社会’是为了揭示与‘熟人社会’之间的质的变化，并试图解释空心化农村的社会运作逻辑。”②

尽管吴重庆刻意强调乡村社会已经发生了质的变化，但他的“无主体熟人社会”也没有揭示“与熟人社会之间质的变化”，而且这个概念还存在逻辑矛盾。主体是人，社会是人们交往活动的展开形式，倘若主体或人不存在了，社会怎么还能存在？从实际情况看，当大批青壮劳动力进城务工后，农村还有很多妇女和老年人在从事农业生产，他们从过去处于从属地位的辅助劳动力，变成了主要劳动力，是新形势下农村社会的主体。因此，“无主体熟人社会”不仅存在逻辑矛盾，而且也不符合农村的实际情况。并且，质变乃是事物的性质发生了变化，量变则是事物数量的变化或场所的变更。农村社会的空巢现象，不过是人口流动的数量变化和场所变更，是量变，而不是质变。

① 贺雪峰：《论半熟人社会——理解村委会选举的一个视角》，载《政治学研究》，2000（3）。
② 吴重庆：《从熟人社会到“无主体熟人社会”》，载《读书》，2011（1）。

近些年中国社会学界发表了较多关于熟人社会向陌生社会变化的研究成果，而但凡谈到熟人社会和陌生社会的问题，通常都要联系费孝通关于乡土中国的论述，认为费孝通笔下的乡土社会是熟人社会的原本形态。虽然应当赞扬这些研究对前人思想观点的承继意识，但应当指出的是，这些研究中有些人对费孝通思想观点的理解存在明显片面性。仔细阅读《乡土中国》会发现，费孝通并没有使用“熟人社会”这个概念，他充分讨论的是“熟悉社会”。虽然两个概念只有一字之差，但内涵与外延却有很大区别。

“熟人社会”主要指谓人际间熟悉而亲密的交往关系，而费孝通论述的“熟悉社会”，既包含了人际间的熟人关系，也包含人对物、对周围环境和风土人情的熟悉关系。费孝通生动地指出：

> 熟悉是从时间里、多方面、经常的接触中所发生的亲密的感觉。
>
> ……
>
> 不但对人，他们对物也是“熟悉”的。一个老农看见蚂蚁在搬家了，会忙着去田里去开沟，他熟悉蚂蚁搬家的意义。从熟悉里得来的认识是个别的，并不是抽象的普遍的原则。在熟悉的环境里生长的人，不需要这种原则，他只要在接触所及的范围之中知道从手段到目的间的个别关联。

费孝通这段话很值得深思，他并非像某些人讨论熟人社会时仅仅注意人与人的熟识关系，也并未仅仅依据人口居住或流动的情况去判断乡村社会的性质，而是从人与人，人与物，人与传统，人的感觉方式、思维方式和行为方式来论述熟悉社会以及熟悉关系。因此，熟悉社会是对中国乡土社会的一个总体性的判断，而不是仅对人际交往和人口流动现象的反映。并且，费孝通是在中西文化的对比中论述了中国乡村社会的本质特点。关于以己为中心、以亲情为纽带的差序格局，轻视原则而重视感性象征的思维方式和行为方式，这些制度层面的论述，是在同西方团体格局、法治社会的对比中做出的关于中国社会本质特点的判断。

费孝通关于乡土社会是熟悉社会的论述，其重要启示在于，分析评价中国社会的本质特点，不仅要在人与人、人与物和人与环境的总体联系中展开，还应当在不同文化传统的对比中，从人们的思维方式和行为方式着眼，揭示制度关系或社会结构的本质。据此可知，虽然一些学者在谈论中国熟悉社会发生了质变时，通常要把自己的论述同费孝通在《乡土中国》中的论述联系起来，但应当说他们没有注意像费孝通那样从社会的制度层面亦即从思维方式和行为方式的变化开展分析，以至于描述了很多表层现象而没有抓住问题的深层本质。

如果承认费孝通关于中国乡土社会是熟悉社会的观点，是依据人们的思维方式和行为方式的本质特点做出的判断，那么当我们讨论熟悉社会是否发生了向陌生社会的转变时，就应当像费孝通那样去考察人们的思维方式和行为方式是否发生了转变，以及是否由于这些转变而引起了社会结构或制度关系的变迁。如果没有这些方面的考察，而是根据一些表层现象的变化，就做出熟悉社会已经发生了向陌生社会的转变，甚至是质变的结论，显然有草率之嫌。

事实上，费孝通在《乡土中国》中论述的那些国人的思维方式和行为方式，并没有发生根本的变化。尽管改革开放以来中国乡村社会发生了很多重要变化，但以己为中心的差序格局和轻视普遍原则、崇尚中心势力的行为方式和思维方式没有发生本质的变化。改革开放和市场经济扩展了农民的视野和接触空间，但经过潜移默化、世代相传而积淀于心灵深处的心理结构和文化传统并没有改变。大量研究表明，不仅留在农村从事农业生产劳动的农民仍然在延续着以己为中心、以亲情关系为纽带的差序格局，而且进城务工的农民工也在很大程度上保持着乡村社会的行为方式和思维方式。

更进一步说，不仅农民和农民工的思维方式和行为方式没有发生根本的转变，就是城里人的思维方式和行为方式也不能说发生了性质的变化。虽然城市空间发生了难以预料的大规模迅速扩张，不仅拔地而起的高楼大厦把城市居民封闭得难以沟通，而且群体利益日益严重分化、生存状态不同的人们之间也形成了许多隔阂甚至冲突，费孝通描述的街坊邻里亲密熟悉，同乡之间诚实相待、和谐默契，以及那些田园诗般的乡土社会场景，在嘈杂而紧张的城市空间中确实难寻踪影，然而，这些都不足以证明中国城市已经进入了陌生社会。

正是在这种令人感到陌生的空间里，从熟悉社会带来的思维方式和行为方式仍然无处不在地表现着。进城农民工结成了亲情纽带和乡土圈子，从城乡基层社会发家而起的老板们办起了家族企业，大学校园中数不清并能“传宗接代”的同乡会，遇事总是想着拉关系、拜门子的行动路径，善于模仿从众而不勤于突破创新的行为模式，攀权附势的官本位心理，职位升迁甚至贪污腐化都要拉帮结伙的裙带关系，凡此种种，不胜枚举，都是从传统社会中延续下来的思维方式和行为方式的表现。私己中心、伦理本位、亲情纽带、圈子关系、轻视原则、崇尚权势，谁能证明这些传统社会或熟悉社会的本质特征在哪个社会层面上消失了？

在笔者看来，中国社会的这些本质特征，不仅现在没有消失，而且再过几十年甚至上百年，也未必能够消失。不过，这里似乎过多地陈述了中国社会的负面特征，而事实上，从传统延续而来的中国人的思维方式和行为方式，也有很多优秀品质。费孝通晚年论述的中国人崇尚天人合一的世界观，善于感性沟通的意会，将心比心的交流方式，注重交往、追求和谐的人际关系；梁漱溟在东西文化比较中强调的中国人讲究情理交融，长于环顾左右、向旁边看的思维方式，家庭为根、伦理为本、道义为先的行为方式——正是这些本质特征表现了中国社会的制度结构，而具有超常稳定性的中国社会的制度结构不会在十几年的历史中彻底改变。

从行为方式和思维方式层面开展社会制度变迁的研究，在社会学的历史中已经积累了丰富的思想理论，中国社会学理应借鉴这些思想理论对中国社会制度变迁做出更深入的研究。然而，令人遗憾的是，一些研究不注意对前人研究成果的承继，仅仅停留于社会表面现象做些观察与描述，缺乏从行为方式和思维方式的变化上来分析中国社会的深层变化，以致形成了一些在逻辑与事实上都难以成立的结论。因此，我们主张借鉴中外社会学传统中关于社会制度变迁的研究成果，克服表面观察和简单描述的局限，开展真正接触中国社会本质层面的社会变迁研究。

在社会学的历史中，有很多学者像费孝通一样从人们的行为方式与思维方式分析社会的本质特点和结构变迁。迪尔凯姆把社会学归结为关于制度的科学，而他说的制度不仅指法律和规章等制度，更重要的是指人们的行为方式和思维方式。迪尔凯姆指出：社会学的研究对象是社会事实，而最基本的社会事实是制度，因此，“可以把社会学界定为关于制度及其产生与功能的科学”①。他在进一步论述社会事实的本质时又说：“社会事实由存在于个人之身外，但又具有使个人不能不服从的强制力的行为方式、思维方式和感觉方式构成”②。更明确地说，社会事实就是对个人具有强制力的制度，它是由行为方式、思维方式和感觉方式构成的。正是在这个意义上，迪尔凯姆在

① [法] E. 迪尔凯姆，《社会学方法的准则》，19页，北京，商务印书馆，1995。

② 同上书，25页。

从传统社会到现代社会转型的研究中，最重视的是对人们的行为方式和思维方式变化的考察。

社会生活是充满偶然性的，面对变动不居的社会生活，社会学不能去追捕那些千变万化的现象，而要从不断变化的现象中发现相对稳定的本质。特别是那些以科学的立场开展的社会学研究，更是明确地坚持了这种追求。当迪尔凯姆试图用物理学的方法研究社会现象时，他本意试图像物理学一样从社会现象中发现客观规律，但社会毕竟是由有意识的人们的选择行为而呈现出来的，在社会生活中找不到类似万有引力定律一样的客观规律。然而，社会生活中有相对稳定的且具有一定程度客观性的制度，在社会生活中发现制度及其变迁的逻辑，相当于物理学从自然现象中发现本质与规律。正是基于这些理由，迪尔凯姆一方面强调用物理学方法研究社会，坚持把社会事实当作物来看待，另一方面又把社会学归结为关于制度的科学。

总之，无论是从中国社会变迁的实际情况出发，还是借鉴费孝通和迪尔凯姆等社会学家研究社会变迁的思想观点，都不应当仅仅根据中国社会表层现象的变化，就得出熟悉社会即将过去、陌生社会已经到来的结论。这是因为，尽管熟悉社会中增多了陌生的面孔，一大批农村青壮年劳动力进了城，甚至个别人还出现了“杀亲宰熟”的现象，但是，就大多数社会成员而言，人们的行为方式和思维方式并没有改变。符合实际的观点应当是，差序格局、亲情关系、熟悉圈子和权力至上等熟悉社会的本质没有改变，但这个本质未变的社会已经遭遇了与其不同质的大量新因素的冲击。应当在熟悉关系与陌生关系对立并存且相互冲突的矛盾关系中，观察、分析和概括中国市场交易秩序的生成与变迁问题。

三、依赖熟悉关系的交易秩序

如果承认中国市场经济存在于其中的社会，是一个以熟悉关系为基础、同时涌进了陌生关系的社会，那么就应当一方面承认这个社会中熟悉关系和陌生关系同时并存，另一方面还应当看到，尽管陌生关系已经有了增长和扩展，但中国社会在本质上还在延续着熟悉社会的传统。如果以这个兼具熟悉与陌生双重关系的社会为基础，去考察和分析中国市场经济的交易秩序，那就不应当像某些经济学和社会学的研究那样，仅仅用西方经济学脱离了社会关系的理性化模式来观察和解释中国市场经济中的交易秩序。西方经济学的理性化交易模式，是一种在社会关系之外依据先验原则推论出来的理想模式，而在熟悉与陌生两种关系兼具的社会现实中考察市场交易秩序，是一种在社会关系之中面对现实交易过程的经验研究，把前者简单应用于后者，势必产生种种谬误。

西方经济学构建了很多理性化交易模式，但无论理性化交易模式有多少种表现形式，其核心都是理性选择的基本原则。应当承认，经济学特别是新古典经济学建立的理性选择模式，具有逻辑推论的合理性和计量分析的精致性。但是，经济学的理性选择理论或选择模式是建立在明确的假定前提之上的，它具有逻辑合理性，却未必具有事实符合性。概而言之，理性选择理论的假定前提主要是：

（1）参与市场活动的人是趋利避害的经济人；

（2）经济人具有效益最大化追求；

（3）经济人具有逻辑推论和数学计算的能力；

（4）经济人能够获得充分的商品信息；

（5）经济人具有自主的选择能力；

（6）经济人有多种备选方案可供选择。

理性选择理论的这些假定，不是对实际经济行为的反映，而是对经济行为所受限制的超越。虽然这些假定能够保证经济学符合逻辑地建立理性模式和理性推论，却难以保证这些理性模式和理性推论符合事实。其中原因并不复杂，因为理性选择理论最根本的假定是没有道德伦理、唯利是图的经济人，是一种从社会关系中被隔离出来的抽象的人，以这种纯粹的经济人为基础做出的假定和推论，在现实经济生活中很难找到其真实存在。正是因此，米塞斯说，经济学“这门学科不考虑偶然性，只考虑本质。它的目的是理解普遍性，而它的程序是形式化和公理化的。它看待行动和行动发生的条件，不是以我们在日常生活中所遇到的它们的具体形式，也不是以其实际的情景，就像我们在自然和历史科学中看待它们的那样，而是把它们看作形式的构造物，它能使我们理解纯粹人类行动的形式”①。

① ［奥］路德维希·冯·米塞斯：《经济学的认识论问题》，12页，北京，经济科学出版社，2001。

米塞斯的这些论述，对于理解经济学的理性推论同实际经济行为之间的矛盾，具有非常明确的启发意义。米塞斯十分清楚地指明，经济学不是依据经验事实做出的理性化推论，而是根据普遍原则做出的先于经验的逻辑推论。经济学追求的不是事实真实性，而是形式合理性。所以，米塞斯又说，经济学“是先验，而不是经验的。正如逻辑学和数学一样，它们不是得自经验，它们先于经验”①。从这个意义上讲，一些基于经验研究而对经济学的形式分析或逻辑推理提出批评的学者，并没有把握经济学的实质，也难以切中经济学的要害。

如果经济学是先验科学，那就意味着它的理论原则不是产生于对现实的观察与概括，而是按照先于经验的思想原则推论出来的理性化模式，其根基在于逻辑演绎和形式构建，其意义在于用符合逻辑的理想设计引导现实追求经济生活理性化。应当说，经济学的这个学科特点具有很重要的积极作用，对于在充满不确定性的市场中设定目标、明确方向和选择方案，具有不可缺失的指导作用。但是，常常出现的问题是，一些以经验事实为基础且旨在描述经验现象的研究，却把先验的经济学原则用作观察事实、说明事实的工具，进而导致用先验描述经验事实的逻辑错误。

经过在长春汽车配件市场（长春高力汽配城）、株洲芦淞服装市场和北京中关村电子市场进行的市场交易秩序调查研究，我们明确地认识到上述分析是符合实际的。在各地的调查研究发现，单纯用理性选择的原则去观察和解释中国市场经济中的交易行为和交易秩序，难免出现生搬硬套、削足适履的研究结果，得出的结论同实际存在的情况相距甚远。首先，在市场中找不到纯粹的经济人，市场中的交易者，无论是经营者还是消费者，都不是单纯追求效益最大化的经济人，他们都是具有某种道德观念或同文化传统不可分割地联系在一起的社会人；其次，市场交易者不仅无法获得充分的商品信息，而且即便获得某些商品信息也未必就能有效地用于市场交易，商品信息在熟悉关系和陌生关系中形成了不同的传递效应；再次，不仅市场交易者是从各种社会关系中走来的社会人，而且市场也是在特定的社会关系中存在的场域，不能脱离社会关系去研究交易行为与交易秩序。

在长春汽车配件市场中，大部分商铺开展以批发汽车配件为主的销售业

① ［奥］路德维希·冯·米塞斯：《经济学的认识论问题》，12页，北京，经济科学出版社，2001。

务，经营者们非常注意同远在全国各地的用户保持比较紧密的关系。尤其那些经营时间长、效益比较好、规模较大的商铺，更是注意维护他们和用户之间的合作关系。在调查中发现，一些经营者一旦同某些用户发生了交易关系，他们就千方百计地增进同用户的联系，不仅尽可能地让用户了解他们所经销的商品，确信他们的商品质量，而且通过请客吃饭、送土特产和年节走访等办法，加强感情联络，形成熟悉关系。可以将这种经营方式或交易关系称之为陌生关系熟悉化。

在陌生关系熟悉化的交易关系中，显示了经营者和用户对熟悉关系的依赖。长春汽车配件市场占地 45 万平方米，是全国规模最大的汽车配件交易市场。到这里批发汽车配件的用户来自全国各地，主要是各地的汽车配件经销商和汽车维修店铺，川流不息的市场交易者，展现了一个以陌生关系为主的社会场景。按照经济学的理性选择原则，交易者可以别无多虑地以经济人身份在这种场面很大的陌生关系中开展理性交易。然而，不仅经营者积极建立同用户的熟悉关系，而且用户在完成比较满意的初次交易之后，也乐于同经营者保持相对稳定的联系。

在株洲芦淞服装批发市场，我们发现经营者和用户之间具有更加紧密的熟悉关系。一位姓刘的服装店老板告诉我们，这里的服装店大都是生产和销售一条龙，大部分店主在批发市场都有门市，同时也有自己的服装加工厂。经营方式也是以批发为主，前来批发的用户既有二级批发商，也有河南、湖北、江西、贵州等地的一些服装零售店。经营者一般都拥有比较稳定的批发客户群，有的经营者同用户之间甚至保持了 10 多年的交易关系，相互间像亲戚朋友一样来往。甚至他们的交易仅用电话沟通，至多寄来一个白条就可以成交。有时对方来个电话就能发过去几千件服装，年末结算，多少年也没有出现差错。这种在熟悉关系基础上的高度信任，虽然不符合现代市场经济的交易规则和管理制度，但却形成了比较稳定的交易秩序。

在北京中关村电子市场，我们发现了一种同长春汽车配件市场和株洲芦淞服装批发市场恰似相反的交易行为——熟悉关系陌生化。中关村电子市场是全国规模最大的电子商品交易市场，是由海龙、鼎好、E 世界等大型卖场组成的电子市场，每天数以万计的来自全国各地的消费者熙熙攘攘、络绎不绝，其陌生面孔快速转换，展开了一个比长春汽车配件市场大得多的陌生空间。到中关村电子市场购物的主要是个体消费者，初次来这里的消费者感到这里不仅面孔陌生，而且琳琅满目的电子商品更是难以辨别真伪优劣，这是一个人和物都十分陌生的世界。

为了避免在中关村电子市场这个陌生世界中上当受骗，很多消费者在购物之前都作了一些市场考察。有的消费者到苏宁和国美等电子市场考察自己准备买的电子产品的类别、规格、配置和价格。更多的消费者是在互联网中收集更丰富的电子商品信息，在充分比较和细致分析后心中有数地前往购物。这种事前准备使消费者实现了一种对预购商品的相对熟悉关系，可谓试图用人对物的熟悉关系去抵御在陌生世界中有可能遭遇的不测风险。中关村电子市场管理部门为了保护消费者利益，建立了电子商品信息发布系统，每天公开发布电子商品市场行情，对消费者清楚了解商品价格、熟悉市场行情起到了积极作用。

消费者的事前准备和市场的信息发布制度，提高了消费者对电子商品的熟悉程度，同时给那些惯于利用电子商品种类繁多、规格不一、配置差别很大和消费者难以做出准确判断等因素来以次充好、以伪乱真的经营者造成了威胁。为了突破消费者对商品信息有了比较清楚的了解进而压缩获利空间的压力，一些计谋多端的经营者创造了一种“转型交易”的销售方式，在中关村电子市场中长期流行。所谓“转型交易”，是指经营者通过干扰消费者掌握的商品信息和购买意向，向消费者推销他们不熟悉的商品，以便以假乱真、以次充好，实现获得高额效益的目的。简言之，经营者通过各种花言巧语，阻挠消费者购买预先准备买的商品，诱骗消费者购买他们不熟悉的商品。

“转型交易”实现了一种关系转变，即把消费者同预先要购买的商品的熟悉关系，转变为同实际购买商品的陌生关系。不仅消费者对预购商品的了解，是一种对个别商品的个别性认识，而且“转型交易”实现的也是一种关于个别对象、个别目的的个别关联，都属于关于个别事物的感性认识，因此不具有可以据之推及他物的普遍性。一旦经营者能够把消费者的注意力从他了解的商品上转移开来，消费者就进入了一种陌生关系，原来掌握的商品信息就会失效，经营者就能比较容易地诱导消费者上当。

进一步说，消费者进入交易之前对商品信息的了解，是对某个商品的品牌、性能、规格、配置和价格等方面的感性认识。尽管一些聪明的消费者进入中关村电子市场之前，能够对要买的商品形成完整的知觉和清晰的表象，但毕竟是与个别对象对应的感性认识。消费者同预备购买的商品被间隔开后，原来形成的知觉和表象就失去了对应物，基于感性认识的熟悉关系就变成了陌生关系，交易行为的目标和策略便被击溃，经营者主导消费者并实现高额利润的目的就会达到。

善于熟悉关系陌生化的经营者们还把这种手段用于同消费者的交往关系上。在交易没有达成之前，经营者会使尽全身招数淡化同消费者之间的陌生关系，通过拉家常、认老乡、示诚意等手段，尽可能地使消费者体验到亲切可信，使初次见面的陌生关系熟悉化。而在"转型交易"完成之后，如果消费者发现吃亏上当，回来交涉甚至退货时，促成交易的经营者会"隐居"起来，由一些陌生经营者出来抵挡，形成了熟悉关系陌生化的转变，增加了消费者交涉的难度。另外，那些常年搞"转型交易"的店铺，为了躲避受害者事后算账，经常采取改换门庭的做法——做了几个月的亏心经营后，他们便注销原来的店铺，另挂一块牌子，以新面孔出现，甚至干脆迁至其他卖场中，致使吃亏上当的消费者难寻其踪。这种行为也可以看成熟悉关系陌生化的一种形式。

总之，无论是在长春汽车配件市场和株洲芦淞服装批发市场，还是在北京中关村电子市场，交易者们都没有脱离社会关系而开展纯粹的理性选择，相反是紧密地依赖着社会关系开展交易行为。在长春汽车配件市场和株洲芦淞服装批发市场中，经营者通过陌生关系熟悉化，培育了同用户间的稳定信任，形成了稳定的市场联系和市场秩序。在中关村电子市场中，虽然熟悉关系陌生化的"转型交易"具有欺骗性，是一种缺德的市场行为，但它也证明了市场行为对社会关系的依赖。并且，消费者同商品的熟悉关系和陌生关系，不仅是人同物的关系，而且其中也表现了人依据感性认识对物的选择，是延续熟悉社会传统、凭借感性认识、依赖感性关系开展交易行为的表现。

四、优化市场交易秩序的新途径

针对市场交易中出现的各种问题，国内学术界发表了很多优化市场交易秩序的研究成果，虽然有许多不同观点，但主要倾向是主张通过制度安排和法治建设，提高市场交易行为的理性化程度，进而促进市场形成稳定协调的交易秩序。应当肯定这些主张有其合理之处，近些年市场的制度建设和法制管理也取得了一定的成绩。但根据在长春、株洲和北京等地进行的市场交易秩序调查，我们发现，仅靠理性化手段很难有效地促进中国市场交易秩序优化，在开展制度安排和法治监管的同时，还应高度重视社会现实对市场行为和市场秩序的广泛制约，充分考虑市场交易者的思维方式和行为方式的深层作用，在文化传统和社会关系对经济行为的紧密影响中探寻市场交易秩序优化的途径。

长春等地的市场交易秩序调查已经证明，熟悉关系是市场交易者可以信赖并能维持稳定秩序的基础，而把熟悉关系转变为陌生关系则可以为不公平交易开辟方便之门。根据这些事实能够推知，可以在中国社会本质上仍然延续熟悉社会传统这个基础上，探索一条陌生关系熟悉化的优化市场交易秩序之路。我们认为，在中国市场交易中推进陌生关系熟悉化，既有符合几千年中华民族文化传统的历史根据，也有符合市场交易者的思维方式和行为方式的现实根据。并且，从市场交易秩序形成的机制上看，陌生关系熟悉化也具有逻辑合理性和现实可行性。

所谓陌生关系熟悉化，首先是交易者之间建立从陌生到熟悉的关系。在具备一定规模且比较活跃的商品交易市场，交易双方在进行初次交易的时候，大部分交易者之间是陌生关系，交易者特别是经营者，应当努力增进双方之间的了解与沟通，促使陌生关系向熟悉关系转变，并且精心维护其持续存在。

其次，商品交易市场应当营造一种人与物之间的熟悉关系。不仅消费者要努力了解所要购买的商品信息，形成人对物的熟悉关系，而且经营者更应当主动明示出售商品的基本信息，使消费者能置身一个他比较容易熟悉的对象面前。这样不仅能够增强消费者的安全感，而且也能提高商品的销售量。

再次，市场管理部门应当以醒目的形式公开商铺及其经营者的信息。市场不仅应当督促经营者主动公开自己的信息，而且应当作为一种硬性制度，要求从事商品销售行为的人员都要明确公布自己的基本信息，特别是商铺老板和经理的信息更应当明确公开，以便消费者能比较方便地了解经营者，遇到问题能及时找到责任人。

借助陌生关系熟悉化来优化市场交易秩序，这是基于熟悉关系仍然是人们社会生活或市场交易行为依靠的基础而提出的主张。因为熟悉社会的传统没有从根本上改变，所以在熟悉社会中形成的道德观念依旧支配着人们的行为。就像在长春汽车配件市场和株洲芦淞服装批发市场中见到的情况那样，交易双方一旦形成了熟悉关系，道德诚信便会被自觉坚持；而在中关村电子市场的陌生关系中，具有欺骗性的“转型交易”却能长期流行。

为什么市场交易者在熟悉关系中能践行道德原则、保持诚信交易，而在陌生关系中却敢于突破道德规范、进行欺骗交易？其中的原因虽然很多，但最深层的原因还在于中国社会本质或文化传统的延续作用。道德诚信是文化传统的基本内容，费孝通和梁漱溟等人论述的中国人注重道德伦理、讲究诚实信誉的品质，形成并传承于具有悠久历史的传统社会，是在农业生产、土地文明基础上的熟悉社会或伦理社会中形成的道德传统或价值体系。尽管近些年改革开放和市场经济发展对传统文化已经形成了有力冲击，但中华民族的文化传统并没有断裂，仍然以其强大的惯性在社会生活中发生着稳定的作用。当交易者进入熟悉关系时，积淀于交易者心理深处的传统道德观念就会规定他们的交易行为。而当交易者进入陌生关系时，一套基于陌生关系的道德传统还没建立起来，旧传统道德发挥不了作用，而新道德传统又未建立，道德缺失的交易行为也就难免发生。

在当前市场交易秩序问题不断、屡现危机的情况下，应当认真思考中华民族文化传统的本质及其对稳定市场秩序的深层作用。梁漱溟对中华民族文化传统的本质特征作了深入思考，他的很多观点对于理解文化传统在中国社会生活各方面的深层作用，具有十分深刻的启发性。在梁漱溟看来，以儒学为核心的传统文化教化，在中国形成了与西方文化不同的文化路向——“往旁边看”①。这种遇事环顾左右、往旁边看的文化路向，是中国人在经济、政治和社会各方面生活的基本取向，是中国社会以伦理为本位的心理基础和文化根基。伦理即人际关系，“伦理关系，即是情谊关系，亦即是其相互间的一种义务关系。伦理之‘理’，盖即于此情与义上见之”②。伦理本位就是在社会生活的各种层面，都要把注重情义的义务关系放在首位，成为为人处世的前提。

虽然市场交易是实现功利目标、谋取经济效益的行为，但市场交易一定是通过人与人的交往行为完成的，所以，市场交易回避不了道德伦理关系，并且只有协调地处理好道德伦理关系，才能使商品交易秩序保持稳定，进而

① 梁漱溟：《东西方文化及其哲学》，见《梁漱溟学术精华》，43页，北京，北京师范学院出版社，1988。

② 梁漱溟：《中国文化要义》，72页，上海，上海世纪出版集团，2005。

提高交易效益。知情达意，珍惜人际关系，乃是中华民族千年文化传统中世代传承的珍贵品德，在长春汽车配件市场和株洲芦淞服装批发市场中，那些注意把陌生关系转化为熟悉关系并加以精心维护的经营者，是自觉或不自觉地保持了中华民族文化传统这一美德，以至于支持了自己的销售效率和经济效益。而在中关村电子市场，见利忘义、背信弃义的转型交易已经造成了严重后果，曾经蒸蒸日上的电子市场，如今已经江河日下，不仅去那里购物的消费者日渐减少，而且效益也日趋滑落，一个较大的卖场——太平洋大厦已经关闭，其他卖场也在寻找挽救颓局的道路。

陌生关系熟悉化的另一个重要根据是在传统文化中孕育而成的思维方式。思维方式是指人们的思想意识活动表现出来的基本立场、追求目标、运思形式和价值取向等因素构成的思维模式。在传统哲学中，思维方式主要是指理性思维的展开模式，感性意识活动则不被考虑在思维方式范畴之中。然而，思维方式都是特定历史条件和文化传统的产物，在中国历史条件和文化传统下形成的思维方式，是一种注重感性形象、具体目标和伦理关系的思维方式。费孝通论述的“亲密的感觉”，梁漱溟论述的把情与理融为一体的“往旁边看”，其实都在论述一种与逻辑思维不同的感性层面的思维方式。

注重感性目标、感性象征和感性关系的感性思维方式，是由两千多年的儒学为核心的感性教化培育而成的。孔子的感性教育方式为后来两千多年的感性教化树立了典范，他在讲述自己的思想观点时，很少去讨论抽象的理论逻辑，而是注意用生动的感性事实引导人们的实践行为。例如《论语·颜渊》云：“颜渊问仁。子曰：‘克己复礼为仁，一日克己复礼，天下归仁焉。’”“颜渊曰：‘请问其目。’子曰：‘非礼勿视，非礼勿听，非礼勿言，非礼勿动。’”孔子像这样从人的具体行为或人际关系中阐发思想观点，而不是从概念逻辑或抽象推论展开辨析的做法，在他的著述中随处可见。

费孝通对孔子为代表的感性教化有深刻领会，他深有感触地说：“我读《论语》时，看到孔子在不同人面前说着不同的话来解释‘孝’的意义时，我感到这种乡土社会的特性了。孝是什么？孔子并没抽象地加以说明，而是列举具体的行为，因人而异地答复了他的学生。”① 正是这种直接规范感性行为的文化教化，在传统社会形成了礼俗秩序，并且礼俗秩序也是一种人们

① 费孝通：《乡土中国　生育制度》，11页，北京，北京大学出版社，1998。

通过感性意识和感性行为践行的感性秩序。“如果我们对行为和目的之间的关系不加以推究，只按照规定的方法去做，而且对于规定的方法带着不这样做就会有不幸的信念时，这套行为也就成我们普通所谓‘仪式’了。礼是按照仪式做的意思。”① “礼是合式的路子，是经过教化过程而成为主动性的服膺于传统的习惯。”②

费孝通关于经过感性教化而形成感性秩序的论述十分深刻，但他过高估计了现代社会变迁对传统道德和传统礼俗秩序的冲击。他说：“在一个变迁很快的社会，传统的效力是无法保证的。不管一种生活的方法在过去是怎样有效，如果环境一改变，谁也不能再依着法子去应付新的问题了。”③ 时下改革开放和市场经济发展引起的社会变迁，要比费孝通在 20 世纪 40 年代面对的社会变迁深刻得多，然而，人们的感性思维方式和社会的感性秩序并没有从根本上改变，通过感性教化孕育而成的道德传统依然在发挥着稳定的作用。

休谟曾经论述了感性意识同道德准则的关系。休谟指出：“道德宁可说是被人感觉到的，而不是被人判断出来的。”④ 在他看来，人们的道德观念起源于人们的知觉，而知觉是由感觉、情感和情绪等感性意识构成的。简言之，道德起源于感性意识，而不是理性思维。理性思维是概念、判断和推理的逻辑过程，其作用在于揭示事物的客观规定性，在于形成是否符合对象的判断。“理性的作用在于发现真或伪。真或伪在于对观念的实在关系或对实际存在和事实的符合或不符合。”⑤ 而道德观念或道德准则都不是对事物真伪做出的符合与不符合的判断，它是根据主观要求做出的应然性评价，因此，休谟认为：“道德上的善恶区别并不是理性的产物。”⑥

休谟的观点有助于理解在中国市场交易关系中推进陌生关系熟悉化的重要意义。如果休谟关于道德起源于感性意识的观点是成立的，那就意味着，中华民族由感性教化而成的感性思维方式，同道德观念具有本质层面的统一性。并且，熟悉关系或熟悉社会的本质联系也是一种感性关系，所以，注重感性思维的社会成员，在感性的熟悉关系中坚持道德准则，要比在理性化的

① 费孝通：《乡土中国　生育制度》，51 页，北京，北京大学出版社，1998。

②③ 同上书，52 页。

④ ［英］休谟：《人性论》（下册），510 页，北京，商务印书馆，1977。

⑤⑥ 同上书，498 页。

关系中容易得多。

促进陌生关系熟悉化，还有利于人们有效地进行感性选择。市场交易行为一定是选择行为，但选择未必一定是理性选择。理性思维所支配的理性选择行为，虽然是市场交易过程中经常发生的行为，但它不是唯一的选择行为。因为理性选择要在经济人、效益最大化追求、信息充分和选择自主性等假定前提下才能进行，而这些假定前提通常是难以具备的，所以理性选择也不是能够轻易进行的。相反，在市场中广泛发生的选择行为是由感性意识支配的，笔者称之为感性选择。特别是在中国社会，注重感性思维和熟悉关系的市场交易者，其大量交易行为是一种感性选择。

如果考虑到中国社会转型期的熟悉关系与陌生关系并存的复杂性，感性选择在市场交易行为的问题更值得重视。根据长春等地的实地调查发现，在熟悉关系中，商品信息和交易双方的信息都呈现为相对透明状态。特别是诚信关系维持交易行为不断重复，提高交易过程的熟悉程度，降低了交易行为中的不确定性或风险性。模仿、延续、从众等感性选择行为普遍发生，并且降低了交易成本，提高了交易效益。因此，在熟悉关系中，交易双方互相戒备、斤斤计较、力争效益最大化以及无情竞争的理性选择趋于淡化，而保持诚信、注重友情、淡化计算和持续重复的感性选择则能持久发生。

[法治社会]

第十章　回顾与反思：我国现代法治建设的历程

——以法社会学理论为视角

郭星华*

在20世纪中国法律发展的历史进程中，伴随着三次历史性巨变，产生了三次法律革命，即1911年辛亥革命所引发的第一次法律革命，1949年中国人民大革命胜利所形成的第二次法律革命，以及与1978年改革开放相伴而生的第三次法律革命。① 这里所说的“第三次法律革命”就是伴随着改革开放而全面开展的现代法治建设。2011年十一届全国人大四次会议时，吴邦国委员长宣布中国特色社会主义法律体系已经形成。2013年党的十八大提出“全面推进依法治国”、“加快建设社会主义法治国家”等方针，昭示着我国的现代法治建设进入了一个全新的历史时期。从1978年到2013年，走过35年的现代法治建设经历了不同的历史阶段，有很多东西值得总结。本章以法社会学理论为视角，力图对改革开放以来我国的现代法治建设进行宏观上的梳理，反思其中的问题，以期寻找一些带有前瞻性

* 郭星华，中国人民大学社会学理论与方法研究中心暨法律社会学研究所教授，博士生导师；参加编写的还有：石任昊，中国人民大学社会学系博士研究生。

① 参见公丕祥：《当代中国的法律革命》，38～39页，北京，法律出版社，1999。

的判断。

一、社会管制："拨乱反正"阶段（1978—1989年）

纵观中国几千年的封建历史，如费孝通所言，中国传统社会是个"无法"的社会，假如我们把法律限于以国家权力所维持的规则；但是"无法"并不影响这社会的秩序，因为乡土社会是"礼治"的社会。[①] 在传统帝国向现代民族国家转型的过程中，中国共产党打破了旧的"权力的文化网络"[②]，建立新的"权力的组织网络"，并最终整合到正式的国家政权组织体系之中[③]。直到改革开放前，中国社会主义新传统体现在三个方面：独立自主地开展富国强兵之宏业；建立具有高度社会控制和动员能力的"总体性社会"体制；重建道统，铸造新人。[④] 这种以国家行政权力为社会秩序基础的社会形态也可称为"权治社会"[⑤]，其核心在于政府权威超越所有权威，具体表现为政策的地位高于法律的地位。这种社会治理模式一方面实现了国家政权的稳固，一方面也使得建国后法律虚无主义盛行。

封建传统的"礼治"与革命传统的"权治"作为国家治理模式的两种具体类型，虽然在价值核心、制度设置等方面存在差别，但从"人治—法治"二元对立的角度讲都属于"人治"，法律始终停留在"器物"层面之上。面对建国后一系列政治运动对国家建设造成的严重动荡，1978年中共十一届三中全会制定了以经济建设为中心的政治路线，果断地停止了"以阶级斗争为纲"的口号，做出了把工作重心转移到社会主义现代化建设上来的战略决策，第一次提出了加强社会主义民主和法制建设的任务和原则。

---

① 参见费孝通：《乡土中国　生育制度》，49页，北京，北京大学出版社，1998。

② [美] 杜赞奇：《文化、权力与国家：1900—1942年的华北农村》，南京，凤凰出版传媒集团、江苏人民出版社，2008。

③ 参见强世功：《法制与治理——国家转型中的法律》，109页，北京，中国政法大学出版社，2003。

④ 参见应星：《村庄审判史中的道德与政治——1951—1976年中国西南一个山村的故事》，1页，北京，知识产权出版社，2009。

⑤ 郭星华、王平：《正式法律与民间规范的冲突与互动》，见郭星华、陆益龙：《法律与社会——社会学和法学的视角》，209～225页，北京，中国人民大学出版社，2004。

需要指出的是，中国的改革是从总体主义体制起步的，在改革开放的初始阶段，政府在国家与社会的权力分配格局中占据着绝对的主导地位，这既决定了改革本身就是在“总体性社会”之上进行的“政府主导性改革”，又决定了社会建设的动力只可能源自执政党内部。在这种现实背景下，法治建设的推动必然带有“权治”的历史色彩，法律仍然被视为一种打击敌人、维护政权统治的工具和手段，正如1981年6月中共十一届六中全会在《关于建国以来党的若干历史问题的决议》中进一步指出的：“必须巩固人民民主专政，完善国家的宪法和法律并使之成为任何人都必须严格遵守的不可侵犯的力量。”① 因此，这一时期我国的法治建设虽然体现了“法治”的精神内核，但仍以政府管控为手段，对历次政治运动中造成的一系列冤假错案进行平反，恢复“文革”期间被破坏的社会秩序，重建国家的法律制度，也即“拨乱反正”。

这一时期法治建设的具体做法，大致包括以下几个方面：

1. 制定一些粗线条的、略带原则性的法律规范

从1979年到上世纪80年代中期，中国出现了改革开放之后的第一次立法高峰：先后制定了《刑法》、《刑事诉讼法》、《民事诉讼法》、《民法通则》等一大批用以维护社会基本秩序的法律法规。其中，1982年12月五届全国人大五次会议通过的“八二宪法”为中国的改革开放和法治发展奠定了基本的制度和法律框架。“八二宪法”指出：“全国各族人民、一切国家机关和武装力量、各政党和各社会团体、各企业事业单位，都必须以宪法为根本的活动准则，并且负有维护宪法尊严、保证宪法实施的职责。”“任何组织或者个人都不得有超越宪法或法律的特权。”“一切违反宪法和法律的行为，必须予以追究。”

党的这一系列决定和宪法的规定，既是社会主义法治建设的重要保障，也是我国的法治建设在指导思想上已经完成了拨乱反正，开始了社会主义法治建设的重大历史转折的标志。

2. 重建司法机关和政法系统

1978年五届全国人大一次会议决定恢复人民检察院；1979年全国人大又通过决议恢复司法部，主管司法行政事务；1979年律师制度开始恢复，1986年进行了第一次律师资格全国统一考试；1986年六届全国人大常委会第

① 中共中央文献研究室：《三中全会以来重要文献选编》（下册），788页，北京，人民出版社，1982。

十八次会议决定重新设立监察部，司法机关和法律监察机关开始逐渐健全。

更为重要的是，“文革”期间被搞乱了的执政党与司法机关的关系重新恢复。1979年中共中央宣布取消由党委审判案件的制度，并在《中共中央关于坚决保证刑法、刑事诉讼法切实实施的指示》中以中央文件的形式予以确认。1982年1月13日颁布的《中共中央关于加强政法工作的指示》中明确指出：“各级党委对政法工作的领导，主要是管方针、政策，管干部，管思想政治工作，监督所属政法机关模范地依照国家的宪法、法律和法令办事。”① 这些努力都使司法审判工作开始逐渐走上正轨。

3. 进行法治精神的价值启蒙

任何一种法律制度的形成发展，都有其深刻的历史文化背景和特定的社会人文环境。从世界法律发展史来看，文化启蒙与法治建设又是必然相互关联的问题。无论近代的中国还是西方，大凡文化启蒙运动必起因于对于传统的反思或批判，其结果，往往会导致政治制度的变革和法治建设的兴盛。在此过程中，学者们基于其社会关怀而倡导的法治理念和道德观念亦往往成为变革中的政治制度及法律制度的精神导向。② 这种精神导向大体表现在两个方面：

首先，普法运动增强了民众的权利意识，规范了纠纷解决的法律方向。从1980年代中期开始，为了普及现代法治理念、增强民众的权利意识，中国开展了轰轰烈烈的普法运动。从一定意义上讲，我国的现代法治建设是伴随着普法运动而全面展开的。从1985年“一五”普法开始，到现在已经进入“六五”普法阶段，虽然在具体论述上存在变化，但“学法、知法、守法、用法”一直是普法运动中常见的话语。与之相伴的是，民众的诉讼观念也在发生变化，傅华伶（Fu Hualing，1992）指出：“后毛泽东时代的政府可以运用传统价值和非官方的社会组织将纠纷遏制于萌芽之时，而一旦纠纷升级，它更趋于鼓励争执者诉诸法律机制。”③

其次，法律的泛道德主义、泛政治主义盛行。随着文化理想与某种固定的社会秩序图像的同一，道德“被法律化”。在此过程中，道德秩序脱离伦理范畴；遵奉本身成了一种目的，从而使文化理想的批判功能遭到削弱、甚

① 龚育之等主编：《中国二十世纪通鉴》（第五册），北京，线装书局，2002。

② 参见郭成伟、马志刚：《近代中西方文化启蒙及法制建设之比较》，载《比较法研究》，2001（2）。

③ 傅华伶：《后毛泽东时代中国的人民调解制度》，见强世功编：《调解、法制与现代性：中国调解制度研究》，316页，北京，中国法制出版社，2001。

至被彻底抛弃。[1] 因为规则骤增，违反规则的风险也成倍增长；甚至连轻微的犯罪也成了权威削弱或道德败坏的潜在征兆。于是，任何违法都会引起某种与从根本上侵犯共同体的道德前提相对等的反应。[2] 从这方面讲，“拨乱反正”阶段的法律建设将中国传统的道德伦理法律化，增强了社会控制的强度。从另一方面讲，法律道德主义倾向于惩罚性法律，即它把一种惩罚倾向注入诉讼程序。惩罚性法律是不分青红皂白的，它极少考虑犯法的具体场合或各种替代性出发的实际价值。它当作犯法范型的不是不履行某种特定义务，而是不服从行为本身。[3] 其结果就是法律与政治紧密结合、官方的自由裁量权不断蔓延，同时，在法律体系中《刑法》的实践价值远远高于其他法律。

回顾“拨乱反正”阶段的法治建设，“社会管制”作为国家治理模式的一个类型彰显出特有的时代特征。就管制理论而言，其范畴可以分为“经济管制”（economic regulation）、“社会管制”（social regulation）与“行政管制”（administrative regulation）三大类。经济管制是国家干预私人市场的自主决策，以减少竞争障碍和经济的外部性，提升经济本身的运作效率；社会管制超越了行业类别的限制，是针对“社会一致性”所进行的规范，其具有强烈的实质正义的目标；行政管制是基于“官僚制”本身而衍生出的一系列政治规范，是因政府管制而带来的管制。[4] 应该说，在中国法治建设的语境下，“社会管制”已经超越了以上三种类别的概念范畴，更多地表现为在政治领域实现社会稳定的“强制”。在这种理念下的法律屈从于统治权力，其形成的法律秩序在很大程度上仍与政治、行政和道德秩序没有本质上的区别，法律虽然在“实质正义”层面稳定了社会秩序、启蒙了人们的权利意识，但其形式则带有明显的社会控制色彩。

二、社会管理：促进经济发展阶段（1990—2010年）

1992年10月，中共十四大明确提出了我国经济体制改革的目标是“建

① 参见［美］诺内特、塞尔兹尼克：《转变中的法律与社会：迈向回应型法》，54页，北京，中国政法大学出版社，1994。

②③ 参见上书，55页。

④ 参见曹海军：《作为社会管制的社会管理理念初探》，载《探索》，2010（3）。

立社会主义市场经济体制”。鉴于此，1993年11月中共十四届三中全会通过的《关于建立社会主义市场经济体制若干问题的决定》指出：“建立社会主义市场经济体制，就是要使市场在国家宏观调控下对资源配置起基础性作用”，“建立相应的法律体系，采取切实措施，积极而有步骤地全面推进改革，促进社会生产力的发展”。与此同时，90年代中期以后法治的呼声越来越高，学术界也兴起了“法制”与“法治”的讨论。[①] 1997年党的十五大第一次提出“法治国家”的概念，把“建设社会主义法治国家”确定为社会主义初级阶段基本纲领的重要组成部分和社会主义现代化的重要目标。1999年3月15日，九届全国人大二次会议把“实行依法治国，建设社会主义法治国家”载入宪法，为实施依法治国的方略提供了最高的法律保障。从“社会主义法制国家”到“社会主义法治国家”，看起来只是一字之差，实质上却是一次重大的观念变革。这两个历史事件正式宣告了中国政府在价值导向上确立了法律在国家、社会管理中的支配性地位，“因为，不管一个国家的政体如何，如果在它管辖范围内有一个人可以不遵守法律，所有其他的人就必然会受这个人的任意支配”[②]。

如果说改革开放以后的首要任务是“恢复秩序”的话，那么进入1990年代，我国的社会建设进入快速发展时期，法治建设的重心也开始转向经济领域，因此，这一阶段法治建设的目标是建构社会主义市场经济所需要的法律体系和制度，其口号是“为经济建设保驾护航”。这些都极大地拓宽了中国法律制度的调整范围，也为中国的现代法治建设注入了新的活力。本节从“具体法制”与“精神总结”两个层面对这一阶段现代法治建设予以归纳。

1. 促进经济发展阶段的具体法制

(1) 立法情况。

上世纪90年代初期开始出现了改革开放以来第二个立法高峰，其内容开始向经济生活领域倾斜。中共十四届三中全会明确提出要在20世纪末初步建立适应社会主义市场经济的法律体系，为了发展社会主义市场经济

---

① 参见孙国华：《法制与法治不应混同》，载《中国法学》，1993 (3)；张浩：《简论法制与法治》，载《中国法学》，1993 (3)；朱景文：《关于法制和法治的几个理论问题》，载《中外法学》，1995 (4)；蔡定剑：《法制的进化与中国法制的变革——走向法治之路》，载《中国法学》，1996 (5)；李步云、黎青：《二十年改一字——建国以来法学界重大事件研究》，载《法学》，1999 (7)。

② [法] 卢梭：《论人类不平等的起源和基础》，52页，北京，商务印书馆，1962。

的需要，八届全国人大一次会议还对“八二宪法”进行了修改，规定我国实行社会主义市场经济，为建立和发展社会主义市场经济制度铺平了法律道路。

仅 1993 年、1994 年两年全国人大及其常委会通过的经济方面的法律就有《公司法》、《台湾同胞投资保护法》、《反不正当竞争法》、《城市房地产管理法》、《对外贸易法》、《注册会计师法》、《预算法》、《农业法》、《仲裁法》、《审计法》、《广告法》等。与此同时，《保险法》(1995)、《票据法》(1995)、《证券法》(1998)、《合同法》(1999)、《担保法》(1995)、《合伙企业法》(1997)、《物权法》(2007)、《劳动合同法》(2007) 也相继实行。具有中国特色的用以规范、调整市场经济的法律体系正在迅速建立。

(2) 行政执法。

在市场经济条件下，“权力本位”逐渐淡化，依法管理成了必然。进入 1990 年代，伴随着《行政复议法》(1999)、《行政处罚法》(1996)、《行政许可法》(2004)、《监督法》(2006)、《公务员法》(2006)、《政府信息公开条例》(2007) 等一系列规范政府行为的国家法的出台，地方各级政府出于快速发展经济、维护社会稳定的需要和利益的驱动，在推行具体法制方面表现出极大的热忱，中国法治建设的重心悄然下移。行政由“管理”向“执法”的转变具有重大意义：首先，在民主制度下，“行政”意味着执行人民的意志办理具体事务，政府的角色也从权力的“主人”过渡为权力的“执行者”；其次，法律通常是通过严格的立法程序，反映客观规律的产物，依法行政就意味着符合规律的科学行政；最后，市场经济是法治经济，政府与市场主体的关系是法律关系，行政执法更多意指以法治为核心、追求高效运行的行为理念。

(3) 司法制度。

在市场经济的作用下，司法方面的一些深层次变革也开始逐渐显现：一是司法权在国家权力架构中的重要性得以提升，法院、检察院在国家权力架构中的不可替代性终于得以承认。二是法院完成了由专政到维权职能的根本转变。改革开放之初，中国法院所审理的案件一半以上都是刑事案件，进入 1990 年代，民事、经济案件成倍增加，这一切都促使法院的职能转向处理社会矛盾、规范市场环境。三是中国的法院开始有了独立、中立的属性。据统计，1979 年全国各级法院民事案件一审受案率为 389 943 件，而 2004 年为 4 332 727 件，是 1979 年的 11.11 倍，年平均增长率为 10.7%。[①] 四是法律职业共同体开始渐露端倪，特别是随着 1995 年《法官法》和《检察官法》的颁布及实施，司法从业人员从根本上完成了替换，接受过正规法学院教育的毕业生逐渐成为各级司法机关的主体。

2. 促进经济发展阶段法治建设的精神总结

（1）从法治发展的逻辑看，此阶段属于现代法治的制度设计阶段。

“法治仅仅作为理念和价值，停留在观念形态上是不可能成为民主体制的政治现实。作为意识的法治的功能，在于向人们提供一种目标模式、理想状态、理念架构、价值准则和行为指向等，引导社会向更理性化和秩序化的方向进化。如何将理念层面的法治与一个处于特定文化和传统中的国家或社会的现实需要结合起来，将理想引入现实，它的起点之一，就是将法治制度化，用宪法和法律把法治的理念要求规定或确认下来，成为一个国家民主政治和宪政体制中的组成部分，转化为概括并浓缩了各项法律制度、程序和规则的一系列法治原则。”[②] 法治从本质上讲，即“法律之治”，而法律之治的前提就是建立起一套科学合理的法律体系。如果说，1978 年改革开放之初的法治是以恢复正常司法秩序为手段、普及法治价值理念的话，那么，从 1990 年到 2010 年的这 20 年，我国的法治建设则是通过制定大批用以调整经济生活的法律规范，为社会的改革和经济的发展承担起制度设计的功能。

从实然与应然二分的角度来看，价值启蒙是一种应然意义上的法治建设，制度设计则是一种实然意义上的法治建设。从价值启蒙到制度设计，我国的现代法治不仅从理念上完成了从应然向实然的突破，更在实践中日益凸显“程序正义”的特点。实际上，这里达成了一种历史交易：法律机构以实体服从换得程序自治。虽然政治共同体赋予法官一种免受政治干预而行使的有限的权威，但是这种豁免的条件是法官使自己脱离公共政策的形成过程。这就是司法赢得其“独立”的代价。[③]

（2）法律的泛政治化和泛道德化色彩逐渐淡化，开始向日常生活法则回归。

---

① 参见朱景文：《中国法律发展报告 2010——中国立法 60 年》，北京，中国人民大学出版社，2011。

② 李林：《法治的理念、制度和运作》，载《法律科学》，1996（4）。

③ 参见［美］诺内特、塞尔兹尼克：《转变中的法律与社会：迈向回应型法》，64 页，北京，中国政法大学出版社，1994。

伴随着市场经济的发展，我国的诉讼程序，尤其是民事诉讼程序从之前的政治性判决逐渐向经验法则进行转变。在这一过程中，表象上留给了法官一定程度的自由裁量权，更深层次的变化则是我国法治建设在社会管理理念的指导下，开始关注日常生活层面的资源配置与公共服务，更好地激发了法律在调整社会秩序、配置社会资源、维护社会正义等方面的活力。从这个角度讲，这20年来我国法治建设的一大特点是法律的泛政治化、泛道德化色彩日渐淡化，法律诉讼的内在规则不断向生活层面回归。其中，可以“反革命罪”和“流氓罪”的罪名变迁加以说明。

“反革命”是一个政治概念，“反革命罪”是刑事立法泛政治化的突出表现。每当国家政治生活不正常时，“反革命罪”就会被启用，并制造了大量的冤假错案。由于历史的惯性，1979年制定的《刑法》中仍然保留了“反革命罪”。伴随着国家工作重心的转移和社会管理理念的确立，1988年全国人大法工委在讨论《刑法（修正草案）》时主张将“反革命罪”更名为“危害国家安全罪”。进入1990年代，“反革命罪”日渐淡出人们的生活世界。“流氓罪”亦是一个颇具中国特色的罪名。由于“流氓”的概念本身具有较大的歧义和道德含义，法律上的规定又过于原则，“流氓罪”就成了国家、社会对公民进行道德评价的最简单方式。所以，就某种程度而言，流氓罪的存在成了制约中国社会观念变革的堡垒之一。1997年通过的《刑法（修正案）》，将流氓罪加以废除，细化为诸如聚众淫乱罪、强制猥亵妇女罪等6个更为具体的罪名。①

应该说，从1990年至2010年这20年的法治建设，“社会管理”作为这一时期的国家治理模式产生了重要作用。根据对社会及其本质的界定，所谓社会管理，就是在一定的共同价值基础上，人们处理社会事务和提供社会公共服务的过程。② 在现代社会中，社会管理的主要任务是资源再分配、提供公共服务、减少社会问题，并最终建立起一个有序的社会共同体。中国的“社会管理”理念可以概括为：政府通过制定专门的、系统的、规范的社会政策和法规，管理和规范社会组织，培育合理的现代社会结构，调整社会利益关系，回应社会诉求，化解社会矛盾，维护社会正义、社会秩序和社会稳定，孕育理性、宽容、和谐、文明的社会氛围，建立经济、社会和自然协调

① 参见侯欣一：《改革开放以来中国法治进程回顾与展望》，载《天津法学》，2011（4）。

② 参见丁元竹：《中国社会管理的理论建构》，载《学术月刊》，2008（2）。

发展的社会环境。[1] 纵观这一时期的法治建设，其核心在于追求“程序正义”，法律在一定程度上脱离了政治控制，立法、行政、司法体系也不断深化自身的独立性，使得整个社会实质性地迈向了“法治”。这些努力不仅迎合了社会主义市场经济的发展要求，也缓和了社会管制留给社会的创伤，保证了社会的高速发展。从这个角度讲，最好是把法治理解为一种独特的机构体系而非一种抽象的理想。这种体系的主要特征就是形成了专门的、相对自治的法律机构，这些机构在各个规定的职能范围内要求一种有限的至上性。[2]

三、社会治理：构建和谐社会阶段（2011 年至今）

改革开放以来，“效率优先、兼顾公平”的分配原则既使中国的经济建设取得了巨大成就，也使得我国的民生问题日渐凸显，其中最为突出的就是：社会弱势群体的利益诉求缺乏有效的表达渠道，改革的成果也未能科学、合理地分配。伴随着社会建设的发展，社会各界更加呼吁“社会公平”，整个社会对法律的认识也不仅仅停留在保障市场经济的有效运行上，其更被视为一种平衡公共权力与个体权利的重要手段。这些因素共同促使我国现代法治建设的重心开始从经济领域向社会领域转变，以追求社会正义与多元主体协同共建为核心的社会治理理念也逐渐融入法治建设之中，“构建和谐社会”成为这一时期我国法治建设的重要目标。基于此，本章从法律制度、建设逻辑、价值取向三个方面对 2011 年以来我国现代法治建设的特征予以整理。

1. 法律制度：中国特色社会主义法律体系已经形成

2011 年 3 月 10 日，吴邦国委员长向十一届全国人大四次会议作全国人大常委会工作报告，宣布：“一个立足中国国情和实际、适应改革开放和社会主义现代化建设需要、集中体现党和人民意志的，以宪法为统帅，以宪法

① 参见陈振明：《什么是政府的社会管理职能》，载《新华文摘》，2006（3）。

② 参见［美］诺内特、塞尔兹尼克：《转变中的法律与社会：迈向回应型法》，59 页，北京，中国政法大学出版社，1994。

相关法、民法商法等多个法律部门的法律为主干，由法律、行政法规、地方性法规等多个层次的法律规范构成的中国特色社会主义法律体系已经形成。”① 《中国特色社会主义法律体系》白皮书中指出：“截至2011年8月底，中国已制定现行宪法和有效法律共240部、行政法规706部、地方性法规8 600多部，涵盖社会关系各个方面的法律部门已经齐全，各个法律部门中基本的、主要的法律已经制定，相应的行政法规和地方性法规比较完备，法律体系内部总体做到科学和谐统一，中国特色社会主义法律体系已经形成。”②

在我国社会主义法律体系的建设中，“追求公平、限制权力”为特征的社会治理理念尤为突出，具体而言：在立法方面，《国家赔偿法》等一批更加具体、有效地保证公民权利的法律得以颁布或修正，立法的价值取向也开始转向社会公平，进一步强化对社会弱势群体的社会保障；在行政方面，各级部门出台了一系列用以规范、约束公共权力的法律法规，日益彰显以限制公权力为核心的现代法治理念；在司法方面，以法院为中心、以诉讼审判为主流的纠纷解决方式日益转向纠纷的多元化解决，不仅在民事案件、轻微刑事案件上强调调解，甚至在行政案件上也坚持调解优先。这表明伴随着社会主义法治理念的不断深化、普及，严格执法、高压管控的政策开始向宽严相济、多元兼收的政策进行转变，寄希望以调解的方式解决社会深层次矛盾。③

2. 建设逻辑：全面推进依法治国更加关注法治的实践层面

2012年党的十八大报告明确提出，“全面推进依法治国”，并且明确了“法治政府基本建成，司法公信力不断提高，人权得到切实尊重和保障”等基本目标。法治不仅是治国方略，更为重要的是法治建设是一个具体的运作过程。对于理想的法治状态来说，仅仅具有法律制度意义上的法治还是远远不够的。在法律制度基本完备之后，法治建设关注的重心是如何通过司法机关和其他国家机关的落实来使法律制度的规定切实演化为实在的法治秩序，也即法治的实践关切。所以，从法治的逻辑结构上看，制度形态的法治实践

① 《吴邦国：中国特色社会主义法律体系已经形成》，见中国新闻网，http://www.chinanews.com/gn/2011/03-10/2895965.shtml。

② 《〈中国特色社会主义法律体系〉白皮书发布》，见中央人民政府网站，http://www.gov.cn/jrzg/2011-10/27/content_1979498.htm。

③ 参见侯欣一：《改革开放以来中国法治进程回顾与展望》，载《天津法学》，2011（4）。

是一个较为高级的阶段。因此，伴随着中国特色社会主义法律体系的形成，党的十八大进一步明确了“更加注重发挥法治在国家治理和社会管理中的重要作用，维护国家法制统一、尊严、权威，保证人民依法享有广泛权利和自由”。这也意味着中国法治建设的中心开始转向法律实践阶段，强调法律实施的准确性、有效性和全面性。

在这种背景下，我国现阶段的法治建设也开始从以往的重制度建设轻实践落实、重体系建构轻个案论证的局面中改变过来，在不放弃法治价值和法律制度研究的基础上，法治建设的关注热点开始转向对现实中具体个案、具体问题的关注，更加强调法律实施的准确性、有效性和全面性。在 2012 年《民事诉讼法（修正案）》中，进一步对小额诉讼案件加以明确，突破民事审判两审终审制度，规定“标的额为各省、自治区、直辖市上年度就业人员年平均工资百分之三十以下的，实行一审终审”，从而凸显了司法便利化、便民化的特征。同时，随着社会的发展，法律与人民生活的关系日益密切，立法不再为立法者所垄断，立法程序的科学化开始与公众参与有效地结合起来，使得民众融入立法程序、参与“修正案”的讨论越发成为一种普遍的社会现象。

3. 价值取向：法律制度的完善凸显法治建设的权利保障

实际上，理想的法治是工具理性和价值理性的统一。早在两千多年前，亚里士多德就说过：“法治应包含两重意义：已成立的法律获得普遍的服从，而大家所服从的法律又本身是制定得良好的法律。”① 这意味着，法治内涵应包含两个层面，即“法律之治”的“形式法治”层面和“良法之治”的“实质法治”层面。“形式法治”强调程序正义，法治的每个环节，从立法到司法，都必须严格遵循法定的程序，真正做到“有法可依，有法必依，执法必严，违法必究”。“实质法治”则更多地关注“良法”之下的“实质正义”，即对权利保障的关注。从这个意义上讲，中国法治现代化过程，一方面是实现法治形式化的过程，完善法律体系、严格执法的过程；另一方面是对民主、自由、平等为核心的现代法治精神确立和宣扬的过程，即呼唤“良法”的过程。

应该说，进入 21 世纪，尤其是 2011 年以来，“治理”（governance）逐渐成为学术界的重要话语。治理是指公共权威为实现公共利益而进行的管理

① ［古希腊］亚里士多德：《政治学》，199 页，北京，商务印书馆，1965。

活动和管理过程，也即公共利益最大化的管理过程。社会治理理念在中国改革进程中的最终目标就是“善治”，其包含了 10 个要素：合法性，法治，透明性，责任性，回应，有效，参与，稳定，廉洁，公正。① 按照这样的标准，社会治理与社会管制、社会管理的重要区别在于主体的多元扩展性和方式的主动回应性。我们认为，任何复杂的法律秩序或它的一部分都永远不会构成一种绝对一贯的体系，任何特定的法律秩序或法律制度都可能具有一种“混合的”特性，但它的基本形态可能更接近于某一种类型。② 从规范目的的角度讲，社会治理理念下的法律则呈现着“工具主义”的某种复兴，但这种工具主义确实是为了一些极为客观的公共目的，追求法治的程序正义与实质正义的统一。因此，我国的现代法治建设在经历了“社会管理”、“社会管理”之后终于进入了“社会治理”的国家治理模式之中，也正朝向“法治秩序”的方向迈进。

四、反思：改革开放以来中国现代法治建设的理性辨析

回顾我国现代法治的建设历程，我们发现，没有改革开放，就没有今天我国的法治成就。但是，在建构了一个比较完善的法律体系和法律制度之后，我们却面临着一个“法律越多，而秩序越少”的社会，现代法治所追求的法治秩序仍然没有出现。正如 2008 年《中国的法治建设》白皮书中指出的：“民主法治建设与经济社会发展的要求还不完全适应；法律体系呈现一定的阶段性特点，有待进一步完善；有法不依、执法不严、违法不究的现象在一些地方和部门依然存在；地方保护主义、部门保护主义和执行难的问题时有发生；有的公职人员贪赃枉法、执法犯法、以言代法、以权压法，对社会主义法治造成损害；加强法治教育，提高全社会的法律意识和法治观念，仍是一项艰巨任务。”③ 同时，2013 年中共十八届三中全会《中共中央关于

① 关于治理、善治的意义可参见俞可平：《治理与善治引论》，载《马克思主义与现实》，1999（5）；俞可平：《民主与陀螺》，84～86 页，北京，北京大学出版社，2006。

② 参见［美］诺内特、塞尔兹尼克：《转变中的法律与社会：迈向回应型法》，17～19 页，北京，中国政法大学出版社，1994。

③ 中华人民共和国国务院新闻办公室：《中国的法治建设》，载《光明日报》，2008-02-29。

全面深化改革若干重大问题的决定》明确指出要“创新社会治理体制”，“维护宪法法律权威”，“让人民监督权力，让权力在阳光下运行，是把权力关进制度笼子的根本之策”。这些都进一步明确了我国未来的社会建设仍要坚持社会治理理念，最终实现“善治”的治理目标。在这种背景下，我们运用法社会学的理论视角对中国现代法治建设予以反思。

1. 信仰与权威：法律文化层面的反思

任何社会均需要权威，法治国家所需要的是法律权威。正如美国法学家伯尔曼所言：“法律必须被信仰，否则它将形同虚设。”[①] 改革开放以来，我国开展现代法治建设，但民众的法律信仰与法律的权威仍没有实现，需要我们从法律文化层面进行认真反思。

（1）中国法律文化与现代法治精神之间的关系。

“不同文明国度在其社会历史演变中产生了各具特色的不同法律文化传统。它们构成了民族精神的载体，体现了民主的价值准则与价值追求，蕴含着民族法律调整的丰富历史经验，也成为民族观照和反思自身的一面镜子。”[②] 中国传统法治强调“德主刑辅”，这种法律文化适应了中国古代社会的需求，并在数千年的社会发展中不断完善、日臻成熟，并渐趋保守。针对现代法治精神，美国著名的法学家富勒提出了八项原则：法律的普遍性、法律的公布、法律的明确性、法律的稳定性、法不溯及既往、避免法律中的矛盾、法律不应要求不可能实现的事情、官方行为和法律的一致性。[③] 这种法治精神强调法律规则对社会成员的普遍适用，并把例外的情形减少到最低限度。然而，当代中国强调的仍然是规则的个别关怀、特殊关怀，普遍规范在解决具体案件时演变为个人对待，最后出现个别结果，试图将法的共同性在具体行为的调整中化为个别性。在某种意义上，当代中国仍然具有一种差序格局。[④]

回顾历史，我们发现，中国作为一个后起现代化国家，“在近百年的‘法律西化’运动中，有许多矫枉过正的缺失。这种‘矫枉过正’的法律变革，使得我们的法制不但过分对抗中国文化传统，也偏离了西方法文化的精

① ［美］伯尔曼：《法律与宗教》，3页，北京，中国政法大学出版社，2003。
② 公丕祥：《东方法律文化的历史逻辑》，9页，北京，法律出版社，2002。
③ 参见沈宗灵：《现代西方法律哲学》，204--209页，北京，法律出版社，1983。
④ 参见高其才：《当代中国法治建设的两难境地》，载《法制现代化研究》，1998（4）。

神传统”[1]。从近代中国被迫打开国门之时，民族主义意识更多的是一种主观情绪宣泄，而非从民族固有文化本源中寻找与西方法治的理性契合；到新中国成立之后，此起彼伏的社会运动极大地摧残了法治建设的社会根基。[2]直到改革开放，对中国传统文化漠视的思维使得我国的现代法治失去了中国根据、历史基础和文化前提，必然造成一系列的矛盾与冲突。

（2）中国法律文化与现代法律体系之间的关系。

从人类社会发展的经验来看，法律传统作为一种历史文化的力量，具有深厚的社会基础，存在于普通民众的法律意识、心理、习惯、行为方式及生活过程之中，甚至在某种程度上构成了社会成员信仰或认同的载体。[3] 因此，现代化的法律结构并不是由国家法能够建构起来的，而是基于民众对社会规范的心理信仰演化而来的。

在这个意义上，“传统决不意味着腐朽、保守；民族性也不是劣根性。传统使历史和文化的积淀，只能更新，不能铲除，失去传统就丧失了民族文化的特点，就失去了前进的历史与文化基础。我们需要从固有的法律传统中，引出滋润了五千年中国的源头活水，需要科学地总结和吸收有价值的因素”[4]。正因如此，有学者针对我国法律体系对传统的疏离而指出：“由于我们的法律体系整体是以市民伦理为价值取向建立起来的，是以彻底地背离中华法系的亲属伦理法传统的态度、立场而建立起来的。所以现在我们要赶紧做的，不是向以亲属法伦理为价值取向的法律体系中掺进体现市民法伦理的制度因素，恰恰相反，而是要往市民性质法律体系里掺进一些体现亲属法伦理的制度因素，以矫其偏，以合国情，以使法治能更被国人诚悦地接受而更好地发生效力。”[5]

2. 革命与建设：法律制度层面的反思

归根结底，中国的现代法治建设是社会建设的一种特殊形式与状态，把建设错当成革命，必然会导致严重的失误。从制度层面讲，社会管理甚至是社会管制理念所具有的历史惯性始终影响着我国的社会建设。基于改革开放以来的具体国情，这方面的问题主要集中在政策与法治、人治与法治、市场

① 范忠信：《中西法文化的暗合与差异》，北京，中国政法大学出版社，2001。
② 参见高其才：《当代中国法治建设的两难境地》，载《法制现代化研究》，1998（4）。
③ 参见公丕祥：《法制现代化的理论逻辑》，347页，北京，中国政法大学出版社，2003。
④ 张晋藩：《中国法律的传统与近代转型》，北京，法律出版社，1997。
⑤ 范忠信：《中西法文化的暗合与差异》，345页，北京，中国政法大学出版社，2001。

经济与法治这三方面的交互关系上。

（1）政策与法治之间的关系。

改革开放是在中国共产党领导下进行的，其基本经验和做法是：凡涉及改革的事项均由执政党通过党的代表大会、中央全会的决议和党内文件的形式来发动，法律不仅事先不介入，而且事后还要通过制定新的法律或修改现行法条来对这些新的政策加以认可。纵观改革开放以来的法治建设，我们发现一个非常突出的现象：已经制定的法律在不断地修改，刚刚建立起来的制度转瞬间被抛弃，法律制度始终受制于政策导向，过于频繁的变动极大地伤害了法律本身所拥有的制度功能。①

这种做法的本身具有强烈的“国家主义”色彩，在具体的操作层面，社会中有很多人对法治仍然抱有实用主义的态度，始终把法律当成一种配合改革开放政策的工具，服务于社会建设的阶段性目标，从而牺牲了法律的内在逻辑和法治发展的内在规律。这种功利主义思维实际上是革命传统的历史延续，也直接导致了法治建设严重依附于国家政策，法律的独立性和完整性受到严重挫伤，真正法治秩序始终难以形成，而社会治理成本则无限地扩大。

（2）人治与法治之间的关系。

作为一个追求公平、正义、长治久安的国家，法律对公权力的合理配置和有效约束始终是法治建设的基本要求。正如美国法律哲学家博登海默所言：“法律的基本作用之一乃是约束和限制权力，而不论这种权力是私人权力还是政府权力。在法律统治的地方，权力的自由行使受到了规则的阻碍，这些规则迫使掌权者按一定的行为方式行事。”② 因此，改革开放以后我国的现代法治建设以及所追求的法治精神实际上是一种建立在事实基础上的客观规则性的统治，而这与“人治”存在着本质的差异。

同时，我国改革开放的一个基本思路是“稳定压倒一切”。在这个过程中，我们一方面以高压政策将社会风险控制在社会所能接受的范围之内；另一方面，在突发事件中，法律的功能和地位瞬间就会被政治手段予以替代，“人治”思维也即成为社会建设的主导。从某种意义上讲，这种“瞬

---

① 参见侯欣一：《改革开放以来中国法治进程回顾与展望》，载《天津法学》，2011（4）。

② ［美］博登海默：《法理学：法律哲学与法律方法》，358页，北京，中国政法大学出版社，1999。

间止痛”的方法确实对社会的稳定产生了积极作用，但从长远的角度讲，在“人治”与“法治”的反复之间，很多后续的工作实际上是在弥补之前的损失。

（3）市场经济与法治之间的关系。

法治发展是一个以社会建设为动力的渐进过程。“所谓法制现代化，就是要建立起一套与现代化市场经济相适应的法律制度，以取代过去建立在自然经济和计划经济基础上的传统法律制度。市场经济是法制现代化的根本动力，是我们研究法制现代化的逻辑起点。”①

西方法治是从社会内部自然演进而逐步形成的，法治的直接推动力源于成熟的公民社会。反观中国，我国既缺乏法治传统，也没独立于政府与企业之外的组织载体。在改革开放初期，依靠政府力量来推动法治建设有其历史必然性，其优势在于短期内能迅速完成法治精神的价值启蒙与法律体系的制度建设，其劣势在于法治精神与政府权力之间的矛盾日益彰显。伴随着市场化的推进，“人们的秩序感和安全感迅速下降，各种破坏秩序的行为大量发生，作为法治的主要载体——国家制定法的有效性因此首当其冲地受到极大的质疑”②。因此，将整个社会改革作为法治建设的时代背景和内在动力，使法治建设与社会改革相协调的道路仍旧面临许多挑战。

3. 传统与现代：社会关系层面的反思

在中国这样一个具有悠久历史传统的国家进行法治建设，本身就存在很多两难的矛盾，其中传统与现代之间的社会关系就成为影响“规范—秩序”命题的重要因素。因此，从社会发展的角度出发，着重从国家法与民间法、农村与城市，以及过去、现实与未来之间的关系入手，正视中国现代法治建设的外生性与内在需求不足之间的矛盾，以历史主义、现实主义的态度探讨新时期我国法治建设的路径选择，具有重要意义。

（1）国家法与民间法之间的关系。

所谓国家法，可以被一般地理解为由特定国家机构制定、颁布、采行和自上而下予以实施的法律。③ 所谓民间法，是在长期历史实践过程中，经由风俗习惯、价值信念、伦理道德和文化传统演变而来的一套行为规范。国家

① 郝铁川：《儒家思想与当代中国法治》，284 页，郑州，河南大学出版社，1994。

② 郑永流：《法治四章》，222～223 页，北京，中国政法大学出版社，2002。

③ 参见梁治平：《清代习惯法：社会与国家》，34 页，北京，中国政法大学出版社，1996。

的法强调集中与统一，具有自上而下的特征，而民间的法表现出分散与不系统，是由下而上发展的；国家的法突出对国家权威、政府权威特别是中央政府权威的维护，而民间的法更关注个人或群体的自我利益的保护；国家的法主要从宏观上对社会事务、国家事务进行控制和规范，民间的法则与民众日常的事务、身边的劳作生活紧密相关。因此，国家的法与民间的法虽有一致的一面，但在价值指向、作用范围等方面存在差异、对立乃至矛盾、冲突。①

回视当代中国，从习惯于主观情感较浓的治理模式到确立客观的规则统治需要相当长的过程，从伦理法观念向严格规则主义转换更有着相当大的难度。在改变社会关系的过程中，“国家法”与“民间法”之间的冲突在社会变迁的背景下愈发明显，“合理不合法”就成为改革进程中的一种普遍现象。

（2）农村与城市之间的关系。

改革开放以来，中国的现代化进程始于农村，肇始于1980年代的“送法下乡”拉开了现代法治向农村进发的序幕。在某种程度上，它是国家试图以法律的手段重建乡村秩序的一种手段，也是国家权力在其边缘地带试图建立起自己的权威，使国家意志的秩序得以贯彻落实的一种努力。② 这种策略与努力的背后有一个重要的理论预设：农村的生活状态与人际关系以城市化的标准予以设计，农村的法治机构与组织载体也都是按照城市的标准与方法来建设，即我国的法治建设是高度统一的。

然而，中国的农村社会虽然也在现代化，但在许多地方，也还是亲属、家族结邻而居的现状。在此基础上，农村纠纷易于发生也易于化解。一旦经过国家司法机构解决，或者通过国家机构强制执行，当事人及其亲属之间就会形成难以愈合的伤痕。③ 此外，随着法律的日益“祛魅”，它不再是高尚的、体现正义公平的正义武器，而是“脆弱、多变、难以捉摸的东西，很容易被人操纵利用，常常服务于金钱和权势……有时候变成了某个人的意志”④。因此，在现代性因素与市场主义逻辑下，对“送法下乡”、“迎法下乡”等实践还需要进行长期关注和反思。

---

① 参见高其才：《当代中国法治建设的两难境地》，载《法制现代化研究》，1998（4）。

② 参见苏力：《为什么“送法上门”?》，载《社会学研究》，1998（2）。

③ 参见卓泽渊：《中国现代法治的反思》，载《政法论坛》，2007（3）。

④ 冯象：《木腿正义——关于法律与正义》，24页，广州，中山大学出版社，1999。

（3）过去、现实与未来之间的关系。

时间关系上的错位导致对现实的误读，表现在法治建设上就集中于三个方面：其一是将现阶段等同于阶级对抗的社会，把所有的法和国家机器都等同于阶级斗争与阶级统治的工具。其二是将现代社会混同于传统社会，仿佛中国社会建设的基础就是那个遥远的旧时代。其三是误将现阶段等同于未来社会，拔高中国法治所处的历史阶段，对法治提出不切实际的要求。①

回归现实，我国当前的社会已不再是温情脉脉的“礼俗社会”，也不是完全建立在“理性祛魅”基础上的现代社会，而是处在传统向现代过渡的转型社会。由于近代西方法律制度以及法律秩序方面的知识在中国的传播、国家正式的立法以及相关制度构造对于这种知识的接受以及国家权力异乎寻常的扩张导致乡土知识遭受严重贬义，乡土秩序受到肆意破坏，带来了知识分离、法律多元以及社会失范等问题。② 需要说明的是，社会转型的过程是一个现代性不断排挤传统性的过程，尤其在中国应激型现代化的进程中，根植于社会内部的传统性与移植于社会外部的现代性之间的兼容关系十分脆弱，从而难以从社会内部产生推动法治现代化的强大动力。

五、小结与讨论

1. 小结

社会在不断地变动和发展，反映并用以调整社会关系的法律也必然要改变自身。其间，国家治理模式在规划社会走向的同时，也成为影响法律发展的重要因素。从实用主义角度讲，中国改革开放以来的社会变迁向国家治理模式提出了用“软性治理”取代“硬性压制”的时代要求，我国的现代法治建设正是对这种历史诉求的回应，也即探求“法是怎么适应社会需求、解决现实问题”的历史过程。有鉴于此，我们把我国改革开放以来的国家治理模

① 参见卓泽渊：《中国现代法治的反思》，载《政法论坛》，2007（3）。

② 参见贺卫方：《具体法治》，45页，北京，法律出版社，2002。

式分为三种类型："社会管制"、"社会管理"、"社会治理"，在此框架下具体分析这三个阶段法治建设的具体特征。值得注意的是，这三种视角的划分与其说是历史发展的经验总结，毋宁说是按照理想类型的方法建立的用以分析和判断社会建设、法治建设特征的工具性视角。基于这种分析视角，我们重回"规范—秩序"这一历史命题，对"社会管制"、"社会管理"、"社会治理"这三种国家治理模式的历史定位予以阐释。

从社会学的角度出发，在社会分工程度不高、组织和制度资源不足、主体自由选择余地不大的场合，社会管制的出现和扩张就很难为主观愿望所左右。在"文革"刚刚结束后的特殊的历史时期，社会管制不仅不会被谴责，反而成为一种具有积极意义的正向手段，它要解决的根本问题是建立政治秩序，或者说，确立一种状态，一种一旦缺乏法律体系和政治体系就不可能迈向各种"更高的"追求的状态。① 在这种情况下，法律表现为"压制型"，法律被认同于国家、服从于国家利益为名的各种理由，"满足总体安全的社会要求"是"法律秩序的目的"②，从而造成了法律政治主义、法律道德主义盛行。事实上，在现代国家中，维护公共安宁也仍然是政府的首要职责。随着政府职能扩大，它所承担的任务与完成任务的手段之间的差距也越来越大，法律的标志成了它与政府要求的联系以及对政府要求的服从。③

回归"法律与社会"这一话题，社会管理理念是为了迎合多元社会分工、主体自由选择余地扩大、市场效率凸显的社会现实，表现为一种"较为柔性"的国家治理模式。进入1990年代，我国的社会结构呈现出传统向现代的历史转型，社会管理弥补了社会管制的缺陷、控制了率性不羁的国家强制力、融入了公众参与的实践流程与"程序正义"的价值预设。在这种视角下，法律形态的最大特征就是：通过设置一套专业化的、相对自治的法律制度，把决定的大权限制在一定职能范围之内。其中公正而合理的程序是法的核心，整个社会的秩序以普遍性的规则为准绳，政治和法律、立法和司法之间泾渭分明，在审判独立的原则下法官占据着重

---

①　参见［美］诺内特、塞尔兹尼克：《转变中的法律与社会：迈向回应型法》，28页，北京，中国政法大学出版社，1994。

②　同上书，38页。

③　参见上书，39～43页。

要的位置。① 也即，法律表现为“自治型”，法律以其自身相对自主的表现形式服务于经济的快速发展、资源的合理配置、社会矛盾的有效化解。在这个意义上，法治诞生于法律机构取得足够独立的权威对以政府权力的行使进行规范约束的时候。②

进入 21 世纪，特别是中共十八大以后，“社会公平正义”日益成为核心话语。在这种时代背景下，社会治理理念指导下的法治建设就是设定一个符合社会变革需要的规范性模式。其基本构思是：使实质正义与形式正义结合在一定的制度之内，通过缩减中间环节和扩大参与机会的方式，在维护普遍性规范和公共秩序的同时，按照法的固有逻辑去实现人的可变的价值期望。③ 相比较社会管制、社会管理理念下的法律类型，在比较了目的、合法性、规则、推理、裁量、强制、道德、政治、服从期待、参与等基本变数与法的不同对应关系的基础上建立起的“回应型法”就成为法律发展的未来方向。这种因国家治理模式的变迁蜕变而来的“回应型法”具有以下四种特征：（1）在法律推理中目的的权威得以加强；（2）目的可以缓和服从法律的义务，为民间性公共秩序的概念网开一面；（3）使法制具有开放性和弹性，从而促进法制的改革和变化；（4）法律目的的权威性和法律秩序的整合性来自更有效率的法律制度设计。其实质是使法律不拘泥于形式主义和仪式性，通过理论和实践相结合进一步探究法律、政策中所蕴含的社会公认准则（价值）。换言之，“回应型法”在扬弃和综合了社会管制视角下的“压制型法”与社会管理视角下的“自治型法”的基础上，试图改变法学方法论上自然法与法实证主义二元对立的局面，赋予国家制度以自我修正的精神。因此，它既是一种社会变革的法律模式，又是一种法制变革的政策模式。④

“法治”是当今中国的一个重要话语，个人、社会组织、政府乃至整个社会都是建构法治社会的重要因素。在“全面推进依法治国”的新时期，法治秩序既是社会秩序的内在要求，也是各项社会建设事业的关键议题。在这一命题下，强调“国家治理”而非“国家统治”，强调“社会治理”而非“社会管理”，不是简单的词语变化，而是思想观念上的变化。从“社会管

---

① 参见季卫东：《社会变革的法律模式》（代译序），见［美］诺内特、塞尔兹尼克：《转变中的法律与社会：迈向回应型法》，6 页，北京，中国政法大学出版社，1994。

② 参见上书，59 页。

③ 参见上书，3～4 页。

④ 参见上书，5～7 页。

制”到“社会管理”再到“社会治理”，权力的主体从单一的国家公权力转向了多元的行为主体，权力的性质也从强制性转向了更为柔和的协商性，权力的来源也从单纯的国家制定法转向了更为宽泛的“社会法”，权力运行的向度从自上而下转为了平行互动，权力的作用范围也从政府领域转向了公共领域。[①] 这不仅彰显了一种历史规律，也符合了建设“回应型法”的内在要求。因此，在“权威—法治”的语境下，国家治理模式的变迁既是中国现代法治建设变迁的内在思维，也成为法治建设不同阶段手段、目标、逻辑差异的内在归因。在这种理念的基础上，我们对改革开放以来中国现代法治建设的变迁予以总结（见表 10—1）。

表 10—1　　改革开放以来我国现代法治建设的变迁

历史阶段	国家治理模式	法律手段	法治建设目标	法治建设逻辑
1978—1989 年	社会管制	压制型法	政治领域的稳定	法治的价值启蒙
1990—2010 年	社会管理	自治型法	经济领域的发展	法治的制度设计
2011 年至今	社会治理	回应型法	社会领域的共建	法治的实践关切

2. 讨论

经历 35 年的现代法治建设取得了重大的历史成就，“社会治理”成为深化改革的重要理念。在此基础上，回归“规范—秩序”的命题，针对“回应型法”的时代要求，我们从“程序正义”、“实质正义”、“规范多元”三个角度对我国现代法治建设的未来发展予以前瞻。

首先，从现实状况来看，我国的法治建设既有传统法律文化与现代法治精神之间的冲突，也有国家主义带来的革命性传统与市场经济下建设性要求之间的矛盾，体现在社会层面则是法治建设的外生性与内在需求之间的抵牾。因此，要真正实现法治，首先要完善“程序正义”的规范性，国家要进一步主动收集、反馈民众的现实需求，在立法、执法的过程中削弱“刚性”、增强“柔性”，扩展法治建设的内在需求，拓宽民众参与法治建设的渠道。

其次，从法治建设的规律来看，我国现代法治建设亟待需要解决的问题是法治的“实质正义”，也即如何在“良法”之下实现法律的实践关切。这意味着，伴随着现代法治理念越发向现实主义回归，要真正实现“有法可

① 参见俞可平：《推进国家治理体系和治理能力现代化》，载《前线》，2014（1）。

依，有法必依，执法必严，违法必究”的法治理想，我国的法治建设要更多地反映普通民众的生活向度，符合理性生活的日常逻辑，在“程序正义”之下，着重对政府权力的法律约束与对民众权利的法律保障，进而实现“实质正义”之下的“法治秩序”。

最后，为了避免法律的机械运行和规范冲突，实现多元规范之间的契合与交融，“社会法”，尤其是以民间法为主要类型的非国家法，应得到国家法的“观照”。正如美国法学家博登海默对秩序稳定性做出的定义，“只有那些以某种具体的和妥切的方式将刚性与灵活性完美结合在一起的法律制度，才是真正伟大的法律制度。在这些法律制度的原则、具体制度和技术中，它们把稳定连续性的优长同发展变化的利益联系起来，从而获得了一种在不利情形下也可以长期存在和避免灾难的能力”①。也许，这才是我国现代法治建设进程中最值得关注的地方。

① ［美］博登海默：《法理学——法律哲学和方法》，392 页，北京，华夏出版社，1987。

2014

[思想文化]

第十一章　社会思想动态与文化发展

陆益龙*

意识是存在的反映，同时意识又会反作用于存在。某一阶段的社会思想动态和文化发展状况能从主观维度反映出这一阶段社会发展的状态，另一方面，思想与文化发展又会在一定程度上影响到社会发展的走势。因此，考察和把握社会思想动态及文化发展状况，既有助于我们更为辨证、全面地认识社会发展，同时也有助于更好地发挥思想文化的作用，促进社会更好地发展。

一、2013 年思想文化领域的重要事件

1. 党的群众路线教育实践活动

2013 年 6 月 18 日，党的群众路线教育实践活动工作会议在北京召开，

---

* 陆益龙，中国人民大学社会学系教授；其他参加材料收集和编写的人员有叶文研、张升华、张倩，均为中国人民大学社会学系研究生。

中共中央总书记、国家主席、中央军委主席习近平出席会议并发表重要讲话，对全党开展教育实践活动进行部署。此项活动从 2013 年下半年开始自上而下分两批进行，计划于 2014 年 7 月完成。活动围绕保持和发展党的先进性和纯洁性展开，以“为民、务实、清廉”为主要内容，主要活动对象为县处级以上领导机关、领导班子和领导干部，贯彻“照镜子、正衣冠、洗洗澡、治治病”的总要求，以集中解决形式主义、官僚主义、享乐主义和奢靡之风的“四风”问题作为活动总任务。

党的群众路线教育实践活动是党的十八大做出的一项重大部署，构成了 2013 年中国社会的思想文化领域最重要的事项。第一批教育实践活动的展开，给党的建设带来新变化与新气象：作为参与者，党员干部在此次活动中得到了党性锻炼，进一步牢固宗旨意识和马克思主义群众观点，为学习型、服务型、创新型马克思主义执政党的建设创造良好氛围。更为重要的是，此次活动进一步拉近了党群干群关系。在教育实践活动中，党员干部深入群众之中倾听民声，进而能解决群众最关切的问题和保障最基本的利益要求，党员干部工作得到人民群众的支持和拥护。

党的群众路线教育实践活动认真贯彻了党的十八大要求，突出强调服务人民群众的党建工作主题。此项活动是党中央密切党群干群关系的重要举措，符合新形势下“中国梦”的发展要求，积极推动了党的自身建设发展。

2. 演艺市场提倡节俭

2013 年 8 月 12 日，中央五部委联合发出了《关于制止豪华铺张、提倡节俭办晚会的通知》。作为落实中央关于改进工作作风的重要举措，《通知》明确要求，各地党委政府要树立正确的政绩观、节庆观，带头制止豪华晚会和节庆演出。《通知》指出要坚持少而精的原则，杜绝铺张浪费，不得使用财政资金举办营业性文艺晚会，不得使用财政资金高价请演艺人员。

近年来，我国演艺市场不断繁荣发展，极大地丰富了人民群众的文化生活。但演艺市场的繁荣背后，存在着诸多不良现象：一些地方政府频繁举办节日庆典演出，耗费大量人力物力，助长了拼明星、比阔气、讲排场的攀比之风。与此同时，“吃官饭”的演出商和“晚会歌手”群体也应运而生，他们常年以单一固定的节目内容在不同的地方晚会上走穴演出并捞取高额收入，一方面使得晚会形式缺乏创新，另一方面又抬高了正常的商业演出成本，极不利于演艺市场的正常发展。

因而，“节俭令”的通知将有助于营造节俭办晚会的良好氛围，使虚假繁荣的演艺市场逐渐回归理性。《通知》的落实有利于各级政府改进工作作风，刹住各地铺张浪费举办演出的歪风，树立正确的政绩观、节庆观。同时，也将促使各演出单位转化发展思路、积极创新，引导整个演艺市场展开良性竞争。更为重要的是，“节俭令”的通知将推动演艺市场打造更多人民群众喜闻乐见的文艺晚会和节庆演出，更为贴近民众生活和满足群众需求，从根本上讲，符合社会主义先进文化的发展要求，贯彻了党的群众路线这一根本工作要求。

3. 中央要求组织学习《马克思主义哲学十讲（党员干部读本）》

2013 年 12 月 25 日，中宣部、中组部发出通知，要求认真组织学习《马克思主义哲学十讲（党员干部读本）》（以下简称《十讲》）。通知指出，各级党组织应将《十讲》作为提升党组织建设的基本学习内容，各级各类党校、行政学院和干部学院要把《十讲》纳入培训教学内容，各高校要把《十讲》作为师生理论学习教材。

《十讲》由中央宣传部理论局组织马克思主义理论研究和建设工程专家编写。全书由十个专题构成，以中国特色社会主义理论体系为指导，结合改革开放和社会主义现代化建设的实际，系统地论述了马克思主义哲学的基本原理。《十讲》一书具有鲜明的时代感，在论述马克思主义的世界观和方法论的同时，也详细地介绍了马克思主义中国化的理论成果。例如，书中专设第十讲阐述坚定理想信念与国家和民族理想、党性修养、实际行动等三方面的关系，充分体现党的十八大精神特别是习近平总书记一系列重要讲话精神，强调“中国梦”教育对党员干部及群众的重要意义。总体而言，《十讲》全书逻辑严密、语言流畅，有助于党员干部更好地学习和体会马克思主义哲学基本原理。

组织学习《十讲》对于党员干部自身和党组织建设都具有重要作用。学习《十讲》有助于党以改革精神不断加强自身建设，帮助党员干部树立正确的价值观，使党员干部能更为深刻地认识党和国家事业发展大势，改进工作作风，进而更高效有序地完成本职工作。

4. 多个项目申遗成功

2013 年 6 月 22 日，在第 37 届世界遗产大会上，中国新疆天山和云南哈尼梯田申遗成功，被列入联合国教科文组织世界文化遗产名录。随着红河哈尼梯田文化景观申报成功，中国拥有的世界遗产总数达到 45 处，超越西班牙成为第二大世界遗产国，仅次于意大利。同年 12 月 4 日，中国珠算成功列入联合国教科文组织人类非物质文化遗产名录，至此中国以总数 38 个项目成为入选联合国教科文组织非物质文化遗产名录项目最多的国家。

三个项目都具有不可替代的宝贵文化价值：新疆天山是我国西北地区迄今为止唯一一处世界自然遗产。它是全球最大的东西走向的独立山脉，拥有独特的自然美景，神奇地将反差极大的炎热与寒冷、干旱与湿润、荒凉与秀美汇集一起。云南哈尼梯田，拥有特别的森林、水系、梯田和村寨的"四素同构"系统。它是人类适应、改造自然的典范，精密复杂的农林业和水分配系统与当地人的社会经济宗教文化相得益彰，展现了人类在艰难环境下的伟大创造力和乐观精神。珠算，作为汉族劳动人民发明创造的一种简便的计算工具，被誉为中国的第五大发明。它是中华民族智慧的结晶，早前就已被列入中国国家级非物质文化遗产名录。

新疆天山、哈尼梯田和珠算的申遗成功，对提升中国文化在世界的地位将产生积极影响，它们将作为文化名片让世界更为了解中国文化的多样性和丰富性。同时，申遗工作的圆满成功，对三个项目的自身发展以及我国自然遗产和非物质文化遗产的保护工作也具有重要非凡的意义。

5. 广播影视业推行"营改增"政策

2013 年 8 月 1 日起，广播影视作品的制作、播映、发行被正式纳入"营改增"试点。一直以来，广播影视业都是实行营业税制，存在重复征税现象。而"营改增"的施行将有助于消除这一弊端，增值税的抵扣纳税模式将为广播影视业释放更大的市场空间，推动整个行业的细分化和专业协作发展。

从总体上看，营业税改征增值税是适应当前经济形势的必然措施。当前，我国劳动力等要素成本上升，导致传统比较优势逐步弱化，亟须进行经济结构调整，解决发展中所面临的一系列问题。因此，国家需通过施行积极财政政策扩大内需，保证经济平稳发展。"营改增"即为积极财政政策的主要内容之一，它是结构性减税政策的重点。

对于广播影视业发展而言，"营改增"这一重要的财税改革虽然在短期内有可能使一些行业内公司的税负不降反增，但是从长远看，其对广播影视业的影响利大于弊。"营改增"将推动企业对组织架构和营销模式进行调整，并且由于新购进固定资产的税额可以抵扣，企业将更为积极主动地进行技术革新，数字音频广播、3D电影电视、智能终端、IMAX等新业态都将不断涌现。总体而言，这项政策有利于传媒业的发展，符合国家支持文化产业发展的基本规划，有助于我国广播影视产业链的发展壮大。

6. 中国电影票房冲破200亿元

2013年的中国电影产业迎来一个丰收的大年，全年票房已经冲破200亿元大关。值得注意的是，2003年电影产业化改革启动时，全国电影票房还不到10亿元，7年之后，2010年全国票房突破100亿元，而从100亿元到200亿元，仅仅历时3年。

观众基数和银幕总数的飙升是中国总票房飞速增长的主要原因。近些年，由于我国经济水平的不断增长，观看电影逐渐成为普通百姓的日常娱乐活动，观众已经形成到电影院观看电影的习惯。与此同时，银幕数量飞速增长的态势，也为票房的增加提供更多基础。特别是二三线城市，已经成为贡献票房的中坚力量。

在200亿元的票房中，国产影片票房达111.23亿元，占比55.62%，为电影产业化改革以来同期最高。中国电影在艺术水准和科技水准上取得较大进步，是国产影片能在本土市场占比上升的主要原因。在过去，好莱坞进口影片凭借高水准的拍摄技术和引人入胜的剧情，长期占据着国内的主要电影市场。如今，中国电影人通过结合最先进的电影科技和中国故事，打造出更为贴合中国观众口味的电影，既提升了观众的视听享受，也增强了中国电影的竞争力，实现票房和口碑上的双赢。200亿元的票房，是历史性的突破，也是一个崭新的开始。这意味着中国电影即将步入更为理性和多元化的电影时代，预示着中国电影发展的繁荣未来。

7. 冯小刚执导马年春晚

冯小刚担纲马年春晚总导演，成为春晚三十年的最大变局。这是央视首次外聘春晚总导演，民间喜剧大腕导演与官方媒体在除夕之夜的首次合作，使得马年春晚被认为是最具有“改革”意味的一届春晚。观众从晚会筹备初期便给予高度关注，围绕马年春晚为话题展开多种猜想和激烈讨论，期待创造出冯氏贺岁片的冯小刚，也能创造出一台“冯氏春晚”。

然而，马年春晚最后却在“语言类节目过少”、“春晚变演唱会”和“让人昏昏欲睡”等一片争议声中落下帷幕。央视方面透露，除夕当晚央视直播春晚的收视率为9.032%，低于上年的11.362%，是央视春晚首次收视率低于10%，创十年最低收视率。缺乏创新的节目形式，春晚让满怀期待的观众大失所望。

尽管争议不断，但客观来讲，冯小刚仍给春晚带来不少亮点。作为电影导演，他将自己擅长的镜头语言大量运用到春晚当中。在春晚的舞台节目正式开始前，播出 15 分钟的春晚先导片《春晚是什么》，娱乐明星、体育明星和文化界人士、普通市民一同出镜，说出他们心中的春晚是什么，充分展现冯小刚作为大导演的先天优势和资源整合能力，非常适合马年春节的气氛。同时，创意类节目异军突起，如创意形体秀的《魔幻三兄弟》和创意舞蹈《符号中国》都给晚会注入新鲜血液，带给观众精彩和新奇的视觉体验。此外，春晚和新浪微博合作联合推出的“让红包飞”的活动，在电视与网络互动方式上取得突破，拉近了与年轻人的距离，是一次很有益的尝试。

此次马年春晚是央视试图革新春晚的一个尝试。具有三十多年历史的春晚，试图通过与深受百姓认同的知名导演合作，打破长久以来在人们心中固定而单一的旧形象，打造出一台更符合观众口味的新春晚。随着百姓娱乐生活多元化发展，春晚节目内容形式的转变具有必然性。因此，马年春晚的实际效果尽管与广大观众的期望存在一定距离，但仍是一次具有创新性的大胆改变，是央视春晚走出窠臼开始革新的重要一步。

8.《爸爸去哪儿》热播受关注

2013 年亲子节目《爸爸去哪儿》热播，引发全民关注。这是一档主打明星亲子互动的真人秀节目，五个明星爸爸需单独负责照顾子女的饮食起居，共同完成节目组布置的一系列任务。节目自第一期播出就广受追捧，引发各界关注，成为 2013 年综艺节目的收视冠军，也是全年最具话题效应的电视节目。

明星效应是《爸爸去哪儿》大受欢迎的原因之一。在节目中，光鲜亮丽的明星被还原成普通百姓。在 12 期的节目中，节目组安排了抓泥鳅、放羊、出海捕鱼等多个活动，让五个爸爸们接受种种考验，展现出为人父母的喜怒哀乐，这种明星形象的亲切化和立体化让人感到亲切自然。此外，题材的温馨也帮助《爸爸去哪儿》从众多综艺节目中突围而出，赢得不同年龄层观众的认可。不少喜爱看《爸爸去哪儿》的观众认为自己重温了孩童时代，节目中父子温馨有趣的互动、孩子们的可爱表现和难以预料的故事情节都给他们带来不少欢乐和感动，也唤起了观众对于为人父母的思考和对家庭温暖的渴求。

最后，观众对节目折射出的教育问题的共鸣，也是节目火爆的重要原因。例如“如何对孩子进行挫折教育”、“爸爸在孩子成长中应扮演何种角色”、“富裕家庭的孩子应如何培育”等都成为各方聚焦的话题。观众们从五个性格能力各不相同的孩子身上，观察到家庭教育对孩子成长的重要影响，在孩子们的欢声笑语、汗水泪光中思考自己作为局外人对子女教育的方式。

9. 阅读立法倡导公众养成良好阅读习惯

2013 年 8 月 4 日，国家新闻出版广电总局传出消息，全民阅读立法已列入 2013 年国家立法工作计划，全民阅读立法起草工作小组已草拟了《全民阅读促进条例》初稿。建议认为，为全民阅读立法，就是以法律法规的形式将推动全民阅读工作纳入法制化轨道，确定政府为促进全民阅读的责任主体。具体的设想包括：将全民阅读经费纳入财政预算，制定全民阅读规划，发布全民阅读调查情况，提供公共阅读场所，举办全民阅读活动，保障公民阅读权利等。

全民阅读立法已列入 2013 年国家立法工作计划的消息一经传出，几乎受到一边倒的批评，批评的理由基于公众对于法律介入被认为是私人事务的阅读的反感。将个人事情予以指标量化，是大家反对的根源。政府此举源于我国国民的平均阅读水平低，未成年人阅读状况不容乐观，国民阅读公共资源和设施不足、不均衡，阅读内容参差不齐等原因。政府希望通过立法来树立国民良好的习惯，提升国民素质，加强国民阅读保障。然而从这一良好愿望出发，政府最应该做的是为国民阅读提供资源、措施保障上的帮助以完善阅读环境，激发国民的阅读愿望。不管是以法律形式还是以鼓励措施的形式推动读书行为，都应以尊重国民的个人选择为基础，尽最大可能为国民阅读提供良好环境，从而改善全民阅读行为。

10. 汉字听写大会引发“语文热”

为协助宣传、落实《中华人民共和国国家通用语言文字法》和《国家中长期语言文字事业改革和发展规划纲要（2012—2020 年）》，中央电视台、国家语言文字工作委员会共同举办了大型电视活动《中国汉字听写大会》。《中国汉字听写大会》最初遇冷，首播时段被放置在科教频道，然而在节目播出到 40 分钟时，这个节目已冲上了微博话题榜的榜首，成为全国网友热议的话题。随后央视迅速根据节目影响力将其调到一套与十套共同播出，扩大了观众的收视层次。随着《中国汉字听写大会》受追捧，“语文热”继续发酵，河南卫视《汉字英雄》、河北卫视《中华好诗词》陆续开播，均受到如潮好评。

《中国汉字听写大会》创办初衷在于建设优秀传统文化传承体系、弘扬中华优秀传统文化、推进国家语言文字事业发展，并有望办成一项长期化、有影响力的品牌活动。实际上，它也一定程度上实现了这样的效果，在其影响下，相继出现了其他几档文化节目。从表面上看，这些围绕汉字、成语、诗词记忆的节目掀起了一股“汉语言文字热”，拓展了综艺节目的类型。然而在这些表象的背后，体现了综艺节目喧闹过后对文化传播的回归，流行文化汲取了中国传统文化博大浩瀚的营养，通过电视手段获得了新的活力。然而，如果不能正确利用和对待传统文化的价值，“汉语言文字热”有可能是昙花一现。为此，只有真正实现国民对于传统文化的认同，才能使这些文化节目所传达的价值观深入人心，从而永葆活力，同时也促进国家的精神文明建设在传统文化的根基上实现进步。

二、2013 年流行趋势及思想动态

流行（popular）趋势是指一个社会或者一个群体在一个特定时期内，受某种意识的引导和控制，由大多数人遵从而普遍采用的行为方式和观念意识。它涉及社会生活各个领域，包括艺术、娱乐、建筑、语言等。流行趋势并不是简单地从众的心理，它的背后包含着人们在特定时期内的文化价值观念和社会认同，是一个时代的社会现象。

（一）2013 年流行趋势

聚焦 2013 年中国的思想文化领域，究竟有哪些流行趋势呢？如果要从流行语、流行现象两个方面看，我们可以发现 2013 年中国思想文化领域内的流行趋势主要有：

1. 流行语：土豪

随着中国互联网的发展和网民数量的不断增加，网络世界的交往互动已经成为人们社会生活的重要组成部分。网络语言就是对应人们在网络世界中

的交流互动需要而迅速发展流行起来的一种语言形式。由于网络传播的速度之快和范围之广，网络流行语一经蹿红就会迅速成为千万人倾向使用的高频词汇，最终也会被运用于现实的交往互动之中，成为流行语之一。

2013年，“土豪”一词的流行，发端于“土豪，我们做朋友吧”的微博运动。“土豪”，原意是指“有财有势横行乡里的地主恶霸”，在网络上首先被网民用来戏称网络游戏中烧钱厉害、有钱无脑的人民币玩家，现在已经发展成为特定指称现实社会中富有、喜欢炫耀、文化素质低、品位不高、“富而不贵”的群体。“土豪”的炫富行动，是力图通过消费能力来显示社会地位、为炫耀社会阶层身份而采取的行为。“土豪”一词在网络社会以及现实社会中的流行，反映了当下普通大众对于新富阶层的戏谑心态。一方面，普通大众对“土豪”们夸张的炫富行为进行价值上的贬斥和精神上的嘲弄。另一方面，他们在内心里对“土豪”又充满着羡慕。普通大众的这种心态，是当前拜金主义价值观的一种现实反映。

2. 流行现象：音乐选秀、亲子文化与移动支付

在社会发展的某个时期，都有流行的音乐、娱乐、建筑、服装、语言、消费方式等等。所谓流行现象，就是某种事物或者文化由于受到大多数人的关注而逐渐在社会中流行普及或者被广泛模仿。2013年备受关注的流行现象主要有三：

（1）音乐选秀。

2013年，诸多电视台的音乐选秀节目一哄而上，成为流行的电视节目。2012年浙江卫视的《中国好声音》一举成名，2013年，湖南卫视的《我是歌手》、《中国最强音》、《快乐男声》，山东卫视的《中国星力量》，浙江卫视的《中国好声音》（第二季），东方卫视的《中国梦之声》，安徽卫视的《我为歌狂》，北京卫视的《最美和声》等节目相继推出，形成电视节目追风模仿之风气。

我们也看到，首先，音乐选秀节目大多是引进国外选秀节目的创意，原创类的节目甚少。其次，所有的音乐选秀节目在节目形式上大多大同小异，同质化严重，相互模仿创意，甚至连节目名字也相差无几。中国文化市场的蓬勃发展，必须要加强自身的创新能力，汲取中国博大精深的文化，结合时代的发展和市场的需求，打造中国自己的原创节目。

（2）亲子文化。

2013年，湖南电视台的《爸爸去哪儿》、浙江卫视的《人生第一次》、

厦门卫视的《老爸拼吧》等综艺节目以及电视剧《小爸爸》将节目定位于“爸爸”这一群体，通过亲子旅行体验、家庭互动游戏等丰富多彩的形式重新将亲子文化带回大众的视野之中，重塑“爸爸”的家庭角色，在社会中也引起了广泛共鸣和巨大反响。此外，亲子文化的流行还带动了亲子消费的增长。审时度势的商家都不约而同地瞄准相关热点，推出主题促销系列活动，拉动“亲子消费”急剧升温。

在中国文化中，传统的家庭角色定位是“男主外女主内”，父亲在外赚钱养家，母亲在内相夫教子。随着社会的发展、社会竞争的激烈和思想观念的变化，越来越多的女性走出家庭参与到劳动力市场中，传统的家庭角色定位发生了很多变化。在中国家庭中，母亲仍然要担负起照顾、教育孩子的主要责任，父亲在家庭中及在孩子成长过程中的角色扮演的问题日益受到关注。2013 年，“亲子文化”热重塑“爸爸”的家庭角色定位，在传递家庭育儿父亲角色观念的同时，也有助于促进传统的家庭性别分工思想的转变，推动家庭性别角色的现代转型。

(3) 移动支付。

随着互联网购物和支付平台的发展，网上支付已经成为人们非常重要的一种消费支付方式。中国互联网络信息中心发布的 2014 年第 33 次中国互联网络发展状况统计报告显示，截至 2013 年 12 月，我国使用网上支付的用户规模达到 2.60 亿，用户年增长 3 955 万，增长率为 17.9%，使用率提升至 42.1%。[①]网上支付用户规模的快速增长除了受互联网领域商务类应用的增长的推动之外，一个重要原因是支付平台的移动化和与线下经济的相结合。

2013 年，随着 3G 网络的建设和智能手机在普通大众中的广泛使用，网上支付方式的平台从电脑向手机发展，移动版本的网上支付方式相继诞生。在众多的移动支付方式中，2013 年最受瞩目的当属微信支付了。2013 年，南方航通、招商银行等企业选择了微信的服务号功能，为用户提供用微信查询余额、用微信网上值机等更为方便快捷的服务。同时，为推广微信支付，腾讯也力图把线下经济纳入移动支付的范围。

当然，看到移动支付的迅速发展和巨大市场潜力，像支付宝这样的以电脑网上支付为主打的支付方式也开始将注意力往移动支付方式转移，推出了“支付宝钱包”。微信支付现在也逐渐向游戏等领域扩展。在为广大用户带来

① 参见中国互联网络信息中心网站，http://www.cnnic.net.cn/hlwfzyj/。

方便快捷的同时，支付安全问题也日益引起用户的重视。如何在移动支付的过程中保证用户的信息安全和财产安全，如何避免在巨大市场利益面前各种移动支付方式的不良竞争，需要各方的思考和努力。

（二）2013 年思想动态

某一时期社会关注的热点与人们对这些社会热点的看法和反应相结合，构成了社会在某个时期内的社会思想和精神活动的基本特质。2013 年社会思想的特质主要体现在国家和社会对于中国梦、反腐倡廉工作及群众路线教育实践活动的关注和重视。

1. “中国梦”凝聚中国力量

“中国梦”，即“实现中华民族伟大复兴，就是中华民族近代以来最伟大梦想”，是习近平总书记于 2012 年 11 月 29 日正式提出的重要指导思想和执政理念。2013 年 3 月 17 日，在第十二届全国人民代表大会第一次会议闭幕会上，习近平总书记对于“中国梦”作了全面具体的阐释。“中国梦”，是民族的梦，也是每一个中国人的梦。2013 年，围绕着“中国梦”，各个领域、地方、部门等都举行了丰富多彩的主题活动。中国的思想文化领域呈现团结稳定、积极向上的繁荣局面。

在中国梦这一精神旗帜的指引下，2013 年，13 亿中国人紧密团结，万众一心，共同奋斗，中国的经济社会发展取得了巨大的成就。“中国梦”既成为新常态下的执政目标，也是新时期凝聚中国力量的核心思想。

2. 反腐倡廉不断拓展和深化

2013 年 1 月 22 日，习近平总书记在第十八届中央纪委第二次全会上发表重要讲话，强调要更加科学有效地防治腐败，坚定不移把党风廉政建设和反腐败斗争引向深入。2013 年，在中央八项规定精神的指导下，中国反腐败工作以前所未有的力度向前推进。一年之内，中央纪委分 4 次集中通报了 32 起违反中央八项规定精神的典型案件。2013 年前 11 个月，全国共查处违反中央八项规定精神的案件计 21 149 起，处理 25 855 人，其中给予党纪政纪处分 6 247 人。中共中央言出必行，用务实的行动和严明的纪律向全国人民表现出了反腐倡廉的决心，解决形式主义、官僚主义、享乐主义和奢靡之风等“四风”问题，为 2013 年的反腐工作交了一份满意的答卷。

纵览一年来中央关于反腐倡廉的决策和行动，中共中央准确地把握了在新形势下反腐倡廉工作的新要求。增强党的凝聚力和执政能力，夯实党的执政根基，必须强调严明的纪律，必须改进党员的作风，必须将权力置于制度和人民的监督之下。将党风建设和反腐工作相结合，体现了党中央对党的执政规律和反腐倡廉规律的新认识。2013 年富有成效的反腐工作，丰富完善了反腐倡廉的理论体系，为新时期的党风廉政建设和反腐败斗争提供了有益的经验、指明了前进的方向。

回顾总结 2013 年党风廉政建设和反腐败工作，我们深刻感受到了党全面建设廉洁政治的伟大目标。2013 年的反腐倡廉工作，对于推动中国共产党继往开来做好党风廉政建设和反腐败工作，具有重要的意义和价值。

3. 群众路线教育实践活动掀起执政新风

2013 年 6 月 18 日，为保持和发展党的先进性和纯洁性，以“为民、务实、清廉”为指导思想，第一批党的群众路线教育实践活动开始启动。这次教育活动的重点对象是县处级以上的领导机关、领导班子和领导干部，以贯彻落实中央八项规定为切入点，自上而下在中共全党深入开展。

群众路线教育实践活动的开展，有利于增强党员干部的群众观念，弘扬密切联系群众的优良作风，解决群众关心的突出问题，保持共产党员的清廉本色，增强党的创造力、凝聚力、战斗力。同时，这一活动在全国范围内的广泛落实也掀起了党为民务实、廉洁奉公的执政新风。全国人民看到了党贯彻执行党要管党、从严治党，永葆党的先进性和纯洁性的信心和决心。

三、文化事业及文化产业发展状况

文化事业和文化产业是文化强国的两大重要内容，文化事业与文化产业的发展关系到我国文化发展水平，从而进一步反映了我国社会经济发展水平，对于我国文化强国战略而言是体现其实施效果的重要标志。然而，与政治经济发展的动力、方式和路径不同的是，文化事业和文化产业发展遵循着特定的规律。文化事业和文化产业在传统积淀中寻求发展的根基，同时依托创新求异获得发展的动力，对传统的传承和对创新的追求形成文化事业和文化产业发展中不可或缺的两面，这两个方面相辅相成，共同构成文化发展的要义。

文化、艺术等来源于生活而服务于生活，文化发展的目的也正是基于人类生活的需求而产生，最终落实到服务于生活上。这一前提决定了物质基础对于文化发展的重要作用，因此，经济投入的多少会影响到文化发展的速度。

“十一五”期间，我国各级政府不断加大文化投入，使得我国的文化事业取得了快速发展。“十一五”期间，全国文化事业费（不含基本建设投资，不含文化管理部门行政运行经费）总计达 1 220.41 亿元；其中，政府为推动公共文化事业的发展，大力推进重大文化工程项目，支持各地文化建设，这项资金投入达到 100.243 亿元。这些资金主要用于重点支持 2.67 万个乡镇进行综合文化站的建设（51.1 亿元），建设全国文化信息资源共享工程（26.84 亿元），进行国家非物质文化遗产保护补助（7.18 亿元）等。①

2011 年是我国“十二五”规划的开局之年，为了推动国家文化事业在新的五年规划中取得更大进步，国家财政大力支持，文化事业费用投入不断增加。与“十一五”时期各年份国家财政投入相比较，“十二五”以来，国家的文化事业费投入逐年增加，2011 年和 2012 年平均增长速度达到 21.9%，远远超过“十一五”时期的平均水平 19.3%（见图 11—1）。在此基础上，全国人均文化事业费也并不受我国人口的快速增长的影响而有所下降（见图 11—2）。

除了全面增加投入之外，国家也充分照顾城乡差别和地区差异，对不同的区域给予不同的资金照顾。2012 年的全国文化事业费中，县以上文化单位 243.08 亿元，占 50.6%，比重比上年下降了 1.7 个百分点；县及县以下文化单位 237.02 亿元，占 49.4%，比重比上年提高了 1.7 个百分点。东部地区文化单位 211.56 亿元，占 44.1%，比重下降了 0.3 个百分点；中部地区文化单位 107.78 亿元，占 22.4%，比重下降了 0.9 个百分点；西部地区文化单位 139.53 亿元，占 29.1%，比重提高了 1.4 个百分点。②

---

① 参见文化部财务司：《近几年我国文化投入情况及对策建议》，见文化部官方网站，2011-08-23。

② 参见文化部财务司：《中华人民共和国文化部 2012 年文化发展统计公报》，见文化部官方网站，2014-01-02。

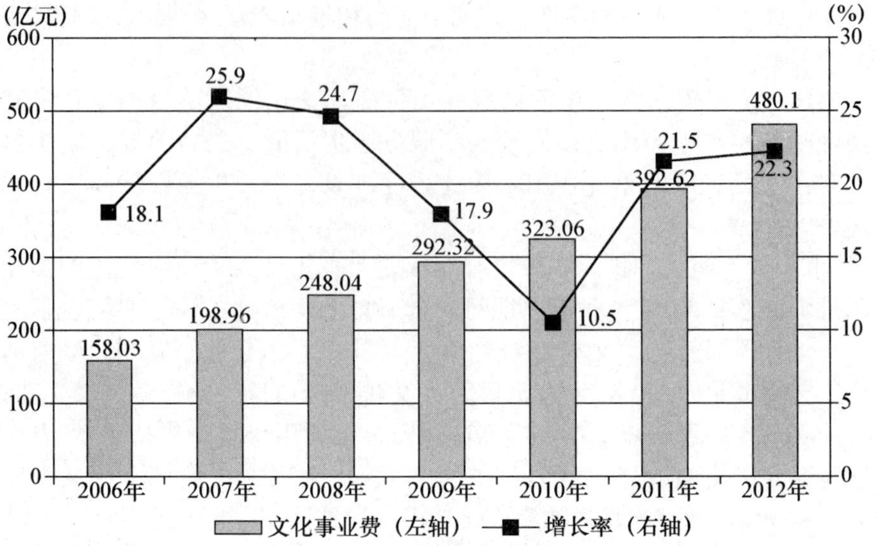

图 11—1　2008—2012 年间文化事业费

资料来源：文化部财务司：《近几年我国文化投入情况及对策建议》，见文化部官方网站，2011-08-23；《2012 年文化发展主要统计数据》，2013-12-13。

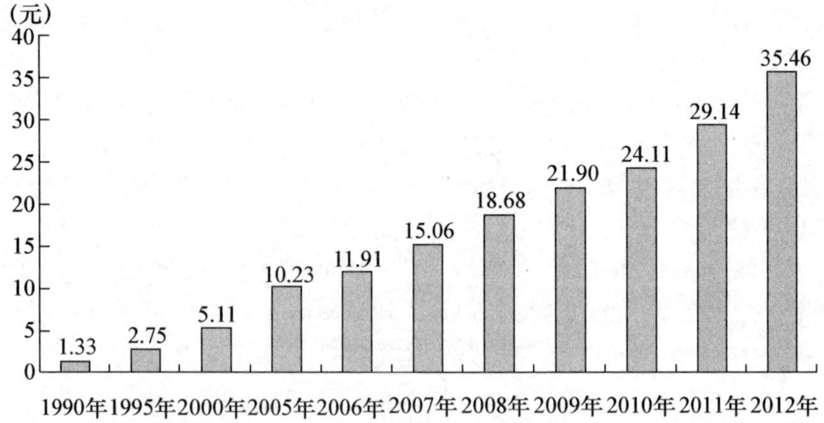

图 11—2　全国人均文化事业费

资料来源：文化部财务司：《中华人民共和国文化部 2012 年文化发展统计公报》，见文化部官方网站，2014-01-02。

在对重大文化工程的财政支持上，中央政府持续不断增加投入，加大支持力度，通过文化工程建设加快文化建设的步伐。在“十一五”期间，这项投入是“十五”期间的12.4倍；“十二五”时期，这项投入仍在不断增加（见图11—3）。

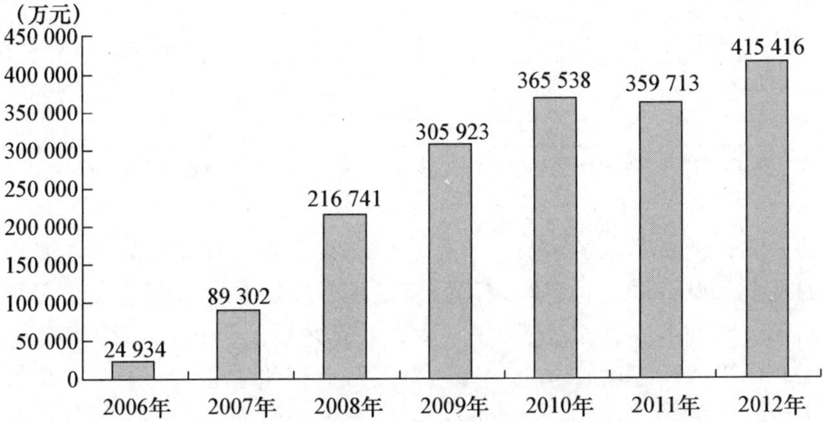

图11—3 2006—2012年中央对地方文化工程补助资金情况

资料来源：文化部财务司：《中华人民共和国文化部2012年文化发展统计公报》，见文化部官方网站，2014-01-02。

人们在生活中创造文化，同时文化的创造正是为了满足人们的生活需求，在人类生活中，文化消费是必不可少的一部分。随着时代、科技和文明的进步，这一消费指标有增无减，体现了人们精神文化生活的需求，也体现了人类在历史发展过程中文明的进步。从人们的文化消费来衡量国家和社会的发展，是一个有效而重要的指标（见表11—1）。

表11—1 中国城镇居民人均文教娱乐现金消费支出及构成情况

	1990年	2000年	2010年	2011年	2012年
消费支出（元）	112.26	669.58	1 627.64	1 851.74	2 033.50
支出构成（%）	8.78	13.40	12.08	12.21	12.20

物质基础决定上层建筑，这一马克思主义的经典理论也同时体现在人们的文化消费上。随着居民物质生活水平的不断提高，我国城镇居民的文化消费水平也呈现出明显的不断提高的趋势，文化消费的比重在居民消费支出中

所占的比重不断提高（见表 11—2）。

表 11—2　　　　中国城镇居民文化消费水平及构成情况

	2012 年		比 2011 年增长（%）
	消费水平（元/人）	在消费支出中的构成（%）	
文化消费	1 213.88	7.3	1.4
文化娱乐用品	451.88	2.7	0.4
文化娱乐服务	762.00	4.6	16.9
教育支出	819.62	4.9	9.3

资料来源：《中国统计年鉴 2012》、《中国统计年鉴 2013》，表中数字小数点后有四舍五入情况。

居民文化消费需求的增长，不仅意味着文化事业和文化产业发展具备了坚实的社会基础，同时也意味着国家应该不断发展文化事业和文化产业以满足人们不断增长的文化消费需求。国家文化建设的力度，与国家文化、精神、民族凝聚力的程度在一定程度上呈现出正相关的关系；同时，文化建设与文化软实力的正相关关系也表明：国家大力进行文化建设，不仅是在精神文明建设上的投入和花费，更能获得社会经济发展、国家软实力提升的回报和收益。

文化产业目前已经提升到一个新的经济增长动力的地位，随着人们精神和文化消费需求的增长以及创新精神和能力的推动，文化产业呈现出蓬勃向上的发展态势，并出现了创意文化产业这一新的产业趋势，对文化产业发展产生了重要的带动作用。文化产业对创新能力的重视，对创意人才的需求，对创意市场的要求，都在一定程度上增强了传统经济、产业和市场的活力，并且从技术、人才上推动教育、文化的进一步发展。文化产业对于文化建设具有重大促进作用，而文化建设与发展对于国家的社会经济建设乃至经济文明建设都有重大的促进作用，所以，文化产业对于国家建设的重大作用不言而喻。

中国人民大学文化产业研究院 2013 年 11 月 9 日在北京首次发布“2013 中国文化消费指数”。据调研数据测算，中国内地文化消费潜在规模为 47 026.1 亿元，占居民消费总支出 30.0%，而当前实际文化消费规模为 10 388 亿元，仅占居民消费总支出 6.6%，存在 36 638.1 亿元的文化消费缺口。这表明，中国内地潜在文化需求未得到有效满足，文化消费存在着巨大的市场空间。①

中国是一个文化资源大国，拥有十分充足的文化资源，文化消费巨大的市场空间一方面体现了文化产业对居民消费需求和欲望的刺激仍有进步空间，另一方面表明中国的文化产业对本国丰富的文化资源利用率不高，在本国的文化资源中仍有许多领域没有发觉和开垦，其发展空间非常巨大。

虽然我国文化消费巨大的市场空间尚未得到充分开发，但我们并不能因此而否认我国文化产业发展取得的巨大进步。国家的文化产业从2008年国际金融危机后就呈现出一派异军突起、快速发展的景象，并不因经济增速总体趋缓的态势而有所变化。据国家统计局测算，2012年我国文化及相关产业法人单位实现增加值18 071亿元，按同口径和现价计算，比上年增长16.5%，增速比同期GDP现价增速高6.8个百分点。文化产业法人单位增加值与GDP的比值为3.48%，按同口径计算，比上年提高0.2个百分点；文化产业对当年经济总量增长的贡献为5.5%。② 2012年我国文化产业实现较快增长，在国民经济中的份额稳步提高（见表11—3）。

表11—3　　2006—2012年文化及相关产业增加值

年份	增加值（亿元）	占GDP比重（%）
2006	5 123	2.37
2007	6 455	2.43
2008	7 630	2.43
2009	8 594	2.52
2010	11 052	2.75
2011（旧口径）	13 479	2.85
2011（新口径）	15 516	3.28
2012	18 071	3.48

资料来源：文化部财务司：《中华人民共和国文化部2012年文化发展统计公报》，见文化部官方网站，2014-01-02。

① 参见《“中国文化消费指数”首次发布，文化消费缺口超3.6万亿》，见中国新闻网，2013-11-09。

② 参见文化部财务司：《中华人民共和国文化部2012年文化发展统计公报》，见文化部官方网站，2014-01-02。

文化产业的巨大发展除了得益于其本身产业形式灵活新颖、内容丰富创新、技术含量高、市场需求大等原因外，政府对于文化产业巨大的支持和扶助力度也是重要原因之一。"十一五"期间，政府对文化艺术业投资共计2 521.08亿元，其中包括文化创作与表演业、艺术表演场馆业、图书馆业、文物及文化保护业、博物馆业、群众文化活动业、文化艺术经纪代理业和其他文化艺术业。与此同时，文化产业吸纳的市场投资为160亿元①，可见政府的投资在文化产业中占主导地位，这一局势表明公共文化资本在文化产业中的存量巨大，将为文化产业发展提供良好的大环境。

在我国文化事业和文化产业呈现欣欣向荣一片大好局势的景象中，我们能看到我国文化建设和发展的大好势头。然而，一个比较有趣的现象是：我国文化事业费在国家财政总支出中的比重近年来一直在0.4%以下，并且不断回落（见图11—4）。

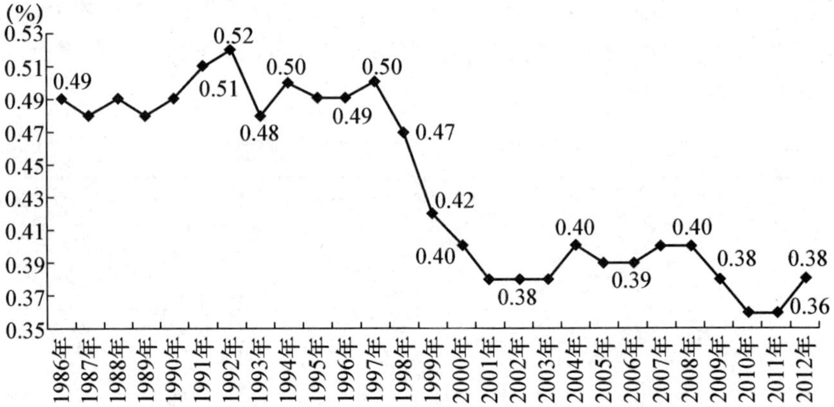

图11—4　历年文化事业费占财政支出的比重情况

资料来源：文化部财务司：《中华人民共和国文化部2012年文化发展统计公报》，见文化部官方网站，2014-01-02。

当然，随着GDP总量和国家财政收入总量的增大，文化事业费的比重相对降低也属正常。从文化强国战略的角度来看，文化事业费的投入如果始终呈现出刚性状态，则会在一定程度上影响到文化创新和文化发展的动力，尤其是在创意文化产业逐渐成为文化产业发展的先驱时，这一影响会更大；

① 数据来源于《文化产业资金规模超160亿元》，见中国文化产业网，2013-04-22。

同时，也会影响到经济增长与文化发展的协调关系。因此，国家财政对文化建设及文化事业和文化产业发展的投入，应根据经济发展状态进行调整，并且不断开拓新的领域，加强力度鼓励开拓多种投资渠道，为文化发展注入新的活力，增强市场弹性，从而促进我国文化事业和文化产业得到更大发展。

四、社会态度与社会认同的现状

把握和了解居民社会心态的状况及特征，对于认识和评估一定阶段社会发展现实有着重要意义。虽然社会态度具有主观性和个体差异性，但其总体状况也在一定意义上代表着社会发展的观念现实，也即社会成员所感受和认知的现实。

由于社会行动受行动者观念和动机的影响乃至支配，因而作为观念范畴的社会态度及认同，也会从某些维度影响到社会成员的行动及社会运行状况。以下我们将结合 2012 年中国综合社会调查（2012 CGSS），分析和讨论当前居民在社会态度与社会认同方面所表现出的状态和主要特征。

居民的社会信任感调查如表 11—4 所示。社会信任感主要反映个人在社会生活中对外部世界或他人的一种整体性的信任感受，这一主观感受会在一定程度上反映个体对他人及社会的一种认知和态度，而信任感的总体情况，也就是对社会中他人有信任感在总体中所占比例，可反映一个社会的人际关系的和谐程度与信任度，因而这一比例可用“信任指数”来表示。如果从社会资本理论来看①，这种信任指数也代表一个社会的社会资本存量，一个社会的社会资本存量越大，社会交易成本也会相应降低，从而对增进社会效益或社会协调运行起到有利的作用。

从调查结果分析来看，认为社会上绝大多数人是可以信任的居民占 64.4%，即社会信任指数为 64.4，表明目前中国社会的总体信任水平达到及格层次；对社会不信任的人占 21.5%，将近 1/4。

① Lin，Nan，K. Cook，R. S. Burt eds.，*Social Capital*：*Theory and Research*，Aldine De Gruyter，2001.

表 11—4　居民信任感情况

	频数（人）	百分比	累积百分比
未答/不知道	6	0.05	0.05
非常不同意	467	3.97	4.02
比较不同意	2 067	17.57	21.59
说不上同意不同意	1 651	14.03	35.62
比较同意	6 577	55.90	91.53
非常同意	997	8.47	100.00
总计	11 765	100.00	

资料来源：2012 CGSS。

居民的社会信任感虽受个体的、主观的因素的影响，但他们所做出的反应，也会根据其所处的社会环境，以及自己在社会生活中的经验。因此，社会信任指数能在一定程度上反映出社会的总体信任水平。综合社会调查所得出的结果，与我们的一般性认识基本上相吻合。目前，中国社会的总体信任水平之所以不是很高，是与社会的现实环境密切相关的。尤其是一些公共食品、药品安全事件的发生，影响着人们对他人及社会的信任感。从根本原因来看，中国社会在向“市场社会”转型的过程中，以及在城镇化进程中形成的“陌生人社会”中，由于对社会信任机制建设重视不够，以至对市场失信行为的监管和惩罚不力，与此同时，又缺乏公共的理性交流渠道，以至于在人与人之间没能建构起有效的“良心机制”和信任机制，所以导致不太高的社会信任水平。

个人对他人的看法和态度在某种意义上反映个人的人性观和人心观，这种观念会在较大程度上影响个人的社会交往行动及人际关系。如果个人感到社会上的其他人大多是好人，那么就说明他对社会更有亲和力，更倾向于与他人合作与交往；相反，如果个人认为社会上的“他人”大多是坏人，即持人性是恶的观念或态度，那么对社会有可能就会有抵触或反感的情绪。

表 11—5 中的问题主要用来测量个人对他人及社会的一种看法和态度，调查的问题虽简单，但被访者的反应会在一定程度上揭示对他人认知和态度的基本倾向。如果个人认为“别人”总想占自己的便宜，那就意味着个人对他人持有“非善”的认知和警惕的态度。

表 11—5　　居民对周围人是否占自己便宜的态度

	频数（人）	百分比	累积百分比
未答/不知道	10	0.08	0.08
非常不同意	640	5.44	5.52
比较不同意	3 762	31.98	37.50
说不上同意和不同意	2 316	19.69	57.19
比较同意	4 335	36.85	94.03
非常同意	702	5.97	100.00
总计	11 765	100.00	

资料来源：2012 CGSS。

从表 11—5 的分析结果来看，有 42.8%的人赞同社会中的其他人是非善的，这也就意味着有 42.8%的人对他人可能持警惕性的态度，同时也反映出当前社会中人际关系存在相应程度的紧张，以及居民对社会氛围的积极态度显得不太理想。有 37.4%的人不赞同别人会占自己便宜的说法，表明他们对他人是信任的。总体来看，当前居民对社会环境及人际关系的态度处于中间状态，既谈不上积极乐观，也不是十分悲观。所以就调查结果而言，中国的信任社会、和谐社会建设还任重道远。

社会公平正义问题关系到社会的良性运行和协调发展。① 西方社会常用一些客观指标诸如基尼系数来衡量某一阶段的社会公平度，但公平正义既与客观的社会经济现实如资源、财富和收入或市场机会相关联，同时又是社会成员对社会现实的一种主观感受，因而公平正义问题属于主体性的社会现实，即被社会主体感知到的一种现实状态。②

表 11—6 是对居民所感受的社会公平正义现实状况的调查结果，从数据来看，34.4%的居民感受到了当前社会的不公平，其中 8.1%的人认为社会非常不公平；44.2%的人则感受到社会的公平正义，其中 4.1%的人对社会的公平性非常满意。由于个体主观所感受的社会不公平现实代表的是社会发

① 参见郑杭生：《郑杭生社会学学术历程之一：中国特色社会学理论的探索》，北京，中国人民大学出版社，2005。

② 参见陆益龙：《态度、认同与社会分层的主观建构——基于 2008 CGSS 的描述性分析》，载《湖南社会科学》，2011（5）。

展在人们社会心理中的一种反映，因此，这一指标既反映了一个社会成员对不公平现实的敏感度和容忍度，另一方面也会反映出客观的社会不公平现实。如果从国际比较的角度看，根据国际社会公平感调查（ISSP）情况，较多国家的居民中认为社会是不公平的多在40%以上，特别是东欧一些国家的这一比例超过70%，北欧国家的这一比例相对较低，但也基本在30%以上。目前中国这一比例为34.4%，处于相对较低水平，由此也反映出中国居民所感受的社会不公平现实并不是非常严重，同时也反映中国居民对社会不公平的容忍度较高、对社会不公平的态度较为平和。

表11—6　　居民的社会公平感情况

	频数（人）	百分比	累积百分比
未答/不知道	12	0.10	0.10
完全不公平	952	8.09	8.19
比较不公平	3 096	26.32	34.51
说不上公平与不公平	2 501	21.26	55.77
比较公平	4 718	40.10	95.87
完全公平	486	4.13	100.00
总计	11 765	100.00	

资料来源：2012 CGSS。

居民的幸福感反映的是社会成员对待社会生活和私人生活的一种总体态度。居民在回答自己的生活是否幸福时，所折射出的实际不仅仅是个人的生活境况，而且也是个人的一种社会态度或生活态度。感觉生活幸福意味着个人对生活的满意以及乐观的社会心态，而感觉生活不幸福则反映个人对生活的不满及不乐观的心态。在宏观层面上，具有幸福感的人所占的比例代表了社会的幸福感指数，能在一定程度上反映社会发展给广大人民群众带来福祉的情况。

从表11—7的调查结果来看，有约75%的居民认为自己的生活是比较幸福和非常幸福的，仅有8.9%的居民感觉生活不幸。也就是说，目前中国社会的幸福感指数为75，这一水平虽尚未达到非常理想的状态，但也属于较为理想的水平。有3/4的居民感受到了生活的幸福，表明绝大多数居民的社会心态是乐观的、积极向上的。调查结果也显示，有8.9%的人认为自己的生活比较不幸福和非常不幸福，这一比例较 2008 年的调查结果有所下降。[1] 居民有不幸福感这种心态，一方面可能是因为在自己的生活经历中，确实遇到了某些不幸，或是面临着某些困境；另一方面，有可能是个体对现实生活的一种态度或观念的反映。

表 11—7　　居民的幸福感情况

	频数（人）	百分比	累积百分比
未答/不知道	41	0.35	0.35
非常不幸福	177	1.50	1.85
比较不幸福	866	7.36	9.21
说不上幸福不幸福	1 864	15.84	25.06
比较幸福	6 938	58.97	84.03
非常幸福	1 879	15.97	100.00
总计	11 765	100.00	

资料来源：2012 CGSS。

居民在平常生活中的一些愿望也会反映出个人与相关政策的关系，因为个人的主观意愿如果与政策的目标是一致的或基本一致，那么他们就不会对抗政策；相反，如个人的愿望与政策规制差异很大，那么个人与政策的冲突性也就会大大提高。

从表 11—8 中，我们可以了解居民生育意愿的基本情况。总体而言，居民理想的生育子女数平均为 2.04，由此表明当前居民的生育意愿的水平为 2 个孩子。如果再从居民的理想子女性别结构来看，人们最期望生育男孩数平均水平为 1.1，最期望生育女孩数平均水平为 1.04，也就是一儿一女的结构是居民的理想生育意愿。

表 11—8　　居民的生育意愿情况

	观察值	均数	标准差	最小值	最大值
希望生育子女数	11 665	2.039 52	0.974 150 7	0	20
其中：男孩	9 034	1.101 727	0.621 536 2	0	10
女孩	9 031	1.040 638	0.629 479 4	0	10

资料来源：2012 CGSS。

① 参见陆益龙：《态度、认同与社会分层的主观建构——基于 2008 CGSS 的描述性分析》，载《湖南社会科学》，2011 (5)。

从调查结果来看，目前我国居民的生育意愿与生育的更替水平（2个孩子）是一致的。如果人口生育水平处在更替水平，那么对人口的合理增长是有利的。此外，居民所期望的生育男孩数在1个左右，这一结果说明多子多福已不再是当前居民的主流生育观念。居民的生育意愿与现行的计划生育政策还存在部分差异，这个差异主要体现在一孩政策方面，而居民期望生育两个孩子。就人口合理增长和发展规律而言，目前居民的生育意愿似乎并不与之违背。

婚姻家庭观念也能反映出社会的价值取向和生活方式的特征，因为婚姻关系是人类社会的一种基本关系，家庭则是社会的细胞，人们对待婚姻家庭的态度或观念，也就在一定意义上反映人们对两性关系及家庭生活所赋予的价值。性在婚姻家庭生活中具有重要意义，性既是生物的，又是具有社会性的。作为社会性的性，主要指人的性行为需要受到社会伦理和道德规范及法律的影响和制约，具体而言，婚姻内的性行为才是合法的、合乎道德的，而婚姻外的性则是法律、道德和伦理所排斥的；但在现实中，时常有婚外性行为出现的现象。[①] 那么，人们究竟是怎样看待婚外性行为呢？

从表11—9的调查结果来看，92%的居民认为婚外性行为是不对的，有5.8%的人持中立立场，仅有1.9%的人认同婚外性行为。这一结果显示，对婚外性行为的排斥观念和态度在社会依然占主导地位，表明民众关于性及婚姻家庭的观念仍属正统观念，仅有很小比例的人对婚外性行为表示赞成，这并不意味着社会上的婚姻家庭及性观念发生巨大转型。尽管当前社会存在着婚外情的行为或现象，但人们在婚姻家庭的价值观念上似乎并没有出现明显的多元化和后现代性的趋势特征。这或许说明，社会观念与社会行为出现背离，或观念迟滞于行为。

表11—9　　居民对婚外性行为的态度

	频数（人）	百分比	累积百分比
未答/不知道	42	0.36	0.36
总是不对的	9 666	82.16	82.52
大多数情况下是不对的	1 150	9.77	92.29

① 参见潘绥铭：《社会对于个人行为的作用——以“多伴侣性行为”的调查分析为例》，载《中国社会科学》，2002（4）。

续前表

	频数（人）	百分比	累积百分比
说不上对与不对	686	5.83	98.12
有时是对的	187	1.59	99.71
完全是对的	34	0.29	100.00
总计	11 765	100.00	

资料来源：2012 CGSS。

在老年社会到来时期，人们的养老观念显得非常重要。在养老问题上，人们究竟是怎样看待个体、家庭、社会与政府所应承担的责任，反映的是人们对养老保障的基本态度和观念。

表 11—10 中的数据显示了人们关于养老责任问题的基本态度。有 51.9%的居民认为有子女的老人应该由子女承担主要养老责任，10.3%的人认为政府应承担主要责任，32.9%的人认为养老主要责任由政府、子女和老人均摊，仅有 4.7%的人觉得老人要承担养老的主要责任。从这一结果来看，目前社会上的养老观念仍以家庭养老观念为主，即多数居民主张老人的子女应承担起养老的主要责任。现代养老观念也占据较为重要的地位，这种养老观念强调发挥多种力量来促进养老事业。

表 11—10　　居民的养老观念

	频数（人）	百分比	累积百分比
未答/不知道	23	0.20	0.20
主要由政府负责	1 217	10.34	10.54
主要由子女负责	6 105	51.89	62.43
主要由老人自己负责	548	4.66	67.09
政府/子女/老人责任均摊	3 872	32.91	100.00
总计	11 765	100.00	

资料来源：2012 CGSS。

居民对男女性别的社会分工及男女性别平等的观念，也是一定时期社会价值观的一种体现。性别分工与平等观念也会在一定程度上影响到一个社会相应的政策安排，因为社会价值倾向及相应的社会环境可能对政策选择构成某些压力。

在表 11—11 中，问题 1 反映的是人们对性别分工的态度，64.1%的人赞同男性重事业、女性重家庭的观念，表明在性别分工态度上，传统的“男主外、女主内”观念依然占主导。

表 11—11　　　　　　居民对性别分工与平等的态度调查表

问题：您对性别分工与平等的态度	完全不同意	比较不同意	无所谓同意不同意	比较同意	完全同意
1. 男人以事业为重，女人以家庭为重	5.8	20.2	9.9	47.1	17.0
2. 男性能力天生比女性强	10.3	32.3	13.9	34.1	9.4
3. 干得好不如嫁得好	9.6	25.1	19.0	36.7	9.6
4. 在经济不景气时，应该先解雇女性员工	28.6	43.8	16.5	9.5	1.6
5. 夫妻应该均等分摊家务	2.3	11.2	13.9	47.7	24.9

资料来源：2012 CGSS。

问题 2 和问题 3 反映的是人们对男女性别差异的认识，调查结果显示，对性别的社会差异问题的认识，存在着较大分野，持赞同和不赞同观念的人的比例基本相当。

问题 4 则是反映人们对性别歧视的态度，从调查结果来看，72.4%的人反对性别歧视，仅有 11.1%的人有性别歧视倾向。

问题 5 反映的是人们对家务劳动的性别分工的态度，即对家庭内部男女平等问题的态度。从调查结果来看，72.6%的人支持在家务劳动方面男女平等。由此说明，家庭内的男女平等观占主导，即人们关于家庭内性别分工的观念更具有现代性的平等取向。

居民对自己阶层地位的认同是他们对自己社会地位的一种主观认识、判断和评价，与现实的客观结构可能存在着一定差异，但居民主观所认同的阶层也可能是客观现实的一种反映①，因而他们的阶层认同和态度也在一定程度上反映出现实中的结构。如果从社会经济的客观指标来对当前中国社会阶层结构加以分析，目前社会阶层结构属于“丁字形”结构，因为目前中国社会有农民阶层的广泛存在，而按照国际职业指数（ISEI）来测算，农民在职业分层中处于低层（23 分），也就构成了“丁”字的一横，城镇居民则是构

① 参见陆益龙：《态度、认同与社会分层的主观建构——基于 2008 CGSS 的描述性分析》，载《湖南社会科学》，2011（5）。

成“丁”字一竖的主体。①

从图11—5的调查结果来看，有50.2%的居民将自己的社会阶层地位认同为“中层”（5、6），认同为“中下层”（3、4）的占24.8%，认为自己处于社会“底层”（1、2）的仅占8.4%，认为自己位于社会“上层”（9、10）的有2.8%，认同为“中上层”（7、8）的占13.4%。就目前居民的阶层认同情况来看，居民主观的阶层认同结构具有“菱形”结构特征，即认同中层的占多数，而认同底层和上层的人比例较小。由此看来，当前中国居民的阶层认同意识所反映出的是一种较为平稳的社会分层结构，表明中国居民对社会公平的态度和意识是较为平和的。

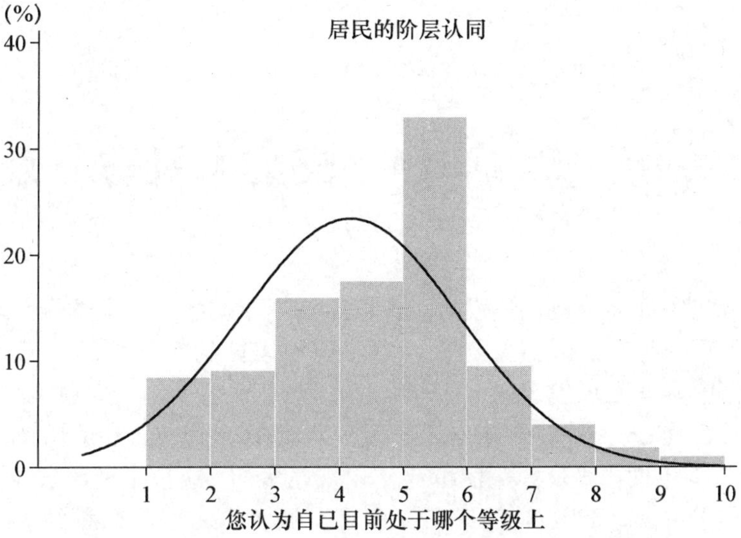

图11—5 居民的阶层认同情况

资料来源：2012 CGSS。

① 参见李强：《“丁字型”社会结构与“结构紧张”》，载《社会学研究》，2005（3）。

[生态环境]

第十二章　雾霾问题、政策应对与公众期待

洪大用*

随着我国社会经济快速发展，人民生活不断改善，广大群众对环境质量的要求也不断提高。最近几年来，以雾霾为表征的空气污染引起了广泛关注。根据中国气象局发布的2013年《中国气候公报》，该年我国中东部地区平均雾日数为16天，较常年偏少8天，为1961年以来最少；平均霾日数为36天，较常年偏多27天，为1961年以来最多。① 这一年里，全国多次出现大范围雾霾过程，波及25个省份100多个城市（占国土面积的1/4），约6亿人口受到影响，京津沪等大城市更是沦为雾霾“重灾区”。② 频发的、持续的和严重的雾霾天气，促使政府采取更加积极的大气污染治理政策，以更好地回应人民群众的新要求。本章尝试梳理雾霾治理的政策过程，对相关政策进行初步评估，并结合在北京市开展的电话调查，对公众雾霾认知及其行

---

* 洪大用，中国人民大学社会学理论与方法研究中心教授；其他参加材料收集和编写的人员有：范叶超、吴柳芬、邓霞秋、唐颖，均为中国人民大学社会学系研究生。

① 参见《中国气象局发布2013年〈中国气候公报〉》，见中国气象局网站，http://www.cma.gov.cn/2011xwzx/2011xqxxw/2011xqxyw/201401/t20140114_236245.html。

② 参见任仲平：《生态文明的中国觉醒》，载《人民日报》，2013-07-22。

为倾向进行定量分析。

一、雾霾问题及其特征

严格来说，“雾霾”并不是一个科学概念。目前国内科学界更常采用的是“霾”或“灰霾”的说法，指“大量极细微的干尘粒等均匀地浮游在空中，使水平能见度小于10.0km的空气普遍浑浊现象”①。在雾霾天气的监测中，细颗粒物（也叫PM2.5，指环境空气中空气动力学当量直径小于等于2.5微米的颗粒物）是最重要的监测指标之一。科学研究表明，当空气中水汽较多特别是大雾天气时，吸水性强的细颗粒物会吸水膨胀并活化成云雾的凝结核，产生更多、更小的云雾滴，由此进一步降低水平能见度。② 这种由雾和霾共同造成的水平能见度降低的空气普遍混浊现象，被公众统称为雾霾天气。事实上，雾霾并不是新的环境问题，仍然属于传统的大气污染范畴。由于大气污染主要是因人类活动和人为排放造成的，所以在人口规模更大、污染物排放更集中的城市地区愈加突出。综合来看，我国目前大多数城市所面临的雾霾问题具有如下特征。

第一，在时间维度上，城市雾霾问题具有累积性。如前所述，大气中大量悬浮的细颗粒物是雾霾天气形成的必要条件。在人类活动较弱时，由于大气环境本身具有一定自净能力，这些主要源于自然过程的细颗粒物一般不会累积形成雾霾。而伴随工业化、城市化中人类活动的增加，人为排放（如工业排放、汽车尾气等）逐渐成为大气中细颗粒物的主要来源，累积达到一定水平后严重超出了大气自净能力，就容易诱发雾霾天气。③ 在此意义上，正是人类活动对于大气环境的长期负面影响才滋生了雾霾问题，而看似突发的雾霾实则是人为排放严重超出大气自净能力的一种“生态预警”。由此，认识雾霾问题需要反思人类活动污染空气的长期过程。

第二，从地理分布来看，城市雾霾问题具有扩散性。雾霾问题可能在一定时间内的局部城市或地区很突出，但大气中的污染物会随着风速、风向、

① 中国气象局：《地面气象观测规范》，6页，北京，气象出版社，2007。

②③ 参见张小曳等：《我国雾—霾成因及其治理的思考》，载《科学通报》，2013（13）。

大气环流等气象条件变化而发生迁移和转化；相较其他污染物，细颗粒物在大气中的停留时间最长，输送距离也最远。① 就此来说，雾霾的地理边界经常是不确定的：某一城市和地区的雾霾除了可能会向乡村和周边地区蔓延，在特定气象条件下，还有可能对不相邻的城市和地区甚至其他国家的空气质量产生影响。鉴于此，不能仅仅将雾霾视作局部性的环境问题，而应该看到其对更广泛人口和地区可能产生的影响。相应地，城市雾霾治理也要求整体、协同思维。

第三，从形成原因来看，城市雾霾问题具有复杂性。科学研究表明，大气中细颗粒物存在多重来源，可分为一次源和二次源。前者包括燃煤、工业生产、机动车、扬尘等，后者指气态污染物在大气中经过“气—粒转化”（凝聚、吸附、反应等）生成细颗粒物。② 从外因来看，下垫面特征、天气过程、大气环流和气候变化等因素也会间接影响雾霾的形成。③ 换言之，雾霾问题在不同城市或地区的形成原因会有所区别，即使是同一城市，在不同季节、时令，雾霾问题的主要成因也会有所不同。因此，虽然整体上看，目前我国以煤炭为主的能源消费结构以及粗放的发展方式是雾霾问题的根本原因，但是具体地区的具体雾霾现象的成因是非常复杂的。

第四，从影响后果来看，城市雾霾问题具有危害性。城市雾霾问题的危害性是多方面的。其一，雾霾天气直接体现为空气能见度下降，严重时会引发交通事故、造成人员伤亡，更为常见的是海、陆、空交通全面受阻，严重干扰日常的生产与生活秩序。其二，雾霾天气大气中悬浮的细颗粒物易附带毒害物质（如重金属、微生物等），可以通过多种途径侵入人体并给人体健康带来危害。其三，雾霾天气容易刺激大脑视觉中枢，会使人产生压抑、悲观等不良情绪，进而会危害心理健康。其四，从长远来看，雾霾问题还可能会间接造成粮食减产、水体污染和全球气候变化等危害性后果。④

第五，从治理难度来看，城市雾霾问题具有长期性。有专家认为转变以煤炭为主的能源消费结构，是缓解雾霾问题的关键所在。但是，我国能源结构的清洁化和低碳化进程仍然十分缓慢。数据显示，2013 年我国煤炭消费

---

① 参见杨复沫等：《细微大气颗粒物 PM2.5 及其研究概况》，载《世界环境》，2000（4）。

② 参见贺泓等：《大气灰霾追因与控制》，载《中国科学院院刊》，2013（3）。

③ 参见王跃思等：《京津冀大气霾污染及控制策略思考》，载《中国科学院院刊》，2013（3）；王跃思等：《京津冀区域大气霾污染研究意义、现状及展望》，载《地球科学进展》，2014（3）。

④ 参见刘鸿志等：《雾霾影响及其近期治理措施分析》，载《环境保护》，2013（15）。

占一次能源消费比重较上年下降了0.9%，但仍高达65.7%；与此同时，非化石能源占一次能源消费比重为9.8%，较上年仅提高了0.7%。[①] 煤炭的主体能源地位短期内难以改变这一国情，客观上决定了我国雾霾治理工作的难度。从国际治理经验来看，英美等其他国家在上世纪也曾面临严重的大气污染问题，它们都经历了长达几十年的细颗粒物治理过程，间接说明雾霾问题的解决不可能一蹴而就。在很大程度上，我国雾霾治理注定是一项长期而艰巨的任务，需要付出超常的努力并要有“打持久战”的扎实准备。

二、雾霾议题的演变过程

雾霾无疑是一种客观环境状况，但是社会学研究更加关注其社会型态。如同其他环境问题一样，雾霾问题也经历了科学研究、公众关注和政策反应的社会过程，相应地也就存在学术议题、公众议题和政策议题三种型态。整体上看，雾霾在学术议题阶段并没有被彻底研究清楚，而公众议题的快速发展又导致其跨越性地升级为应急性政策议题，由此加剧了雾霾问题的社会复杂性。

在我国，雾霾进入科学界视野，作为科学研究的对象和学术议题，大概始于20世纪80年代，彼时已陆续开展了富有开拓性的大气气溶胶研究。对PM2.5进行科学监测与研究的结果显示，该污染物对人体健康和大气能见度具有负面影响。[②] 2002年以后，灰霾研究进一步加强。“灰霾”一词在当年12月15日于北京召开的“我国区域大气灰霾形成机制及其气候影响和预报预测研讨会”上正式提出。2003年，政府开始设计建设珠三角城市群大气成分观测站网，2005年建成1个主站和8个子站，研发并构建“珠三角大气灰霾预测预报预警系统”。在京津冀城市群中，北京有两个大气成分站点，分别从2003年和2004年开始测量。自2006年起，长三角城市群也陆续建成了包括9个大气成分观测站和1个大气化学实验室的大气成分观测站

① 参见《“能源结构‘动刀’，能否实现霾开雾散?”》，见新华网，http://news.xinhuanet.com/politics/2014-02/13/c_119324231.htm。

② 参见毛节泰等：《中国大气气溶胶研究综述》，载《气象学报》，2002（5）。

网。另外，辽宁中部沈阳、鞍山、抚顺、本溪 4 个城市的大气成分站于 2007 年 8 月正式运行。中国气象局还从 2005 年开始建立“大气成分观测站网”，包括 1 个全球大气本底站、6 个区域大气本底站和 28 个大气成分站共 35 个台站，重点监测全国重点区域的大气成分，其中包括大气气溶胶的多个指标。①

但是，迄今为止，具有共识的雾霾研究成果还很有限，特别是对其复杂的成因和影响，不同学者和部门还持有不同的观点。为此，中国政府还在强化大气污染防治科研工作顶层设计，提出“空气质量监测预报预警技术”、“大气污染形成机理”、“大气污染源头治理技术”、“大气污染对健康的影响”、“大气质量改善管理技术”、“政策支撑和机制保障”等 6 项科技工作，以有效支撑大气污染防治行动实施。②

就在雾霾作为一个学术议题尚未完全破解的同时，它在近年来迅速“进入”公众视野，成为流行且反响强烈的公众议题。由于细颗粒物 PM2. 5 被认为是导致雾霾的直接因素，所以雾霾作为一个公众议题，在很大程度上体现为公众对于 PM2. 5 的关注。根据百度搜索引擎提供的 2011 年 1 月 1 日至 2014 年 4 月 30 日期间百度用户对“PM2. 5”一词的每周搜索频率（见图 12—1），可以清楚地看到，在 2011 年 10 月之前，PM2. 5 的平均每周搜索次数非常少（接近为 0）；同年 10 月的“PM2. 5 风波”之后，PM2. 5 的相关搜索次数迅速增长，在 2013 年秋出现明显峰值。

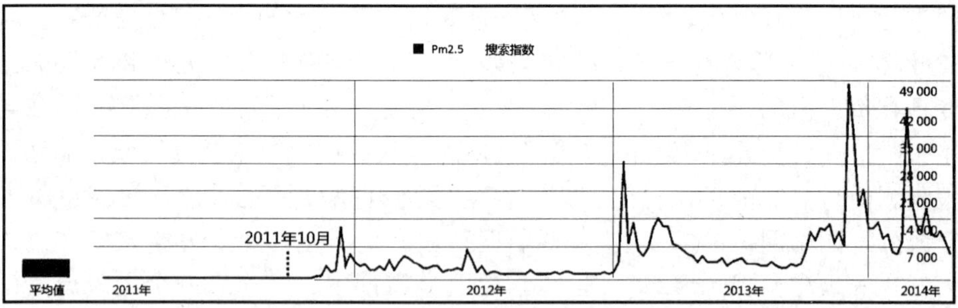

图 12—1 “PM2. 5”一词的百度搜索指数

① 参见吴兑：《近十年中国灰霾天气研究综述》，载《环境科学学报》，2012（2）。

② 参见《中国强化大气污染防治科研工作顶层设计》，见中国新闻网，http://www.chinanews.com/gn/2014/05-13/6166576.shtml。

如果依据相关的新闻报道，我们可以将公众议题的内容分为五类。一是“北京空气质量数据差距争议”。2011 年 10 月 22 日，美国驻华使馆发布的北京空气质量指数为 439，PM2.5 细颗粒浓度为 408，然而当日北京市环保局的监测结果却显示北京空气质量为“轻微污染”。同一城市的两种空气质量监测结果引起中国网友的激烈讨论。二是关于雾霾天气的报道。2012 年以来，全国城市雾霾天气更加频现，大量雾霾笼罩下触目惊心的城市景观照片、由雾霾天气引发的交通拥堵和事故频发等新闻占据了各类报纸与网络媒体的大幅版面。三是关于雾霾危害的报道。大幅上升的呼吸道疾病患者人数受到媒体的热切关注。另外，诸如“雾霾导致肺癌”、“雾霾影响生殖”、“雾霾导致寿命缩短”等新闻议题①，使得民众对雾霾天气的健康风险高度担忧。四是发布政府治霾的信息。我国政府针对雾霾问题的主要政策行动都通过相关媒体进行发布，在某种意义上，媒体成为公众了解政府治霾工作的重要窗口。五是普及雾霾防护知识。在这类报道中，经常会援引一些科学家、医生等关于如何减少雾霾危害的建议，如戴口罩、减少户外运动等。

从社会学的角度看，雾霾迅速演变为公众议题，既与雾霾的客观存在以及不断恶化有关，也与社会经济的快速发展有关。其中，最为突出的一点就是，新媒体的发展使得信息传播更为便捷和迅速。雾霾进入公众视野一开始就是与网络传播直接相关的。2010 年 11 月，美国驻华使馆通过其 Twitter 账号“BeijingAir”发布了北京市空气质量指数超过 500 的结果，并配文“crazy bad”（糟糕透顶），一些中国网民戏称这一结果为“爆表”。但由于当时 Twitter 的中国用户不多，其发布的信息影响还有限。到 2011 年 10 月 22 日晚，中国地产企业家潘石屹在其实名认证的新浪微博上发布了一条内容为“妈呀！有毒害！”的微博，配图为数据来源于美国使馆的北京空气质量定时播报软件截图。截图显示：当日北京 PM2.5 细颗粒物浓度为 408，空气质量指数为 439，评级为“有毒害”。彼时微博已有广泛使用，潘石屹发布的信息当日就获得了数千人的转发，由此 PM2.5 在网上迅速流传。后来传统

---

① 参见《复旦大学研究：雾霾使鲜肺 6 天变黑肺无法逆转》，见中国新闻网，http://news.163.com/13/1118/23/9E0JBHUP0001124J.html；《2013 气候变化绿皮书发布雾霾影响生殖能力引争议》，见国际在线，http://gb.cri.cn/42071/2013/11/05/5892s4310622.htm；《钟南山称北方因雾霾短寿 5 年网友急盼治理良方》，见人民网，http://lianghui.people.com.cn/2014npc/n/2014/0307/c376088-24557258.html。

媒体跟进，形成了线上、线下同步传播的局面。通过媒体传播，PM2.5 以及雾霾迅速成为炙手可热的公众议题。

进一步说，新世纪以来中国政府在公众参与环境保护方面日趋完善的制度安排，特别是环境信息公开方面的强制性规定，使得公众传播环境信息具有了合法性，从而保障了公众议题的形成。例如，《环境影响评价法》从 2003 年 9 月 1 日起施行，《环境影响评价公众参与暂行办法》从 2006 年 3 月 18 日起施行，《环境信访办法》从 2006 年 7 月 1 日起施行，《环境信息公开办法（试行）》也从 2008 年 5 月 1 日起就开始施行。民间组织“自然之友”开展“我为大气法提意见”、“全民争口气”等活动，采取向北京市环保局申请公开北京市雾霾空气形成的原因、污染源比例，通过媒体平台向环保部递交雾霾治理建议书等行动①，可以说都是在利用已有的制度资源和空间。

不过，更深层次的原因可能在于：随着社会经济的快速发展，公众环境意识觉醒，对环境质量需求提高，对于负面环境信息更加关注，改善环境质量的愿望也更加迫切。这一点从我们 2003 年和 2010 年开展的全国抽样调查结果中可以看出来。② 2003 年，有 17.3%的被调查者认为环境问题非常严重，这一比例在 2010 年上升到 24.4%。被访者反映突出的环境问题包括空气污染、生活垃圾污染、水污染、噪声污染和绿地不足等。2003 年，报告遭遇过环境危害的被访者占 76.6%，表示因此进行过抗争的占 39.0%；到 2010 年，相应比例分别迅速增加到 91.0%和 54.7%。与此同时，被访者的环境意识和环境知识水平都有所提升。按照国际上比较通行的 NEP 量表测量的环境意识水平从 51.60 分增加到 53.36 分（满分 75 分），按照我们设计的环境知识量表测量的环境知识水平从 5.18 分增加到 5.72 分（满分 10 分）。而表示“从未有过”自觉的环保行为的人所占比例则大幅下降，由 63.1%降至 36.7%，表示“经常或总是”参与环保的由 15.2%增加到 37.3%。被访者在对政府环保工作的评价方面，则显示出了更加不满的趋势。2003 年，被访者中认为中央政府在环保方面“尽了很大努力，有一定成效”、“取得了很大成绩”的占了 51.3%，认为“片面注重经济发展，忽

① 参见汪韬：《南方周末联合六家 NGO 的七大建议》，载《南方周末》，2011-10-25。

② 调查由中国人民大学与全国其他高校联合进行，是中国综合社会调查（CGSS）项目的年度调查，覆盖全国城镇，样本数分别为 5 073 个和 2 392 个。

视了环境保护工作”的只占 3.6%；到 2010 年，相应的比例分别是 35.5%和 8.4%。就对所在地的地方政府环保工作评价而言，2003 年被访者中有 47.8%的人认为“尽了很大努力，有一定成效”、“取得了很大成绩”，认为“片面注重经济发展，忽视了环境保护工作”的占 5.9%；到 2010 年，相应的比例则分别是 28.9%和 12.3%。

在很大程度上，公众议题的压力是雾霾问题进入政策议程、成为政策议题的重要背景。如果采用时间轴的记录方式，我们可以更清楚地看到雾霾从公众议题到政策议题的发展脉络（见图 12—2）。

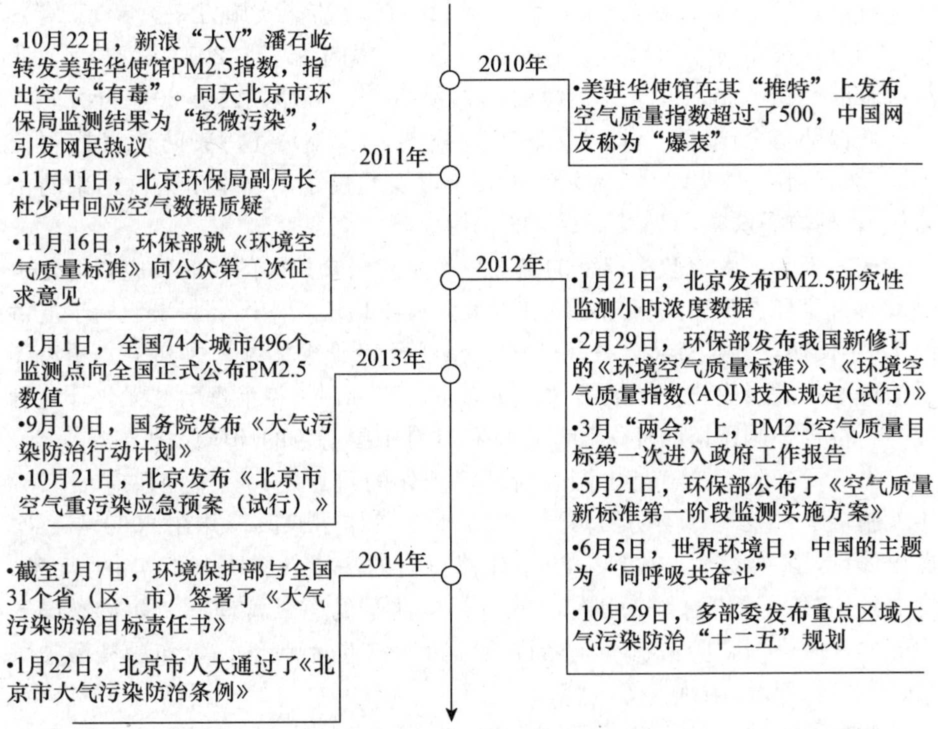

图 12—2　雾霾从公众议题到政策议题的发展过程

大体上，政府政策议题经历了建立政策议程和制定政策两个阶段。在建立政策议程阶段，首先是回应公众关注的“为什么中国不公布 PM2.5 指数”这个问题。例如，北京市环保局副局长杜少中回应称北京市环保局发布的空气质量主要标准依据 PM10，虽然一直在进行 PM2.5 监测，但公布数据的条件还不成熟。[①] 其次是如何确立空气质量标准问题。2011 年 11 月 16 日至 12 月 5 日，环保部第二次就《环境空气质量标准》向公众征求意见。再次是实施空气质量监测。2012 年 2 月，环保部正式发布新增 PM2.5 空气质量检测指标的新修订的《环境空气质量标准》，并在京津冀、长三角、珠三角地区等重点地区提前实施，北京、广州、上海等多个地区陆续开始公开发布 PM2.5 的监测数据。2013 年 1 月 1 日起，中国环境监测总站门户网站开始统一发布 74 个城市 496 个监测点的 PM2.5 实时监测数据。

在制定应对政策阶段，政府先后出台了一系列的政策规定。例如，2012 年 5 月，环保部印发《空气质量新标准第一阶段监测实施方案》；2013 年 9 月，国务院发布《大气污染防治行动计划》（“国十条”）；2013 年 10 月，北京市政府发布《北京市空气重污染应急预案（试行）》。截至 2014 年 1 月 7 日，环保部与全国 31 个省（区、市）都签署了《大气污染防治目标责任书》。2014 年 1 月 22 日，北京市人大还审议通过了《北京市大气污染防治条例》，标志着雾霾治理有了专门的法律保障。

进一步看，政府政策议程的确立虽然是对公众议题的及时回应，但是也是政府自身环保工作的自然延续和发展。客观地说，中国环保事业始于上世纪 70 年代初，已经逐步建立了比较完整的环境管理体系，摒弃了“先污染后治理”的发展模式，形成了“预防为主”、“谁污染谁治理”、“强化环境管理”等符合中国国情的环保政策体系和具有中国特色的环境保护道路。[②]

大气污染防治一直是中国政府环保工作的重点之一。中国政府在 1987 年就制定了《大气污染防治法》，1995 年对其作了修改，并在 2000 年再次做出修订，不断完善其内容。2000 年修订后的法律条文从 1987 年的 41 条，增加到 66 条，包括了“总则”、“大气污染防治的监督管理”、“防治燃煤产生的大气污染”、“防治机动车船排放污染”、“防治废气、尘和恶臭污染”、“法律责任”和“附则”等内容。

就雾霾防治而言，北京、上海和广州等特大城市在大型赛事的推动下，已经较早开展 PM2.5 的监测和治理工作。2007 年，为确保北京奥运会期间空气质量良好，北京市周边省区市通力合作，针对空气质量呈现大范围区域

① 参见《北京市环保局官员谈空气质量标准之争》，见中新网，http://www.chinanews.com/shipin/spfts/20111110/278.shtml。

② 参见曲格平：《走有中国特色的环境保护道路》，载《上海社会科学》，1993 (1)。

相互影响的特点，共同制定了《第29届奥运会北京空气质量保障措施》，并于同年10月经国务院批准后实施。这实际上已经是具有区域联动性质的大气污染治理行动。2008年开始，中国环保部建设了3个大气背景站，在广东、江苏两省和上海、天津、重庆、广州、深圳、南京6个大城市进行“灰霾影响环境空气质量监测试点方案”建设，建成了16个灰霾监测站。① 2010年11月，环保部已经开始就新修订的《环境空气质量标准》向全社会第一次征求意见，并首次给出了PM2.5参考限值。2011年6月，《城市环境空气质量评价办法（试行）》试点监测工作在全国26个城市低调开展，试点城市要求按照监测能力尽可能监测，其中包含监测PM2.5。同年9月，环保部发布《环境空气PM10和PM2.5的测定重量法》，对空气中PM2.5的测量方法进行了正式规定。

从大气污染防治法律的执行效果看，虽然由于能源消耗和经济总量的持续快速增长，中国工业SO_2排放量总体仍然呈波动上升趋势，但是在区域之间已经开始出现较大差异，工业SO_2的整体排放强度持续降低。② 同时，也有研究表明，就雾霾问题严重的北京地区而言，从2000年到2007年，大气环境中主要污染物SO_2、NO_2、PM10量均呈现明显下降趋势，其中SO_2下降最明显。如果不考虑新的监测指标，北京的大气环境质量实际上呈现出明显的好转趋势。③

由此而言，对于雾霾的防治是在一个新的环境保护工作阶段针对新的大气污染物的政策行动，可以认为是我国大气污染治理开始进入高标准、精细化阶段的重要标志。

三、雾霾治理的政策框架

如前所述，雾霾问题由学术议题、公众议题向政策议题的快速转变，促

① 参见吴兑：《近十年中国灰霾天气研究综述》，载《环境科学学报》，2012（2）。

② 参见李名升等：《中国工业SO_2排放量动态变化分析》，载《生态环境学报》，2010（4）。

③ 参见韩昀峰等：《北京市近年来大气环境质量变化趋势分析》，载《环境与可持续发展》，2009（6）。

进了中国大气污染治理政策的进一步升级和完善，并催生了一系列新的政策行动。在此，我们针对近年来的雾霾治理新政策进行初步的分析。

大体上，近年来在大气污染防治框架下新出台的雾霾治理相关政策可以区分为三个层次：关于空气质量的标准和监测（第一层次）、关于空气污染的预警和应急（第二层次）、关于大气污染的防治行动（第三层次）。具体参见表 12—1。

表 12—1　　近年来与雾霾治理相关的主要政策文件

层次	发布文件名	发布时间	政策级别	发布单位
第一层次	环境空气质量标准（GB 3095—2012）	2012.02.29	单部委独立发布	环保部
	环境空气质量指数（AQI）技术规定（试行）	2012.02.29	单部委独立发布	环保部
	空气质量新标准第一阶段监测实施方案	2012.05.21	单部委独立发布	环保部
第二层次	城市大气重污染应急预案编制指南	2013.05.06	单部委独立发布	环保部
	京津冀及周边地区重污染天气监测预警方案（试行）	2013.09.27	多部委联合发布	环保部、国家气象局
	北京市空气重污染应急预案（试行）	2013.10.21	省级政府独立发布	北京市政府
	河北省重污染天气应急预案	2013.12.16	省级政府独立发布	河北省政府
	上海市空气重污染专项应急预案	2014.01.11	省级政府独立发布	上海市政府
第三层次	重点区域大气污染防治“十二五”规划	2012.10.29	多部委联合发布	环保部、发改委、财政部
	河北省大气污染防治行动计划实施方案	2013.09.06	省级政府独立发布	河北省政府
	大气污染防治行动计划	2013.09.10	中央政府发布	国务院
	北京市 2013—2017 年清洁空气行动计划	2013.09.11	省级政府独立发布	北京市政府
	京津冀及周边地区落实大气污染防治行动计划实施细则	2013.09.17	多部委联合发布	环保部、发改委、工信部、财政部、住建部、能源局
	上海市清洁空气行动计划（2013—2017）	2013.11.07	省级政府独立发布	上海市政府

续前表

层次	发布文件名	发布时间	政策级别	发布单位
第三层次	陕西省大气污染防治条例	2013.11.29	省级人大独立发布	陕西省人大
	浙江省大气污染防治行动计划（2013—2017年）	2013.12.31	省级政府独立发布	浙江省政府
	各省（区、市）大气污染防治目标责任书	2014.01	中央政府和地方政府联合发布	环保部、全国31个省（区、市）
	北京市大气污染防治条例	2014.01.22	省级人大独立发布	北京市人大
	广东省大气污染防治行动方案（2014—2017年）	2014.02.07	省级政府独立发布	广东省政府

资料来源：根据中央政府门户网站（http://www.gov.cn）、环保部门户网站（http://www.zhb.gov.cn）和各地方政府门户网站发布的相关文件整理。

在空气质量的标准和监测方面，最为核心的就是将PM2.5浓度纳入监测范围，并规范了监测实施方案。根据《环境空气质量指数（AQI）技术规定（试行）》（HJ 633—2012），空气质量指数级别分为优、良、轻度污染、中度污染、重度污染与严重污染六个等级，每一个等级所对应的对健康的影响也随着污染程度的加剧而增大，其中的重度污染及严重污染将会给人群造成普遍的健康影响。

在空气污染的预警和应急方面，环保部依据《中华人民共和国环境保护法》、《中华人民共和国大气污染防治法》、《中华人民共和国突发事件应对法》、《突发环境事件应急预案管理暂行办法》等相关法律、法规、标准和文件，以及已经开展的环境质量监控体系建设要求，于2013年5月6日发布了《城市大气重污染应急预案编制指南》。另外，环保部、国家气象局还发布了《京津冀及周边地区重污染天气监测预警方案（试行）》。随后，京津冀、长三角、珠三角等区域内各省（区、市）也相应发布了本地区的应急预案。例如，2013年10月21日，北京市政府发布《北京市空气重污染应急预案（试行）》；2014年1月11日，上海市政府发布《上海市空气重污染专项应急预案》；2013年12月16日，河北省政府发布《河北省重污染天气应急预案》。

在大气污染防治行动方面，相关政策汲取了2007年以来北京奥运会、上海世博会及广州亚运会空气质量保障工作及国际上区域空气质量管理的成功经验，明确了建立区域大气污染联防联控工作机制是改善区域空气质量的有效途径。中国政府根据《中华人民共和国大气污染防治法》、《中华人民共和国国民经济和社会发展第十二个五年规划纲要》等文件制定了《重点区域大气污染防治“十二五”规划》。2013 年 9 月 17 日，环保部、发改委、工信部等六部委联合颁布了《京津冀及周边地区落实大气污染防治行动计划实施细则》，进一步强化了区域联防联控工作机制。

2013 年 9 月 10 日，中国政府进一步制定了《大气污染防治行动计划》（“国十条”）。该文件对降低细颗粒物的浓度、改善空气质量做出了具体明确的规定：到 2017 年，全国地级及以上城市可吸入颗粒物浓度比 2012 年下降 10%以上，京津冀、长三角、珠三角等区域细颗粒物浓度分别下降 25%、20%、15%左右。

在中央政府的推动下，各省（区、市）根据该计划的要求，纷纷出台了本地区的大气污染防治行动计划。例如，北京市在“国十条”颁布的翌日，就发布了《北京市 2013—2017 年清洁空气行动计划》。随后，河北省、上海市、浙江省、广东省等地方政府分别制定了各自的大气污染防治目标和任务。2014 年 1 月，环保部受国务院委托，分别与全国 31 个省（区、市）签署《大气污染防治目标责任书》，根据各地区的实际情况，做出了更加多样化和具有针对性的规定（见表 12—2）。

表 12—2　　各省（区、市）雾霾治理目标

到 2017 年，可吸入颗粒物浓度比 2012 年下降比例	省（区、市）
25%	北京、天津、河北
20%	山西、上海、江苏、浙江、山东
15%	河南、重庆、陕西、青海、新疆、广东
12%	湖北、甘肃
10%	内蒙古、辽宁、吉林、安徽、湖南、四川、宁夏
5%	福建、黑龙江、江西、广西、贵州
无明确指标	海南、云南、西藏

资料来源：《大气污染防治目标责任书》，见环保部网站，http://www.zhb.gov.cn/ztbd/rdzl/dqst/mbzrs。

2013年11月29日，陕西省人大审议通过《陕西省大气污染防治条例》；2014年1月22日，北京市人大审议通过《北京市大气污染防治条例》。这些“条例”的施行标志着治理雾霾等相关大气污染问题有了进一步的法律保障。在国家层面，《大气污染防治法》的修订工作也正在进行之中。

进一步看，防治雾霾等相关的空气污染政策主要包括以下八个方面的内容：(1) 健全监测预警系统。完善环境质量评价体系，将细颗粒物作为重要的评价指标；加强对重污染天气的监测预警，将其纳入地方政府突发事件应急管理体系；妥善应对重污染天气，引导公众做好卫生防护。(2) 严控大气污染排放。加强工业企业大气污染综合治理，全面整治燃煤小锅炉，加快重点行业脱硫、脱硝、除尘改造工程建设；深化面源污染治理，整治城市扬尘和餐饮油烟；强化移动源污染防治，加强城市交通管理，提升燃油品质，淘汰黄标车和老旧车辆。(3) 推动产业结构升级。严控“两高”行业新增产能，倒逼产业转型升级；加快淘汰落后产能，压缩过剩产能，推动产业结构向产业链的高端转移；停建产能严重过剩行业违规在建项目，遏制产能严重过剩行业盲目扩张。(4) 促进能源结构调整。控制煤炭消费总量，到2017年，煤炭占能源消费总量比重降低到65%以下；推进煤炭清洁利用；加快清洁能源替代，增加核能、水电、地热能、风能、太阳能、生物质能等清洁能源的供应；提高能源使用效率。(5) 建立区域协作机制。建立京津冀、长三角区域大气污染防治协作机制，由区域内省级人民政府和国务院有关部门参加，统筹区域环境治理；国务院制定考核办法，每年年初对治理任务完成情况进行考核，作为领导班子和领导干部综合考核评价的重要依据。(6) 完善法律法规体系。加快大气污染治理的法律体系建设，重点健全总量控制、排污许可、应急预警、法律责任等方面的制度；严格依法监督管理，提高环境监管能力；加大环保执法力度，推进联合执法、交叉执法等执法机制创新；建立环境公益诉讼制度。(7) 加快企业技术改造。强化科技研发和推广，加强对灰霾、臭氧的形成机理、来源解析、迁移规律的研究；全面推行清洁生产，采用先进适用的技术、工艺和装备；发展循环经济，培育节能环保产业，形成战略性新兴产业。(8) 加强环境信息公开。每月公布城市空气质量排名；各级环保部门和企业主动公开新建项目环境影响评价信息；建立重污染行业企业环境信息强制公开制度；动员全民参与环境保护，增强公众环保意识和责任感，倡导绿色节约的生活方式和消费观念。

应该说，中国政府应对以雾霾为中心的大气污染问题是迅速及时的，目前来看也已经产生了初步的积极效果。但是，在较短时间内、在雾霾研究尚不充分的条件下，相关政策在整体上具有应急性特点，其长期的实施效果还有待进一步观察和分析。仅从目前的情况来看，相关政策在执行过程中尚面临着一些可以预见的风险。

一是对雾霾治理的长期性预计还不够充分，政策自身尚不够完善。就国外的经验来看，雾霾的治理需要耗费相当长的时间。洛杉矶雾霾在 1943 年大规模爆发时，该市市长承诺在四个月内对雾霾进行全面彻底的整治①，但事实上，数十年的时间过去后，洛杉矶的空气质量才有实质性的好转。现有政策有着过于强调立竿见影的倾向，可能面临着预期目标难以实现的风险。

二是区域联防联治的落实存在风险。大气污染相邻地域之间的联动影响表现显著，在京津冀、长三角和珠三角等区域，部分城市可吸入颗粒物浓度受外来源的贡献率达 16％～26％②；因此，要取得较好的雾霾治理效果，区域内各地区的相互协调、联防联治很关键。但是如何打破各地区“一亩三分地”的思维定势，无论是政策设计还是政策执行，都将面临挑战。我国长期存在的地区之间发展不均衡刺激了竞争性的经济增长和利益冲突，妨碍环境保护共识和一致行动的达成，这在很大程度上已经成为一种痼疾。③

三是产业结构调整升级难度很大。如果不进一步优化产业结构，无论采取如何严厉的污染治理措施，都不太可能遏制住经济总量扩张和大量消费带来的污染总量的增加。英国伦敦在 20 世纪 50 年代也遭遇了严重雾霾的侵扰，在其治理雾霾的过程中，产业结构的升级是一项重要内容。到 1989 年，英国三次产业结构调整为 1∶31∶68，基本完成了由制造业为主向服务业为主的转变，2012 年英国第三产业占比高达 78.2％。④ 相对而言，发达国家产业结构转型升级的机会和空间要明显优于目前的中国，中国面临着更大的

① 参见［美］奇普·雅各布斯、威廉·凯莉：《洛杉矶雾霾启示录》，4 页，上海，上海科学技术出版社，2014。

② 参见环保部、发改委、财政部：《重点区域大气污染防治“十二五”规划》，见中央政府门户网站，http://www.gov.cn/zwgk/2012-12/05/content_2283152.htm。

③ 参见洪大用：《经济增长、环境保护与生态现代化——以环境社会学为视角》，载《中国社会科学》，2012（9）。

④ 参见张孝德、梁洁：《从伦敦到北京：中英雾霾治理的比较和反思》，载《人民论坛·学术前沿》，2014（2）。

产业结构升级困难，西方的成功经验难以简单复制。

四是我国城镇化进程仍在快速推进。2013年中国的城镇人口比例达到53.73%。《国家新型城镇化规划（2014—2020年）》提出，到2020年，城镇化率要达到60%左右。[①] 在可预见的未来，中国城市规模仍将持续扩大，城镇人口仍将大幅增加。快速城镇化的资源环境影响是多方面的[②]，其中，仅仅城市开发建设就会直接产生大量建筑扬尘，对大气污染有着重要影响。中科院大气物理研究所的研究结果表明，土壤扬尘对北京地区PM2.5的贡献率为15%，在秋冬季节，来自建设工地的浮尘和街道的再悬浮尘是土壤尘的主要来源。此外，城市建设拉动了钢材水泥等高耗能产业的发展繁荣，从而间接加剧了大气污染。另外，城镇化意味着生活方式和消费习惯的转变。根据有关数据分析，农民向城市人的转变过程中，平均能耗将增加3～5倍，如果进入大城市生活，尤其是特大城市，能耗将增长5倍[③]，所以节能减排的任务相当艰巨。

五是开展广泛的社会动员任重道远。雾霾防治实际上需要群防群治，不仅仅是政府的责任，也是企业和公民的责任。从目前情况看，普通公众对雾霾的抱怨很多，对政府的批评很多，对雾霾治理的预期很高，但若是治理雾霾真的涉及自身生活方式和消费观念的调整时，公众往往又有很强的抗拒心理。这种现象中外皆然。例如，在洛杉矶治理雾霾的过程中，当政府政策涉及民众约束自身行为时，都曾无一例外地遭受过反抗和抵制。[④] 考虑到目前我国在整体上仍然属于发展中国家，广大公众对于继续提高生活水平的愿望还很迫切，自觉承担环境保护责任的心理准备、知识准备和物质准备都还不足，我们要实现有效的群防群治还相当困难。

虽然存在以上一些政策设计和执行方面的风险，但是我们推进以雾霾等

---

① 参见《国家新型城镇化规划（2014－2020年）》，见中央政府门户网站，http://www.gov.cn/xinwen/2014-03/16/content_2639841.htm。

② 参见洪大用：《绿色城镇化进程中的资源环境问题研究》，载《环境保护》，2014（7）。

③ 参见张孝德、梁洁：《从伦敦到北京：中英雾霾治理的比较和反思》，载《人民论坛·学术前沿》，2014（2）。

④ 如在20世纪五六十年代，洛杉矶是美国最后几个保持在家庭后院焚烧垃圾的地区之一，有接近150万个住宅区焚烧炉，每天焚烧的垃圾产生大量烟雾。洛杉矶政府决定禁止公众焚烧垃圾，但是相关的法令因为民众的反对一直无法生效，民众不能习惯没有焚烧炉的日子，不能忍受政府对自由权利的侵害。（参见［美］奇普·雅各布斯、威廉·凯莉：《洛杉矶雾霾启示录》，77页，上海，上海科学技术出版社，2014。）

污染物为核心的大气污染治理的意志和决心不能动摇，因为这是直接关系到广大人民群众身心健康的大问题，也是考验我们发展模式的大问题，甚至会影响到政治安定和经济社会的可持续发展。

四、公众雾霾认知与行为倾向

为了深入了解公众对雾霾问题的认知与行为倾向，掌握雾霾治理政策的民意基础，以便使政策设计和执行更加具有针对性，我们在北京市进行了一项电话调查。本次调查利用的抽样框为工信部提供的全国手机号段数据库，以机主登记为北京市范围内的所有移动电话按号段（前三位号码）中随机抽取了 600 个号码，并完成了对其中 308 个号码的有效访问（应答率为 51.3%）。样本基本情况是：男性占 60.7%，女性占 39.3%；年龄在 20 岁以下、20～30 岁、30～40 岁、40～50 岁及 50 岁以上者所占比例分别为 5.2%、39.3%、29.9%、16.2%和 9.4%；文化程度是小学、初中、高中、大学和研究生及以上的人所占比例分别为 3.6%、10.7%、18.5%、52.9%和 14.3%；月收入在 2 000 元以下、2 000～4 000 元、4 000～6 000 元、6 000～8 000 元、8 000～10 000 元及 10 000 元以上者所占比例分别是 19.8%、21.8%、19.2%、10.7%、10.7%和 17.6%；拥有北京户口的人占 46.4%，53.6%为外地户口。[①] 在下文中，我们分三个方面报告调查结果。

（一）对于雾霾的关注和认知

1．对雾霾严重性的判断

调查结果显示，76.6%的受访者认为目前北京地区雾霾现象严重（其中认为很严重的人占 54.6%），只有 10.4%的人认为不严重或不太严重，其余

---

① 感谢中国人民大学中国调查与数据中心（NSRC）和王卫东博士对本次电访调查给予的大力支持。由于电访固有的高拒访率及样本特殊性（如青少年和老年群体可能因为不常使用手机而被较少覆盖），加上本次调查设计的样本规模不大，数据的代表性因而具有一定局限，但是对于进一步的深入研究应该具有很大参考价值。

13.0%的人表示说不上严不严重。

进一步的比较结果表明，不同年龄、文化程度、月收入水平和工作场所的公众对于雾霾现象的严重性具有不同程度的认识。20岁以下、20～30岁、30～40岁、40～50岁及50岁以上五个年龄段中，分别有62.5%、80.2%、75.0%、72.0%和82.8%的受访者认为雾霾严重；文化程度是小学、初中、高中、大学和研究生及以上的受访者中，认为雾霾严重的比例分别为63.6%、84.9%、64.9%、81.6%和70.5%；月收入水平在2 000元以下、2 000～4 000元、4 000～6 000元、6 000～8 000元、8 000～10 000元和10 000元以上的受访者中，分别有78.7%、82.1%、86.4%、66.7%、69.7%和67.3%的人认为雾霾严重；在户内工作的受访者中有79.9%认为雾霾严重，在户外工作和没有工作的人中这一比例分别为64.3%和75.8%。

2. 关于雾霾危害的体验

本次调查就雾霾对个人日常工作与生活、身体健康、心理健康三个方面是否具有负面影响询问了受访者的感受。

从表12—3可知，在所有受访者中：(1) 认为雾霾对自身日常工作与生活具有负面影响的人占68.2%，表示没有影响和影响不大的人占23.0%，8.8%的人表示说不清；(2) 70.8%的人认为雾霾对自己身体健康具有负面影响，认为没有影响和影响不大的人占20.1%，9.1%的人表示说不清；(3) 认为雾霾对自己心理健康具有危害的人占60.4%，30.8%的人表示没有影响或影响不大，表示说不清的人占8.8%。由此不难看出，大多数受访者都倾向于认为雾霾给自己带来了多方面的危害。相对而言，公众感受到的雾霾对身体健康方面的危害更为严重。

表12—3　　公众对于雾霾不同方面危害的评价（%）

	对日常工作和生活的负面影响	对身体健康的负面影响	对心理健康的负面影响
没有影响	5.2	6.5	13.3
影响不大	17.9	13.6	17.5
说不清	8.8	9.1	8.8
影响较大	39.3	37.0	37.0
影响很大	28.9	33.8	23.4
合计	100.0 (308)	100.0 (308)	100.0 (308)

3. 关于雾霾成因的认识

当被问及对于雾霾形成的原因总体上有多了解时，虽然有 42.9%的受访者表示了解，但其中表示很了解的只有 2.6%。此外，表示不太了解和不了解雾霾成因的人所占比例分别为 27.6%和 12.0%，占有效样本的近四成。

对不同特征群体的比较结果发现：46.5%的男性表示了解雾霾成因，女性中这一比例为 37.2%；年龄在 20 岁以下、20～30 岁、30～40 岁、40～50 岁及 50 岁以上的人中，分别有 37.5%、32.2%、48.9%、48.0%和 62.1%的人表示了解雾霾成因；文化程度是小学、初中、高中、大学和研究生及以上的人中分别有 18.2%、24.2%、45.6%、49.7%和 34.1%的人表示了解雾霾成因。相对而言，似乎男性、年龄偏大的和文化程度较高的公众对于雾霾的形成原因表示更加了解。

在此基础上，调查还进一步列举了 7 项雾霾天气形成的可能原因，并让受访者判断其中影响最大的因素（结果见图 12—3）。

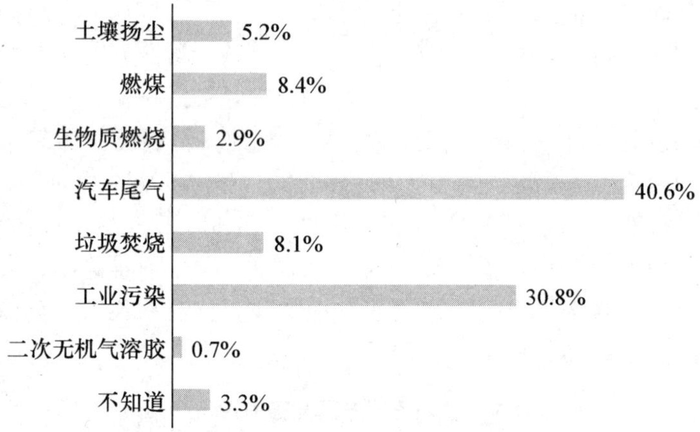

图 12—3 公众对雾霾具体成因的判断

除了 3.3%的受访者明确表示不知道外，选择比例最高的两项雾霾成因分别是汽车尾气（40.6%）和工业污染（30.8%），总共约占有效样本的七成。此外，也有一定比例的公众将雾霾归因为燃煤（8.4%）、垃圾焚烧（8.1%）、土壤扬尘（5.2%）、生物质燃烧（2.9%）和二次无机气溶胶（0.7%）等其他因素。根据北京市环保局最新发布的研究成果，机动车、燃煤、工业生产、扬尘是北京地区雾霾的主要成因（对大气中细颗粒物的贡献比例分别占31.1%、22.4%、18.1%和14.3%)。① 对照来看，公众关于雾霾具体成因的判断基本准确。

4. 对于环境保护的关注

此次调查给定了包括收入增长、就业机会等在内的8项社会议题，并询问了受访者目前最关心的议题是其中哪一项（结果见图12—4)。

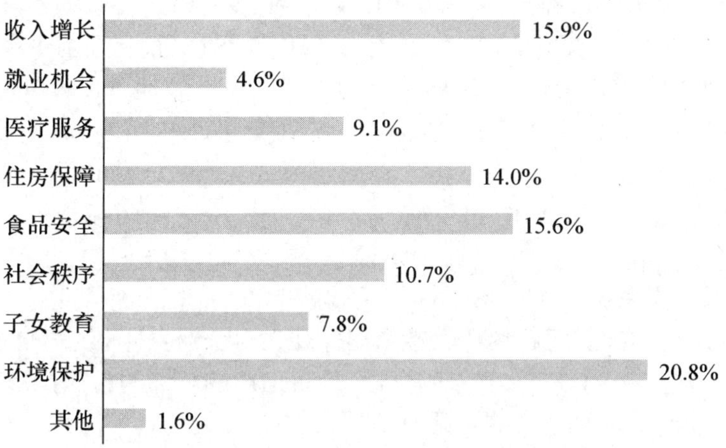

图12—4　不同社会议题的公众关注情况

除了1.6%的人表示所关心的议题不在列举范围内，选择环境保护的公众比例为20.8%，明显高于收入增长（15.9%)、食品安全（15.6%)、住房保障（14.0%)、社会秩序（10.7%)、医疗服务（9.1%)、子女教育(7.8%）和就业机会（4.6%）等其他议题。由此可见，在北京这样的发达地区，面对雾霾等严重环境问题，环境保护已经成为公众最为关注的社会议题。

(二）公众应对雾霾的行为倾向

1. 雾霾防护信息的获取

调查了解到，仅有38.0%的受访者报告曾经主动搜寻过有关雾霾及其防护方面的知识信息，剩下高达62.0%的人都表示没有相关行为。

① 参见《“北京市PM2.5来源解析正式发布》，见北京市环保局网站，http://www.bjepb.gov.cn/bjepb/323474/331443/331937/333896/396191/index.html。

进一步的比较分析发现，不同性别、年龄、文化程度、月收入水平和工作场所的公众，其在主动搜寻雾霾防护的知识信息方面具有差异化的表现。具体而言，35.3%的男性表示主动搜寻过，相应比例在女性中为 45.2%；20 岁以下、20～30 岁、30～40 岁、40～50 岁及 50 岁以上不同年龄段中，分别有 31.3%、43.0%、42.4%、30.0%和 20.7%的人主动搜寻过；文化程度是小学、初中、高中、大学和研究生及以上的人中，分别有 9.1%、12.1%、24.6%、45.4%和 54.6%的人主动搜寻过；月收入水平在 2 000 元以下、2 000～4 000 元、4 000～6 000 元、6 000～8 000 元、8 000～10 000 元和 10 000 元以上的受访者中，表示主动搜寻过的比例分别占 32.8%、23.9%、39.0%、36.4%、63.6%和 45.5%；在户内工作的人有 43.3%表示主动搜寻过，户外工作和没有工作的人中这一比例相应只有 25.0%和 24.2%。

2. *应对雾霾的主要措施*

如前所述，雾霾问题的危害性突出体现在对公众身体和心理健康的负面影响上。调查列举了 8 项与应对雾霾天气负面影响相关的行为措施，并依次询问受访者是否采取过（结果见图 12—5）。

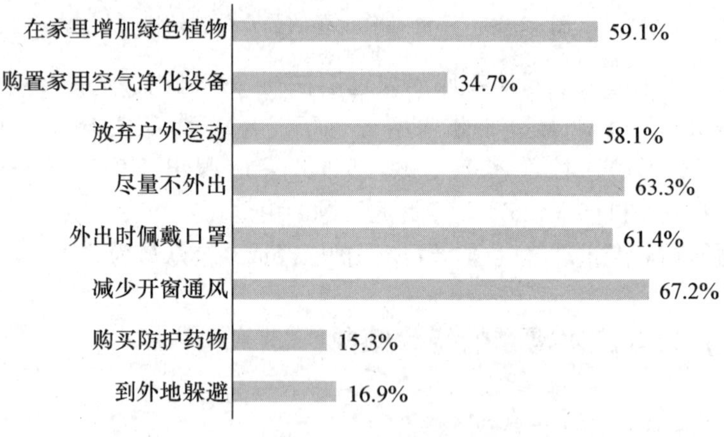

图 12—5　公众应对雾霾天气采取过的措施

为了削减雾霾天气对个人和家庭可能造成的危害，67.2%的受访者表示曾减少开窗通风，其他被较多采取的应对措施依次还有尽量不外出(63.3%)、外出时佩戴口罩（61.4%)、在家里增加绿色植物（59.1%)、放弃户外运动（58.1%）和购置家用空气净化设备（34.7%）。此外，也有一定比例的受访者表示曾采取到外地躲避（16.9%）和购买防护药物（15.3%）等措施来适应雾霾天气。

3. 促进雾霾治理的个人意愿和实际努力

从调查结果可知，63.0%的受访者赞成在雾霾治理方面公众个人也应该承担责任（其中明确表示很赞成的比例为27.6%），表示不赞成和不太赞成的人占23.7%，其余13.3%的人表示说不上赞不赞成。整体而言，大多数公众都自觉意识到了应当承担雾霾治理方面的相关责任。

进一步分析表明，出于促进雾霾治理的目的，大多数公众在行为方面已经做出了诸多自觉调整（见图12—6）。

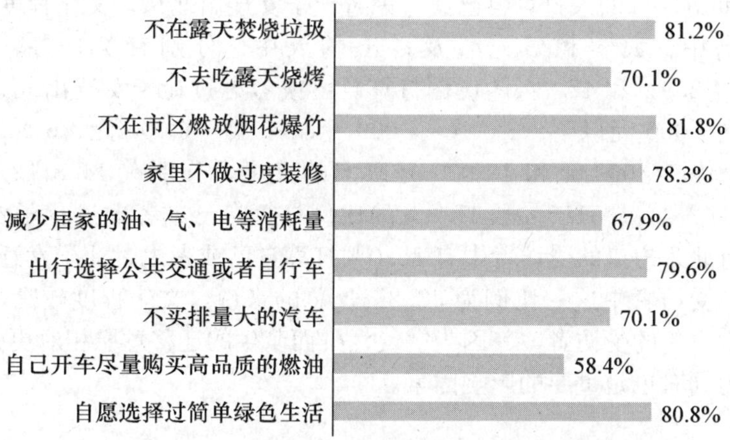

图12—6　公众为促进雾霾治理的个人行为调整

具体而言，超过八成的受访者都表示做到了不在市区燃放烟花爆竹（81.8%）、不在露天焚烧垃圾（81.2%）和自愿选择过简单绿色生活（80.8%）。就汽车尾气对雾霾造成的影响而言，79.6%的人表示出行时选择公共交通或者自行车，70.1%的人表示不买排量大的汽车，还有58.4%的人表示自己开车尽量购买高品质的燃油。此外，还有相当高比例的人表示为了促进雾霾治理而不去吃露天烧烤（70.1%）、家里不做过度装修（78.3%）和减少居家的油、气、电等能源或燃料的消耗量（67.9%）。

4. 雾霾影响下的迁移意向

调查就是否会因为北京的空气污染问题而选择离开北京询问了受访者的意见。就受访者个人而言，明确表示有离京打算的占24.7%，10.7%的人表示“想打算，但走不了”，更多的受访者（占64.6%）明确表示不会因为空气污染而迁出北京。就是否让子女迁出北京而言，除了21.1%没有子女的受访者外，有过这样打算的占27.6%（占有子女受访者的35.0%），43.5%的人表示“没有考虑过”（占有子女受访者的55.1%），还有7.8%的人表示要“听孩子自己的”（占有子女受访者的9.9%）。总的来说，受雾霾天气的影响，确有一些公众有过自己或让子女迁出北京的打算，但是大多数人还是选择留在北京。

对不同特征群体的比较结果显示：年龄为20岁以下、20～30岁、30～40岁、40～50岁及50岁以上的人中，分别有6.3%、39.7%、40.2%、38.0%和31.0%的人打算自己或考虑过让子女迁出北京；文化程度是小学、初中、高中、大学和研究生及以上的人中，分别有27.3%、27.3%、19.3%、42.9%和47.7%的比例打算自己或考虑过让子女迁出北京；月收入水平在2 000元以下、2 000～4 000元、4 000～6 000元、6 000～8 000元、8 000～10 000元和10 000元以上的人中，分别有14.8%、31.3%、45.8%、42.4%、51.5%和47.3%的比例打算自己或考虑过让子女迁出北京；拥有北京户口的受访者中有35.0%打算自己或考虑过让子女迁出北京，外地户口受访者中这一比例为38.8%。总的来说，文化程度较高的、外地户口的中青年的受访者，其因为空气污染而萌生的迁移意愿相对更强烈，但经济能力同时也是重要的影响因素。

（三）公众对雾霾治理政策的期待和支持

1. 对政府雾霾治理和信息公开工作的评价

一方面，调查结果显示，48.4%的受访者表示相信政府在下大力气解决雾霾问题（其中表示很相信的占17.7%），表示不太相信和不相信的占30.8%，其余20.8%表示说不上相不相信。进一步的比较分析发现：男性和女性中分别有47.1%和50.4%表示相信；年龄在20岁以下、20～30岁、30～40岁、40～50岁及50岁以上的受访者中，分别有50.0%、45.5%、46.7%、50.0%和62.1%的人表示相信；文化程度是小学、初中、高中、大学和研究生及以上的受访者中分别有54.6%、57.6%、54.4%、48.5%和31.8%的人表示相信；月收入水平在2 000元以下、2 000～4 000元、4 000～6 000元、6 000～8 000元、8 000～10 000元和10 000元以上的受访者中，分别有 54.1%、52.2%、55.9%、57.6%、39.4%和 29.1%的人表示相信；拥有北京户口和外地户口的受访者中表示相信的比例分别为 46.2%和 50.3%。相较之下，男性、文化程度和月收入水平较高的以及拥有北京户口的中青年公众，似乎不太倾向于相信政府在下大力气解决雾霾问题。

另一方面，调查还了解到，29.9%的受访者对政府在雾霾监测预报和防治方面的信息公开工作给予了积极评价，但其中认为做得很好的只有 4.6%，认为做得很不好和不太好的受访者占 35.1%，其余 35.0%表示说不上好不好。由此可见，公众对政府在雾霾监测预报和防治方面的信息公开工作满意度还不高，反映出公众在该方面对政府还有更高的期待。

2. 对政府治霾政策的了解和评价

2014 年 1 月 22 日，北京市第十四届人民代表大会第二次会议通过了《北京市大气污染防治条例》，标志着北京地区的雾霾治理有了进一步的法律保障。本次调查也询问了受访者对于该条例的了解情况。调查结果显示：明确表示了解该条例的仅占 12.0%（其中明确表示很了解的只有 1.0%），而近八成（77.0%）的受访者表示不了解这一针对雾霾防治的新政策，此外还有 11.0%对此表示说不上了不了解。

在被问及对政府治霾政策成效的信心程度时，分别有 17.5%和 24.4%的受访者表示很有信心和有些信心，但另一方面也有 40.9%的人对此表示没有信心或信心不大，其余 17.2%则表示说不清楚。对不同特征群体的比较分析发现：分别有 40.6%的男性和 43.8%的女性对政府治霾政策的成效表示有信心；年龄在 20 岁以下、20～30 岁、30～40 岁、40～50 岁及 50 岁以上的受访者中，表示有信心的人所占比例分别为 31.3%、36.4%、41.3%、42.0%和 72.4%；文化程度是小学、初中、高中、大学和研究生及以上的受访者中分别有 72.7%、57.6%、50.9%、39.9%和 18.2%的人表示有信心；月收入水平在 2 000 元以下、2 000～4 000 元、4 000～6 000 元、6 000～8 000 元、8 000～10 000 元和 10 000 元以上的受访者中，分别有 52.5%、50.8%、54.2%、30.3%、24.2%和 23.6%的人表示有信心；拥有北京户口和外地户口的受访者表示有信心的比例分别是 37.8%和 45.5%。从以上结果可知，相对而言，男性、文化程度和月收入水平较高的以及拥有北京户口的中青年公众，对于政府治霾政策能否取得成效还存有相当的疑虑。

3. 对于雾霾治理政策的支持

首先，在被问及是否赞成政府为了解决雾霾问题而增加税收或者提高消费品价格时，仅有 20.5％的受访者表示赞成（其中表示很赞成的占 10.7％），而明确表示不赞成和不太赞成的人高达 60.7％，此外还有 18.8％表示说不上赞不赞成。由此可见，公众对于通过增加个人经济负担来促进雾霾治理的政策取向接受程度并不高。

其次，调查结果还显示，只有 27.9％的受访者表示如果了解到单位或个人有污染大气的行为肯定会向政府有关部门举报，29.6％的人对此则明确表示不会，更多的受访者（42.5％）表示不好说。这一结果也反映出公众自觉监督大气污染行为的意愿较弱。

综合以上分析我们可以认识到，当前以雾霾为表征的大气污染问题，已经不仅仅是一个客观的环境状况问题，而是引起了社会各界的广泛关注，成为影响社会变迁进程的一个重要因素。中国政府面对公众关注做出了及时迅速的回应，制定并颁布了相关政策和规划，并采取了一些实际行动。这些政策行动除了有望逐步改善空气污染的客观状况之外，也将带来社会生产生活以及管理方式等方面的深刻变革。

但是，我们的研究表明，政府所采取的政策行动在很大程度上具有应急性特征，就有效解决具有高度复杂性的雾霾问题而言，尚有继续完善和推进的空间。与此同时，政府政策行动的社会认知程度尚有欠缺，公众对于政府行为的信任不足，对相关政策行动的预期效果也比较缺乏信心。虽然调查表明，公众个人意识到其在雾霾防治中的责任，但是其自觉监督和承担经济成本的意愿都很不足。

因此，未来除了在深入调查研究和扎实的政策执行基础上继续完善政策设计之外，政府还应该继续改进和加强与公众的沟通，一方面宣介相关政策行动，一方面也进行更为充分的社会动员，进一步消除分歧、凝聚共识，将公众对空气污染的关注转化成有效推动污染治理的行动力，共同加快污染治理的进程。

后　记

2014年度中国人民大学中国社会发展研究报告的主题是“走向社会治理的中国社会：全球视野与本土特质”，和以前出版的11本一样，属于“走向”系列，即“走向社会治理的中国社会”。为了便于检索，我把这12本发展研究报告的书名列在后记中。它们是：

1.《中国人民大学中国社会发展研究报告2002·走向更加公正的社会：弱势群体与社会支持》；

2.《中国人民大学中国社会发展研究报告2004·走向更加安全的社会：风险社会来临及其应对》；

3.《中国人民大学中国社会发展研究报告2005·走向更加和谐的社会：社会结构与社会和谐》；

4.《中国人民大学中国社会发展研究报告2006·走向更讲治理的社会：社会建设与社会管理》；

5.《中国人民大学中国社会发展研究报告2007·走向更加有序的社会：快速转型期社会矛盾及其治理》；

6.《中国人民大学中国社会发展研究报告2008·走向更讲创新的社会：社区建设与制度创新》；

7.《中国人民大学中国社会发展研究报告2009·走向更有共识的社会：社会认同的挑战及其应对》；

8.《中国人民大学中国社会发展研究报告 2010·走向更加合理的社会：社会资源及其合理配置》；

9.《中国人民大学中国社会发展研究报告 2011·走向民生为重的社会：现阶段社会建设面临的挑战及其应对》；

10.《中国人民大学中国社会发展研究报告 2012·走向有序活力兼具的社会：现阶段社会管理面临的挑战及其应对》；

11.《中国人民大学中国社会发展研究报告 2013·走向包容、公平、共享的新型城镇化》；

12.《中国人民大学中国社会发展研究报告 2014·走向社会治理的中国社会：全球视野与本土特质》。

本书正文由总论和涉及广泛领域的 11 个专栏的 11 篇研究报告构成。这些报告的内容已在摘要中做了介绍，不再重复。这里只是把每篇报告和相应的作者列在后面，以便大家一目了然，也表示对各位作者付出的劳动的尊重和感谢。

总　　论：第一章 走向社会治理的中国社会：全球视野与本土特质（郑杭生）

兴教育人：第二章 教育领域社会治理体制改革与教育公平（奂平清）

社会保障：第三章 迈向“普惠·整合型”社会福利制度（李迎生）

医疗卫生：第四章 中国卫生治理体制改革：历史、现状与未来（刘仲翔）

社会分层：第五章 权利分层与社会治理转型（王水雄）

城市社区：第六章 城乡社会变迁统合性视野中的城市社会与社区（杨敏）

农村社区：第七章 农村基层治理转型与农村社区建设（黄家亮）

劳动就业：第八章 结构优化：经济换挡期的就业增长新动力（陈云）

经济社会：第九章 中国市场交易秩序的社会基础与优化途径（刘少杰）

法治社会：第十章 回顾与反思：我国现代法治建设的历程（郭星华）

思想文化：第十一章 社会思想动态与文化发展（陆益龙）

生态环境：第十二章 雾霾问题、政策应对与公众期待（洪大用）

“中国社会治理问题”是一个极其复杂的问题，系统研究的成果还不多。我们希望本年度的社会发展研究报告能够对从社会学视角系统地研究这一重要问题有所促进。

我们深深地意识到，本年度社会发展研究报告一定存在一些疏漏和不足，恳请读者批评指正。

郑杭生

2014年6月

于北京中国人民大学社会学理论与方法研究中心

图书在版编目(CIP)数据

中国人民大学中国社会发展研究报告. 2014，走向社会治理的中国社会：全球视野与本土特质/郑杭生主编. —北京：中国人民大学出版社，2014.11
ISBN 978-7-300-20291-4

Ⅰ.①中… Ⅱ.①郑… Ⅲ.①社会发展-研究报告-中国-2014②社会管理-研究-中国 Ⅳ.①D668

中国版本图书馆 CIP 数据核字（2014）第 268139 号

中国人民大学
中国社会发展研究报告 2014
走向社会治理的中国社会：全球视野与本土特质
顾　问　袁宝华
主　编　郑杭生
副主编　刘少杰　洪大用
Zhongguo Shehui Fazhan Yanjiu Baogao 2014

出版发行	中国人民大学出版社		
社　　址	北京中关村大街 31 号	**邮政编码**	100080
电　　话	010－62511242（总编室）		010－62511770（质管部）
	010－82501766（邮购部）		010－62514148（门市部）
	010－62515195（发行公司）		010－62515275（盗版举报）
网　　址	http://www.crup.com.cn		
	http://www.ttrnet.com(人大教研网)		
经　　销	新华书店		
印　　刷	北京宏伟双华印刷有限公司		
规　　格	155 mm×235 mm　16 开本	**版　　次**	2015 年 1 月第 1 版
印　　张	20.75 插页 3	**印　　次**	2015 年 1 月第 1 次印刷
字　　数	341 000	**定　　价**	48.00 元